Peter Petersen
Hans Werner Henze
Ein politischer Musiker

Zwölf Vorlesungen

Peter Petersen

Hans Werner Henze
Ein politischer Musiker

Zwölf Vorlesungen

Argument

Alle Rechte vorbehalten
© Argument-Verlag 1988
Argument-Verlagsbüro: Rentzelstraße 1, 2000 Hamburg 13, 040/45 60 18
Argument-Redaktion: Tegeler Straße 6, 1000 Berlin 65, 030/461 80 49
Umschlag: Johannes Nawrath unter Verwendung der Partitur »We come to the River« von Henze
Alle Notenbeispiele mit freundlicher Genehmigung des Verlages B. Schotts Söhne, Mainz.
Handschriftliche Notenbeispiele durch den Autor.
Notenstiche aus den entsprechenden Partiturbänden, sämtlich erschienen im Verlag B. Schotts Söhne, Mainz.
Texterfassung durch den Verlag
Konvertierung: Fotosatz Barbara Steinhardt, West-Berlin
Druck: WDA Grafischer Betrieb, Brodersdorf
Erste Auflage 1988

CIP-Kurztitelaufnahme der Deutschen Bibliothek
Petersen, Peter:
Hans Werner Henze : e. polit. Musiker ; 12 Vorlesungen
Hamburg : Argument 1988
ISBN 3-88619-368-3

Inhalt

Vorwort 7

I. Hans Werner Henze 9

II. Mittenhofer und Rachel — »zwei« Leben für die Kunst 29

III. Prinz und Lord —
Henzes Arbeit mit Ingeborg Bachmann 55

IV. River und Cat — Henzes Arbeit mit Edward Bond . 70

V. Das Floß der »Medusa« —
mehr als ein Konzertskandal 101

VI. Voices — Henzes »Solidaritätslied« 110

VII. Von Sklaven und Studenten und Negern und
Delinquenten — Musik als »Imaginäres Theater« .. 131

VIII. Vokale und instrumentale Kammermusik 154

IX. Tristan und andere »verkehrte« Konzerte 176

X. Sinfonien und Orchesterwerke 199

XI. Henze als Interpret seiner selbst
und als Kritiker seiner Zeit 216

XII. Die Kritiker unserer Zeit über Hans Werner Henze . 241

Vorbemerkung zum Anhang 263
Chronologisches Werkverzeichnis 264
Alphabetisches Werkregister 275
Systematisches Schallplattenverzeichnis 279
Literaturverzeichnis 283
Über den Autor 293

Vorwort

Hans Werner Henze — der gefeierte Jubilar von 1986, der umstrittene Komponist durch vierzig Jahre, der Künstler zwischen Opernhaus und Klassenzimmer, der 'Kater' in Marino, der Genosse in Montepulciano, der Maestro in Köln — Henze ist zweifellos eine der farbigsten Figuren der musikalischen Kunstgeschichte nach dem Zweiten Weltkrieg. Mit seiner Laufbahn als Komponist, Dirigent, Essayist und Hochschullehrer verbunden ist seine politische Biographie, die aus dem 'geborenen' und wohl auch 'hilflosen' Antifaschisten den entschiedenen Sozialisten werden ließ, der die Beihilfe zur Befreiung von unterdrückten, ausgebeuteten und diskriminierten Minderheiten — will sagen von unvorstellbaren Mehrheiten in der dritten oder zweiten oder ersten Welt zu seiner eigenen Sache erklärt und diesem Ziel sein privates, künstlerisches und öffentliches Wirken unterstellt hat.

Das vorliegende Buch, das aus einer Folge von Vorlesungen hervorgegangen ist, die ich im Sommersemester 1986 an der Universität Hamburg gehalten habe, stellt den Versuch einer Annäherung an das Schaffen und Denken Hans Werner Henzes dar. Im Vordergrund steht die Musik. Deren Merkmal ist es freilich, stets mehr als ein musikalisches Spiel mit Klängen sein zu wollen. Um im Bilde zu sprechen: Bei der Begegnung mit Henzes Musik befinden wir uns in einem Konzertsaal, dessen Türen und Fenster *nicht* geschlossen, sondern zur Lebenswelt hin geöffnet sind. Denn die Musik von Henze sucht die Wege, die über die Bühne des Theaters, über das Wort der Dichterin, über die Tonwelten anderer Länder und Zeiten, über das Handeln und Leiden der Menschen heute hin zu der umfassenden Entität »Kultur« führen, die die Spezies Mensch zum wichtigsten Ereignis der Naturgeschichte hat werden lassen. Diese Durchlässigkeit der Trennwände zwischen Musik und Nicht-Musik findet sich wieder in der Aufhebung des Gefälles zwischen Kunst und Nicht-Kunst, in der Beseitigung der Distanz zwischen Privatheit und Öffentlichkeit, in der Prämisse, daß musikalisches Handeln, sofern es öffentlich geschieht, immer auch politisches Verhalten bedeutet. Um all das, was infolge von Henzes Lebensentwurf und künstlerischer Konzeption die Musik (im engen Sinn des Wortes) transzendiert, mit in die Darstellung aufnehmen zu können, beginnt die Reihe der »Vorlesungen« mit einem Überblick über das Leben Henzes und endet mit einem Referat samt kritischem Kommentar über Henzes Selbstdeutungen und die auf sein Schaffen und seine Person bezogenen Urteile der 'öffentlichen Meinung'.

Der Zweck des Buches wäre erreicht, wenn der eine oder die andere angeregt würde, sich mit Henzes Musik auseinanderzusetzen, d.h. sie zu hören, sie zu spielen und ihre Ideen zu bedenken. Dies war auch das Anliegen der Vorlesungen. Darauf abgestimmt ist die Sprache und sind auch die scheinbar abseits liegenden Themen, die immer einmal den Ausgangspunkt zu kleinen Exkursen gebildet haben. Solche 'Abwege' waren in diesem Sommer 1986 ja völlig unvermeidlich. Es zeigte sich dann übrigens, daß bestimmte 'Abwege' in Wirklichkeit 'Zuwege' zu unserem Thema waren. Einerseits fiel ja Henzes 60. Geburtstag am 1. Juli schön passend in diese Zeit. Aber andererseits wurde das Semester mit einem Ereignis eröffnet, das nicht nur diesen Geburtstag, sondern forthin alle Geburtstage aller geborenen und ungeborenen Menschen beeinträchtigen wird: ich spreche vom 26. April 1986, dem Tag von Tschernobyl. Diese zivilisatorische Katastrophe größten Ausmaßes — Zeichen eines sich gegen den Menschen wendenden technischen 'Fortschritts' — konnten und mußten wir als ein konkretes Gegenthema der Henzeschen Kunst erkennen; denn diese ist dem Menschen und der ihm anvertrauten Natur durchaus liebend zugewandt. Desgleichen war die Nähe zum 'Thema' gewahrt, als wir Zeugen und Leidtragende der kaltschnäuzigen Handlungen der administrativen Macher und Fälscher in den Wochen nach Tschernobyl wurden. Henze würde wohl nicht zögern, dieser Politik faschistoide Tendenzen zu unterstellen. Der Atomstaat war plötzlich aus seiner Reserve getreten und hatte — in Form des »Hamburger Kessels« — seine polizeistaatlichen Qualitäten offenbart. Die traumatische Polizeiangst, von der Henze oftmals berichtet hat, fand in Hamburg wie anderswo belebende Anregung.

Die unvermeidlichen thematischen Sprünge führten nicht aus Fahrlässigkeit vom Thema ab. Andere Unzulänglichkeiten werden mir allerdings leicht nachzuweisen sein und bedürfen der späteren Korrektur. Dieses Buch ist ja ohne Absicherung durch und überhaupt ohne jeglichen persönlichen Kontakt mit Hans Werner Henze — seinem Gegenstand — abgefaßt worden. Ich wollte, daß Henze der Gegen-Stand für mich als Autor bleibt, um der Gefahr einer affirmativen Darstellung gar nicht erst ausgesetzt zu sein. Gleichzeitig ist mir vom Schott-Verlag jede erbetene Hilfe auf das Freundlichste zuteil geworden; für die Überlassung von Partituren und Demonstrationsbändern bin ich dem Verlag zu Dank verpflichtet. Da ein Buch vielleicht allein geschrieben, sicher aber nicht allein hergestellt werden kann, gilt mein Dank auch allen beteiligten Argumentlern in Hamburg und Berlin.

Hamburg im Januar 1988   Peter Petersen

I. Hans Werner Henze

Vor kurzem wurde in Hamburg zum ersten Mal Hans Werner Henzes 7. Symphonie gespielt; dieses Werk dürfte somit den meisten hier Anwesenden bekannt sein. Am 5. Februar 1986 hatte Henzes jüngstes Orchesterwerk *Fandango* seine Uraufführung in Paris; ich kenne diese Musik noch nicht, obgleich sie bereits öffentlich geworden ist. Für die zweite Hälfte 1986 ist die Aufführung eines Gitarrenkonzertes angekündigt, an dem Henze gerade arbeitet; diese Komposition kann also sicher nicht in unsere Vorlesung einbezogen werden.

Der hiermit angedeutete Umstand, daß ein Komponist, der mit voller Produktivkraft an der Arbeit ist, gleichwohl einer zusammenfassenden Betrachtung unterzogen werden soll, mag zu Bedenken Anlaß geben. Man könnte etwa auf dem Standpunkt stehen, daß eine Kunstwissenschaft nicht allzu gegenwärtige Bewegungen der Kunstpraxis und -produktion untersuchen sollte. Wäre es nicht angebracht, wenn der Wissenschaftler, zumal der Kunsthistoriker im Gegensatz zum Kunstkritiker einen Gegenstand erst ergriffe, nachdem feststünde, daß er die für eine objektive Einschätzung nötige Distanz gewinnen kann? Wäre es nicht vernünftig, mit der Sichtung, Beschreibung, Klassifizierung und Beurteilung Henzes zu warten, bis er 'dahingegangen' ist und sein Werk überschaubar und endgültig vor uns liegt? Wäre es nicht sicherer, zu warten, bis die Nachwelt ihr Urteil über den Künstler gesprochen und das Gute und Qualitätvolle vom Minderwertigen geschieden hat?

Ich habe solche Bedenken erwogen, sie mir aber nicht zu eigen gemacht. Zwar wäre es nicht zu rechtfertigen, wenn ich ihnen zumutete, den Ausführungen über einen Gegenstand allein meiner persönlichen Vorliebe zu folgen. Vorlesungen sind keine Privatsache, sondern öffentliche Veranstaltungen und müssen vor der Allgemeinheit zu vertreten sein. Indessen stellt sich dieses Problem nicht wirklich: Henze ist zweifellos eine Erscheinung von öffentlicher Relevanz. Seine Musik wird auf der ganzen Welt gespielt und erlebt, beklatscht und bekämpft. Es bedarf also gar nicht einer persönlichen Vorliebe sondern nur eines unbefangenen Blicks in die musikalische Gegenwart, um zu erkennen, daß hier jemand musikgeschichtlicher Betrachtung aufgegeben ist, weil dieser 'Jemand' Musikgeschichte macht.

Distanz gegenüber seinem Gegenstand bewahren: auch dieses Postulat kann ich nicht für alle Fälle akzeptieren. Warum betreiben wir Geschichte? Die erste Antwort wird sein: um zu wissen, was gewesen ist.

Aber warum wollen wir wissen, was gewesen ist? Hierauf möchte ich antworten: weil wir von der Geschichte Aufschlüsse über uns selbst, also über die Gegenwart erhoffen. Wenn aber das Interesse an Geschichte in einem Interesse an der Gegenwart gründet, dann ist das Verlangen nach Distanz gegenüber jedwedem Untersuchungsgegenstand unbegründet. Denn gegenüber der Gegenwart können wir uns nicht distanziert verhalten, sie umfängt uns als unsere Lebenswelt, sie bedingt und bedrängt uns, sie fordert uns heraus.

In Hamburg (wie auch andernorts) wurde neulich der Dokumentarfilm *Shoa* von Claude Lanzmann gezeigt. Lanzmann ist dem Grundsatz, daß Geschichte in der Gegenwart aufzusuchen sei, mit bemerkenswerter Konsequenz gefolgt. Der Film behandelt einen historischen Tatbestand, die Vernichtung der europäischen Juden durch die Nationalsozialisten. Die Sequenzen des Films zeigen indessen ausnahmslos heutige Gegenwart. In den neun Stunden Darbietungszeit — der Film wurde in vier Folgen vorgeführt — erscheint kein einziges Foto oder Filmdokument aus der behandelten Zeit bis 1945. Stattdessen werden heute lebende Zeugen befragt: der Lokomotivführer, der die Züge mit den Juden nach Treblinka fuhr; die Polen, die seit über vierzig Jahren in den Häusern der Juden wohnen; die Verwaltungsbeamten, die für die reibungslose Abwicklung des Vernichtungsauftrags innerhalb und außerhalb der KZs sorgten. Und es werden die Schauplätze in ihrem jetzigen Zustand mit der Kamera abgefahren: die Bahnwege, von denen die Gleise abmontiert wurden; die Trümmerlandschaft von Auschwitz; der von den Nazis gepflanzte Wald über Massengräbern; das Bahnhofsschild der heutigen Station Treblinka. Das Ergebnis dieser strengen Methode ist eine denkbar authentische Vermittlung von Vergangenheit — authentisch nicht im Sinne einer Beweisführung, derer es nicht bedarf, sondern im Sinne einer Vergewisserung heute anzutreffender Spuren in den Köpfen und Herzen und im Lebensraum der Menschen. Diese Spuren können übermächtig hervorbrechen, wie bei dem jüdischen Haarschneider, der im Gedenken an sein fürchterliches Amt in den Gaskammern — er hatte den nackten und getäuschten Frauen und Mädchen das Haar abzunehmen und der weiteren Verwertung zuzuführen — in fassungsloses Weinen verfällt; sie können ohnmächtig geleugnet werden, wie bei dem hochrangigen Fahrdienstleiter der Deutschen Bundesbahn, der noch heute darauf besteht, daß ihm der Güterverkehr nach und von Auschwitz vor 45 Jahren nur als ein gewöhnliches Fahrdienstproblem erscheinen konnte. Daß diese unterschiedlichen Zustände des Bewußtseins nicht vom Umfang des Wissens abhängen, sondern von der Bereitschaft, Distanz preiszugeben, zeigt auch der im Film auftretende Historiker. Er ist ein Spezialist für die Erforschung des Holocaust, ausgewiesen durch ein mehrbändiges Standardwerk. Danach befragt, was ihm der Umgang mit den vielen Dokumenten, die er den Archiven entwunden hat, bedeute, vermag er allerdings nur zu sagen, daß ihn ein originales Schriftstück aus vergangener Zeit mehr berühre als eine Kopie.

Ich habe diesen Seitenweg über den Film *Shoa* nur beschritten, um das Argument zu entkräften, Distanz gegenüber dem Gegenstand sei eine unabdingbare Voraussetzung für wissenschaftliches Arbeiten. Der Historiker, der im Film zu Wort kommt, hat Immenses geleistet, aber ein Vorbild ist er für mich nicht. Er unterliegt einem positivistischen Geschichtsbegriff, den es zu überwinden gilt. Ich meine, daß wir Historiker — auch als Musikhistoriker — hier von dem Filmemacher Claude Lanzmann lernen können.

Was nun das Argument anbelangt, die Befassung mit einem lebenden und zudem sehr produktiven Künstler könne nur zu vorläufigen Einschätzungen seines Schaffens und Wirkens führen, so kann ich dem nur beipflichten ohne dies allerdings gegen mein Vorhaben zu wenden. Denn es hat sich mit der Zeit gezeigt, daß alle wissenschaftlichen Interpretationen und Deutungen in Bezug auf Kunstdinge nur vorläufige Geltung haben. Die Vorstellung, man könne dazu ansetzen, ein endgültiges Bild eines Künstlers zu zeichnen, wenn dieser erst einmal sein letztes Werk geschrieben habe, ist ein Trugbild.

Auch der Einwand, gegen eine Befassung mit einem Komponisten der Gegenwart sprächen die Schwierigkeiten einer gerechten Bewertung, wird immer wieder vorgetragen. Wie sollte ich sagen können, ob Henzes Musik gut oder schlecht ist, wo doch die Kritiken widersprüchlich, die Hörerschaft gespalten, die Rundfunkanstalten reserviert, die Theater abwägend sind und nur der — Schott-Verlag Henze seit 1946 die Stange hält. Ich möchte das Problem der Bewertung, das ohnehin zu den eher ungelösten Fragen der Musik- und Kunstwissenschaft gehört, gern unterlaufen mit dem Hinweis darauf, daß im allgemeinen zu viel bewertet und zu wenig gehört wird. Anstelle einer Bewertung sei die Befragung von Henzes Schaffen und Denken zur leitenden Maxime erhoben. Es geht zunächst um die Feststellung von »Qualität« im ursprünglichen Sinne des Wortes: »qualitas« heißt »Beschaffenheit«. Wie Henzes Musik und Theater beschaffen sind, soll ermittelt werden. Den Beweggründen für seine künstlerische Arbeit soll nachgegangen werden. Die Innovationen und Reprisen seines Schaffens sollen bezeichnet, die Vielfalt und die Schwerpunkte seiner Kunst bestimmt werden. In diesem Zusammenhang empfiehlt es sich, auch den Begriff »Kritik«, der für jede Wissenschaft zentral ist, auf seinen ursprünglichen Bedeutungsgehalt hin auszuloten: griechisch »krinein« heißt »scheiden«, »Kritik« bedeutet also zunächst »Unterscheidung«, ein »Kriterium« ist ein »unterscheidendes Merkmal«. Bevor wir uns also zur Kritik im heute gebräuchlichen Sinn von Beurteilung aufschwingen, müssen wir uns der Mühe der Unterscheidung unterziehen. Auf dieser Grundlage möge dann eine kritische Bestandsaufnahme des Henzeschen Kunstwirkens versucht werden, die indessen die Form einer solidarischen Kritik haben wird. Denn im Gegensatz zu gewissen Kollegen, die Henze kurzerhand als Salon-Revolutionär, als Opportunisten oder gar als geschäftstüchtigen Kunstspekulanten diffamieren, sehe ich keine Veranlassung, an der moralischen und künstlerischen Integrität Henzes zu zweifeln. Eine Gewähr für die Ehrlichkeit seiner Intentionen bietet die Offenheit, mit der Henze über seine Arbeit berichtet. Er arbeitet einer Mystifizierung des künstlerischen Schaffensprozesses geradezu entgegen. Es gibt keine Geheimniskrämerei: was über die Produktion und Rezeption von Musik gesagt werden kann, sagt Henze, wohl wissend, daß vieles nicht aufzuklären ist. Irrtümer werden mitgedacht oder sogar selbstkritisch öffentlich gemacht (wie bei der Neuausgabe seiner frühen Essays). Er hält sich verletzlich gegenüber der Kunstszene und der Gesellschaft allgemein. Sich in langwieriger Probenarbeit mit einem Blockflötenchor toskanischer Schulkinder abzumühen, ruft nur ein Naserümpfen bei den 'ernsten' Komponistenkollegen hervor. Und indem sich Henze nicht nur als Sozialist sondern auch als Homosexueller öffentlich bekennt, gehen die Türen von Schallplattenfirmen und gesellschaftlichen Empfangsräumen auch eher zu als auf. Im übrigen müßte die Maxime, daß Kunst eine Form der Arbeit und nicht des Müßiggangs und des ästhetischen Vergnügens sei, die Henze vertritt, ihn, der ein enormes Arbeitspensum absolviert, eigentlich vor leichtfertigen Unterstellungen der genannten Art bewahren.

Hans Werner Henze wurde 1926 geboren. Er ist damit ungefährer Altersgenosse von so verschiedenen Komponistenpersönlichkeiten wie Jannis Xenakis, György Ligeti, Luigi Nono, Pierre Boulez, Giselher Klebe, Luciano Berio, Karlheinz Stockhausen, Henri Pousseur, Dieter Schnebel und Mauricio Kagel. Diese Generation ist von einem historischen Datum geprägt, das insofern noch eine für sie spezifische Bedeutung gewann, weil es die Komponisten in einem entscheidenden Lebensabschnitt traf: das Ende des zweiten Weltkriegs. Dieses Datum ist zwar für jedermann, der damals noch oder schon gelebt hat, von größter Wichtigkeit, und als Ereignis der Befreiung vom Faschismus hatte es auch für das kulturelle Leben die Qualität einer Auferstehung aus der Finsternis, des Aufbruchs zu neuen Ufern, der Hoffnung auf wirklich freie Kunstentwicklung. Für Henze und seine ähnlich jungen Mitkomponisten kam indessen die spezifische Alterskonstellation hinzu. Der epochale Umbruch erreichte sie in der je persönlichen Entwicklungsphase, in der sie Schule und Elternhaus hinter sich und Studium, Laufbahn, neue Lebensräume, kurz eigenständige Erfahrungen aller Art vor sich sahen. Konkret gesagt: als endlich wieder Informationen über den Stand der avancierten Komposition nach Europa einfließen konnten, also Partituren, gespielte Musik, Theorien über die entwickelte Zwölftonmethode greifbar waren, befanden sich diese Komponisten in dem Alter, das gerade dazu da ist, neue, zukunftsweisende Entwürfe aufzunehmen und an ihnen mitzuwirken.

In dieser vergleichsweise günstigen Konstellation, die ja auch tatsächlich zu enormer Produktivität führte und Zentren wie Darmstadt und Donaueschingen große Ausstrahlung verlieh, befanden sich viele Komponisten neben Henze gleichermaßen. Die nachfolgenden vierzig Jahre wurden von den jeweiligen Lebensläufen aber verschieden gegliedert. Für Henze markiert das Jahr 1966 den wichtigsten Einschnitt seit Kriegsende. Zu den Salzburger Festspielen kommt seine letzte eigentliche Oper — sie ist eine »Opera seria« — zu prächtiger Aufführung; die *Bassariden* schließen eine zwanzigjährige Entwicklung scheinbar ab. Zugleich beginnt in diesem Jahr eine neue politische Orientierung, ein zweites Erwachen des gesellschaftlichen Bewußtseins, das — nach Henzes eigenem Bekunden — über den bloßen Antifaschismus, den er schon als Schüler entwickelt hatte, hinausging. Diese Umbruchphase beschreibt Henze in einem Gespräch mit Hansjörg Pauli aus dem Jahre 1971 so:

So baute ich in Italien um meine Person und meine Arbeit eine eigene Welt auf, aus meinen Vorstellungen, meinen Wünschen und Träumen. Ich merkte nicht, wie ich mich dabei zusehends isolierte, wie meine Musik immer privater wurde, wie sie mehr und mehr von privaten Anlässen ausging, private Mitteilungen enthielt, an einzelne, an Private sich richtete. [...] Die Krise, auf die ich zusteuerte, ohne es zu ahnen, brach aus, während ich die »Bassariden« schrieb. Mit einem Mal hatte ich den Eindruck, nichts mehr zu verstehen, nichts mehr zu haben, abgeschnitten zu sein; ich merkte, daß ich in einer Einöde lebte, wo man aufhört zu denken und sich nur noch mit Gefühlen abgibt, Gefühle kultiviert. [...] Schließlich wurde ich krank. Daran war nun nicht mehr vorüberzusehen. Das konnte ich nicht mehr leugnen. Und das war vielleicht der Anfang meiner Bewußtwerdung. Freunde erzählten mir von Rudi Dutschke. Im Herbst 1967 fuhr ich nach Berlin, um ihn zu treffen.
(HENZE 1984, 150)

Die für Henzes individuelle Entwicklung wichtige Zäsur nach den *Bassariden*, und die musik- und weltgeschichtliche Zäsur des Wiederbeginns freier Kunstausübung gliedern Henzes bisheriges Leben in dreimal zwanzig Jahre: 1926 → 1946 → 1966 → 1986. Dieses Zeitschema kann uns als ein bequemes und dabei nicht nur äußerliches Gerüst für eine Skizze der Biographie Henzes dienen, die nachfolgend entworfen werden soll.

1926 bis 1946

Die erste Lebensphase Henzes sollte man unter das Motto »Eine Jugend im Nationalsozialismus« stellen. Denn auch wenn es um die Biographie eines Musikers geht, sind in diesem Falle die Zeitumstände so übermächtig, daß sie die bestimmende Perspektive für die Schilderung von Kindheit und Jugend, Bildung und musikalischer Ausbildung abgeben. Muß es nicht geradezu läppisch erscheinen, die Information A: »1932 kommt Hans Werner in die Schule« neben die Information B: »1932 erringt die NSDAP bei den Reichstagswahlen 230 von insgesamt 608 Sitzen« zu stellen? Und auch das Jahr 1926 erhält seine Bedeutung nicht durch das eher belanglose Faktum, daß am 1. Juli Hans Werner Henze 'das Licht der Welt erblickte', sondern viel eher durch den mißlichen Umstand, daß am 20. Juni das Volksbegehren der SPD und KPD auf Enteignung der Fürsten abgewendet wurde. Bedenkt man weiterhin, daß 1920 die NSDAP gegründet worden war, 1924 Hitler »Mein Kampf« geschrieben hatte, und 1925 die NS-Terrororganisation »Schutzstaffel« (SS) zu 'arbeiten' begonnen hatte, so läßt sich nur konstatieren, daß Henzes Geburt von Anfang an unter dem braunen Stern der Nazis stand. Es gehört zu den bedenklichen Symptomen unserer heutigen Zeit, daß dieser Unstern wieder aufzusteigen beginnt, wofür ein ganz aktuelles Zeugnis ausgerechnet aus Gütersloh in Westfalen, wo Henze zur Welt kam, gemeldet wird: »*Lieber stehend sterben als auf Knien leben. Die gefallenen und ermordeten deutschen Soldaten und Freiheitskämpfer zeigen uns das Ziel: Deutschlands Freiheit. Das Ziel ist klar, der Weg ist weit, und nicht jeder wird es erreichen. Manch einer wird fallen, aber marschieren und kämpfen werden wir trotzdem, aufrecht und immer den Blick nach vorn gerichtet!*« Dies ist Originalton Gütersloh 1986 (!) laut einem Bericht der Hamburger Rundschau vom 26. März über Jungfaschisten in der ostwestfälischen Kleinstadt. Ob hier nun politische Wirrköpfe oder reaktionäre Planer am Werk sind, ob die Schläger infolge Arbeitslosigkeit oder einfach im Rahmen pubertärer Krisen für rechtsradikale Ideologeme anfällig geworden sind, die Ausschreitungen sind jedenfalls ernst zu nehmen, weil die zukünftigen Opfer bereits ins Visier genommen werden: »*Was heißt überhaupt Deutschland? Es ist weder dieser Ami-Puff mit einem türkischen*

Pförtner, noch diese russische Kohlsuppenrepublik. Deutschland, das sind wir. Wir, die noch Blut in den Adern haben, das angesichts der Unterdrückung unseres Volkes zu kochen anfängt.« Stellen wir uns vor, Hans Werner Henze besucht seine Geburtsstadt, tritt aus dem Bahnhof und wird von der »Nationalistischen Front« »platt gemacht«, weil Sozis und Schwule auf deren Abschußliste stehen: keiner kann leugnen, daß dies 1986 wieder eine reale Möglichkeit ist. Einem neunzehnjährigen Jungsozialisten ist es gerade so ergangen: »*Hinterher mußte meine Lippe genäht werden, ich hatte Prellungen am Ohr, an den Nieren, ein Auge dick. Und ich hatte natürlich ganz erhebliche Hals- und Nackenschmerzen, davon, daß sie mir mit Springerstiefeln draufgetreten hatten.*«

Henze hat den virtuellen Faschismus in Deutschland, eine Disposition zu Haltungen wie Kulturfeindlichkeit, Provinzialismus und Militarismus auch in den Aufbaujahren nach dem Kriege gespürt und mit seiner Übersiedlung nach Italien die Konsequenzen gezogen. Was er hierüber rückblickend schreibt, ist heute in Tatsachen wieder greifbar:
Die Deutschen, die mich während meines ganzen bisherigen Lebens kaputtgemacht hatten, die Strafenden, Prügler, Hetzer in Rudeln, Denunzianten, Stiefelprinzipale, unheilbare Faschisten, sollten mich nicht mehr erreichen. Ich würde sowieso nichts gegen sie ausrichten, bin kein Kämpfer, will kein Sieger sein. (HENZE 1984, 134)

Der Nationalsozialismus hatte das Kind Hans Werner bald eingeholt. Am direktesten und schmerzlichsten erfuhr der Junge dies an seinem Vater, einem Volksschullehrer, der nach idealistischen und reformerischen Anfängen schließlich doch in die NSDAP eintrat und sich nun »*mit Leib und Seele dem Nationalsozialismus verschrieb*« (GEITEL 1968, 11). Zu diesem Zeitpunkt war Henze elf Jahre alt. Seine drei Geschwister waren zehn, fünf und ein Jahr alt. Die Mutter und Großmutter versorgten die Familie, die inzwischen in das Dorf Dünne bei Bünde in Westfalen umgezogen war und dort das Dorfschulhaus bewohnte. Henze hatte die Uniform der Jungvolkpimpfe zu tragen und sich beim Zu-Bett-Gehen mit »Heil Hitler« vom Vater zu verabschieden.

Auch die musikalischen Erfahrungen dieser Jahre standen unter dem Unstern der Zeit. Henzes Klavierlehrer vertrat nach dem Judenpogrom der »Reichskristallnacht« am 9.November 1938, wo Häuser in Brand gesteckt wurden, jüdische Mitschüler verschwanden, der jüdische Friedhof niedergemacht wurde, die Ansicht, dies geschehe alles zu recht: »nur auf diese Weise könne sich deutsche Kultur endgültig vom Judentum befreien« (GEITEL 1968, 12).

Am 1.September 1939 fällt Hitler in Polen ein, im April 1940 wird Dänemark und Norwegen überfallen und im Mai 1940 Holland, Belgien, Luxemburg und Frankreich angegriffen. Französische Kriegsgefangene kommen auch nach Dünne, wo sich durch den Stacheldraht Kontakte mit der Dorfjugend ergeben. Der vierzehnjährige Hans Werner klaut dem Vater Zigaretten und schmuggelt sie ins Lager (GEITEL 1968, 13). Im April 1941 greift Hitler Jugoslawien und Griechenland an, im Juni 1941 wird die Sowjetunion überfallen. Die sogenannte »Endlösung der Judenfrage« wird am 31.Juli 1941 der SS als Aufgabe übertragen und die Vernichtung der Juden seit Frühjahr 1942 systematisch betrieben.

Henzes Vater ist noch einmal versetzt worden, an eine Schule in der Nähe von Bielefeld. Der jetzt sechzehnjährige Junge wird hier Zeuge der Mißhandlungen an russischen Kriegsgefangenen. Mitleid mit den Geschundenen und Haß auf die Nazis schießen in einem Gefühl der Ohnmacht und Wut zusammen. In Bielefeld, wo Henze jetzt zur Schule geht, trifft er sich mit Freunden zu privaten Musikaufführungen, daneben kommen die jungen Leute zu konspirativen Sitzungen zusammen. Ein Freund kann an die verbotenen Bücher der Stadtbibliothek gelangen. Sie lesen Werfel, Trakl, Else Lasker-Schüler, Benn und Heym. Lehrer Henze zeigt die Jungen an, doch außer, daß die Bücher sichergestellt werden, passiert nichts.

Mitten im Kriege, im Frühjahr 1943, tritt die für Henze bessere Wende ein: er muß — er darf die Schule verlassen (wegen ungenügender Leistungen) und wird als Student der Staatsmusikschule in Braunschweig zugelassen. Da dieser Schule ein Internat angegliedert ist, bedeutet das Studium auch die Trennung vom Vater — was einer Befreiung gleichkam — und der Mutter mit ihren weiteren fünf Kindern.

Das Braunschweiger Jahr — Henze wurde bereits im Januar 1944 zum Arbeitsdienst eingezogen — wird im allgemeinen unter dem Aspekt der musikalischen Prägung des jungen Komponisten beschrieben. Der Unterricht bei seinem Paukenlehrer habe die spätere Vorliebe für's Schlagzeug begründet, der rund 30malige Besuch einer *Figaro*-Aufführung nehme seine Passion für Mozart vorweg, die Schauspielklasse, der sich Henze besonders hingezogen fühlte, vermittelte ihm eine lebenslange Prägung als Mann des Theaters, die Mitstudentin Helga Pilarczyk habe er später im *König Hirsch* unterbringen können, usw. usw.

Demgegenüber betont Henze selbst ganz andere Erfahrungen: sein Einblick in die Gewaltstrukturen des Regimes, die in der Großstadt eben noch viel drastischere Formen annahmen als auf dem Dorf. Es

Soldat und Kriegsende

bestätigt sich wiederum, daß im Falle Henze nicht die musikalische Umwelt sondern das politische Zeitgeschehen prägend und auch für die Entwicklung des Komponisten bestimmend waren. Hierzu sei aus einem Gespräch zitiert, das Hubert Kolland 1980 mit Henze geführt und aufgezeichnet hat:

Im Braunschweig jener Jahre gab es auch bereits wieder »Rote« (wie man sagte): Arbeitersöhne, die in Gruppen auftraten, sich aus Gründen der Provokation die Haare lang wachsen ließen und mit Öl einschmierten — sah ziemlich furchtbar aus —, und die man »Stenze« nannte. In ihrem Auftreten und in ihrer Aufmachung widersprachen sie vollständig den Vorstellungen der Nazi-Autorität. Sie hatten etwas von der Verweigerung, wie man sie später bei den Rockern findet, auch von deren Aggressivität. Ja, und eines Tages wurden die alle festgenommen bei einer SS- und Polizeiaktion, »Heldenklau« genannt, bei einer Razzia, einer Zwangsrekrutierung Jugendlicher, die nicht zu Naziorganisationen gehörten und die nicht in den Gymnasien studierten. Bei der Sache war ich zugegen, auch ich war zusammen mit mehreren Studienkollegen festgenommen worden. Da wurde man im Hof des Polizeigebäudes nach dem Alphabet aufgestellt, ärztlich untersucht und kam dann aus der Hintertür mit einem Stellungsbefehl für die Waffen-SS heraus! Mir ist es gelungen, im letzten Moment ohne Stellungsbefehl aus dem Gebäude zu entweichen. Aber die Erinnerung an die Brutalität dieser Nazis hat mich nie mehr verlassen. Die schlugen dort jedem ins Gesicht, der ihnen aufsässig erschien. Ein Junge war so zusammengeschlagen worden, daß er ohnmächtig und blutend auf dem Boden lag — es war verboten, aus der Reihe zu treten und ihm beizustehen. Da habe ich auch gesehen, wie die »Stenze« von Braunschweig öffentlich gedemütigt wurden. Geschoren wurden sie von den SS-Schweinen — die trugen dabei Handschuhe, weil es ihnen zu eklig war, dieses ölige Proletenhaar anzufassen. Du kannst dir gar nicht vorstellen, wie gewalttätig und furchtbar es zuging. Wer es nicht miterlebt hat, kann es ja kaum glauben. Es war die Zeit der absoluten Rechtlosigkeit, des Terrors, der Angst. Die Katastrophe des Faschismus schlug sich in jedem Individuum nieder, als Verfallserscheinung, als Hoffnung, als persönliche Tragik. Und die Deutschen zeigten sich von ihrer schlimmsten Seite. Man lernte den Haß kennen, den Betrug, die Lüge, den Verrat, die Brutalität, den Verlust der Menschenwürde.
(HEISTER 1980, 53-54; auch HENZE 1984, 304-306)

Im letzten Kriegsjahr ist Henze Soldat. Er wirkt bei der Produktion von Lehrfilmen mit, wird Funker und bekommt noch im April 1945 Maschinengewehr und Panzerfaust verpaßt. Die Kapitulation, von der Henze in Dänemark erfährt, wird zur Verbrüderung genutzt: er schenkt dem Sohn des Pfarrers, bei dem seine Gruppe einquartiert war, sein Gewehr. Die Kriegsgefangenschaft verläuft glimpflich und kurz. Im August 1945 wird Henze entlassen und sucht seine Familie in dem Dorf bei Bielefeld auf. Sein Vater, der sich 1943 noch freiwillig zur Wehrmacht gemeldet hatte, kommt nicht zurück. Henze jobt als Hilfsarbeiter, Dolmetscher und Klavierspieler. Auf Umwegen gelangt er im Frühjahr 1946 nach Heidelberg. Hier wird er Schüler von Wolfgang Fortner. Von jetzt ab steht die Musik für ihn im Vordergrund.

1946 bis 1966

Für die Darstellung von Henzes zweitem Lebensabschnitt, den Jahren 1946 bis 1966, können verschiedene Gesichtspunkte zugrundegelegt werden:
— rein biographische Begebenheiten
— seine künstlerische Entwicklung
— seine Stellung im Musikleben

Henze lebte bis 1953 in den Westzonen bzw. in der Bundesrepublik Deutschland. Seit 1953 wohnt er in Italien (was übrigens ein Einschnitt ist, der meiner schematischen Untergliederung widerspricht). Die Zeit bis 1953 war von häufigen Ortswechseln bestimmt, je nachdem, welche Personen oder welche Stellungen sich Henze als attraktiv darstellten. Die Heidelberger Jahre bei Fortner unterbrach Henze selbst, als er 1948 nach Göttingen zog, um in völliger Abgeschiedenheit komponieren zu können. 1949 bot sich ihm die Chance, in Konstanz eine Ballettgruppe musikalisch zu betreuen. Dieses Projekt kam nur mühsam in Gang. Mehr Hoffnungen schien Berlin zuzulassen, wohin er 1950 überwechselte. Doch ein schwerer Konflikt mit dem Chef der Städtischen Oper, dem einflußreichen Heinz Tietjen, machte diese Hoffnungen zunichte. Nun setzte sich Tatjana Gsovsky, die namhafte Ballettöse an der Ost-Berliner Staatsoper, für ihn ein: wieder umsonst.

Nach Klaus Geitel waren es diese Enttäuschungen, die Henze ans Ende seiner Kräfte brachten. Er unternahm 1950 einen Selbstmordversuch. Eine solche persönliche Tragödie ist wohl immer auf viele verschiedene Gründe gleichzeitig zurückzuführen. Daß es nur der Mißerfolg in Berlin war, scheint mir eher unwahrscheinlich. Diese Fragen gehen den Chronisten aber auch nichts an. Wichtig ist allein, daß Henze gerettet wurde, und wer ihm aus der Krise heraushalf. Dies war Paul Dessau. Dessau besuchte Henze täglich im Krankenhaus, lud ihn dann zu sich ein, stellte ihm alles zur Verfügung, über das er verfügen konnte: seine Bekannten (darunter Brecht), seine Partituren, sein Arbeitszimmer im Deutschen Theater. (Als Dessau am 28.Juni 1979 stirbt, läßt Henze alles stehen und liegen und reist nach Berlin, um mit den Freunden und Schülern dieses stillen, strengen und großen Mannes eine Totenwache abzuhalten.)

Ende 1950 erhielt Henze eine Anstellung in Wiesbaden als Hauskomponist am Staatstheater. Er konnte wieder arbeiten und hatte Erfolg. 1952 siedelte er nach München über, 1953 erfolgte dann die ziemlich plötzliche 'Auswanderung' nach Italien. Die Gründe für diese Übersiedlung wurden schon berührt. Sie waren sicherlich weniger rationaler denn gefühlsmäßiger Art. Eine Tat, die mehr geschieht als daß

Studium generale von Italien aus

man sie beschließt. Das erste Ziel war die am Golf von Neapel gelegene Insel Ischia, die Henze schon 1951 flüchtig und ohne Absichten besucht hatte. Auf dieser 'Prominenten'-Insel wohnte Henze drei Jahre. Nach Abschluß des *König Hirsch* zog er 1956 nach Neapel und fünf Jahre später nach Rom, in dessen Nähe er zunächst in ländlicher Umgebung, seit 1966 dann bei Marino, 20 km vor Rom, in eigenem Haus bis heute lebt.

Henzes künstlerische Entwicklung von den Anfängen bei Wolfgang Fortner 1946 bis zur Aufführung der *Bassariden* auf den Salzburger Festspielen 1966 vollzog sich auf der breiten und vielgleisigen Bahn eines Bildungsprozesses, wobei eigenes Produzieren und Lernen, das Rezipieren von Kunst und Kultur aller Fächer, und der Kontakt mit Menschen, Institutionen, Gruppierungen gleichermaßen eine Rolle spielten. Im einzelnen lassen sich folgende Aktivitäten anführen:

(1) Die Aneignung einer differenzierten Kompositionstechnik auf der Grundlage der konventionellen, soliden Ausbildung bei Fortner; die Kenntnisnahme der durch René Leibowitz vermittelten Zwölftontechnik; die skeptische Rezeption der verschiedenen Programmentwürfe der musikalischen Avantgarde, die auf den Darmstädter Kursen für neue Musik diskutiert wurden.

(2) Die allmähliche Meisterung großer Formen durch teils dramaturgische Konstruktionsmittel (wie in der fünfstündigen »Oper in drei Akten«, dem *König Hirsch*), teils musikalische Konstruktionsmittel (wie in der zweieinhalbstündigen »Opera seria«, den *Bassariden* in Form einer viersätzigen Symphonie: Sonatensatz / Scherzo mit Trio / Adagio mit Fuge und Intermezzo / Passacaglia).

(3) Die Durcharbeitung aller wichtigen Musik des 19. und 20. Jahrhunderts, die ihm bisher vorenthalten worden war, also die gesamte 'jüdisch-bolschewistische' und 'entartete' Musik von Mahler bis Strawinsky und Schönberg.

(4) Der Kontakt mit bzw. die Scheidung von maßgeblichen Persönlichkeiten der damaligen Kunstszene, also Komponisten wie Strawinsky, Hartmann, Dessau, Britten, Nono einerseits, Boulez, Kagel, Ligeti, Stockhausen andererseits; Dirigenten und Regisseuren wie Leibowitz, Scherchen, Bernstein, Karajan, Dohnányi, Sacher, Rosbaud, bzw. Visconti, Ponelle, Schlöndorff, Ashton; Literaten wie Grete Weil und Ingeborg Bachmann, Ernst Schnabel, Cramer, Hildesheimer, Böll, oder Elsa Morante, Visconti, di Vega, Auden und Chester Kallman.

(5) Das Erlernen und Erproben künstlerisch praktischer Arbeit als Dirigent — Henze war von 1960 bis 1968 ständiger Gastdirigent der

Berliner Philharmoniker — und als Regisseur — Henze hat viele eigene und einige fremde Theaterwerke inszeniert.

(6) Literarische und Lehrtätigkeit (1964 erschien ein Band mit Essays, 1962 bis 1966 war Henze Leiter der Meisterklasse für Komposition am Mozarteum in Salzburg).

Die Stellung, die Henze im öffentlichen Musikleben Europas der Jahre 1946 bis 1966 gewann, war das Ergebnis einer langen Reihe von Erfolgen und Mißerfolgen. Jedenfalls spielte sich die Auseinandersetzung um sein Werk nicht nur auf Festivals, in den dritten Rundfunkprogrammen und in Fachzeitschriften, sondern 'live' in Konzert- und Theatersälen ab. Von größter Wichtigkeit für den zwanzigjährigen Komponisten war die spontane Entscheidung Willy Streckers, des Chefs des auf Neue Musik spezialisierten Schott-Verlages, Henze auf Dauer in das Verlagsprogramm aufzunehmen. Die dazugehörige Geschichte erzählt Klaus Geitel. Als am 27.September 1946 während der ersten Internationalen Ferienkurse für Neue Musik in Schloß Kranichstein bei Darmstadt Henzes Kammerkonzert für Klavier, Flöte und Streicher zur Uraufführung kam — es war das überhaupt erste Stück Henzes, das öffentlich gespielt wurde —, bat Willy Strecker in der Pause des Konzerts Henze zu sich. Er sagte ihm, »*er habe einen Schönheitsfehler im Konzertprogramm zu korrigieren, zückt den Stift und setzt hinter den Titel der eben gehörten Komposition das Zauberwort 'Schott'. Mit dieser liebenswürdigen Geste ist Henze in den Verlag aufgenommen.*« (GEITEL 1968, 22-23)

Trotz dieses Vertrauensvorschusses ist der Weg zum Erfolg langwierig und gewunden. Eine paradigmatische Rolle spielte dabei die Stadt Berlin. Über die erste schlimme Erfahrung im Jahr 1950 wurde schon gesprochen. 1952 hatte Henze mit der Ballett-Pantomime *Der Idiot* nach Dostojewskij einen rauschenden Erfolg in Berlin. 1956 und 1957 gab es dagegen zwei regelrechte Theaterskandale mit Henze-Stücken: die Aufführung des *König Hirsch* (in einer verstümmelten und schlecht vorbereiteten Fassung) ging im Lärm eines randalierenden Publikums unter, obgleich Tatjana Gsovsky und Paul Dessau — »*Wandert doch nach Bayreuth aus!*« — die Menge, die schließlich Henze in bedrohlicher Zusammenballung vor dem Theater erwartete, zur Raison zu bringen versuchten (GEITEL 1968, 73-74). Im nachfolgenden Jahr wurde auch Henzes zusammen mit Visconti geschriebenes freches »Jazz«-Ballett *Maratona* auf den Berliner Festwochen am 24.September 1957 ausgepfiffen. Als hätte sie den Theaterskandal geahnt, annoncierte Ingeborg Bachmann in einem Brief an Wolfgang Hildesheimer die *Maratona*-Aufführung so: »*Hier wird das Glück im Winkel ja nur von kurzer Dauer sein, denn ich fahre am 20. September nach Berlin zu Onkel Hans Theodor, der dort einen Heimatabend gibt vor den Preußen mit einer Schuhplattlereinlage, und hoffen wir auf einen großen Erfolg«.* (Freibeuter 27, 1986, 24). Doch die 'Preußen' liebten diese Art 'Heimatabend' nicht. Die Aufführung gewann tumultartige Formen, die Visconti zwar zu genießen schien (»*Un grande successo!*«), auf welche Henze aber mit Magenkrämpfen reagierte (GEITEL 1968, 76).

Mit der Aufführung der *Elegie für junge Liebende* in Berlin 1961, die von Henze selbst inszeniert, ausgestattet und dirigiert wurde, stellte sich dann aber ein durchschlagender Erfolg ein, der auch anhielt. Die Uraufführung des *Jungen Lord* in der Deutschen Oper Berlin 1965 fand ein lautes und internationales Echo und festigte die Meinung der Kritik, daß mit Henze wieder ein originärer Opernkomponist erschienen sei, der sogar das schwierige Genre der komischen Oper zu meistern verstünde. Eine seltene Ehrung wurde Henze noch 1964 zuteil, als die Berliner Philharmoniker sich ihm zur Verfügung stellten, um an zwei Abenden unter Leitung des Komponisten die fünf bis dahin entstandenen Sinfonien aufzuführen.

Ein Ausdruck der allmählich wachsenden Anerkennung, die Henze erfuhr, waren auch die zahlreichen Kunstpreise, die ihm zugesprochen wurden: 1951 erhält Henze den Robert-Schumann-Preis der Stadt Düsseldorf, 1952 nimmt er in Palermo den Prix Italia entgegen. In London wird ihm 1956 die Sibelius-Gold-Medaille verliehen, das Land Nordrhein-Westfalen zeichnet ihn 1957 mit dem Großen Kunstpreis aus, 1961 bekommt er den Kunstpreis der Stadt Hannover. Außerdem wird Henze zum Mitglied der Academia Filarmonica Romana ernannt und erhält den Ruf ans Mozarteum in Salzburg. Im übrigen zählten für ihn aber vor allem der Zuspruch von einigen wenigen Menschen, die er selbst hoch einschätzt. Eine einzige positive Äußerung Strawinskys, wie z.B. dessen Zuspruch nach einem Skandal in Neapel um seine (und Grete Weils) Oper *Boulevard Solitude* von 1954, bedeutet ihm mehr als alles Lob und alle Kritik der Tages- und Fachpresse.

1966 bis 1986

»*Musik ist nolens volens politisch*« — so überschreibt Henze den Abdruck eines Gesprächs, das er 1969 mit J.A. Makowsky führte. »*Wie kamst du zur Linken?*« wird er gefragt. »*Wie jeder andere Mensch auch, würde ich denken*« antwortet Henze. »*Die Beobachtung, daß nach dem Sturz Hitlers der Hitlerismus weiterlebte, der Faschismus eine andere Maske angenommen hatte, hat bei vielen Leuten, so auch* bei mir, ein Faschismustrauma hinterlassen. [...] Einschneidende Erlebnisse waren auf der einen Seite [zudem] der Befreiungskrieg der FNL [in Vietnam], auf der anderen Seite der Befreiungskampf der Neger in den USA.« (HENZE 1984, 136-137)

Die Formel »*Musik ist nolens volens politisch*« bedeutet indessen mehr, als dieses linke Engagement als komponierender Bürger. Sie besagt, daß Musik eine öffentliche Sache ist, abhängig von öffentlichen Institutionen und involviert in öffentliche Kommunikationsprozesse. Diese Einsicht impliziert, daß nicht nur Werke mit deutlichem politischen Sujet oder Anlaß wie etwa die *Jüdische Chronik* von 1960, die sechste (kubanische) Sinfonie von 1969, die szenische Kantate *Streik bei Mannesmann* von 1973, die Musik zum Film *Die verlorene Ehre der Katharina Blum* von 1975, sondern auch Henzes Schaffen vor seiner erweiterten politischen Orientierung einschließlich der nicht-programmatischen oder stofflich weit gehaltenen späteren Werke wie die Streichquartette von 1975/76 oder die 7.Symphonie von 1984, das Märchen *Pollicino* von 1980 oder das Tanzdrama *Orpheus* von 1978 nolens volens politisch sind.

Wir können aber noch einen Schritt weiter gehen und den Ausdruck »Musik« durch den Ausdruck »Mensch« ersetzen: »Der Mensch ist nolens volens politisch«. Daß selbst die private Existenz von Menschen politische Relevanz hat, wird z.B. an dem Umgang der Öffentlichkeit mit der Minderheit der Homosexuellen deutlich, der sich Henze zugehörig weiß. Dies zu erkennen und daraus Konsequenzen zu ziehen, war für Henze wie für alle Mitglieder dieser Gruppe sicherlich ein zögerlicher und schmerzlicher Entwicklungsprozeß. Er gehört aber unbedingt zu dem politischen Emanzipationsgebot dazu, dem Henze nach 1966 sich und sein Schaffen unterstellte. Zitieren wir eine frühe öffentliche Äußerung Henzes zu diesem Problem. Sie stammt aus einem Gespräch, das Hans-Klaus Jungheinrich 1972 mit Henze führte und das im selben Jahr in der Zeitschrift Melos erschien. Henze antwortete Jungheinrich auf dessen Frage, ob das Prinzip einer »*musica impura*«, das für seine Musik nach 1966 bestimmend sei, mit einer Abkehr von technologischer Materialbetrachtung einhergehe, folgendermaßen:

Sie waren der einzige, der jemals gewagt hat, meine Homosexualität zu erwähnen und in einen politischen Zusammenhang zu bringen. Ich glaube, daß man meine Musik einfach nicht erklären kann, wenn man dieses Element außer Betracht läßt. Es ist selbstverständlich maßgebend. Die emotionalen Gründe für ein Kunstwerk sind wichtig. Wenn sie bei mir heute politisch sind und nicht mehr von unausgesprochenen Concetti homosexueller Perspektive bestimmt, dann deshalb, weil ich denke, daß bei der Befreiung unterdrückter Minoritäten eben auch die Minorität der Homosexuellen zu zählen hat. Mein musikalisches Verhalten ist determiniert vom Trauma, das die bestehende Gesellschaft Menschen meiner Kategorie bereitet hat und noch bereitet mit ihrer »repressiven Toleranz«. Daß ich z.B. in meiner Arbeit die strenge Dodekaphonie oder gar die Serialität, bei der alle Parameter prädeterminiert waren, vermied, liegt daran, daß mich diese Methoden schon aus dem Grund nicht interessiert haben, weil sie mir so »pur« vorkamen und weil mir schien, daß ich nichts »sagen« konnte innerhalb dieser Regeln. Mich interessiert Musik, um Stimmungen, Atmosphäre, Zustände wiederzugeben. Ich will keine absolut zugeschnürten Musikpakete. Auf gesellschaftliche Ächtung muß man reagieren, entweder durch Provokation oder durch Assimilation. Beides verursacht gewisse Verheerungen in einem Menschen. Das war auch einer der Gründe, warum ich vor 20 Jahren dieses Land verlassen habe. Gesellschaftliche Ächtung, Unsicherheit, die Gefahr der Deformation: daraus entstand dann auch politisches Engagement. Ich habe bezeichnenderweise mein Marxismusstudium nicht angefangen mit Stalin oder Lukács, sondern mit Dutschke und Marcuse. Aber seit meiner Jugendzeit hat sich vieles verändert; wenn ich jetzt zwanzig wäre, würde mein Leben, meine Laufbahn ganz anders verlaufen, da bin ich sicher. Früher war die Tendenz bei mir enorm, mich bestätigt zu sehen, glanzvolle Erfolge zu haben. Das war wahnsinnig wichtig für mich, bis ich endlich merkte, daß meine Ruhmsucht wohl nichts anderes war als ein Ersatz für mangelnde Glücksmöglichkeiten in den übrigen Lebensbereichen, als Kompensation für diese bizarre Existenz zwischen Bourgeoisie und den Vorstädten. (HENZE 1984, 196-197)

Das im Zitat u.a. angesprochene Marxismus-Studium fand statt im Rahmen einer gründlichen Theorieaufarbeitung, zu der Henze 1967 ansetzte (HENZE 1984, 330). Außer Herbert Marcuse und Rudi Dutschke, Georg Lukács und Stalin finden sich noch Erwähnungen von Trotzki, Gramsci und Adorno, Visconti und Pasolini, Elsa Morante, Ferdinando Russo und Luigi Nono. Man kann aber davon ausgehen, daß die Reihe sehr viel länger ist, zumal Henze angibt, daß er während seiner ganzen Zeit in Italien mit Intellektuellen zusammen war und gearbeitet hatte, die *»selbstverständlich Linke und meist sogar Kommunisten«* waren. (HENZE 1984, 136)

In diesen Jahren organisierte Henze sein ganzes Leben neu. 1967 bis 1969 hielt er sich häufig in Berlin auf. Er arbeitete direkt beim Sozialistischen Deutschen Studentenbund mit. Er half bei der Organisation und Durchführung des großen Vietnam-Kongresses 1968 in Berlin. Im selben Jahr trat er (zusammen mit Paul Dessau) aus der Akademie der Künste in West-Berlin aus und ließ sich als korrespondierendes Mitglied in die Akademie der Künste der DDR aufnehmen. Mitglied der DKP wurde Henze nicht; er ist seit 1977 Mitglied der KPI. 1969 bis 1970 reiste Henze zweimal nach Kuba als Gast des Nationalrats für Kultur. Dort half er bei der Landarbeit, lehrte Musik und komponierte seine 6. Sinfonie, die er auch in Havanna zur Uraufführung brachte.

Seit 1975 plante Henze den 1 Cantiere Internazionale d'Arte in Montepulciano und führte ihn 1976 zusammen mit professionellen Musikern aus aller Welt sowie Laienmusikgruppen, Schulen und Bildungseinrichtungen der toskanischen Kleinstadt durch. Dieser demokratischen Basisarbeit unterzog sich Henze Jahr für Jahr. 1980 gab er die Leitung des Cantiere ab, griff aber die pädagogische Kulturarbeit 1983 wieder auf, als er die Leitung der Mürztaler Musikwerkstatt übernahm, und 1984, als er das erste Deutschlandsberger Jugendmusikfest ins Leben rief. Auf seine Anregung hin entstand die Jugendoper *Robert der Teufel*, »gedichtet und komponiert von Deutschlandsberger Kindern und Jugendlichen«, die 1985 in der Steiermark uraufgeführt wurde (vgl. Frankfurter Rundschau vom 18.11.1985).

Die politisch-praktischen Aktivitäten machen indessen nur einen kleinen Teil des Arbeitsalltags aus. Henze dirigiert und inszeniert weiterhin rund um die Welt: in London und Tokio, in allen drei Amerikas, in Berlin hüben und drüben, in Rostock und beinahe auch wieder in Hamburg (hätte nicht der Orchestervorstand des Philharmonischen Staatsorchesters Henze für »nicht gut« befunden). Zur Entgegennahme von Preisen und Auszeichnungen bereitet er Reden vor und unternimmt Reisen. So wird er 1971 Ehrendoktor der Universität Edinburg und 1975 Ehrenmitglied der Royal Academy of Music in London. Die Stadt Braunschweig verleiht ihm 1976 den Ludwig Spohr Preis, die Freie und Hansestadt Hamburg 1983 den Bach-Preis. 1982 wird Henze Ehrenmitglied der Deutschen Oper Berlin, DDR, und Mitglied der American Academy and Institute of Arts and Letters sowie 1983 Korrespondierendes Mitglied der Deutschen Akademie für Sprache und Dichtung Darmstadt. Seit 1980 füllt Henze eine Ordentliche Professur für Komposition an der Musikhochschule in Köln aus. Er ist Herausgeber der Reihe *Neue Aspekte der musikalischen Ästhetik* (Fischer 1980, 1981, 1986) und Autor zahlreicher Essays. Hervorzuheben ist das (inzwischen auch preisgekrönte) Buch *Die Englische Katze. Ein Arbeitstagebuch 1978-1982* (Fischer 1983).

Bei alledem steht allerdings das Komponieren weiterhin im Vordergrund. Henzes Werkverzeichnis für 1966-1986 enthält 10 szenische Werke, 9 Vokalwerke, 20 Orchesterwerke (ohne eigene Bearbeitungen), 26 Kammermusikwerke und 4 Filmmusiken. Die für Henzes Entwicklung wichtigsten und überhaupt zu beachtenden Arbeiten sind vielleicht das Oratorio volgare e militare *Das Floß der Medusa*, das Rezital *El Cimarrón*, die Liedersammlung *Voices*, die Show *Natascha Ungeheuer*, das Vaudeville *La Cubana*, das Bond-Stück *Wir erreichen den Fluß*, das dramatische Ballett *Orpheus*, die Story *Die Englische Katze*. Unter den Instrumentalwerken ragen das zweite Violin- und das Bratschenkonzert, das zweite und dritte (*Tristan*) Klavierkonzert, die sechste und siebte Sinfonie, die programmatischen Orchesterwerke *Heliogabalus Imperator*, *Barcarola*, *Le miracle de la rose* hervor. Auffällig ist der große Umfang mancher Instrumentalwerke, ohne daß 'einfach' Zeit geschunden wird. Stilistisch erfährt Henzes Musik nach 1966 eine deutliche Erweiterung. Am auffälligsten ist die gelegentliche Einbeziehung aleatorischer Verfahren in Satz und Notation. Das Instrumentarium wird namentlich in der Gruppe der Percussions-Instrumente erheblich erweitert, auch begegnen häufiger Primitivinstrumente wie Mundharmonika, Okarina, Blockflöte. Elektronisch zubereitete Tonbänder haben für *Natascha Ungeheuer*, *La Cubana* und die *Tristan-Preludes* Bedeutung. Henze benutzt Zitat- und Collagetechniken und arbeitet mit Verfremdungseffekten und Affirmationsfallen. Gleichgeblieben seit früher ist die Verteilung seiner Produktionen auf die musikalischen Gattungen: im Vordergrund stehen nach wie vor musik-theatralische und textgebundene bzw. -geleitete Werke, die Instrumentalwerke scheinen allerdings an Gewicht und Häufigkeit zuzunehmen.

Überblickt man die sechzig Jahre von Henzes bisherigem Leben und Schaffen, so lassen sich bestimmte Charakteristika erkennen, die zusammengenommen ihn in unserem Jahrhundert unverwechselbar erscheinen lassen. Am deutlichsten tritt Henze als 'Mann des Theaters' hervor. Nicht nur die lange Reihe von musik-theatralischen Werken vom *Wundertheater* 1948 bis zur *Englischen Katze* 1982, sondern auch die Affinität Henzes für nahegelegene Schwestergattungen wie Ballett und Pantomime, Film und Hörspiel, szenische Kantate und oratorische Werke sprechen hier für sich. Man wird vielleicht später einmal feststellen, daß diese Dominante, eben Henzes szenische Imaginationskraft sogar für seine Instrumentalwerke bestimmend ist, so wie man dies heute bereits in bezug auf Alban Berg sagt.

Eng verbunden mit der theatralischen Dimension in Henzes gesamter Produktion ist sein starkes Interesse für Literatur und zudem seine unverkennbare eigene literarische Begabung: Henze auch als 'Mann des Wortes'. Um dieses Charakteristikum einmal drastisch zu akzentuieren, folge hier eine Liste der Autorinnen und Autoren, mit denen es Henze in seinen Werken direkt (bei Textvertonungen) oder indirekt (bei Stoffadaptionen) zu tun hatte. Diese (vermutlich noch unvollständige) Reihe von Literaten überrascht bei einem Komponisten, dem Töne naturgemäß näher als Worte liegen dürften.

Aesop
— Hans Christian Andersen
Aristophanes
Frederick Ashton
— Wystan Hugh Auden
Ingeborg Bachmann
Honoré de Balzac
Miguel Barnet
Jorge Berroa
Heinrich Böll
Edward Bond
Bertolt Brecht
Giordano Bruno
Miguel de Cervantes
Arlo Collodi
Heinz von Cramer
Victor Hernandez Cruz
Peter Csobádi
Dante
Friedrich Christian Delius
Giuseppe Di Leva
Fjodor M. Dostojewskij
Hans Magnus Enzensberger
Euripides
Erich Fried
— Federico Garciá Lorca
— Jean Genet
Jens Gerlach
Johann Wolfgang von Goethe
Carlo Gozzi
Grandville
Grimm, Gebrüder
Peter Hacks
Wilhelm Hauff
Heinrich Heine
Calvin C. Hernton
Wolfgang Hildesheimer
— Friedrich Hölderlin

Franz Kafka
Chester Kallmann
Michaelis Katsaros
Heinrich von Kleist
Friedrich de la Motte-Fouqué
Giulio di Majo
Ho Chi Minh
Eduard Mörike
Elsa Morante
Robert Musil
Heberto Padilla
Blaise Pascal
Charles Perrault
— Marcel Proust
Dudby Randell
Alain Resnais
Erika Runge
Gastón Salvatore
Gino de Santis
Volker Schlöndorff
Ernst Schnabel
— William Shakespeare
Percy Bysshe Shelley
Walton Smith
Torquato Tasso
Richard M. Thomas
Mario Tobino
Georg Trakl
Margarete von Trotta
Giuseppe Ungaretti
Lope de Vega
Vergil
François Villon
Luchino Visconti
Grete Weil
Franz Werfel
— Walt Whitman
Hans Zehden

Henzes starke Affinität zur Literatur kann nicht ohne Auswirkungen auf seine Vorstellung von Musik bleiben. Es gibt mehrere Äußerungen von ihm, die dahin gehen, die Musik selbst, also das Umgehen mit Tönen und Tonfolgen, Klängen und Zusammenklängen, Rhythmen, Metren, Tempi usw. als eine Form der Sprache zu begreifen. Auch wenn Henze keine Worte gebraucht, möchte er sprechen. Um ein Wort Peter Zadeks abzuwandeln, der meinte, bei Brecht gelernt zu haben, daß auf der Bühne nicht nur Figuren sondern auch Gedanken bewegt werden könnten, ließe sich sagen, daß Hans Werner Henze mit seiner

Musik nicht nur klingendes Material sondern auch Gedanken bewegen möchte. Henze ist alles Abstrakte in der Kunst zuwider, er möchte die Musik von dem Nimbus der Abstraktheit befreien und ihr die Fähigkeit zuwachsen lassen, konkret zu sein, realistisch zu werden, als künstlerische Wirklichkeit auf gesellschaftliche und ideologische Wirklichkeiten beziehbar zu sein.

Da hiermit zugleich ein Wesenszug Henzes auch außerhalb seines Künstlertums bezeichnet ist, bedarf es nur eines kleinen Schrittes, um auf Henze als den 'Mann der Politik' zu stoßen. Obgleich Politik ja immer dann deutlich wird, wenn öffentliche Maßnahmen (z.B. des Staates) das Leben der Menschen konkret betreffen, führen die Politiker mit Vorliebe abstrakte Begründungen an, um öffentliche Maßnahmen zu rechtfertigen. Allzu oft wurde und wird eine verwerfliche Politik unter Verweis auf abstrakte Vorstellungen und Ideen erfolgreich durchgesetzt. Für »das« deutsche Vaterland mußte Henzes Mutter Kinder über Kinder gebären und tat Henzes Vater gerne Dienst bis zum Tode. Für »die« Freiheit schickten die USA 1967 400 000 Soldaten nach Vietnam und gaben in einem Jahr allein 24 Milliarden Dollar für die Vernichtung von Menschen und deren Umwelt aus. Für »die« Revolution begeht die Sowjetunion heute Völkermord in Afghanistan und schrickt dabei auch nicht vor dem »*Einsatz von Tretminen und Spielzeugbomben*« zurück (ai-Info 12/86).

Der »konkret« denkende, d.h. auch die niederen Wirklichkeiten wahrnehmende und kritisierende Sozialist Henze stellt dagegen fest, daß z.B. in Kuba, wenn nicht die bürgerlichen Rechte, so doch wichtige proletarische Rechte verwirklicht sind. Es gibt keine Fabriksklaven mehr, wie vor der Revolution. Es gibt nicht mehr die Konzentration von Grundbesitz auf wenige Familien, wie vor der Revolution. Es gibt keinen Hunger und keine Arbeitslosigkeit, aber es gibt ein Gesundheitswesen, Schulen, Kulturstätten, Rassengleichheit. (Daß Henze das 'Experiment' Kuba nicht kritiklos bajaht, ist z.B. im *Arbeitstagebuch* zur *Englischen Katze* S.130 und 140 nachzulesen.)

Henze dürfte sich heute wohl als undogmatischer Sozialist definieren. Damit verträgt sich seine Selbstauffassung als undogmatischer Künstler. Das Politische in seiner Musik bedeutet allerdings keineswegs jene Agit-Prop-Attitüde, die uns an den Werken des sozialistischen Realismus so nervt. Henze hält den Eisler-, Brecht- und Dessau-Ton (trotz der Verehrung dieser 'Meister') heute für völlig unzeitgemäß. Henze weiß, daß die Adressaten seiner Musik im kapitalistischen Europa und in den Industrienationen westlicher Prägung sitzen. Er macht sich auch keine Illusionen darüber, daß er selbst unausweichlich von der bürgerlichen Klasse, der er entstammt, geprägt ist. Henze geht nicht im 'Che-Guevara-Look'. Aber er vertraut darauf, daß in den Gedanken und Empfindungen seiner Hörer Veränderungen herbeizuführen sind, Verhärtungen abgebaut werden können, Zweifel zu wecken, vielleicht auch Wahrheiten zu vermitteln sind. Der Weg, den Henze gemäß seiner Veranlagung gewählt hat, ist von der Idee bestimmt, daß sich durch Musik sprechen läßt. Sprachlichkeit ist die zentrale Qualität von Henzes Musik. Das musikalische Sprachvermögen macht den theatralischen, literarischen und politischen Komponisten Hans Werner Henze aus.

II. Mittenhofer und Rachel — »zwei« Leben für die Kunst

»*Ein Leben für die Kunst*«, so lautet der Nebentitel des Vaudeville *La Cubana* (Die Kubanerin) von Henze/Enzensberger. Dieser floskelhafte Titel bezieht sich auf Rachel, deren hohles Künstlertum im Laufe der erzählten Geschichte immer mehr in sich zusammenfällt und schließlich von der kubanischen Revolution überholt wird. »Ein Leben für die Kunst« ist aber auch die auftrumpfende Maxime des 'großen' Dichters Gregor Mittenhofer. Dieser gibt vor, sein Leben ausschließlich auf die Gebote der Kunst einzustellen. Dabei verfügt er zugleich über die Leben der ihm erreichbaren Menschen, und zwar bis zu deren Tod. Die von ihm verfaßte »*Elegie*«, die der Oper von Henze/Auden/Kallman ihren Titel gibt, geht über »zwei Leben«, die geopfert werden mußten, um das Dichtwerk schaffen zu können. Beide Musiktheaterwerke, *La Cubana* von 1972 und *Elegie für junge Liebende* von 1961, sind also der Künstlerproblematik gewidmet und bieten sich insofern für eine vergleichende Betrachtung an.

Indessen liegen elf entscheidende Jahre zwischen beiden Werken. Die Zeitspanne, die *La Cubana* und *Elegie* voneinander trennt, überbrückt den für Henzes Entwicklung gravierenden Einschnitt in der zweiten Hälfte der sechziger Jahre, der eine weitgehende Neuorientierung in allen Fragen der Kunst und des Lebens erbrachte. Ein intensives Studium der Gesellschaftstheorien von Marx bis Marcuse, die praktisch-engagierte Mitwirkung in der Studentenbewegung, die neue Erfahrung, nicht wegen seiner Kunst sondern wegen seiner politischen Haltung abgelehnt zu werden, und nicht zuletzt zwei Aufenthalte in Kuba liegen zwischen der Mittenhofer-Oper und dem Rachel-Vaudeville. Entsprechend deutlich unterscheiden sich die beiden Stücke voneinander. Die »Oper« steht in der Tradition von Verdi und Wagner, Strauss und Berg, das »Vaudeville« knüpft an »Songspiel« und »Lehrstück« von Brecht und Weill an. Bietet die *Elegie* den Sängern und Musikern Gelegenheit zu höchster Kunstdemonstration, so sind in *La Cubana* u.a. Semi-Amateure wie singende Schauspieler und Mundharmonikaspieler gefragt. Die Bayrische Staatsoper realisierte 1961 ein spannendes Bühnenwerk, dessen Handlung klar nach Exposition, Peripetie und Katastrophe gegliedert ist; das kleinere Theater am Gärtnerplatz in München brachte (nach einigem Zögern) 1975 eine Geschichte mit Musik auf die Bühne, die in einem ausgedehnten Zeitrahmen von 1906 bis 1959 ständig hin- und herspringt. Bei so unterschiedlichen Stücken — was soll und kann da ein Vergleich ausrichten? Sieht man nicht auch davon ab, etwa *Die Ägyptische Helena* von Hofmannsthal/Strauss mit der *Dreigroschenoper* von Brecht/Weill zu konfrontieren, obgleich diese Werke immerhin im selben Jahr — Juni und August 1928 — uraufgeführt wurden? Kurz: ist der Vergleich zwischen einer »Oper« und einem »Vaudeville« nicht notwendig schief angelegt?

Im vorigen Jahr (1985) wurde in Hamburg am Dammtordamm vor Planten un Blomen eine Reliefskulptur des österreichischen Bildhauers Alfred Hrdlicka aufgestellt. Die Plastik steht in unmittelbarer Nähe des umstrittenen Kriegerdenkmals von 1936. Hrdlicka versteht sein Werk als eine Interpretation des faschistoiden Denkmals, die er einer auch denkbaren Sprengung dieses martialischen Massivs vorgezogen habe. Die Methode, der sich der Künstler hier bedient hat, ist die der systematischen Opposition. Allen Parametern des Denkmals wird widersprochen und somit sein Gehalt negiert. Dem massiven Block wird die sturzgefährdete Fläche gegenübergestellt. Dem monolithischen Konzept widerspricht die Vielfalt der verwendeten Materialien wie Bronze und Holz, Marmor und Eisen. Erscheint das Denkmal unzerstörbar, so lädt demgegenüber das Relief mit seinen dünnen durchbrochenen Flächenrändern geradezu zum Vandalismus ein. Der 'Ewigkeit' des gleichschrittigen Rundgangs der Kolonne mit den vier Kehrtwendungen hält Hrdlicka den 'Augenblick' des Todes und der Vernichtung entgegen, dem formal durch Collage, Disproportion, chaotische Perspektive und Statik nachgekommen wird. Das Motiv des soldatischen Einheitskollektivs wird durch die gegeneinander vereinzelten und in sich zerstückelten Menschenfiguren attackiert.

Die »künstlerische Gegendarstellung« Hrdlickas steht somit gerade infolge der systematischen Kontrastierung in engster Beziehung zu dem Objekt, dem der Widerspruch gilt. Von ähnlicher Art scheint mir auch das Verhältnis der beiden Bühnenwerke *Elegie* und *La Cubana* von Hans Werner Henze zu sein. Das gemeinsame Thema beider Stücke ist erklärtermaßen »die Kunst« — so wie es »der Krieg« in dem Hrdlicka-Projekt ist. Henze wollte, indem er im Abstand von elf Jahren noch einmal »ein Leben für die Kunst« bearbeitete, sich selbst widersprechen bzw. neuformulieren.

Übrigens findet sich in *La Cubana* ein indirektes Zitat aus der *Elegie*, das als ein Fingerzeig der Autoren aufzufassen ist. Vor dem Auftritt Rachels in der Show »*Frisches Fleisch*« — ein Stück im Stück — begrüßt der Theaterdirektor die Honoratioren im Publikum in betont konventioneller Form: »*Seine Exzellenz den Präsidenten der Republik*

Der Versuch einer Neuformulierung 31

[...] *den Herrn Senator* [...] *den Bürgermeister*«. Ganz entsprechend leitet Mittenhofer seine Dichterlesung — auch ein Stück im Stück — ein: »*Eure Durchlaucht, Eure Exzellenz, Herr Kultusminister*«. Auch die Schlüsse dieser beiden eingelegten Stücke sind von zitathafter Ähnlichkeit: »*Die Lichter verlöschen, bis nur noch ein Scheinwerfer auf Mittenhofer verbleibt*« — »*langsam erlöschen die Scheinwerfer, nur eine Aureole auf Rachel bleibt übrig*«. Der Unterschied ist allerdings, daß Rachel — weil sie in einer Porno-Show mitwirkt — völlig nackt dasteht, während Mittenhofer seine Lesung »*im Frack mit weißer Weste*« durchführt und beendet. Doch diese Differenz macht vielleicht doch keinen Unterschied: Mittenhofer, der sein frisch gestricktes Gedicht »*dem Gedächtnis* [...] *eines schönen und tapferen jungen Liebespaars, das kürzlich* [...] *auf dem Hammerhorn den Bergtod fand*«, gewidmet hat, versieht ein ähnlich prostitutives Geschäft wie die Music-Hall Queen Rachel mit ihrem Striptease.

Können diese Marginalien als Indiz dafür genommen werden, daß Henze und Enzensberger wissentlich die Halbweltdame Rachel auf den Dichterfürsten Mittenhofer zurückbezogen haben, so soll jetzt der detailliertere Vergleich der beiden Theaterwerke nähere Aufschlüsse über die Gegensatzrelation der Stücke erbringen.

Die Entstehungsgeschichte der Oper *Elegie für junge Liebende* ist so, wie ein Komponist sich dies nur erträumen kann: Der Süddeutsche Rundfunk erteilt Hans Werner Henze einen Kompositionsauftrag. Henze bittet zwei erstrangige erfahrene Librettisten um ein Textbuch. Auden und Kallman willigen ein. Bei einem Treffen der drei Autoren werden die Wünsche des Komponisten entgegengenommen: bitte eine »*psychologisch sehr nuancierte Kammeroper*« (HENZE 1984, 87), für kleine Besetzung, ohne Chor, in einer »*Atmosphäre, die zarte schöne Klänge*« (Textbuch, 61) erfordere. Henze bekommt ein Meisterbuch geliefert (übrigens in englischer Sprache, die er auch seiner Vertonung zugrundelegte). Er komponierte noch daran, als die Proben für die Uraufführung in Schwetzingen schon beginnen. Der Erfolg ist unausweichlich. Die Oper steht bereits auf den Programmen der Häuser Zürich, Glyndebourne und München, als sie noch gar nicht fertig komponiert ist. Der Uraufführung folgen sofort Neueinstudierungen in Kopenhagen und Berlin. In Berlin führte Henze selbst Regie, gestaltete die Ausstattung und dirigierte selbst. Diese Aufführung wurde in mehrere Länder getragen, die *Elegie* ist heute Henzes meistgespielte Oper (GEITEL 1986, 109-110; JUNGHEINRICH 1981 b, 63) — Dem Werk ist eine bemerkenswerte Widmung vorangestellt (die übrigens in allen Ausgaben von der deutschen Übersetzung ausgespart bleibt):

To the memory of Hugo von Hofmannsthal, Austrian, European and Master Librettist, this work is gratefully dedicated by its three makers
Wystan H. Auden
Chester Kallman
Hans Werner Henze

So einleuchtend wie die Ehrung und Danksagung an Hugo von Hofmannsthal, so bemerkenswert ist die Tatsache, daß Richard Strauss, der Komponist, für den der österreichische 'Meisterlibrettist' ausschließlich gearbeitet hat, in diese Widmung nicht eingeschlossen worden ist. Mag sein, daß die drei 'Unterzeichneten' Hofmannsthal gern einen anderen oder zumindest auch einen anderen Komponisten gewünscht hätten, als immer wieder »Richard III«, wie Strauss sich selbst gern betitelte. Auden und Kallman waren da nicht so festgelegt. Sie hatten (nach intensiver Zusammenarbeit mit Benjamin Britten) 1947 Igor Strawinsky angesprochen, um mit ihm eine der schönsten und wichtigsten Opern des Jahrhunderts, *The Rake's Progress*, zu entwerfen und 1951 in Venedig zur Aufführung zu bringen. Etwas von dem Witz und der sprachlichen Brillanz dieses Librettos ist auch in das Buch zur *Elegie* eingegangen, wenngleich hier mit dem anderen Thema auch andere Töne angeschlagen wurden.

Die Geschichte, die sich um das im Titel bezeichnete Gedicht »*Elegie für junge Liebende*« herumrankt, wurde von Auden und Kallman selbstständig erfunden. Sie griffen indessen ein Motiv auf, das schon vorher literarisch verarbeitet und auch von Hugo von Hofmannsthal dramatisiert worden war: der tote Jüngling, dessen Leiche nach vielen Jahren unversehrt aufgefunden wird. Sowohl Hofmannsthals Drama *Das Bergwerk von Falun* als auch die Erzählungen *Unverhofftes Wiedersehen* von Johann Peter Hebel und *Die Bergwerke zu Falun* von E.T.A. Hoffmann fußen allesamt auf einer wirklichen Begebenheit. »*Im Jahre 1719 wurde in Falun* [in Schweden] *die unversehrte Leiche eines 50 Jahre zuvor verunglückten Jünglings geborgen. Vitriolwasser hatte seine Gestalt ohne Spuren von Verwesung erhalten.* […] *der Tote* [wurde] *von einer alten Frau als der am Hochzeitstag verlorene Bräutigam wiedererkannt*« (Kindlers Literaturlexikon Bd. 4, 1460).

Bei Auden und Kallman heißt die 'alte Frau' Hilda Mack. Sie hatte vor 40 Jahren ihren Bräutigam verloren, der bei einer Bergtour ins Hammerhorn den Tod fand. Die völlig unverstellte Leiche des Mannes wird am schmelzenden Gletscher geborgen, in dessen Eis sie vor Verwesung bewahrt blieb. Während aber Hofmannsthal das Motiv als Metapher der Gleichzeitigkeit von Vergangenheit und Gegenwart verwendet, um ein mystisches Drama über die Vorstellung einer zauberischen Welt (auf der Erde) und Gegenwelt (im Innern der Erde) zu entwerfen,

Hilda Mack, die Muse Mittenhofers

entwickeln die Librettisten die eher skurrile Figur Hilda Mack sowie eine groteske Geschichte um den Dichter Gregor Mittenhofer, dem Hilda 'die Muse' sein muß.

Als ihr Bräutigam vor 40 Jahren im Berg geblieben war, hatte Hilda Mack sich schlicht geweigert, älter zu werden. Sie quartierte sich im »Schwarzen Adler« ein, einem Berggasthaus, das ihr den ständigen Ausblick auf das Hammerhorn gewährte. Ihre Kleidung beließ sie gemäß der 1870er Mode für junge Frauen, obgleich sie als sechzigjährige inzwischen ein faltiges Gesicht und weiße Haare zeigt. Ihre Beschäftigung all die Jahre über ist ein Strickzeug einerseits und die Produktion visionärer Gedichte andererseits. So auch heute, an einem Frühlingsmorgen des Jahres 1910, wo sie, mit sich allein, folgende Verse von sich gibt:

At dawn by the window in the wan light of today
my bride-groom of a night, nude as the sun,
with a brave open sweep of his wonderful Samsonlike hand
»I shall conquer it, my honey-sweet bride,
my comfort, for you!« he cried.
His cry is today. (I/1)

Heut wies er, am Morgen, im frühen Licht, auf den Tag
mein Bräutigam einer Nacht, nackt wie die Sonne,
und kühn ging auf seine simsonhaft herrliche Hand
dort an des Hammerhorns glitzerndem Grat:
»Ich bezwing den Berg, du zärtliche Braut,
Geliebte, für dich!« rief er.
So ruft er noch heut.

Hilda Mack ist indessen nicht die Hauptperson der Oper. Sie gehört zu einer Gruppe von drei Frauen und zwei Männern, die alle, ob freiwillig oder unfreiwillig, dem einzig Großen in dieser kleinen österreichischen Welt, dem Dichter Gregor Mittenhofer, zu Diensten sind. Hilda Mack fällt dabei die Aufgabe zu, der schwächer werdenden dichterischen Inspiration Mittenhofers etwas aufzuhelfen. Sie ist sogar der einzige Anlaß, weshalb Mittenhofer mit seinem Gefolge aus Wien in dieses Berggasthaus gereist ist. Die Muse soll gemolken werden. Wir werden Zeuge einer zweiten Vision, die Mittenhofer förmlich aus Hilda herauslockt, um sodann befriedigt festzustellen:

Good. Good. Exactly what I hoped for.
The note that I had vainly groped for,
of magic, tenderness and warning.
Even the form is now in sight. (I/5)

Gut. Gut. Genau wie es mir paßte.
Der Ton, den fast ich schon erfaßte,
aus Zauber, Zärtlichkeit und Sorgen.
Sogar die Form ist schon in Sicht.

Was aber, wenn die Musenmilch versiegt? Dieser Fall tritt ein! Im Hammerhorn wird die Leiche des »Bräutigamms« geborgen. Man bringt den Sachverhalt der sechzigjährigen »Braut« schonend bei. Forthin hat sie nichts Überirdisches mehr zu bieten. Im Gegenteil: sie wird mit einem Schlage überaus irdisch. Sie revoltiert. Sie versucht, den ganzen Zirkus um Mittenhofer in die Luft zu sprengen. Wo alle im Bann des großen Dichters stehen, sagt sie ihm folgendes ins Gesicht:

Put that in a sonnet, ducky,
it tops the old rot that you used to steal from me once,
but I better had warned you,
this time, I get ten percent or I sue! (II/9)

Mach daraus ein Sonett, mein Täubchen,
es ist ja viel besser als was du sonst von mir hast,
doch ich muß dich warnen —
diesmal kriege ich zehn Prozent auf Vertrag!

Wo Hilda nun keine Visionen mehr liefert, stagniert auch die poetische Produktion. Mittenhofer kommt mit seinem Gedicht nicht zurande. Er braucht neue Impulse, und zwar stärkere als bisher. Tatsächliche Geschehnisse müssen sich einstellen oder aber herbeigezwungen werden. Die Gesichte einer verrückten Alten hätten ohnehin nicht mehr gefruchtet. In einem zentralen Monolog am Ende des zweiten Akts gibt Mittenhofer preis, was er von der Gesellschaft um ihn her hält: von Hilda Mack, der Witwe, von Carolina Gräfin von Kirchstetten, seiner wohlhabenden Sekretärin, von Dr. Wilhelm Reischmann, seinem Leibarzt, von Toni Reischmann, dessen Sohn, und von der jungen Elisabeth Zimmer, seiner Geliebten. Ihn selbst, den großen Gregor, müssen wir uns »*in Samtjacke und Knickerbocker*«, mit »*hoher Stirn*« und »*Beethovenhafter Mähne*«, die er oft »*zurückwirft*«, vorstellen (I/4). Und so schimpft ein Mittenhofer, dem die Dinge aus dem Ruder laufen:

A lunatic witch who refuses to be mad; an aristocratic bore who wants to play Nanny to her private Emperor; a doctor who needs a rhyming guineapig to make him famous, and make newly rich his motherless whelp, that rutting little prig who imagines it's rebellion to disobey his father once; AND a fatherless bitch who found a papadog from whom to run away! Why don't they just blow up and disappear! Why don't they DIE? (II/13)

Eine närrische Hex', die sich weigert, weiter irre zu sein; eine aristokratische Gans, die wäre gerne Amme ihrem Herrn im Wonneglanz; ein Doktor, der braucht ein dichtendes Meerschweinchen zu seinem Ruhme, und will sein halbwaises Balg dadurch bereichern, den kleinen geilen Fex, der sich vorstellt, er wär ein Rebell, wenn er gegen den Vater einmal aufmuckst; UND ein halbwaises Ding, das macht sich, gleich mit dem ersten besten Kerl auf und davon! Ach warum gehn sie nicht alle zum Teufel! Ich wollt' sie wär'n TOT!

Die Katastrophe, die im III. Akt eintritt, wird von Mittenhofer in diesem Monolog herbeigesehnt: »*Ich wollt' sie wär'n TOT!*« Einen Tag später setzt Mittenhofer diesen Wunsch in die Tat um. Er hat sich seine Trennung von Elisabeth damit bezahlen lassen, daß das junge Paar ihm noch einen Gefallen tue. Sie sollen ihm aus dem Hammerhorn ein Alvetern (Edelweiß) bringen. Ein Schneesturm bricht los, der Bergführer des Gasthofs fragt, ob jemand draußen im Berg sei, Mittenhofer verneint, die Hilfe bleibt aus, das junge Paar kommt um. Endlich kann Mittenhofer sein Gedicht vollenden. Es trägt den Titel »*Elegie für junge Liebende*« und ist Toni und Elisabeth gewidmet. Mit einer Dichterlesung endet die Oper. Doch statt der Worte, die Mittenhofer, »*feierlich und fast ohne Gesten*« vorzutragen scheint, hören wir nur Vokalisen, »*die Stimme all derer, die zum Entstehen des Gedichts beitrugen*« — wie es wörtlich im Regietext heißt: »*Hilda mit ihren Visionen, Carolina mit ihrem Vermögen und ihrer Fürsorge, Doktor Reischmann mit seinen Arzneien, Toni und Elisabeth mit ihrer illusorischen aber dichterisch verwendbaren Liebe*« (III/9).

Erscheint schon die textlose Musik an dieser Stelle wie eine Verweigerung, einem Opus, das nur unter den geschilderten Umständen kreiert werden konnte, zur Erscheinung zu verhelfen, so torpedieren die Autoren Mittenhofers prostitutive Veranstaltung noch zusätzlich durch einen Kalauer, den sie dem 'großen' Dichter in den Mund schieben: »*Auf daß der Tod sie nicht scheide*« — diese verkehrte Trauungsformel ruft Mittenhofer dem noch nicht getrauten toten Liebespaar hinterdrein.

Durch solche und viele andere Operationen, mit denen sich die Autoren merklich in die Spielebene einschalten, wird deutlich, daß hier ein bestimmter Künstlertypus bloßgestellt und thematisiert werden soll, also Gegenstand des Zeigens ist und nicht etwa zur Identifikation angeboten wird. Auden und Kallman nennen diesen Typus »*das Künstlergenie des 19. und des frühen 20. Jahrhunderts*« (AUDEN 1961, 63), dem sie die Würde eines Mythos verleihen. Sie schreiben: »*Wir haben hier einen echten Mythos; denn das Nichtvorhandensein einer Identität von Gut und Schön, vom Charakter des Menschen und dem seiner Schöpfungen, ist ein permanenter Aspekt der menschlichen Situation*« (ebenda). Und auch Henze spricht zu diesem Thema, wenn er die Größe Mittenhofers betont und gegenüber den Zweiflern verteidigt: »*Der implizierten Größe Mittenhofers zu mißtrauen, wie es geschehen* ist, wäre die gleiche Art Spielverderberei, die man verüben würde, wenn man Leporellos Register für schändliche Übertreibung halten und Don Giovannis Verführerkünste nur nach den auf der Bühne sichtbaren Manifestationen seiner Libertinage beurteilen würde« (HENZE 1984, 85). Mittenhofer auf einer Stufe mit Don Giovanni: eine Persönlichkeit von mythischem Zuschnitt, die den »*unendlichen Konflikt zwischen dem schöpferischen Menschen und seiner Umwelt*« in sich austrägt und es erlaubt, jene »*mörderischen Bereiche, die immer wieder Literatur und Philosophie beschäftigen*« (HENZE 1984, 86) gleichnishaft darzustellen. Das Moderne dieses Vorwurfs sah Henze 1961 im »*Offenlassen der Schuldfrage*«: »*Die bittere Folge des Absolutheitsanspruches, den der Dichter hat, ist die vollkommene, die entsetzliche Einsamkeit, zu der er sich selbst verurteilt hat*« (HENZE 1984, 89).

Daß Henze bald von dieser romantisierenden Kunstauffassung abrücken würde, wird die spätere Analyse von *La Cubana* zeigen. Hier, in der *Elegie für junge Liebende*, kann man indessen aus dem Klang der Musik noch gut heraushören, daß Henze der Tonkunst (insbesondere) die Aufgabe zugestand und die Kraft zusprach, »*Vergebung über die Menschen auszuschütten* [...] *wie reinen Wein*« (HENZE 1984, 86).

Gerade die Schlußmusik der Oper, das Vokalisen-Ensemble der sechs Hauptdarsteller, findet zu einem Wohlklang, der wohl auch zwielichtig und wie unerlöst wirkt, der indessen nichts von dem Sarkasmus zum Ausdruck bringt, der mit dieser 'mörderischen' Dichterlesung seitens der beiden Librettisten gemeint sein sollte.

Der Wohlklang geht zum einen von den lang gehaltenen Vokalklängen als solchen aus, wird aber zum anderen durch die Intervallstruktur der Akkorde unterstützt. So führt das Frauenterzett einen leeren Quintklang über H aus, das Männerterzett (in zeitlicher Versetzung) einen Molldreiklang über F. Der Frauenklang wird von den Holzbläsern und hohen Streichern zu einem Dur/Moll-Klang angereichert, der Männerklang von den Blechbläsern und den tiefen Streichern auf gleicher Tonhöhe mitgetragen. Das Saxophon spielt dabei mit dem Ton Gis eine ambivalente Stufe, die sowohl als Terz von f-Moll (gis=as) als auch als unaufgelöste große Sext von H/h verstanden werden kann, hierin der eigentümlichen Zwitterposition des Saxophons zwischen Holz- und Blechblasinstrumenten nachkommend (vgl. NB 1).

Der Schlußklang der ganzen Oper führt schließlich alle Vokalisten in dem bisher von den Frauenstimmen gehaltenen Quintklang über H zusammen. Diese absolute Konsonanz wird allerdings durch ein tremolierendes, sanft instrumentiertes Dissonanzgewebe irritiert, das dafür

Erlesene Schönklänge

sorgt, daß der Eindruck des Fragwürdigen bei soviel 'musikalischer' Einigkeit der Figuren bestehen bleibt (vgl. NB 2).

Notenbeispiel 1: Henze, *Elegie* III/9, Schlußphase

Notenbeispiel 2: Henze, *Elegie,* Schlußklang

Erlesene Schönklänge wie bei dieser Schlußmusik gibt es auch an anderen Stellen der Oper, besonders in den Ensembles. Beispielsweise ist das Duett zwischen Elisabeth und Hilda (I/19) als 'barmherzige' Musik in dem bezeichneten Sinne aufzufassen. Die beiden Frauenstimmen werden hier über einem passacagliaähnlichen Baß in einem deutlich tonalen Satz bei äußerst luftiger Klanggebung von Harfe, Gitarre und Altflöte zusammengeführt. Die Librettisten haben auch in diesem Fall — wie schon in der Schlußnummer mit dem Vokalisengedicht — sehr direkt an das spezifische Sprachvermögen der Musik gedacht und dem Komponisten absichtsvoll zugearbeitet. Elisabeth will Hilda schonend beibringen, daß die Zeit ihrer Illusionen zu Ende ist.

Sie fordert das sechzigjährige 'Kind' auf, ihr nachzusprechen und wählt deshalb für sich selbst die Ich-Form Hilda. Die Dialogstruktur entspricht also der eines Kanons. Der Komponist nimmt diesen ihm zugespielten Ball allerdings nicht auf. Zwar spricht Hilda den Text Elisabeth nach, doch verfällt sie auf die ihr eigenen Tonhöhen. Die von Elisabeth ihr eingeflößten Worte lösen etwas aus, das für niemanden außer Hilda begreiflich ist. Dasselbe ist nicht dasselbe. Dies ist einer der Fälle, wo die Oper eine Präzision des Ausdrucks erreichen kann, wie kaum eine andere Kunst (vgl. auch NB 3).

Notenbeispiel 3: Henze, *Elegie* I/10, Andante

Neben derart subtilen Szenen gibt es in der Elegie auch jene Nummern, in denen Handlungen und Musik buffoneske Ausdrucksformen erfordern. Auch hier sind mit dem Text bereits die Weichen gestellt. In der 2. Szene des I. Aktes, die die Überschrift »*Die Tagesordnung*« trägt, findet sich unter dem Top 'Leistungen des technischen und Verwaltungspersonals' ein launiges Couplet zwischen Caroline und Dr. Reischmann, wobei von den drei Strophen je eine dem praktischen Arzt und der adligen Tipse zugewiesen sind, und die dritte von beiden gemeinsam gesungen wird. Reischmann verkündet im Stil der »Register-Arie«, wozu er als Arzt unentbehrlich ist:

Tooth decay,	Zahn verfault,
Muse away;	Muse mault;
bloodpressure drops,	Blutdruck sinkt,
invention stops;	Der Versfuß hinkt;
upset tum,	Bauchkrawall,
no images come;	Sprachzerfall;
kidney infected,	Magensenkung,
diction defected;	Bildverrenkung;
joints rheumatic,	Knochen rheumatisch,
rhythm erratic;	Rhythmus erratisch;
skin too dry,	Haut zu spröd,
form awry;	Form zu öd;

> muscle tense, Muskel hart,
> little scene; Sinn vernarrt;
> irregular stools, Verdauung zu schwach,
> inspirations cools. Das Genie läßt nach.

Auch Mittenhofer selbst ist eine zuteilen buffoneske Figur; er kann sehr vital und zudem unberechenbar und kauzig sein. In der 5.Szene des I.Aktes erfahren wir von ihm, was er von der »*Plüschdreifaltigkeit*« (»*The Old Stale Three*«) mit Namen George, Rilke und Hofmannsthal hält. Mit einem kurzweiligen 4/8-Con brio bei tonal durchprägtem Zwölftonsatz bringt Henze eine moderne Variante des Parlando-Stils zu Gehör. Nachdem die Großen kleingemacht worden sind, geht es an die Durchsicht der eigenen Manuskripte, die Lina abgetippt hat. Heftigste Zornesausbrüche wegen eines entdeckten Fehlers überwältigen Gregor und werden von Henze auskomponiert; eine Ohnmacht der Gräfin findet ihren Niederschlag in einer elftönigen Klangfläche; eine Orchesterrakete läßt den Doktor förmlich herbeifliegen und die Wiederbelebung Carolinas mit Hilfe einer Tasse Kaffees einleiten.

Entsprechend dem Vorhaben Henzes, eine »*psychologisch sehr nuancierte Kammeroper*« (siehe oben) zu schreiben, ist das Orchester nicht besonders groß ausgelegt. Die Streicher sind für solistische Besetzung eingerichtet, können allerdings auch chorisch ausgeführt werden. Einmal wird ein Tonband gefordert, das verfremdete Klavierklänge wiedergeben soll. In Anknüpfung an Alban Berg ordnet Henze den Figuren Instrumentalfarben zu: Streicher für die Liebenden, Holz für das Gefolge des Dichters, und Metall für Gregor selbst. Im einzelnen werden die Figuren durch folgende Instrumente charakterisiert:

> Elisabeth: Violine;
> Toni: Viola;
> Hilda: Altflöte und Flöte;
> Carolina: Englischhorn;
> Reischmann: Fagott;
> Mittenhofer: Trompete/Horn/Posaune (sofern er sich seiner Autorität sicher ist) und Flexaton (sofern er menschlich schwach und instabil scheint).

Eine ziemlich große Gruppe aus Kurztoninstrumenten (Klavier, Harfe, Gitarre, Mandoline, Celesta, Vibraphon, Marimbaphon) spiegeln das Ambiente der natürlichen und menschlichen Zwischenräume wider.

Elegie für junge Liebende ist eine Oper ganz im Sinne der Tradition. Sie ist aus der Liebe der drei Autoren zur italienischen Oper des 19.Jahrhunderts erwachsen und baut zudem auf Spitzenproduktionen wie *Rosenkavalier*, *Wozzeck* und *The Rake's Progress* auf. Bei aller Leichtigkeit und Heiterkeit der Fabel kommt die Oper einem ernsten

Kunstanspruch nach. Ihr Thema ist der Mythos des Künstlergenies, der immer noch mächtig auf unsere heutige Zeit einwirkt. Nicht, daß die Autoren dieses Thema unkritisch angegangen wären; sie bringen das Problem zu glasklarer Darstellung. Was Auden und Kallman im Kommentar schreiben, wird durch das Werk auch tatsächlich geleistet: exemplarisch zu zeigen und erleben zu lassen, daß — dem Mythos gemäß — »*das künstlerische Genie die moralische Verpflichtung fühlt, [...] seine Umwelt auszubeuten, wenn eine solche Ausbeutung sein Werk fördert, und sie zu opfern, wenn ihr Vorhandensein seinem Schaffen im Wege steht*« (AUDEN 1961, 63).

Von Henze gibt es eine spätere Äußerung über die *Elegie*, die, im krassen Gegensatz zu seiner früheren Eigeninterpretation, dem Stück eine radikal-kritische Tendenz unterstellt. »*Die Brandmarkung des 'Künstlers als Held' gefällt mir sehr. Gerade diese Figur kann marxistisch interpretiert und inszeniert werden; so habe ich das auch* [in Edinburg 1971] *gemacht. Die Möglichkeit, es so machen zu können, verdanke ich aber erst meinen Erlebnissen und Studien der letzten fünf Jahre*« (HENZE 1984, 195). Es ist allerdings fraglich, ob eine solche Operation gelingen kann. Entscheidend ist doch wohl, daß hier für das bestimmte Thema eine bestimmte Form gewählt und erfolgreich ausgeführt wurde, und zwar eine, die eine reibungslose Einverleibung des Werkes in die Gattungskonvention der Oper und der Opernpraxis ermöglichte. Da der Inhalt aber an der Form haftet, ja in ihr aufgehoben ist, verfehlen radikale Umdeutungen leicht das Werk und bleiben ihm äußerlich.

Henze hat mit seinem zweiten Bühnenwerk über die Rolle des Künstlers einen anderen Weg eingeschlagen. In *La Cubana* oder *Ein Leben für die Kunst* werden dieselben Fragen wie in der *Elegie* gestellt, aber aus einer anderen Perspektive. Die Künstlerproblematik ist den Autoren nicht aus sich selbst heraus interessant; interessant ist sie nur im Hinblick auf übergeordnete politische Sinnsetzungen. Henze und Enzensberger hatten sich bei der Inangriffnahme des *Cubana*-Projekts bereits durch mehrere Werke — darunter auch das Rezital *El Cimarrón* — politisch eindeutig bekannt. Für sie war es keine Frage, daß nur die Durchsetzung des Sozialismus die Chance eröffnet, auf dem Wege zu einer herrschaftsfreien Welt voranzukommen. Dieses Selbstverständnis als Sozialisten bedeutete freilich nicht, daß die Autoren ihr Schaffen fremden Weisungen unterwürfen — etwa der Doktrin des sozialistischen Realismus — sondern nur, daß sie auch ihre künstlerische Arbeit als Beitrag zu dem internationalen Befreiungskampf begriffen. Da nun aber die Herrschaft von Menschen über Menschen nicht nur in

Form von Kriegen und Stellvertreterkriegen, von kapitalistischen Feldzügen und Wirtschaftsdiktaten, von Gefängnissen und Folter manifest ist, sondern auch in ideologischen Zwängen sich niederschlägt, kann der Künstler auf seinem ureigensten Gebiet, das ja dem ideologischen Überbau der Gesellschaft zugehört, emanzipatorisch wirksam werden. Henze suchte deshalb mit seinem neuen Projekt zunächst die Kommunikation mit den Musikern selbst, denen durch ideologische Schranken und Verblendungen der Blick auf das gesellschaftliche Ganze um sie her und auf die Funktion ihrer eigenen Arbeit verstellt ist. In einem Text zu *La Cubana* beschrieb Henze, was ihm in der Zusammenarbeit mit Berufsmusikern immer wieder begegnet war:

Irgendein Ethos oder Pathos muß es da geben, das sie immer wieder veranlaßt, zurückzupreschen, vor Experimenten (die gar keine sind) zurückzuschrecken, zu zögern, Sachen zu tun, die anders sind, als sie es sich von jeher gedacht hatten. Ich möchte ja in den Musikszenen dieses Stückes das Machen von Instrumentalmusik nicht parodieren, sondern erst einmal demonstrieren, dann aktivieren und schließlich zu einer Art von Wirklichkeit bringen (HENZE 1984, 210).

Im Gegensatz zu der Oper *Elegie für junge Liebende*, wo die Instrumentalisten ihren Dienst im Orchestergraben absolvieren, werden im Vaudeville *La Cubana* alle Musiker auf die Bühne gebracht und in das Spiel einbezogen. Dadurch gewinnt die Musik eine andere Funktion: sie wirkt nicht mehr im Verborgenen, sie will nicht bezaubern, den Hörer nicht mit Kräften, die er nicht durchschauen kann, in Bann schlagen, sondern sie präsentiert sich als unmittelbare Wirklichkeit, die genau so einsehbar ist wie die Figuren auf der Bühne und ihre Handlungen und Reden.

Die Funktionsverschiebungen und formalen Veränderungen resultieren direkt aus dem Inhalt des Stückes. »*Ein Leben für die Kunst*« — schon dieser Nebentitel zitiert ein Ideologem: er könnte über jeder beliebigen Trivialbiographie von Künstlern aller Fächer stehen — ist die erbärmliche Geschichte der Ausbeutung einer Sängerin und Tänzerin der Unterhaltungsbranche, die indessen bis zum Ende ihres Lebens an der Illusion festhält, stets selbstbestimmt den heeren Zielen der Kunst gedient zu haben. In dem Abschiedslied, das sie am Ende des Stückes singt, heißt es:

*Ach da bin ich abgeschwommen,
ach da werd ich ganz benommen
von der Musik.*

*Das tut mir ganz und gar nicht leid,
ich liebe diese Üppigkeit
in der Musik.*

Wofür ich renommiert bin,
wenn ich nur disponiert bin,
das ist die Musik.

Da bin ich jederzeit bereit
da geh ich jederzeit zu weit
in der Musik.
(...)
Ich weiß sie ist ja bloß
eine Illusion.
Doch ich laß sie nicht loß,
meine Illusion.

Es ist doch was dran.
Das sieht man mir doch an
womit sie mich erfüllt hat,
und wie es mich enthüllt hat,
meine Illusion, meine Illusion. (Nr.22)

Die dramaturgische und musikalische Konzeption, die sich Enzensberger und Henze für ihr Stück vorgenommen hatten, ist das genaue Gegenteil dieser von Rachel preisgegebenen Kunstauffassung: das Stück soll antiillusionär sein, und weder die Musiker selbst noch das Publikum sollen »abschwimmen« oder sich »benommen« fühlen. Stattdessen wird die gesellschaftliche Funktionsweise von Kunst am Beispiel von Trivial-Genres problematisiert und zur Erfahrung angeboten bzw. zur Diskussion gestellt.

Die Handlung von *La Cubana* beruht auf einer dokumentarischen Erzählung. Im Gegensatz zu dem Wiener Dichter Gregor Mittenhofer, der eine Fiktion ist, hat es »Die Kubanerin« Rachel tatsächlich gegeben. Rachel ist der Künstlername von Amalia Vorg. Sie erlangte als Schauspielerin, Sängerin, Tänzerin und Artistin in den Jahren 1906 bis 1934 einige Berühmtheit in Kuba. Sie erlebte noch die Revolution von 1959. Später hat sie ihr Leben erzählt, wovon es eine Tonbandaufzeichnung gibt. Diese Bandaufnahme war die Quelle für den *Canción de Rachel* des Ethnologen und Schriftstellers Miguel Barnet. Die Erzählung erschien 1969, nachdem Barnet bereits 1966 die *Biografía de un cimarrón* herausgebracht hatte, die ebenfalls auf einem authentischen Lebensbericht beruht (GRIMM 1984, 107). Hans Magnus Enzensberger lernte beide Bände während seines Aufenthaltes in Kuba 1968/69 kennen. Mit Miguel Barnet entwickelte sich ein Freundschaftsbund, dem auch Hans Werner Henze beitrat. Das Libretto zu *La Cubana* lag 1972 vor. Im Sommer 1972 komponierte Henze die Musik. Die Uraufführung in München 1973 stieß auf weitgehende Ablehnung.

Das Stück stellt sich als ein kommentierter und bebilderter Lebensbericht dar. Die Rahmenhandlung spielt am 1.Januar 1959, dem Tag

Der Tag der siegreichen Revolution

des Sieges Fidel Castros und der Flucht des Diktators Fulgencio Batista aus Havanna. In insgesamt sieben Situationen sehen wir die alte Rachel mit ihrer Zofe Ofelia in ihrem Zimmer in Havanna, wo sie von der 'guten alten Zeit', als sie noch die begehrte »*Karibische Schönheit*« war, erzählt. In diese Erzählungen dringen gelegentlich aktuelle Nachrichten über den Aufruhr in der Stadt ein: es werde geschossen, die Theater seien geschlossen, die Kaufleute verließen die Insel. Schließlich werden die Fenster von Rachels Zimmer vernagelt, und am Ende übertönt der Volkslärm noch die Musik, die von einer alten Schellackplatte her ertönt: Rachels Lied, mit dem sie einst ihre Karriere beendet hatte.

Die Erzählungen Rachels und die Repliken Ofelias werden von zwei Schauspielerinnen gesprochen. Immer, wenn Rachel wichtige Stationen ihrer Künstlerinnenlaufbahn berührt, setzt die Bühnenhandlung ein, innerhalb welcher Rachel von einer jüngeren Sängerin dargestellt wird.

Das I.Tableau zeigt die 'Entdeckung' Rachels. Sie tritt in dem kleinen Tivoli-Theater in Havanna auf, wo sie vor Lebemännern, Zuhältern und US-Marines singt. In der Herrentoilette preist man ihr Alter und ihre 'Rasse' und bespricht ihren Tarif. Eusebio, einer der reichsten Erben Kubas, verliebt sich in Rachel. Als sie von ihm schwanger wird, ersticht er sich, Rachel läßt ihr Kind abtreiben.

Das II.Tableau gibt Einblick in die Maffia-Szene des Jahres 1910. Verschiedene Gangstergruppen streiten sich um die schönsten Huren. Lucile wechselt von Lotot zu Yarini über. Daß dieser sich für Rachel interessiert, paßt Lucile gar nicht. Das Problem erübrigt sich, weil Yarini von Lotot 'ausgemacht' wird. Lotot kann allerdings keine Ruhe geben: als der Trauerzug zu Ehren Yarinis durch die Stadt führt, eröffnet er von einer Dachterrasse aus das Feuer auf die Menge. der Erzbischof und der Präsident der Republik werden in Sicherheit gebracht, Lucile ist verwundet und wird von Rachel gepflegt.

Das III.Tableau führt uns in einen Provinz-Zirkus des Jahres 1914. Auf dem Höhepunkt der Vorstellung soll Rachel von Paco dem Magier in einer Kiste zersägt werden. Doch eine Gruppe Schwarzer mit dem Anführer Esteban Montejo, genannt »El Cimarrón«, dringt in das Zelt ein. Sie erpressen Geld, Pferde und Kleider. Beim Abgang reißen sie das Zelt ein, unter dessen Plane sich Paco und Rachel sogleich lieben.

Das IV.Tableau zeigt Rachel 1927 auf dem Höhepunkt ihrer Karriere: sie darf in einer Nackt-Show im großen Alhambra-Theater in Havanna die Star-Rolle übernehmen. Dabei läßt sie sich mit einem jungen Medizinstudenten ein, der zu den 'Terroristen' gehört. Als sie diesen sogar gegenüber dem Senator vorzieht, stirbt letzterer an Herzversagen.

Das V. und letzte Tableau spielt 1934. Das Alhambra-Theater ist verkauft und wird zum »Shanghai Striptease« umgewandelt. Bettler streunen herum, rivalisierende Gangster liefern sich Schußwechsel. Da erscheint Rachel in sensationeller Toilette: sie gibt ihre Abschiedsvorstellung — allerdings im Freien. Dabei wird sie von einer demonstrierenden Menge unterbrochen. Es fliegen Steine und fallen Polizisten. Rachel singt unbeirrt ihr Lied zu Ende.

Außer der Rahmenhandlung, die 1959 spielt, und den Tableaus, die die Vergangenheiten herbeiholen, treten noch Zeugen auf, die das Geschehen kommentieren und das Publikum direkt ansprechen. Sie aktualisieren dadurch die jeweilige Jetzt-Zeit einer Aufführung. Die Zeugen rekrutieren sich aus Bühnenleuten, Bettlern, Huren usw., die Rachel während ihrer Künstlerinnenlaufbahn begegnet waren. Am Schluß sind es etwa zwanzig Zeugen. Sie nehmen die Worte aus Rachels Abschiedslied auf und wenden sie zu einer Art Sentenz des Stückes:

Ay Rachel, das war bloß
eine Illusion.
Doch die läßt uns nicht los.
Viel war zwar nicht dran,
das sieht man uns doch an,
was sie uns eingebracht hat.
Was sie aus uns gemacht hat,
unsre Illusion. (Nr.23)

Enzensberger und Henze berufen sich mit ihrem »Vaudeville« unmittelbar auf das »Songspiel« bzw. die »Oper« *Aufstieg und Fall der Stadt Mahagonny* von Brecht und Weill. Mit einigen Nebenmotiven wird *Mahagonny* sogar direkt zitiert. In dem Song »*Auf nach Mahagonny!*« kehrt refrainartig die Zeile »Schöner, grüner / Mond von Alabama / Leuchte uns!« wieder. So deplaciert, wie die Farbe grün in diesem Song, ist auch die penetrante Einfärbung verschiedener konkreter und ideeller Gegenstände in dem »*Duett von der immergrünen Zukunft*« aus *La Cubana* (Nr.3), das Rachel und Eusebio singen:

(...)
und wir werden das Meer rauschen hören
auf meiner immergrünen Chaiselongue.
(...)
werden unsere Augen ineinander versinken
in den immergrünen Fluten der Seine.

Eine zitathafte Beziehung besteht auch zwischen dem Motiv des »Hurrikans«, der auf wunderbare Weise um die Stadt Mahagonny einen Bogen macht, und dem »Halleyschen Kometen« des Jahres 1910, vor dem die Kubaner große Angst hatten. Doch — so heißt es in *La Cubana* — »*wie durch ein Wunder ist der große Komet an uns vorübergezogen, ohne einen Muckser*« (Nr.8). Reinhold Grimm verweist zudem auf »*gewisse Lieblingsszenen des Stückeschreibers*« (Brecht), nämlich »*zwei Männer, die ihr Wasser abschlagen*« (GRIMM 1984, 107), worauf Enzensberger in den Pissoir-Szenen von *La Cubana* angespielt habe.

An sich bedarf es aber dieser Zitat-Belege gar nicht, um die Orientierung Enzensbergers und Henzes an Brecht und Weill zu erhärten. Der Dichter zitiert und verfremdet das Volks- und Triviallied ebenso wie der Musiker. Beide gehen allerdings zu einer noch härteren Sprache über. Enzensberger dringt zu einer 'Verkommenheit' der Sprachbilder vor, wie sie Brecht trotz der Vulgarismen in *Mahagonny* gemieden hat. Hier zwei Proben aus den Parts von Rachel und Lucile:

In Rachels Rumba-Lied (Nr.4), das sie im Tivoli-Theater vorträgt (während in der gleichzeitig gezeigten Badezimmer-Szene Eusebio seinen Selbstmord vorbereitet), kommt es zu folgenden aberwitzigen Reimkonstruktionen:

Red mir bloß nicht von Niveau, du,
denn bei mir, da geht es roh zu.
(...)
impotenter, reicher Knilch du,
ich bin doch nicht deine Milchkuh!
(...)
Sonst tret ich dich auf den Frack, du,
und durchbohr dich mit dem Lackschuh!

In Luciles Foxtrott-Couplet (Nr.7), in dem auf das Techtelmechtel zwischen Yarini und Rachel Bezug genommen wird, heißt es nicht weniger verdorben:

Ich benehm mich wie 'ne Heldin,
bring dem Louis mein ganzes Geld hin,
ich riskiere Kopf und Schienbein
und kaum dreh ich das Gesicht weg,
läßt der Fotzenkönig schlichtweg
sich mit diesem Gift in Grün ein!

Auch Henzes Musik entfernt sich von den insgesamt vorherrschenden Trivialcharakteren wie Tango, Charleston, Galopp, Rumba, Son, Foxtrott, Ragtime, Walzer etc. sehr viel weiter, als der doch recht süffige Songstil Weills. Polytonale und dissonante Klänge überwiegen; nur die rhythmischen Muster lassen die abgesunkenen Tanzmusikidiome durchscheinen.

Am wichtigsten ist aber das Instrumentarium, das Henze einbezieht. Da alle Musiknummern »realistisch« motiviert sind, wie Henze selbst ausführt, das heißt: »*Musik ist hier nur dann und nur dort zu hören und zu sehen, wenn sie auch in der Realität zu hören und zu sehen wäre*« (HENZE 1984, 207) (was übrigens nicht für die gesungenen Dialoge gilt), überwiegen die Instrumente kleinerer und größerer Tanzkapellen. Dazu kommen aber etliche Sonderinstrumente: Okarina, Mundharmonika und Gitarre für die Chansons der Zeugen; Violine und Akkordeon für zwei Bettelmusikanten; 3 Maultrommeln, Marimbula, Bambusflöte, Okarina, Mundharmonika, Mandoline und Gitarre für eine Bauernmusik, und Pfeifchen, Topfdeckel, Hupe, Kamm, Papiertrichter, Rassel und Ratsche für die Bettler. 4 Schlagzeugbatterien sorgen in den Aufruhrszenen für rhythmische Turbulenzen, wobei insbesondere auch Schlagwerk aus dem karibischen Raum einbezogen wird. In Nr.13 und im Epilog werden vom Tonband konkrete Geräusche wie von Gewitter und Menschengeschrei eingespielt.

Insgesamt ergibt sich eine eher negative Klangqualität in dem Sinn, daß infolge der Dürftigkeit und Erbärmlichkeit, ja Impotenz vieler verwendeter Instrumentalklänge kein wirklicher Sound entsteht, dem man sich als Hörer hingeben könnte. Das riskante Spiel Kurt Weills, mit den lecker instrumentierten Songs Köder auszulegen, um das Publikum dann am Haken der Brechtschen Texte zu haben, wird von Henze vermieden, wohl wissend, daß diese Strategie etwa bei der *Dreigroschenoper* nicht zu dem gewünschten Ziel geführt hat. Dieses Problem wird auch im Stück selbst thematisiert. In Nr.2 begeben sich ein »Bühnenarbeiter« sowie der »Rezensent« in den Zeugenstand (wobei sie blitzschnell um fünfzig Jahre altern). Der Rezensent erzählt, daß er es war, der damals Rachel entdeckt habe. Von welchen Maximen er sich damals (als er übrigens wegen seiner Funktion als Kritiker Rabatt bei Rachel erhielt) wie auch noch heute leiten läßt, gibt er freimütig preis: »*wenn einem im Mund das Wasser zusammenläuft dann ist mir alles egal und dann ist das Kunst und sonst gar nichts*« (Nr.2). Dieser Kritiker würde bei dem Stück, in dem er selbst vorkommt, einen trockenen Mund behalten. — Die Nummer »*Chansons des alten Rezensenten*« gehört zu den extrem dürftig musikalisierten Szenen aus *La Cubana*. Neben dem Rezensenten, der einen Tenor singt, erklingt nichts als die unbegleitete Walzermelodie einer Mundharmonika. (Es gehört dabei zu den ausgesprochen witzigen Einfällen Henzes, das Bild des wässrigen Mundes mit dem Klang eines expliziten Mundinstruments zu stützen; dieses würde nämlich schnell versagen, wenn dem Spieler das Wasser im Munde zusammenliefe.)

Das III. Tableau: eine realistische Collage 47

In dieser kleinen Nummer gibt es übrigens auch eine Spitze gegen die seriöse Avantgarde, die, wie sich zeigte, mit diesem leichtgewichtigen Vaudeville Enzensbergers und Henzes nichts anfangen konnte. Bei den Worten des Rezensenten: »*heute heißt es natürlich: Echte Kunst war das nicht*« werden plötzlich große Intervallsprünge, komplizierte Rhythmen und wechselnde dynamische Angaben auf engstem Raum vorgeschrieben, womit auf eine Art Allerwelts-Avantgarde angespielt ist (vgl. NB 4).

Notenbeispiel 4: Henze, *La Cubana*, Nr.2

Weniger dürftig, dafür aber umso verdorbener und völlig kaputt klingt die Musik zum III.Tableau. Dieses Bild erfüllt eigentlich die Voraussetzung für eine städtische Idylle (mit tragischer Einlage), die entsprechend schön ausgestaltet werden könnte: in einem Haus übt jemand die 'Mondscheinsonate', aus einem Nachtklub tönt Tanzmusik, ein Trompeten-Solo klingt von fern, zwei Bettler fiedeln und quetschen, ein Komet ist zu besichtigen, Yarini schwankt zwischen Lucile und Rachel, er fällt durch Lotot, das Begräbnis ist gewaltig, die Stadtkapelle spielt die schönsten Trauermärsche der Welt. Doch der idyllische Ton will sich nicht recht einstellen. Henze hat dieses Tableau als eine große Collage gestaltet, in der das gleichzeitige oder sukzessive Zusammentreffen verschiedenster Genres realistisch motiviert erscheint und dabei doch sehr kunstvoll arrangiert ist.

Das Tableau zerfällt in zweimal zwei Nummern, die durch Spielzeit und Handlung unterschieden sind. Spielort ist ein Platz in Havanna. In Nr.6 und 7 wird jener Abend gezeigt, an dem sich der Mord an Yarini ereignet. In Nr.8 und 9 erleben wir den Tag mit dem Begräbnis Yarinis und den Überfall durch Lotot's Bande.

Der abendliche Platz in Havanna ist von Musik erfüllt. Sie tönt aus den Häusern oder wird direkt auf dem Platz ausgeführt. Folgende Schallquellen bilden die Bestandteile der Collage:

1. Das Nachtklub-Orchester, das — unsichtbar — im Keller eines der Häuser sein Repertoire abspielt ('Rag-Waltz', »*Foxtrott*« und »*Son*«).

2. Eine »*höhere Tochter*« beim Klavierüben, die — eventuell sichtbar — in einer oberen Etage eines Hauses hinter einem erleuchteten

88

Yarini, an die Hafenmauer gelehnt, rauchend.

Rachel von links, grünes Kleid, riesiger italienischer Strohhut mit lila Schleife.

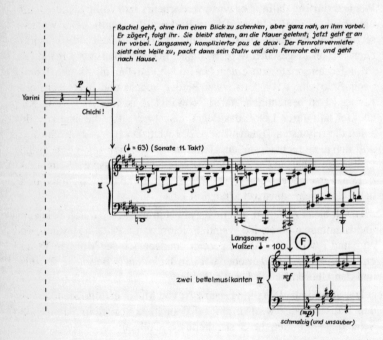

Notenbeispiel 5: Henze, *La Cubana*, aus Nr. 6

Fenster auf einem verstimmten Klavier Beethovens Sonate op.27 Nr.2 cis-Moll spielt, und zwar Abschnitte aus allen drei Sätzen.

3. Ein Trompeter, der — unsichtbar — auf einem cornet á piston in einem gegenüberliegenden Haus irgendwelche Orchesterpassagen übt.

4. Zwei Bettelmusikanten, die — auf offener Bühne — einen »*Langsamen Walzer*« mit falsch notierten und dazu noch unsauber zu intonierenden Tönen für Geige und Akkordeon spielen.

5. Der Fernrohrvermieter, der — sichtbar auf dem Dachgarten eines Hauses — im notierten Sprechgesang (f) seine Werbesprüche vorträgt.

6. Lucile, die — auf offener Bühne — zwei Strophen eines »*Couplets*« singend vorträgt.

7. Sprechdialoge zwischen oder entlang der Musik, die — auf offener Bühne — von Yarini, Lucile und Rachel geführt werden.

Alle diese Bestandteile sind prinzipiell unabhängig voneinander. So haben die Tanzmusiknummern, die Beethoven-Sonate, die Trompetenpassagen und der langsame Walzer je ihr eigenes Tempo, auch wenn sie gemeinsam erklingen (vgl. NB 5 auf den vorigen Seiten). Der Sprechgesang des Fernrohrvermieters ist zwar der Notation nach an die Musik des Tanzorchesters gebunden, sein Part ist aber rhythmisch und sprechmelodisch so frei gestaltet (durch Triolen, Quintolen, Überbindungen, Pausen etc.), daß der Eindruck einer unabhängigen Darbietung hervorgerufen wird. Demgegenüber singt Lucile ihr Couplet so, als befände sie sich direkt beim Orchester. Ihr Gesang entspricht melodisch und rhythmisch den Hauptstimmen des Foxtrott und des Son, so daß hier der bekannte Musical-Effekt eintritt, bei dem eine Musik aus dem Off wie zufällig einer Figur im Bild sich zuordnet. Von ähnlicher und jedenfalls auch desillusionierender Wirkung ist später der plötzliche Einsatz des »Presto agitato« aus Beethovens 'Mondscheinsonate', der genau in dem Moment erfolgt, als Lucile im Anblick des erstochenen Yarini einen Schrei ausstößt und sich verzweifelt Rachel in die Arme wirft. Da die »höhere Tochter« von den Vorgängen unten auf der Straße keine Kenntnis haben kann, ist es purer Zufall, daß sie gerade in diesem Augenblick die passende, nämlich leidenschaftlich zerrissene Musik spielt.

Da es aber im Theater keinen Zufall gibt, handelt es sich hier also um einen Theater-Coup, der als solcher auch wahrgenommen werden will.

Henze hat dieser ganzen Nummer die Überschrift »*Musik aus dem Haus*« gegeben, worin man sicher wieder eine polemische Spitze

Notenbeispiel 6: Henze, *La Cubana*, aus Nr. 8

gegen die Darmstädterei sehen kann. Denn dort war ja 1968 Stockhausens vielbeachtete Kollektivkomposition »*Musik für ein Haus*« aufgeführt worden. Den Musikern war in jener Darmstädter Veranstaltung aufgegeben worden, mit tiefem Ernst und reifer Meisterschaft ihr Musizieren in vier verschiedenen Räumen über Kopfhörer und Mikrophone aufeinander abzustimmen, um so das Ganze zu einem bedeutenden 'spirituellen' Kunstereignis geraten zu lassen. Demgegenüber bietet Henze mit seiner »*Musik aus dem Haus*« eher einen diesseitigen akustischen Einblick in die Müllkammer der bourgeoisen Musikkultur, deren Zerfallenheit an dem beliebigen Zusammentreffen von Beethoven und Rag, Orchesterdrill und Bettelmusik ablesbar ist.

Im zweiten Teil des Tableaus »*Habana um 1910*« wird die Collage nicht durch gleichzeitig agierende verschiedene Instrumentalkörper sondern durch eine Zitatenkette realisiert, die von einer mittelschlechten Militärband teils hinter, teils auf der Bühne vorgetragen wird. Das Zitieren beginnt schon bei der Überschrift und den Ausdrucksangaben zu dieser Nummer: »*Trauermarsch. In gemessenem Schritt. Streng. Wie ein Kondukt*« — was wortwörtlich dem 1.Satz von Mahlers 5.Symphonie entnommen ist. Es folgen nun die zum Teil entstellten Melodien aus Chopins »*Marche funébre*« aus der *b-Moll-Sonate op. 35* und Beethovens »*Marcia funébre*« aus der *Eroica*. Einmontiert ist auch das Seitenthema aus dem 3.Satz der 'Mondscheinsonate', das hier in einer Trauermarschvariante zu hören ist (vgl. NB 6). Da der Anfang dieses Satzes (»*Presto agitato*«) ja bereits in der vorigen Teilszene zu hören gewesen war, bekommen wir mit diesem Zitat eine indirekte Fortsetzung geliefert, die aber nur um so deutlicher macht, daß Beethovens Musik durch den wechselweisen Gebrauch beim Klavierüben einerseits und beim Staatsbegräbnis andererseits verschlissen worden ist.

Eine widerum andere Klangpose (von denen es viele in *La Cubana* gibt) wird in den Chansons der »*Zeugen*« eingenommen. Diese chorähnlichen Sätze sind homorhythmisch gesetzt und darauf angelegt, daß jedes Wort verstanden werde. Im Anschluß an den Zwischenfall mit den aufständischen Schwarzen, der mit dem Zusammenbruch des Zirkuszeltes endet, singen die mittlerweile dreizehn Zeugen, begleitet von Bambusflöte, Okarina, Mundharmonika, Mandoline, Gitarre und Bombardon, in offener Hinwendung an das Publikum folgenden Kommentar:

> *Zerstört ist der Zirkus jetzt,*
> *die Herrenhäuser stehen in Brand,*
> *und was glauben sie denn,*
> *was mit den Schwarzen passieren wird,*
> *wenn der Aufstand zusammenbricht?*
> *Glauben Sie, die werden amnestiert? (...)*

Die Stimme der Hoffnung

Dafür kann doch die Künstlerin nichts!
Und Sie, meine Damen und Herren erst recht nicht.
Schließlich haben Sie ihr gutes Geld hingelegt,
um sich lustig zu machen
über uns und über Rachel,
und über sich selber.
Aber warten Sie noch eine Weile.
Rachel ist noch nicht am Ende.
Das letzte Wort ist noch nicht gesprochen,
nicht über Rachel
und über Sie auch nicht.

Die Zeugen, die spielextern auftreten, aber in die Geschichte, die erzählt wird, involviert sind, können nicht als Identifikationsfiguren gelten. Sie sind nicht das direkte Sprachrohr der Autoren. Was sie sagen, und vor allem wie sie es sagen bzw. spielen, ist dumpf erduldend und kraftlos. Als Leidtragende der Machtverhältnisse, denen sie unterworfen waren, sind sie unfähig geblieben, Kräfte und Konzepte eines solidarischen Widerstands zu entwickeln.

Demgegenüber ist die Figur des Cimarrón eindeutig positiv besetzt. Der Esteban Montejo wird — wie schon in dem Rezital *El Cimarrón* von 1970 — von einem Baßbariton dargestellt. Seinem Status als Hoffnungsträger für ein befreites Kuba und für Befreiungsbewegungen in der Welt entspricht die ungebundene Ausgestaltung seines Vokalparts in Form einer rhythmisch fixierten Sprechweise auf ungefähr angegebenen Tonhöhen (↑). Dem Cimarrón legen die Autoren die wenigen direkt gemeinten Sätze in den Mund, die überhaupt im Stück vorkommen. In der Auseinandersetzung mit Rachel, die sich ihm mit bühnenmäßiger Theatralik engegenstellt, sagt der Cimarrón ihr die folgenden schlichten Wahrheiten: »*Du bist schön. Aber du bist allein und allein bist du nichts. Vielleicht rettest du deine Haut, aber sterben wirst du in Traurigkeit. Die Wahrheit kann keiner verstecken*« (Nr.13).

Sprache und Aktion des Cimarrón in dieser Teilszene werden von Schlagwerk mittelamerikanischer Provenienz begleitet. Im einzelnen führt Henze in der Partitur folgende Instrumente ein und zitiert deren Beschreibungen nach einem Handbuch der Schlag- und Effektinstrumente: woodoo-drum (kind, vater, mutter), waldteufel, cabaca, pandeira, pedal-maracas, chocolo, tramboline, holzplattentrommel, cacavella, metallpeitsche, holzröhrenklapper, metal sounds (vgl. auch AVGERINOS 1967).

La Cubana oder *Ein Leben für die Kunst* ist das Ergebnis eines radikalen politischen Positionswechsels Henzes. Das Stück ist als Angriff auf die ästhetischen Wertvorstellungen der Bourgeoisie gemeint. Henze sagt selbst über *La Cubana*: »*In der Tat ist das ganze Stück, so scheint mir [...], kalt und robust und so herzlos, wie man es nur wünschen konnte«* (HENZE 1984, 210). Dies ist wohl wahr. Die neu gewonnene analytische Kälte wendet Henze auch gegen sich selbst. Zwar habe er sich schon seit zwei Jahrzehnten bemüht, von *»einigen Zwangsvorstellungen gegenüber der Kultur«* freizukommen, wie man in seinen frühen Essays lesen könne, sei *»aber sicherlich von Zeit zu Zeit immer wieder eingefangen worden und habe weitere Pflichtübungen und Trauerarbeiten ausgeführt«* (HENZE 1984, 216-217). Unter dieses Verdikt dürfte auch die Oper *Elegie für junge Liebende* gefallen sein. Das in ihr angesprochene Problem, ob ein großer Künstler berechtigt oder sogar verpflichtet sei, um seines Werkes willen notfalls über Leichen zu gehen, hatte für Henze nach 1966 nur noch mindere Relevanz. Nicht die Antwort auf eine solche kunstphilosophische Frage sei bedeutsam, sondern daß die Frage selbst überhaupt eine größere Bedeutung erlangen konnte, mache den Skandal aus. Während in der *Elegie* der Künstler als Repräsentant des Bürgertums problematisiert wird, steht in *La Cubana* die Bourgeoisie als abgedankte Klasse zum Thema. Deshalb verhalten sich die Stücke in systematischer Opposition zueinander. In der Oper haben wir eine frei erfundene Handlung, die Geschichte von Rachel (Amalia Vorg) ist demgegenüber dokumentarisch belegt. Einer kunstvollen, hermetisch geschlossenen dramaturgischen Struktur in der *Elegie* steht in *La Cubana* eine offene Struktur in Form einer Erzählung mit Bildern und spielexternen Kommentaren gegenüber. Der in der *Elegie* fast gewährleisteten Einheit von Raum und Zeit wird in *La Cubana* eine Collage aus wechselnden Spielzeiten und Handlungsräumen entgegengesetzt. Was in der Oper auf sechs Personen dramatisch konzentriert ist, wird im Vaudeville mittels dreißig bis vierzig Figuren episch gestreut. An die Stelle des potenten Klanges der Instrumente und Stimmen, der jeden Hörer der *Elegie* erheben dürfte, tritt in *La Cubana* gekonntes Unvermögen und planvolle Fehlerhaftigkeit. Die Magier des Instrumentes und des Taktstocks werden aus der Versenkung gezogen und als musizierende Schauspieler auf die Bühne gestellt und an neue Aufgaben herangeführt.

Zwei Leben für die Kunst, das eine in der »E«-Ästhetik überhöht, das andere im »U«-Gewerbe verkommen — aus der Sicht des 'neuen' Henze von 1972 waren es zwei verschenkte Leben. Ein dritter Weg, bei dem Kunst und Leben unter dem Primat gesellschaftlichen Fortschritts zusammengehen, wird den Zirkusleuten vom Cimarrón gewiesen: *»Ihr gefallt mir, denn ihr seid sehr lustig und sehr ernst, und ihr könnt vieles, was ich nicht kann. Aber eure Künste nützen uns nicht«* (Nr.13).

III. *Prinz* und *Lord* —
Henzes Arbeit mit Ingeborg Bachmann

Hans Werner Henze ist *der* Komponist seiner Generation, der am deutlichsten literarische Neigungen und Fähigkeiten zeigt. Die Liste von Autoren, deren Texte Henze vertont oder mit denen er direkt zusammengearbeitet hat, 'spricht Bände' (auch im wörtlichen Sinn). Dabei tritt in mehreren Fällen eine eigenartige Duplizität von Werken hervor. Unter Beschränkung auf besonders wichtige Produktionen lassen sich folgende Paarbildungen benennen:
— mit Auden und Kallman führte Henze die beiden Projekte *Elegie für junge Liebende* und *Die Bassariden* durch;
— mit Enzensberger entwickelte Henze die beiden Stücke *El Cimarrón* und *La Cubana*;
— mit Edward Bond erarbeitete Henze die beiden Bühnenwerke *Wir erreichen den Fluß* und *Die englische Katze*;
— mit Ingeborg Bachmann schrieb Henze die beiden Opern *Der Prinz von Homburg* und *Der junge Lord*.

In allen diesen Fällen schließen die Werkpaare zudem einen Kontrast der Stoffe bzw. der Genres ein: der teilwensen buffonesken *Elegie* steht die Seria *Die Bassariden* zur Seite; dem direkt und ernst gesprochenen Rezital *El Cimarrón* korrespondiert das leichtere Vaudeville *La Cubana*; dem düsteren und brutalen Anti-Kriegsstück *Wir erreichen den Fluß* antwortet das operettenhafte Repertoirestück *Die englische Katze*; und der grüblerischen Kleist-Oper wird mit der Affen-Komödie nach Hauff ein Kontrast gesetzt. Ohne diese Konstellationen überbewerten zu wollen, scheint mir die auffällige Werk-Duplizität doch auf schaffenspsychologische Charakteristika Henzes zu verweisen, der eine Beziehung zu einem Autor oder einer Autorin jeweils in den Extremen ausmessen will, eben durch die Erprobung an dunklen *und* lichteren Gegenständen, innerhalb direkter *und* verstellter Sprachhaltungen, mittels erfolgssicheren *und* eher unzugänglichen Produktionen.

Mit Ingeborg Bachmann hatte Henze zum ersten Mal eine ganz große Dichterpersönlichkeit zur Zusammenarbeit gewonnen. Henze und Bachmann hatten sich im Mai 1952 auf der 10.Tagung der »Gruppe 47« in Niendorf an der Ostsee kennengelernt. Obschon beide gleich alt waren, stellte Ingeborg Bachmann zu dieser Zeit ohne Zweifel die gefestigtere Persönlichkeit dar. Sie übersiedelte im Herbst 1953 nach Italien, wo die Dichterin und der Komponist über mehrere Jahre in

engstem Kontakt standen. Die Zusammenarbeit, die auch fortgeführt wurde, nachdem Ingeborg Bachmann 1957 Italien wieder verlassen hatte, ist durch eine längere Reihe von Kompositionen zu belegen:
— 1955 schrieb Henze die Musik zu Bachmanns Hörspiel *Die Zikaden*;
— 1957 vertonte Henze zwei Gedichte Bachmanns (»*Im Gewitter der Rosen*« und »*Freies Geleit*«) und fügte sie in den Zyklus *Nachtstücke und Arien* ein;
— 1958 komponierte Henze nach dem Libretto von Bachmann die Kleist-Oper *Der Prinz von Homburg*;
— 1959 schrieb Bachmann für Henzes bereits 1952 entstandene Ballettpantomime *Der Idiot* (nach Dostojewskij) ein neues Libretto;
— 1963/64 entstand Henzes komische Oper *Der junge Lord* nach dem Libretto von Ingeborg Bachmann;
— 1964 vertonte Henze die *Lieder von einer Insel*, die Bachmann zehn Jahre zuvor geschrieben hatte.

Es fällt nicht schwer, den Einfluß Henzes in den Gedichten Bachmanns seit 1952 anhand der Zunahme von Bildmotiven aus dem Bereich der Musik bzw. ganz allgemein des Tönens und Klingens festzustellen. Später bildete sich dann bei Bachmann eine differenzierte und dabei von Liebe und Hoffnung bestimmte Vorstellung von Musik heraus, die u.a. zu dem bedeutenden (und viel zu wenig bekannten) Essay über »*Musik und Dichtung*« geführt hat, aus dem nachfolgend mehrere Passagen zitiert seien (BACHMANN 1971, 375-378):

Über Musik, über Dichtung, über ihrer beider Wesen, muß man beiseite sprechen. Das vorlaute Reden darüber sollte aufhören, denn was, wenn nicht jede neue Hervorbringung, legte den wirklichen Wandel und das Unwandelbare dar. Aber manchmal mutmaßen wir, daß sich etwas von Grund auf ändern könnte, daß nichts beim Alten bleibt. Und dann haben wir ein Recht, zu rätseln, uns Verstörung anmerken zu lassen und, wenn wir abseits stehen, uns wieder einen Gedanken zu gestatten über Zusammenhänge.
...
Obwohl wir, wie nie zuvor, leicht geneigt sind, preiszugeben, uns abzufinden, behalten wir den Verdacht, daß eine Spur von der einen zur anderen Kunst führt. Es gibt ein Wort von Hölderlin, das heißt, daß der Geist sich nur rhythmisch ausdrücken könne. Musik und Dichtung haben nämlich eine Gangart des Geistes. Sie haben Rhythmus, in dem ersten, dem gestaltgebenden Sinn. Darum vermögen sie einander zu erkennen. Darum ist da eine Spur.
...
Die Worte suchen ja längst nicht mehr die Begleitung, die die Musik ihnen nicht geben kann. Nicht dekorative Umgebung aus Klang. Sondern Vereinigung. Den neuen Zustand, in dem sie ihre Eigenständigkeit opfern und eine neue Überzeugungskraft gewinnen durch die Musik. Und die Musik sucht nicht mehr den belanglosen Text als Anlaß, sondern eine Sprache in harter Währung, einen Wert, an dem sie den ihren erproben wird.
...

Ingeborg Bachmann über »Musik und Dichtung«

Die Musik [...] gerät mit den Worten in ein Bekenntnis, das sie sonst nicht ablegen kann. Sie wird haftbar, sie zeichnet den ausdrücklichen Geist des Ja und Nein mit, sie wird politisch, mitleidend, teilnehmend und läßt sich ein auf unser Geschick. Sie gibt ihre Askese auf, nimmt eine Beschränkung unter Beschränkten an, wird angreifbar und verwundbar. Aber sie braucht sich darum nicht geringer zu fühlen. Ihre Schwäche ist ihre neue Würde. Miteinander, und voneinander begeistert, mit Musik und Wort ein Ärgernis, ein Aufruhr, eine Liebe, ein Eingeständnis. Sie halten die Toten wach und stören die Lebenden auf, sie gehen dem Verlangen nach Freiheit voraus und dem Ungehörigen noch nach bis in den Schlaf. Sie haben die stärkste Absicht zu wirken.

...

So müßte man den Stein aufheben können und in wilder Hoffnung halten, bis er zu blühen beginnt, wie die Musik ein Wort aufhebt und es durchhält mit Klangkraft. [...] Denn es ist Zeit, ein Einsehen zu haben mit der Stimme des Menschen, dieser Stimme eines gefesselten Geschöpfs, das nicht ganz zu sagen fähig ist, was es leidet, nicht ganz zu singen, was es an Höhen und Tiefen auszumessen gibt.

...

Auf diesem dunkelnden Stern, den wir bewohnen, am Verstummen, im Zurückweichen vor zunehmendem Wahnsinn, beim Räumen von Herzländern, vor dem Abgang aus Gedanken und bei der Verabschiedung so vieler Gefühle, wem würde da — wenn sie noch einmal erklingt, wenn sie für ihn erklingt! — nicht plötzlich inne, was das ist: Eine menschliche Stimme.

Zwei Momente treten an diesem Text Ingeborg Bachmanns deutlich hervor: die menschliche Stimme scheint für sie der erste Zugang zur Musik gewesen zu sein; und die menschliche Stimme wird von ihr als Sinnbild einer ungeteilten menschlichen Existenz beschworen und geradezu als Bastion gegen die destruktiven Tendenzen unserer Zeit angerufen. Musik in »Kommunion« (ebenda 375) mit Sprache vermochte noch Hoffnung zu wecken, als das Leiden an der Welt sie schon lange verzweifeln ließ. Ingeborg Bachmann starb am 17.Oktober 1973 an den Folgen eines Brandunfalls in ihrer Wohnung in Rom. Im Mai des Jahres hatte sie Auschwitz und Birkenau besucht. Zwei Jahre vorher war ihr Roman Malina erschienen, in dem die Gesellschaft als der »*allergrößte Mordschauplatz*« und die Welt als »*ein katastrophales Fallen ins Nichts*« (nach Witte 1981, 10) beschrieben werden. 1968 waren im Kursbuch 15 vier Gedichte — ihre letzten — veröffentlicht worden, von denen eines »*Für Hans Werner Henze aus der Zeit der Ariosi*« gezeichnet ist (BACHMANN 1983, 181)

Enigma

Nichts mehr wird kommen.

Frühling wird nicht mehr werden.
Tausendjährige Kalender sagen es jedem voraus.

Aber auch Sommer und weiterhin, was so gute Namen
wie »sommerlich« hat —
es wird nichts mehr kommen.

> *Du sollst ja nicht weinen,*
> *sagt eine Musik.*
>
> *Sonst*
> *sagt*
> *niemand*
> *etwas.*

Enigma bedeutet Rätsel. Zu enträtseln sind hier zunächst vordergründig die Zitate, die in das Gedicht einmontiert sind, so die Anfangszeile »*Nichts mehr wird kommen*«, die dem vierten Altenberg-Lied von Alban Berg entnommen ist, und die Zeile »*Du sollst ja nicht weinen*«, die aus dem fünften Satz der Dritten Symphonie von Gustav Mahler entlehnt ist. Nicht aber das Spiel des Rätsel-Lösens veranlaßte das Gedicht, sondern die paradigmatische Bedeutung der Rätsel-Situation für die Empfindung der Verschlossenheit und der Verweigerung, die sich dem lyrischen Ich aufdrängt. »*Sonst / sagt / niemand / etwas*«, diese Zeilen meinen ja, daß mit Sprache nicht mehr auf Schrecken, wie die »*Tausendjährigen Kalender*« sie verzeichnen, Bezug genommen werden könne.

Auch das bereits 1963 entstandene Gedicht »*Keine Delikatessen*« aus derselben Folge im Kursbuch 15 (das übrigens jüngst von Luigi Nono in seinem Stück *Resonanze erranti* teilweise vertont wurde) enthält dieses Moment der Verweigerung von poetischer Sprache, denn, so heißt es in dem Gedicht,

> *gelernt*
> *mit den Worten,*
> *die da sind*
> *(für die unterste Klasse)*
>
> *Hunger*
>   *Schande*
>   *Tränen*
> *und*
>   *Finsternis.* (BACHMANN 1983, 182)

Das Ich ist nicht mehr bereit, sich selbst ein »*Assistent*« zu sein, sich »*mit den Worten zu helfen*«, »*einen Gedanken gefangennehmen, / abführen in eine erleuchtete Satzstelle*«, »*Aug und Ohr verkösten / mit Worthappen erster Güte*«. »*Mein Teil, es soll verloren gehen*«, schließt das Gedicht.

Für uns ist dieser harte Ton des Sich-Versagens auch deswegen bemerkenswert, weil er im selben Jahr, in dem auch das Libretto zur »Komischen Oper« *Der junge Lord* geschrieben wurde, aufgeklungen ist. Allerdings war dieser Ton des Leidens an einer gefährdeten Welt nicht ganz neu. So schließt bereits der frühe Gedicht-Zyklus *Lieder von einer Insel* (vgl. Henzes *Chorfantasie*) mit den Zeilen: »*Es kommt ein großes Feuer / es kommt ein Strom über die Erde. / Wir werden Zeugen sein«.* (BACHMANN 1983, 134). Und das Gedicht »*Freies Geleit*« nimmt ganz unmittelbar Bezug auf die Gefahr einer nuklearen Hochrüstung, die das Ende des Menschengeschlechts real möglich sein läßt (»*Die Erde will keinen Rauchpilz tragen / kein Geschöpf ausspeien vorm Himmel*«, (BACHMANN 1983, 171) — dies im Jahr der berühmten Erklärung der »Göttinger 18« am 12. April 1957. (Max Born, Otto Hahn, Werner Heisenberg, Carl Friedrich von Weizsäcker u.a. hatten darin erklärt, sie seien nicht bereit, »*sich an der Herstellung, der Erprobung oder dem Einsatz von Atomwaffen in irgendeiner Weise zu beteiligen*«.)

Erinnern wir uns an den anfangs zitierten Text Bachmanns von 1971, wo sie die Utopie der »*menschlichen Stimme*« gegen das »*Zurückweichen vor zunehmendem Wahnsinn*« verzweifelt beschwört, so erweist sich (was übrigens auch für Henze gilt), daß die genaue und kritische Zeitbeobachtung eine durchgängige Komponente ihres Schreibens war, und zwar sowohl, als sie noch vorwiegend Gedichte schrieb, als auch, nachdem sie ganz zur Prosa übergegangen war.

Ein Drama hat Ingeborg Bachmann nicht geschrieben, wohl aber dramatische Texte 'zum Zwecke der Musik' — eben zwei Opern-Libretti. Diese Texte verdienten schon allein wegen ihres Sonderstatus im Werk der Dichterin eine größere Beachtung in der Bachmann-Forschung, als bisher zu verzeichnen ist.

Das erste Libretto (sieht man von dem monologischen Text zu der Ballettpantomime *Der Idiot* ab) ist das zur Oper *Der Prinz von Homburg*. Die dreiaktige Oper basiert auf dem fünfaktigen Schauspiel *Prinz Friedrich von Homburg*, das Heinrich von Kleist 1809 bis 1811 als sein letztes Drama schrieb und das erst 1821, zehn Jahre nach seinem Freitod, uraufgeführt wurde. Sein Stoff ist der Geschichte Brandenburgs im 17. Jahrhundert entnommen. 1675 wurde die Schlacht von Fehrbellin von den Brandenburgern gewonnen. Erheblichen Anteil an dem Sieg hatte der Reitergeneral Prinz von Homburg. Da dieser aber entgegen dem ausdrücklichen Befehl des Kurfürsten das Signal zum Angriff früher als verabredet gegeben hatte, sollte er, obschon siegreich, vor ein Kriegsgericht gestellt werden. Er wurde schließlich begnadigt.

Kleist nimmt diese Episode zum Anlaß, ein Drama über den Widerspruch zwischen einem individuellen Sondercharakter und dem allgemeinen Normengefüge des Militärs zu schreiben. Um den Konflikt schärfer hervortreten zu lassen, löst sich Kleist von den historischen Fakten. Er zeichnet den Prinzen als einen Träumer, der zeitweise den

Kontakt zur Realität völlig verliert. Der Versuch, ihn trotz seines Außenseitertums in die geordnete Welt Preussens zurückzuführen, macht den Hauptgang der Handlung aus. Dies scheint zu gelingen. Indem der Kurfürst zusichert, das Todesurteil aufzuheben, wenn der Prinz darauf besteht, ihm geschehe ein Unrecht, löst er in diesem das Gefühl für die Notwendigkeit von Recht und Gesetz aus. Der Prinz von Homburg besteht auf seinem eigenen Todesurteil. Nun kann der Kurfürst Gnade walten lassen. Mit dem euphorischen Schlachtruf »*In Staub mit allen Feinden Brandenburgs!*« gehen der Prinz und alle tapferen Krieger neuen Siegen entgegen.

Der Anreiz für Hans Werner Henze, aus diesem Schauspiel eine Oper zu machen, ging ganz von der Figur des Prinzen aus. Dieser Typus interessierte ihn. Er kam zudem seiner Abneigung gegen militärisches Regelwesen entgegen. In einem geradezu romantischen, schwärmerischen Ton beschwört Henze die Seelenverwandtschaft zwischen sich selbst und der Kunstfigur des Prinzen und darüber hinaus mit dem Dichter Kleist, der mit diesem Werk einen überzeitlichen Konflikt von antiker Klassizität gestaltet habe. Ich zitiere aus Henzes Eigenkommentar zur Uraufführung in der Hamburgischen Staatsoper vom 22. Mai 1960 (der bei seiner Aufnahme in den Sammelband Musik und Politik übrigens retuschiert worden ist):

Der Prinz von Homburg, unser [!] *tapferer Vetter, der traumwandelnde junge Herr, ein mit feurigen Zungen Redender, ein deutscher Hamlet, mit dem Leben wie mit dem Tode spielend — das ist der Held meiner neuen Oper. [...] Wer hätte mir ein besseres Libretto schreiben können als mein* [!] *Freund Heinrich von Kleist, wo gibt es glänzenderes in der deutschen Sprache, wo mehr Freiheit, Wildheit, Pathos, diese hohen Gefühle, die heute niemand mehr aufbringen will, die meine Musik aber suchte! Gefühle, die doch in unser modernes Bewußtsein tief hineinreichen, da sie von einem Menschen aufgebracht wurden, der leicht oder genauso schwer wie in der seinen in unserer Welt leben oder nicht leben könnte, der in unserer Zeit ähnlich reagieren würde, wie er es in der seinen tat?* (HENZE 1960, 121.123)

Nicht jeder war indessen der Auffassung, daß sich die Figur des Prinzen so leicht aus dem Ambiente des Preussentums herauslösen und Kleists Stück insgesamt in »*Beziehung zu Griechenland*« bringen und Brandenburg durch »*eine antike adlerumflogene Dynastie*« (ebenda) zu ersetzen wäre. Eine ganz andere Deutung findet sich etwa in einem Sonett Bertolt Brechts mit dem Titel »*über Kleists Stück 'Der Prinz von Homburg'*«. (Nebenbei bemerkt: mit diesem Brecht-Gedicht sind wir auch auf der Spur der Titelvariante »*Der Prinz von Homburg*« statt »*Prinz Friedrich von Homburg*«; sie wurde nämlich von Brecht eingeführt. Daß Ingeborg Bachmann diese Variante übernahm, könnte bedeuten, daß sie die Auffassung Brechts über Kleists Preussen-Drama mit aufgehoben wissen wollte in dem von ihr eingerichteten Textbuch,

Die Brechtsche Lesart 61

wozu unten noch nähere Ausführungen folgen werden.) Hier nun das Gedicht Brechts:

> *O Garten, künstlich in dem märkischen Sand!*
> *O Geistersehn in preußischblauer Nacht!*
> *O Held, von Todesfurcht ins Knien gebracht!*
> *Ausbund von Kriegerstolz und Knechtsverstand!*
>
> *Rückgrat, zerbrochen mit dem Lorbeerstock!*
> *Du hast gesiegt, doch war's dir nicht befohlen.*
> *Ach, da umhalst nicht Nike dich. Dich holen*
> *Des Fürsten Büttel feixend in den Block.*
>
> *So sehen wir ihn denn, der da gemeutert*
> *Durch Todesfurcht gereinigt und geläutert*
> *Mit Todesschweiß kalt unterm Siegeslaub.*
>
> *Sein Degen ist noch neben ihm: in Stücken.*
> *Tot ist er nicht, doch liegt er auf dem Rücken:*
> *Mit allen Feinden Brandenburgs im Staub.*

Brecht polemisiert gegen die Figur des Prinzen und gegen deren Erfinder Kleist. Er ist nicht bereit, den schwächlichen Träumer und seinem Geschick ein besonderes Interesse entgegenzubringen, weil allein das Preussentum, in das die Prinzen-Episode funktional eingebunden ist, Interesse beanspruchen könnte: und zwar das einer kritischen Zurückweisung; man sollte die »*preußisch-blaue Nacht*« beiseite und den »*todesfürchtigen Helden*« ruhig »*im Staub*« liegen lassen.

Ingeborg Bachmann hatte diese Lesart des Dramas sehr ernst genommen. »*Einer Generation zugehörig, die nicht nur dem Volk mißtraute, das seine Klassiker politisch mißbraucht hatte, sondern auch den Dichtern mißtraute, deren Werke sich so mißbrauchen hatten lassen*« (BACHMANN 1960, 136-138), kam Ingeborg Bachmann lange nicht los von dem Brechtschen Vorbehalt gegen das Stück. Erst ein näheres eigenes Befassen mit dem Drama und seinem Autor brachte sie zu der Überzeugung, daß *Prinz Friedrich von Homburg* zumindest ein ambivalentes Schauspiel ohne eindeutige Tendenz darstellte. Immerhin existiere ja ein Ausspruch Kleists, der zu denken gebe: »*Der Soldatenstand wurde mir so verhaßt, daß es mir nach und nach lästig wurde, zu seinem Zwecke mitwirken zu müssen*« (nach BACHMANN 1960).

Die Umschrift des Schauspiels in ein Libretto besorgte Bachmann also mit der Absicht, nicht allein dem musikalischen Genre Oper zuzuarbeiten, sondern auch eine mögliche und akzeptable Lesart des Dramas zu erstellen. Hans Joachim Kreutzer hat in dem Sammelband *Werke Kleists auf dem modernen Musiktheater* hierzu eine ausführliche Studie vorgelegt (KREUTZER 1977). Kreutzer kommt darin zu dem überraschenden Schluß, »*daß dieses Libretto eine eigenständige*

Schöpfung der Dichterin Ingeborg Bachmann ist, nicht eine bloße Adaption des Kleistschen Schauspiels« (S.100). Überraschend ist dieses Ergebnis angesichts der Tatsache, daß Bachmann strikt an dem Kleistschen Text festgehalten hat. Bis auf ganz wenige Stellen gibt es kein Wort in der Oper, das nicht von Kleist wäre, darin eingeschlossen die Regieanweisungen. Der Autorin blieb also nur die Möglichkeit, durch Kürzungen Akzente zu verlagern und neue Figuren- und Szenenkonstellationen herbeizuführen. — Im einzelnen stößt Kreutzer bei seiner Untersuchung auf folgende Befunde:

— durch Kürzungen und Umstellungen entsteht der Eindruck, daß der Prinz »*von vornherein ausgeschlossen um nicht zu sagen ausgestoßen erscheint*« (72); daß nur er durch »Vereinzelung« hervorgehoben und somit der einzige Protagonist der Oper ist, während alle anderen einschließlich Kurfürst und Natalie tendenziell im Ensemble untergehen; daß das ganze Geschehen zwischen der Traumszene des Anfangs und der des Schlusses als 'geträumt' zu begreifen sei; daß der Kurfürst eher als abhängig vom Prinzen denn umgekehrt erscheint; und daß überhaupt alle Handlungen nur auseinander hervor- und dabei meist vom Prinzen ausgehen;
— die wenigen sprachlichen Änderungen sind gezielt eingesetzt und führen zur Minimierung der Metaphern, drängen historische (höfische) Formeln zurück, betonen subjektiv Gefühltes, lassen militärische Sachverhalte belanglos werden;
— die Textergänzungen erbringen direkte statt erst zu erschließende Aussagen, berücksichtigen zeitgemäße Deutungen des historischen Textes, erweitern die Liebesthematik, zentrieren alles auf die Sentenz »*Daß die Empfindung einzig retten kann!*«

Zusammenfassend kann festgehalten werden, daß es Bachmann auf die Enthistorisierung des Stücks ankam, um an dem *einen* Protagonisten ein allgemeines menschliches Problem zu entwickeln. Dabei spielte selbstverständlich auch der Gedanke mit, Raum für die Musik zu schaffen, weil diese weder bei einem historisch allzu konkreten Text noch über einer poetisch aufgeladenen Sprache gedeihen kann.

Henzes Partitur zum *Prinz von Homburg* ist bereits im Jahr der Uraufführung, also 1960, von Diether de La Motte einer eingehenden Analyse unterzogen worden. Seine immer noch gültigen Einsichten legte de La Motte in der Broschüre »*Hans Werner Henze. Der Prinz von Homburg. Ein Versuch über die Komposition und den Komponisten*« nieder und ließ sie im Schott-Verlag erscheinen. Drei Ergebnisse der Untersuchung erscheinen mir besonders wichtig, weil sie auch auf andere Werke Henzes übertragbar sind:

1. Henze findet erst beim Komponieren zu den Klanggestalten, die ihm geeignet erscheinen. Von diesen komplexen, das heißt melodisch, harmonisch, rhythmisch und klangfarblich bestimmten Themen leitet sich sodann eine für das ganze Werk verbindliche Ordnung des Materials her. Das so abstrahierte Material kann auch aus Zwölftonfolgen und abgestuften Dauernfolgen bestehen, die seriell behandelt werden.
2. Henze arbeitet mit festen Zuordnungen zwischen Klanggestalten und Bühnengestalten. Dabei haben die musikalischen Charaktere nicht unbedingt die festumrissene Kontur von Motiven und Themen, sondern oftmals nur eine spezifische Prägung oder Färbung. So ist die Melodik des Prinzen von der steigenden kleinen Sext bestimmt, die der Natalie von der Oktave, und die Melodien und Akkorde des Kurfürsten von Quinten und Quarten.
3. Henze komponiert wie ein Dramaturg. Aus der genauen Analyse der äußeren und besonders inneren Vorgänge der Handlung entwickelt er eine Strategie der großförmigen Entwicklungen. In einer subtilen Analyse der 1.Szene des II.Aktes (LA MOTTE 1960, 53-58) kann La Motte nachweisen, daß den drei Phasen der Befindlichkeit Homburgs drei unterschiedliche musikalische Zeitdimensionen entsprechen.

Ich möchte diesen Einsichten Diether de La Mottes noch einige Beobachtungen hinzufügen, die zeigen, wie im Musiktheater Wirkungen erzielt werden können und Absichten zu verwirklichen sind, die im Sprechdrama eigentlich nur durch die kombinatorische Aktivität des Zuschauers zum Tragen kommen.

Da neben dem Wort auch die Musik Informationsträger sein kann, ist der Fall denkbar, daß von beiden Medien gleichzeitig verschiedene oder gar sich widersprechende Informationen ausgehen können. Ein Anlaß für eine solche »*diskrepante Informationsvergabe*« (Manfred Pfister: *Das Drama*, München 1977) kann z.B. in der Absicht liegen, absurde Wirkungen herbeizuführen. Im Musiktheater dient ein solcher gegenläufiger Einsatz der Medien Musik und Sprache allerdings meistens der Aufhellung der inneren Verfassung von Figuren. Hierzu nun einige Beispiele.

Am Beginn der 3.Szene des I.Aktes befinden wir uns auf dem Schlachtfeld bei Fehrbellin. Hohenzollern, der Freund Homburgs besingt »*den schönen Tag*«: »*Die Sonne schimmert [...] die Gefühle flattern mit der Lerche zum heiteren Duft des Himmels jubelnd hinauf*«. Im Gegensatz zu dieser froh gesungenen Rede tönt es im Orchester sehr gedämpft, ja zwielichtig. Am auffälligsten ist gleich zu Anfang der einzelne, lang gehaltene Ton eines gestopften Horns. Kann der schlackenfreie Klang des Horns aus sich heraus ohne weiteres die Assoziation des Sonnenstrahls herbeiführen, so bewirkt der schlackenbehaftete Ton eher die gegenteilige Assoziation: ein Blinzeln, ein beengter Blick, ein bedrücktes Gefühl werden imaginiert. Auch die Streicher, die gedämpft spielen müssen, lassen den frohgemuten Sänger allein. Gesangsmelodie samt Text einerseits und Instrumentenklang andererseits klaffen auseinander. Der »*schöne Tag*« ist in Frage gestellt. Der Fortgang der Handlung wird zeigen, warum.

Etwas später in der selben Szene wird ein »*Allegro marziale*« angestimmt. Die Soldaten und Offiziere haben vom Hügel aus die Schlacht beobachtet und brechen in den Ruf »*Der Sieg ist unser!*« aus. Der Prinz ist hingerissen und fordert alle auf, ihm zu folgen — was gegen die Order ist. Dem Ruf des Prinzen gilt das »*Allegro marziale*«. Doch wie klingt ein »*Marziale*« dieses Prinzen? Der Marschrhythmus wird von der Harfe (!) skandiert, und dazu werfen Englischhorn und tiefe Clarinette Fanfarenstöße ein. Durch die hiermit gegebene diskrepante Information: die tollkühne Parole des Prinzen einerseits und das unwirkliche »*Marziale*« andererseits, werden wir tief hinein in das widersprüchliche Innere der Figur geführt, weil sich nur dort die beiden gegensätzlichen Informationen treffen. Nach diesem Klang geht vielleicht ein Orpheus oder Narziß zur Schlacht, nicht aber ein »von Homburg«.

In der 1. Szene des II. Aktes ist Hohenzollern bemüht, dem Prinzen klar zu machen, daß sein Leben ernstlich in Gefahr sei. Homburg antwortet scheinbar vernünftig: »*Das Kriegsrecht mußte auf den Tod erkennen*«. Diese Worte werden aber vom Orchester sofort konterkariert. Statt daß wir die Quintakkorde des Kurfürsten hören oder jene charakteristischen Akkorde aus der vorigen Szene, die der Durchsetzung des Gehorsamsanspruchs gelten, erklingen Tonrepetitionen von Harfe, Celesta und Vibraphon und dazu die kantable Melodik einer Altblockflöte (!). Das Orchester dreht dem Antihelden das Wort »*Kriegsrecht*« förmlich im Munde herum.

Auch der Schluß der Oper, der vom Text her ganz dem preussischen Hurra-Getön überantwortet ist: »*Der Himmel hat ein Zeichen uns gegeben, und fester Glaube baut sich in uns auf [...] In Staub mit allen Feinden Brandenburgs!*«, gelangt durch das Orchester nicht zu einem unbefangenen Jubelklang, der diesem »Brandenburgischen Konzert« — so übrigens der Titelvorschlag des ersten Regisseurs Helmut Käutner für die Oper — eigentlich angemessen wäre. Hier ist nun zwar das Instrumentarium vorhanden, das für solchen Jubel gemeinhin bereit steht: 2 Trompeten schmettern hinter der Szene. Dennoch kann das *ff*-A der Trompeten nicht aufblühen, denn die Zusammenklänge sind so

»Prinz« und »Lord«: die Kurven des Gesamtverlaufs

gewählt, daß der Ton A von zwei Haltetönen As und B förmlich eingezwängt erscheint und somit eine Dissonanzempfindung im Hörer zurückbleibt. Die Sorge Ingeborg Bachmanns, daß mit dem originalen Kleist-Schluß doch wieder das Mißverständnis gefördert würde, hier hätte ein nationaler und patriotischer Dichter ein Bekenntnis zu Preussen abgelegt, bewahrheitet sich in der Oper nicht. Bei diesen Schlußklängen haben die patriotischen Worthülsen keine Chance, affirmierend zu wirken.

Der dramatische Gesamtverlauf der Oper *Der Prinz von Homburg* beschreibt eine charakteristische Kurve: einer Schleife ähnlich wird die Haupthandlung der Szenen 2 bis 9 in das Traum-Tableau der auseinandergestellten Szenen 1 und 10 eingehängt. Wir wohnen als Zuhörer also im Grunde genommen einer einzigen Szene bei, in deren Mitte sich eine überdimensional ausgestaltete Fermate befindet.

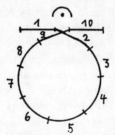

Der Prinz von Homburg,
Kurve des Gesamtverlaufs

Ganz anders verläuft die Kurve des dramatischen Gesamtverlaufs der Oper *Der junge Lord*. Sie beschreibt einen geradlinigen Verlauf, dem von Anfang bis Schluß alle Handlungsstränge untergeordnet sind. Mit der Enthüllung des Lords als Affen zerplatzen am Ende die Hoffnungen und Illusionen der Bürger von Hülsdorf-Gotha. Diesmal steht die Fermate über dem Abriß der Spannungskurve.

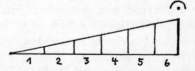

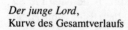

Der junge Lord,
Kurve des Gesamtverlaufs

Hans Werner Henze hat für dieses signifikante Strukturmodell seiner Oper *Der junge Lord* ein Vorbild angegeben, daß zunächst fern zu liegen scheint; das Gedicht »Die Heimkehr« von Heinrich Heine (HENZE 1984, 199). In diesem Gedicht wird eine entsprechende final bestimmte Verlaufskurve statt in sechs Bildern in acht Zeilen durchgeführt.

Die Heimkehr

Am alten grauen Turme
Ein Schilderhäuschen steht;
Ein rotgeröckter Bursche
Dort auf und nieder geht.
Er spielt mit seiner Flinte,
Die funkelt im Sonnenrot,
Er präsentiert und schultert —
Ich wollt, er schösse mich tot.

Henze hat dieses Gedicht einige Jahre später vertont. Es bildet die Nr. 9 des Zyklus *Voices* aus dem Jahre 1973. Interessanterweise verfährt Henze bei der Vertonung des Gedichts aber nicht nach dem Muster des *Jungen Lord*. Während im *Lord* der Knalleffekt am Ende mit der Demaskierung des Affen bühnen- und klangtechnisch forciert wird: dem Aufschrei der Hülsdorfer Bürger »*in stärkstem Entsetzen*« folgt ein Abriß des Orchester-Presto im *fff*, gibt es demgegenüber im Heine-Lied überhaupt keine musikalische Reaktion auf die Schreckenszeile »*Ich wollte, er schösse mich tot*«. Diese Zeile bleibt eingebunden in die strenge Form zweier gleichlautender Strophen. Ungewöhnlich an diesem Orchesterlied ist allerdings das sehr ausgedehnte Vorspiel der Instrumente, in dem nach Mahler-Art ein Ton des Ungewissen, Dunklen und Bangen vermittelt wird. Lyrik erfordert vom Komponisten eine völlig andere Einstellung zum Text als das Theater. Von Henze stammt das schöne Wort: »*Die Bühne ist das geöffnete Auge der Partitur*«; dieses Wort aufnehmend ließe sich sagen: »Die Musik ist das geschlossene Auge des Gedichts«.

Der junge Lord. Komische Oper in zwei Akten von Ingeborg Bachmann, nach einer Parabel aus »Der Scheik von Alexandria und seine Sklaven« von Wilhelm Hauff — so der vollständige Titel nach der Partitur — entstand 1963/64 und wurde am 7. April 1965 als Auftragswerk der Deutschen Oper Berlin mit großem Erfolg uraufgeführt. Das Stück besitzt alle Merkmale einer komischen Oper. Der Stoff ist schon insofern typisch, als die Gesellschaft als solche thematisiert wird (statt das Schicksal eines Einzelmenschen) und dementsprechend auch Gesellschaftsszenen überwiegen, und auch die einzelnen Bild- und Handlungsmotive entsprechen guter Buffa-Tradition, z. B. das verkleidete Tier, die typisierten Personen (*der* englische Sir, *die* Baronin, *der* Student usw.), die große Ball-Szene, etliche Exotica (die Köchin aus Jamaica, der kleine Zirkus), das junge Liebespaar und dessen zeitweise Gefährdung. Auch die Formen der einzelnen Nummern (die allerdings nicht numeriert sind) entstammen dem Repertoire der komischen Oper, nämlich Ariosi und Arien, Lieder, viele Ensembles, Kinder-

In einer kleinen deutschen Stadt

chor, Garnisonskapelle, Tanzkapelle, Bühnenmusiken in jedem Bild. Selbst die Auswahl der Stimmfächer zeigt die Tendenz zur Leichtigkeit. Es fehlen Alt, Baß und Heldentenor. Stattdessen ist Hoher und Lyrischer Tenor verlangt sowie ein Heldenfach in Buffo-Funktion (für den Zirkusdirektor); es gibt den Koloratursopran und außerdem einen Hohen Sopran, und der Bariton ist gleich viermal vertreten und zusätzlich noch ein Baß-Bariton gefordert. Entsprechend diesem eher lichten Vokalverbund ist das Orchester mit zwiefachem Holz und wenig Blech fast kammermusikalisch ausgefallen und wird auch so eingesetzt.

Mit diesem bunten Theaterapparat und unter Entwicklung einer eingängigen Musiksprache, die sich teils tonaler, teils erweitert tonaler, teils frei atonaler Stilmomente bedient, wird die folgende Geschichte zur Darstellung gebracht.

In der kleinen deutschen Stadt Hülsdorf-Gotha erwartet man die Ankunft eines Fremden. Es ist der vom Prinzen selbst annoncierte englische Gelehrte Sir Edgar. Neugierig wird er beäugt, insbesondere aber seine skurrile Dienerschaft und sein ebenso skurriler Hausrat bestaunt. Dem Fremden ist die aufdringliche Neugierde und eilfertige Anbiederei lästig. Er zieht sich in sein Haus zurück und lehnt alle Einladungen ab. Als selbst die Baronin Grünwiesel eine Abfuhr erhält, ist der Skandal da: »*Ungestraft hat noch niemand Flora von Grünwiesel einen Schimpf angetan*« (I/2). Doch wie soll man einen »Sir« bestrafen? Als eines Tages ein kleiner Wanderzirkus den Fremden aus dem Haus lockt und ihm offenbar Vergnügen bereitet, sollen die Gaukler kurzerhand aus der Stadt gewiesen werden. Doch der Engländer lädt die Leute mitsamt ihren Tieren kurzerhand in sein Haus ein; da ist nichts zu machen. Nun liegt es bei Sir Edgar, einen Denkzettel für die allzu kleinlichen Bürger zu ersinnen. Er hat unbemerkt den Menschenaffen Adam aus dem Zirkus bei sich behalten. Er dressiert ihn, woraufhin er einige deutsche Sätze sprechen, aus echtem Porzellan Tee trinken, und modische Kleidung tragen kann. Ein junger Lord Barrat ist da — zum Vorzeigen. Ein erster Empfang der städtischen Gesellschaft im Hause Sir Edgars verläuft zu aller Befriedigung. Lord Barrat wird zum Vorbild für die Jugend erkoren, die insbesondere auch dessen 'affengeile' Verhaltensweise imitiert. Doch die Katastrophe kann nicht ausbleiben: auf dem großen Ballfest wird es zu wild; Lord Barrat wird als der Affe Adam kenntlich gemacht. Den erschreckten Bürgern ruft das dressierte Tier noch nach: »*Bleibe guter Geist euch hold*«. Parallel zu dieser Haupthandlung wird die Geschichte von Wilhelm und Luise erzählt. Sie liebten sich. Doch Luise gerät unter den Bann des jungen Lord. Befördert von ihrem Vormund, der Baronin Grünwiesel, scheint die Verlobung unausweichlich. Doch auch dieser Spuk geht mit dem Ball zu Ende. Luise *»umarmt Wilhelm zaghaft und verbirgt ihr Gesicht«.* Hat sie geträumt? Sie weiß, daß sie nicht geträumt hat.

Die Fabel ist äußerst turbulent und vor allem von einer quirligen Motorik. Allein die Idee, einen Affen in feinen Salons sich ausleben zu lassen, eröffnet unerschöpfliche Möglichkeiten für eine charakterisierende instrumentale Begleitmusik. Und nicht weniger vielfältig sind die Möglichkeiten, die verschiedenen Sprachgesten von Personen aller Stände, Ämter und Berufe in Gesangsstimmen umzusetzen. Der buffoneske Zauber beginnt bereits bei den Personennamen, die indirekt die Redebeiträge der jeweiligen Namensträger bestimmen. Wer den »Hasen« im Namen führt, wie Oberjustizrat »Hasentreffer«, nimmt »kein Blatt vor den Mund« — das Gegenteil wäre wahrscheinlich. Und wer »will sich kein Urteil bilden«? — ausgerechnet der Professor des Ortes, der doch für »Urteile« zuständig wäre.

Auf diese Weise ist das Textbuch bis ins Detail durchgeformt. Dabei werden nicht die großen Linien, die plötzlichen Umschwünge, die effektvollen Kontraste vergessen. Das Stück ist aber — wie jede gute Komödie — auch durchlässig für bedeutende Allusionen, für gefährliche Perspektiven. Die Erfahrungen, die Henze (in Gütersloh) und Bachmann (in Klagenfurt) mit provinziellen Milieus gemacht haben, stehen parat, insbesondere die Skepsis der Bürger gegenüber allem Ungewohnten und Fremdartigen, die so typisch für das Klima in einer Kleinstadt (und manchmal auch in einem ganzen Land) ist. Da wird schon schnell einmal der Verdacht ausgestreut, daß Sir Edgar sich möglicherweise auf der Flucht vor der Polizei befinden könnte. Und wer freundlich zu Gauklern ist, wird sogleich als »*Sittenverderber*« beschimpft. Des nachts schreiben frustrierte Bürger an das Haus von Sir Edgar mit großen Buchstaben das Wort SCHANDE. Insgesamt wird freilich der helle, komödiantische Tonfall nirgends länger preisgegeben. Das ganze Werk ist eben auf die Wirkung des Schlusses angelegt, wo die eine Verfinsterung die vielen Helligkeiten vorher beschatten soll.

Hans Werner Henzes Arbeit mit Ingeborg Bachmann ist zu früh zu Ende gegangen. Aus der Verbindung gerade dieser Dichterin und dieses Komponisten waren noch gewichtige Produktionen zu erhoffen gewesen. Beider Leben setzte ja in überraschend deutlichem Parallellauf ein. Nur sechs Tage trennen ihre Geburt. Ein Lehrer-Vater war beider Schicksal. Unter einem Terrorregime hatten sie heranzuwachsen. Krieg und Faschismus verletzte sie in ihren verletzlichsten Jahren. Ihrem Zusammentreffen und ihrer gemeinsamen Arbeit möchte man fast Notwendigkeit zusprechen. Sie führten insgesamt sechs Projekte gemeinsam durch. Hierzu kommt aber vor allem der intensive geistige, politische und menschliche Austausch zwischen den beiden Künstlern, der mit dem Jahr der letzten gemeinsamen Produktion nicht beendet war und noch überhaupt nicht abzumessen ist.

Henze wurde von dem »*entsetzlichen Ende*«, dem »*Feuertod von Ingeborg Bachmann*« (HENZE 1984, 233) zutiefst erschüttert. Die Nachricht traf ihn im Herbst 1973 während der Komposition der *Tristan-Preludes*, die zu den am stärksten persönlich gefärbten Werken Henzes gehören. Daß auf den Schluß dieses 'Klavierkonzertes' auch der Schmerz über den Tod der Dichterin eingewirkt hat, entnehmen wir Henzes späterem Bericht über die Entstehung seines *Tristan*:

in diesem Licht, in diesen Klängen, diesem Weinen und Verstummen kommt alles zusammen, was diese Arbeit begleitet hat, Orte und Menschen, der Friedhof von Klagenfurt, das Fußballstadion in Santiago, die Todesfälle und Todesarten, die Toten, um die die Menschheit nun verarmt ist, während der Paradeschritt der Faschisten durch volksarme Hallen dröhnt, das Fliegengesicht des Generals Pinochet auf dem Fernsehschirm erscheint, Entsetzen verbreitend, daß die Uhren stehenbleiben und das Blut erstarrt. (HENZE 1984, 233-234).

Ingeborg Bachmann war noch im Mai 1973 nach Polen gereist und hatte die Konzentrationslager Auschwitz und Birkenau besucht. Daß ihr unglücklicher Tod von dem Kontersieg der Faschisten in Chile begleitet wurde, ist kalte Ironie der Geschichte.

IV. *River* und *Cat* —
Henzes Arbeit mit Edward Bond

Hans Werner Henze hat von Anfang seines Schaffens an immer wieder bedeutende Autoren der Gegenwartsliteratur für die Zusammenarbeit auf dem Gebiet des Musiktheaters gewinnen können. Er sucht stets die volle Kommunikation mit den Künstlern des literarischen Faches, die Lieferung gut verwendbarer Libretti oder anderer zur Vertonung geeigneter Texte wäre ihm nicht genug. Insbesondere interessieren ihn nur solche Schreiber, die unsere Gegenwart nicht *ver*drängen, sondern sich — wie Henze auch — von ihr bedrängen lassen. Andererseits erkennen Autoren wie Auden und Enzensberger, Bachmann und Bond in Henze einen Musiker, mit dem es sich lohnt, das wundersame Zwischenreich zwischen Musik und Literatur aufzusuchen, in dem Gebilde von besonderer Künstlichkeit wie ein Musiktheater oder eine Theatermusik, wie ein Lied oder ein Chor, ein Rezital für Musiker, eine Musik für Tänzer, ein Hörspiel mit Musik oder eine Filmmusik entstehen und leben können.

Dabei führen diese Begegnungen des Komponisten mit Dichtern, Essayisten, Stückeschreibern und Filmemachern — da sie vorbehaltlos und offen sind — regelmäßig zu Überschreitungen vermeintlich bestehender Grenzen. So schrieben Auden und Kallman sich das Verdienst zu, Henze dazu gebracht zu haben, mit den *Bassariden* auch den Raum des eigentlichen Musikdramas (vor dem Henze wegen dessen Besetzung durch den Bayreuther Meister einen Bogen gemacht hatte) ausgeschritten zu haben. Und auch Henzes Opera buffa *Der junge Lord* mit ihrem völlig neuartigen Tonfall aus Spott und Liebe, Schrecken und Lachen wurde erst durch Ingeborg Bachmanns Buch provoziert und überhaupt ermöglicht. Desgleichen dürfte anzunehmen sein, daß Henze ohne die funktionale Ästhetik Enzensbergers wohl kaum zu jener realistischen Musikverwendung gelangt wäre, die er in dem Vaudeville *La Cubana* verwirklicht hat. Und über das Stück *We come to the River* (*Wir erreichen den Fluß*) sagt Henze selbst, daß erst der erhellende Blick Edward Bond's auf unsere von Gewalt bestimmte Welt ihn dazu gebracht habe, seiner Musik die Ausdrucksformen des Gewaltsamen zu erschließen.

Aber auch in umgekehrter Richtung gingen die Impulse aus: Henze hat das Schaffen 'seiner' Schriftsteller beeinflußt. Zum Beispiel Ingeborg Bachmann: wäre es nicht an der Zeit, daß die Literaturwissenschaft einmal deutlich registrierte, daß mit dem *Jungen Lord* Ingeborg

Bachmanns einziger Beitrag zum Genre der Bühnenwerke vorliegt (weshalb es einer Verkleinerung dieser Dichterin gleichkommt, wenn man sie ausschließlich als Lyrikerin und Erzählerin führt). Auch Enzensberger hat mit dem spritzigen und bunten Lehrstück *La Cubana* zu einem Genre gefunden, das ohne den Musiker gar nicht in sein Blickfeld gelangt wäre, so daß wir Henze einen Text Enzensbergers verdanken, der, verglichen mit dem stofflich nahen dokumentarischen Theaterstück *Das Verhör von Habana* (1970), ganz neue Ausdrucksfacetten bei Enzensberger freigesetzt hat. Schließlich wäre zu vermerken, daß Edward Bond sich vielleicht niemals dem Orpheus-Stoff zugewandt hätte, wenn der Musiker Henze ihn nicht für eine ganz neue Sicht auf den alten Mythos überzeugt hätte mit dem Erfolg, daß Bond nicht nur das Libretto zu dem abendfüllenden Ballett *Orpheus* verfaßt, sondern auch den Gedicht-Zyklus *Canzoni to Orpheus* (vgl. Henzes Chöre *Orpheus behind the Wire*) geschrieben hat.

Edward Bond ist der bedeutendste englische Dramatiker der Gegenwart. Er wird gelegentlich mit Samuel Beckett auf eine Stufe gestellt, wenngleich dessen Theaterarbeit prinzipiell verschieden von der Edward Bond's ist. Geboren 1934, also acht Jahre jünger als Henze, war Bond gerade noch alt genug, um die Schrecken des Krieges am eigenen Leibe und schon mit eigenem Bewußtsein zu erfahren. Er wird vor den seit 1940 eingeleiteten Luftangriffen der Deutschen aus London evakuiert, kommt zurück und wird wieder aufs Land verbracht.

Bond stammt aus einer Arbeiterfamilie. Lakonisch stellt er fest: »*meine einzige Beziehung zu meiner Familie war ein totales Mißtrauen — in einem solchen Milieu nicht anders möglich: untere Arbeiterklasse*« (IDEN 1973, 7). Diese Äußerung über die eigene Sozialisation ist für Bond's Denken und Schaffen bezeichnend. Nicht die individuellen, psychologischen Motive für das Verhalten von Menschen rückt er in den Mittelpunkt, sondern deren gesellschaftliche Bedingtheit. Die Psychologie, die ein Jahrhundert oder mehr der wichtigste Faktor für die Erzielung dramatischer Wirkung war, schlägt bei Bond um in eine Soziologie der Verhaltensweisen von Personen und Gruppen auf dem Theater. Psychologische Kategorien tauchen nur noch als Metaphern auf, so in dem folgenden Statement Bond's aus dem Jahre 1971: »*Keine unserer politischen Einrichtungen scheint mehr zum Wohle der Gesellschaftsmitglieder zu operieren, sondern nur noch um der Machtausübung willen. So kriegt man diese Giganten, die sich mit ihren Wasserstoffbomben und all dem Kram gegenseitig bedrohen. Die Beziehungen zwischen den Staaten sind absolut neurotisch*« (IDEN 1973, 12).

Bond hat den antipsychologischen Ansatz mit den Stückeschreibern Brecht und Beckett gemeinsam, wenngleich er ein ganz anderes Theater macht als sie. Eine sehr aufschlußreiche Äußerung Bond's über diese beiden großen Vorgänger — nicht Vorbilder — übermittelt Peter Iden in seiner kleinen Bond-Biographie: »*Beckett ist zu zerstört von seiner Erfahrung, er ist extrem subjektiv. Brechts Lösungen sind den Problemen nicht angemessen, mit denen er es zu tun hatte. Seine Prämissen sind zu simpel. Brechts Menschen entscheiden sich zu sehr danach, was die Zukunft sein sollte. Aber die Zukunft wird von der Vergangenheit gemacht*« (IDEN 1973, 13).

Ein durchgängiges Thema in den Dramen Bond's ist die Gewalt. Nach Auffassung Bond's ist Gewalt zu einem neuen Mythos avanciert, der eine notwendige Funktion innerhalb des auf Selbsterhaltung und Expansion ausgerichteten kapitalistischen Systems ausübt. Was Bond in diesem Zusammenhang unter Mythen versteht, erhellt aus einem allgemein gehaltenen Einführungstext zu einem Band mit Stücken, in den auch der Text zu *We come to the River* aufgenommen worden ist. Ich zitiere (in eigener Übersetzung) einen zusammenhängenden Passus aus diesen überhaupt sehr lesenswerten Reflexionen Bond's über »*Kapitalismus*«, »*Technologie*«, »*Natur des Menschen*«, »*Kultur*« und »*Kunst*« (BOND 1976, X):

Offensichtliche Mythen sind — mit Blick auf die Vergangenheit — das Dogma der Ur-Sünde und — mit Blick auf unsere Tage — das Dogma der Ur-Gewalt, also die Idee, daß Gewalt ein notwendiger Bestandteil der menschlichen Natur sei in der Art von Essen und Schlafen und nicht nur eine Befähigung wie Furcht und Schmerz. Aber diese Mythen sind benutzt worden, um den Zwang zu rechtfertigen, mit dem gesellschaftliche Verhältnisse aufrechterhalten werden sollen. Da der Tand des Überflusses immer glänzender und schneller und lärmender wird, muß der Kapitalismus notwendigerweise ein zunehmend pessimistisches Bild der menschlichen Natur gewinnen. Originäre Gewalt ist natürlich ein sehr viel pessimistischerer Grundsatz als originäre Sünde, denn sie führt weder auf der Erde noch im Himmel zur Erlösung. Dieser zunehmende Pessimismus ist nicht zufällig. Kapitalismus schafft eine schizophrene Gesellschaft der Spannungen und Aggressionen, und weil durch Konsumtion diese nicht beruhigt oder unterdrückt werden können (ganz im Gegenteil), sind umso mehr Zwang und Kontrolle und Nachforschungen notwendig. Staatliche Gewalt und Mythen werden noch tiefer in die menschlichen und gesellschaftlichen Verhältnisse eindringen, nicht weil der Kapitalismus keine anderen Methoden erdenken und in anderen Gesichtskreisen träumen könnte, sondern weil er unfähig ist, diese herbeizuführen.

Gewaltdarstellungen bestimmen folglich alle Stücke Bond's. Dabei sind sublime Vergewaltigungen ebenso wie brutaler Staatsterror an der Tagesordnung: eine Londoner Lady, die den Tuchhändler durch immer neue Bestellungen und Reklamationen schikaniert und schließlich zu Wahnsinnshandlungen treibt (wie in *The Sea*); ein Gouverneur,

Ein scheinbar pessimistischer Grundklang 73

der eine alte Frau und ein Kind auf der Flucht mit Maschinengewehrsalven durchsieben läßt (wie in *We come to the River*).

Auch wenn die Wirklichkeit nur in kleinen Ausschnitten gezeigt wird, geht es Bond immer ums Ganze. Jede Szene ist von dem Wissen um die planetarische Gefährdung überschattet. Sehr kennzeichnend hierfür ist eine Replik Bond's auf den Vorwurf, er wäre mit der Darstellung einer Kindestötung auf offener Bühne in seinem Stück *Saved* zu weit gegangen. Diese Szene, in der ein Baby von einer Horde Jugendlicher in seinem Kinderwagen gesteinigt wird, führte nach der Uraufführung in London dazu, daß das Stück von der Zensurbehörde kassiert wurde. Bond bemerkte dazu, daß »*die Steinigung eines Babys in einem Londoner Park ein typisch englisches Understatement*« sei. Ein solcher Vorgang erschiene doch eher belanglos, wenn er mit dem »*strategischen Bombardement deutscher Städte*« oder mit der »*kulturellen und emotionellen Verarmung der meisten unserer Kinder*« verglichen werde (IDEN 1973, 36).

In der Diskussion um Bond's Dramen hat immer wieder das Begriffsgegensatzpaar pessimistisch/optimistisch eine Rolle gespielt. Man hat Bond wegen der überwuchernden Gewaltdarstellungen einen allgemeinen Pessimismus unterstellt, der niemandem helfe. Dem wäre entgegenzuhalten, daß Bond den strukturellen Pessimismus der kapitalistischen Welt thematisiert, ihm aber gerade deswegen nicht verfällt. Bond über seinen *Lear*: »*Es mag [...] scheinen, daß die Wahrheit, wenn sie entdeckt wird, stets ein Grund zum Pessimismus ist, aber man kommt bald darauf, daß man sie als Chance sehen muß*« (IDEN 1973, 77). Dasselbe meint übrigens Henze, wenn er mit Bezug auf seine *River*-Musik von einem »*schwachen Strahl Hoffnung*« spricht, »*eben so viel, um dem Pessimismus nicht anheimzufallen, der so verderblich ist wie jede andere Form der Frivolität*« (HENZE 1984, 258).

Die Wahrheit über eine schlimme Wirklichkeit als Chance begreifbar machen — Stücke, die nach diesem Konzept funktionieren sollen, rechnen in besonderem Maße mit dem 'Koproduzenten Publikum'. Sie verzichten sowohl auf den ausgleichenden Gegenspieler im Stück — eine fehlende Figur — als auch auf die Präsentation von Lösungen — eine fehlende Utopie; beide Negativposten müßten vom Zuschauer ausgefüllt werden, der mittels eigener Imagination Gegenmodelle entwickelt und mögliche Utopien entwirft.

Es ist nun sehr bemerkenswert, daß Bond in der Zusammenarbeit mit Henze von dieser strengen Auffassung teilweise abgerückt ist. Sowohl im *River* als auch im *Orpheus* (nicht dagegen in *Cat*) sind umfangreiche Schlußpartien ausgerichtet bzw. auskomponiert, in denen die Utopie eines besseren Lebens oder doch eines Weges dahin aufscheint. Allerdings ist in beiden Fällen das Hoffnungszeichen deutlich von der Realität abgerückt, indem eine doppelt fiktionale Spielebene betreten wird, das Geschehen also noch jenseits der normalen Spielwirklichkeit abläuft.

Im *River* setzt die Vision in dem Moment ein, wo der General, nachdem er menschliche Züge gewonnen hatte, von zwei Meuchelmördern geblendet wird. Die Toten kommen zurück: die durch Kopfschüsse getötete Junge Frau mit dem Kind, ihr Mann, der als Deserteur erschossen worden war, und die Alte Frau, die als Flüchtende im Maschinengewehrfeuer endete. Sie sind wie erlöst, lächeln, besprechen die Zukunft. Der blinde General wird sehend: »*My eyes! What happened to my eyes? I see such beautiful things*«. (»*Meine Augen! Was geschah mit meinen Augen? Ich sehe so schöne Dinge*«.) Kann das traumartige Geschehen zunächst noch als Vision des Generals gedeutet werden (»*let me be sane before I die*«; »*laß mich gesunden bevor ich sterbe*«), so gewinnt es nach dem Tod des Generals — er wird von den Wahnsinnigen einer Anstalt unter Tüchern erstickt — Epilogcharakter. Alle Opfer kehren auf die Bühne zurück und stimmen ein siebenstrophiges Lied an, das dem Publikum unmittelbar gilt. Die letzte Strophe (es ist bei Henze die fünfte, weil zwei Strophen unvertont geblieben sind) lautet:

We stand by the river.
If there is no bridge we will wade.
If the water is deep we will swim.
If it is too fast we will built boats.
We will stand on the other side.
We have learned to march so well that we cannot drown.

Wir stehen an dem Flusse.
Ist dort auch kein Steg, wir gehn durch.
Wenn das Wasser zu tief ist, dann schwimmen wir.
Ist die Strömung zu stark, dann baun wir ein Boot.
Wir werden stehn auf dem andern Ufer.
Unser Schritt ist so sicher jetzt. Wir können nicht mehr untergehn.
(Deutsch: HWH)

In ganz ähnlicher Weise wird auch im *Orpheus* durch die Erhebung der Toten jene zweite Fiktion herbeigeführt, die dem Autor die Sicherheit gibt, daß seine Vision einer besseren Welt nicht als verkitschte Wirklichkeit mißverstanden werden kann. Der Augenblick, in dem die Wirklichkeit (Fiktion ersten Grades) aufgehoben wird und eine Überwirklichkeit (Fiktion zweiten Grades) zur Darstellung gelangt, ist auch hier genau zu bestimmen. Es ist der Moment, wo Orpheus wie im Wahn nach der zerbrochenen Leier greift und zu spielen beginnt. Führte im *River* die Zerstörung der Augen dazu, daß der General auf

... und im »Orpheus«

andere Weise zu sehen vermochte, so erbringt im *Orpheus* die Zertrümmerung der Leier das Wunder einer neuen Musik. In das Wunder eingeschlossen sind auch 'Die Verdammten dieser Erde' (Franz Fanon), die erlöst werden und zu der neuen Musik tanzen, ganz so wie jene Getöteten und Ermordeten, die den Fluß erreicht hatten und einen Hymnus des neuen Lebens anstimmten. Der Schluß des Librettos zum *Orpheus* lautet:

> As the new music is heard the dead rise out of hell.
> They are resurrected — changed.
> They have calm happiness and are at joyful peace.
> They are like children climbing over the edge of the world.
> They dance to the new music which changes them.
> Orpheus dances with Eurydice.
> The music of men has become the music of Apollo.
> The music of Apollo has become the music of men.
>
> *Beim Erklingen der neuen Musik erheben sich die Toten aus der Hölle.*
> *Sie sind auferstanden — verwandelt.*
> *Sie haben ein ruhiges Glück und einen freudigen Frieden.*
> *Sie sind wie Kinder, die über den Rand der Welt klettern.*
> *Sie tanzen zu der neuen Musik, die sie verwandelt.*
> *Orpheus tanzt mit Eurydike.*
> *Die Musik der Menschen ist zur Musik Apollos geworden.*
> *Die Musik Apollos ist zur Musik der Menschen geworden.*

»*I have a dream*« konnte Martin Luther King einmal sagen, und doch bestand sein Leben vor allem aus Demütigungen und Verletzungen und wurde schließlich durch Mord beendet. Solche Proportionen gelten auch für die Oper *We come to the River* von Henze und Bond. Sie mündet zwar am Ende in ein kurzes Traum-Szenario ein, ist an sich aber mit der Beschreibung einer verheerenden militärischen Wirklichkeit befaßt, die den Großteil des Werkes bestimmt.

We come to the River wurde von Edward Bond und Hans Werner Henze in den Jahren 1973 bis 1975 geschrieben und am 12.Juli 1976 im Royal Opera House, Covent Garden, in London mit großem Erfolg uraufgeführt. Das Stück, dem die Verfasser den Untertitel »*Actions for Music*« (»*Handlungen für Musik*«) gegeben haben, ist in mehrerer Hinsicht ungewöhnlich und jedenfalls ein bedeutendes Exempel engagierten Avantgarde-Theaters. Das Sujet ist ebenso phantastisch wie politisch-konkret, dazu frei entwickelt (anstatt, wie so oft, an bewährte große Literatur angelehnt). Die Dramaturgie beschreibt mit der Technik der Simultan-Szenen und der gezielten Anachronismen die noch wenig erprobten Wege eines komplizierten, vielschichtigen und antiillusionären Musiktheaters. Die Musik ist von stupender Vielfalt hinsichtlich des Instrumentariums und der Vokaltechniken, dabei in wechselnden Genres und Sprachniveaus sich auslebend, welche intime Lyrismen neben erschütternden Klangausbrüchen bestehen lassen.

Zunächst zur Handlung. Der Partitur und dem Textbuch von *Wir erreichen den Fluß* ist eine interpretierende Inhaltsangabe von Hans Werner Henze vorangestellt. Dieser Inhaltsangabe entnehme ich die folgenden Auszüge. (Henze bedient sich in seinen Partituren — nicht in den Buchpublikationen — seit etwa 1971 einer konsequenten Kleinschreibung, die ich in diesem Fall einmal beibehalte. Die Inhaltsangabe ist auch Teil des ausführlichen Berichts über die *River*-Oper, den Henze 1975 zunächst in Braunschweig vorgetragen und dann in seinem Buch *Musik und Politik*, 1984, 255-269 veröffentlicht hat. Zur Textfassung des Librettos selbst siehe auch Bond 1976, 80-126, wo sich neben einzelnen Abweichungen auch eine ursprüngliche Szenen-Numerierung erhalten hat.)

die handlung

wir befinden uns in einem imaginären imperium. es könnte das viktorianische sein, aber es könnte auch eines sein, das genau in unsere zeit paßt, alle symptome deuten darauf hin. in einer provinz ist eben ein volksaufstand durch die armee blutig niedergeschlagen worden. der general diktiert die siegesdepesche [...] ein deserteur wird dem general vorgeführt. er kann nicht zu wort kommen und wird ohne umschweife zum tode verurteilt. [...] in den festsälen der stadt wird ein empfang gegeben für den general. [...] inzwischen hat der general die festlichkeiten verlassen. bei der rückkehr in sein zelt findet er einen arzt vor, der ihm umständlich mitteilt, daß er an einer unheilbaren krankheit leide, die zur völligen blindheit führen wird. [...] im morgengrauen hält es den general nicht mehr bei seiner arbeit. er läuft hinaus auf das schlachtfeld. zum ersten mal in seinem leben öffnen sich ihm die augen für das leiden, das er selbst hervorgerufen hat. er erblickt seine opfer, hört die klagenden stimmen der sterbenden. [...] er verflucht den gouverneur. seine stimme ist nun zur stimme des protestes geworden. [...] der general selbst wird mundtot gemacht. man schließt ihn in ein irrenhaus ein. einer seiner früheren untergebenen [...] verschafft sich zutritt in die irrenanstalt. [...] der soldat bittet den general um rat, um hilfe, aber dieser weicht aus. [...] nun erfolgt der besuch des gouverneurs im irrenhaus. der kaiser schickt ihn, um ihn zu bitten, wieder in seine dienste zu treten. das prestige des generals würde helfen, die krise des imperiums zu dämmen. [...] der general lehnt das ansinnen des kaisers unwillig und verächtlich ab, und wir sehen, daß er keineswegs geistesgestört ist. [...] er gehört nicht mehr in die kategorie der mächtigen, will ihr nicht mehr angehören, aber er kennt keinen weg auf die seite der kämpfenden, der unterdrückten, er sucht auch keinen. er verharrt in der kontemplation seines leidens. [...] der general ist historisch überfällig. [...] im irrenhaus treffen zwei gedungene bravos ein und führen den kaiserlichen befehl aus: sie blenden den general. [...] im augenblick der vollzogenen blendung wandelt sich in transzendenteller weise das bild, es erscheinen die opfer des generals. [...] und doch ist die ebene der wirklichkeit nicht verlassen, im gegenteil, sie wird betont durch die anwesenheit der geisteskranken, die sich vor dem entstellten general fürchten und die sich von ihm bedroht fühlen. sie stürzen ihn von dem block, an dem er noch immer gefesselt ist, und ersticken ihn unter großen, weißen tüchern, sie sagen, sie ertränken ihn im fluß. die unterdrückten haben all dies

Aufteilung der Bühne 77

nicht gesehen und gehört, sie singen weiter ihr lied an das kind, das die hoffnung bedeutet, eine zukunft [...]

Am Schluß dieser »*Handlungen für Musik*« hören alle Handlungen auf. Musik selbst wird zur Aktion gemäß der Idee, daß die Unterdrückten als Befreite wieder singen können. Hierbei haben wir uns eine Bühne vorzustellen, die — wie in einem Oratorium — gänzlich ausgefüllt ist mit Sängern und Instrumentalisten. Die dramaturgischen Strukturen gerinnen zu einem Tableau. In den Handlungssequenzen vorher gibt es dagegen eine komplexe Geschehensdichte, in die die Figurenaktionen, die Instrumentalkörper und der Bühnenraum einbezogen sind. Die Bühne ist dreigeteilt in Vordergrund, Mittelgrund und Hintergrund. Auf den ansteigenden drei Bühnenebenen sind drei Orchester placiert, und zwar rechts vorne, links mitte, und rechts hinten. Sie werden von einem vorne rechts stehenden Dirigenten geleitet. Die Handlungen bzw. die Gesangsdarbietungen werden gemäß ihrem Charakter auf die Bühnen verteilt: im Vordergrund die verhaltenen Monologe und Dialoge, im Mittelgrund die großen Hauptbilder und -handlungen, im Hintergrund die Exekutionen und das Treiben der Soldaten, Huren und feinen Leute. Die Orchester spielen prinzipiell nur, wenn auf 'ihrer' Bühne gehandelt wird. Gelegentlich beteiligen sie sich aber auch an dem Geschehen auf anderen Bühnen, wie auch Handlungen manchmal vom Vordergrund bis in den Hintergrund gezogen werden und umgekehrt.

Die Sängerdarsteller sind kostümiert und überhaupt figürlich ausgestaltet zu denken, für die Instrumentalisten ist dagegen Gala-Kleidung vorgeschrieben, was, da die Musiker ja auf der Bühne sitzen, zu einem anhaltenden Verfremdungseffekt führt. Das Bühnenbild soll sparsam sein (wie stets bei Bond). Bringen die Orchestergruppen durch ihre Konzert-Kluft wiederum eine oratoriumsähnliche Komponente in das Stück, so trägt eine Sonderfigur unter den Instrumentalisten, der wie eine dramatis persona bezeichnete »*Trommler*«, eine Komponente des Instrumentalen Theaters in das Stück hinein. Der Trommler agiert von Zeit zu Zeit in wilden Solos auf der Bühne und traktiert die Kulissen- und Außenwände, die mit klingenden Materialien behangen sind. Zu Beginn des zweiten Teils tritt der Trommler als Wahnsinniger auf, der, ähnlich wie Mauricio Kagels »*Trommelmann*« aus *Staatstheater*, am ganzen Körper mit Schlagwerk, Klappern und Schellen bestückt ist.

Alle Instrumente sind solistisch besetzt. Grundlage der drei Kammerorchester sind jeweils Streichinstrumente, wobei für Bühne I zwei altertümliche Barockinstrumente, die viola d'amore und die viola da gamba, für Bühne II ein Streichquintett aus zwei Violinen, Viola,

Violoncello und Kontrabaß, und für Bühne III ein elektrisch verstärktes Streichquartett aus Violine, Viola, Violoncello und Kontrabaß vorgesehen sind. Dem Gambenklang sind sodann gezupfte Saiteninstrumente und Holzbläser zugeordnet, dem Streichquintett gehören Holz, Blech und Celesta zu, und dem elektrischen Streichquartett sekundieren schweres Blech und tiefes Holz. Fast alle Instrumentalisten haben außerdem allerlei Klingkram zu bedienen, so daß manchmal ein sehr eigentümlicher Tutti-Sound entsteht. Den Vokalisten werden alle seit den sechziger Jahren entwickelnden Vokalformen wie auch die traditionellen Gesangstechniken abverlangt; gleiches gilt auch für die Chor- und Ensemblesänger/innen, die zum Teil aus dem Off zu singen haben. Eine Besonderheit bilden die chorisch auszuführenden Schrei-, Wein- und Lachsätze, die ihre besondere Wirkung aus einer Mischung aus Stilisierung und Realistik beziehen. Im übrigen verwendet Henze in der *River*-Partitur des öfteren Mikrotöne und schreibt z.B. auch Vierteltonvibrato vor. Auch sonst wird das Arsenal der Avantgarde benutzt: Spiel mit Unterarm und Handfläche auf Tasteninstrumenten, ein riesiger Schlagzeugapparat, die Einbeziehung fernöstlicher Instrumente. Ganze Partiturseiten sind in graphischer Notation geschrieben, öfters ist statt des Taktmaßes die Sekundenzählung eingeführt.

Der somit beschriebene, höchst differenzierte Aufführungsapparat von *We come to the River* erlaubt es dem Komponisten, wechselnde Sprachhaltungen einzunehmen, die sowohl geschichtliche Tiefenstrukturen erlebbar machen (Henze nennt drei »Väter«, unter deren Augen das Stück gewachsen sei: Monteverdi, Mozart und Mahler, »*die größten Realisten der Musik*«; vgl. HENZE 1984, 267) als auch soziale Niveaus musikalisch zitieren und ferne Kulturen anklingen lassen können. Einige dieser musikalischen Lebenswelten seien nachfolgend beschrieben.

Der bestimmende Grundton des Werkes ist der 'sound of violence'. In den diesbezüglichen Passagen äußert sich Henzes Ausdruckskraft ganz unmittelbar. Hier sind es weniger bestimmte Posen, die er zitiert und verfremdet, sondern seine Klangimaginationen treten direkt hervor und werden von ihm in meist freien, für den jeweiligen besonderen Fall gefundenen Formen gefaßt. Ein gutes Beispiel bietet die erschütternde 6.Szene des I.Aktes, in deren Verlauf die Junge Frau erschossen wird. Diese war auf das Schlachtfeld gekommen, um ihren Mann unter den verstümmelten Leichen zu finden und brauchbare Dinge zum Überleben zu sammeln. Der General ist bei ihr, um sie zu retten. Doch er kann die selbst erteilte Order, daß Plünderer sofort zu erschießen seien, nicht mehr außer Kraft setzen. Die Soldaten schießen der Frau zweimal mit einer Pistole in den Kopf. Der General verzweifelt:

»And the law is stronger by one more death, the armed men are stronger by the strength of one woman now« (»*Und das Gesetz ist stärker um einen Tod, und die Waffen sind stärker auch: um die Stärke einer Frau*«). Er wird für wahnsinnig erklärt und in eine Irrenanstalt gebracht.

Diese Szene wird von Henze in eine große, 48 Partiturseiten umfassende musikalische Steigerungsform gebracht. Ihr Höhepunkt liegt kurz nach der Erschießung der Jungen Frau (vgl. NB 7). Ein Arioso des Generals und ein kurzer Epilog schließen sich an. Die Steigerungsform vollzieht sich in mehreren Phasen. Am Beginn steht der Gesang der Jungen Frau, der mit seinen Kleinterzfällen und der zarten Begleitung von Hölzern und Streichern im 6/8-Takt eine Wiegenliedintonation aufklingen läßt (die Frau hält inmitten des Leichenfeldes ihr Kind an der Brust). Mit dem Auftritt des Generals gibt es einen ersten heftigen Klangausbruch des Orchesters. Der nachfolgende Dialog zwischen dem General und der Jungen Frau hat wieder die Sanftmut und Intimität des Anfangs. Mit dem Auftritt der Militärs, die dem General heimlich gefolgt sind, verändert sich der musikalische Charakter grundlegend: die Rhythmik wird komplizierter und bald undurchschaubar (4:5:6-Relationen), die Artikulation wird schärfer, der Klang durch Piccolo-Klarinette und Blechbläser härter, die Gestik in Form sehr kurzer Einwürfe oder schneller Crescendi mit plötzlichen Abbrüchen unberechenbar. Hatte bisher nur im wesentlichen Orchester II gespielt, so agieren ab jetzt Orchester II und III zusammen, wobei die Handlung neben der Bühne II jetzt auch die Bühne I einbezieht. Ein Zwischenhöhepunkt ist erreicht, als der General einen Kniefall tut, um für die Junge Frau zu bitten; an dieser Stelle spielen bereits 23 Instrumentalisten in einer Dynamik, die bis zum *ffff* reicht. Bevor die letzte Steigerungswelle ansetzt, gibt es noch einen 'Break', um den »secco« zu rezitierenden Worten des Gouverneurs Gehör zu verschaffen: »*Every civilian witness of this sordid affair must be removed*« (»*Jeder zivile Zeuge dieser niedrigen Affaire muß verschwinden*«). Jetzt wird die Junge Frau abgeführt, wodurch auch die Bühne III in das Geschehen einbezogen ist. Die Orchester begleiten diesen Gang mit einer heftigen Agitato-Partie, bei der allerdings das Orchester I immer noch ausgespart bleibt. Es fallen zwei Schüsse, die Frau stürzt tot zu Boden. Unmittelbar danach kommt es zu einer gewaltigen Entladung der aufgestauten orchestralen Energien. Die Struktur des Tonsatzes sprengt förmlich auseinander: zeitliche und tonräumliche Ordnungen sind aufgehoben, Improvisation tritt an die Stelle der notierten Instrumentalstimmen. Das improvisatorische Spiel der Musiker aus den

Notenbeispiel 7: Henze, *River* I/6

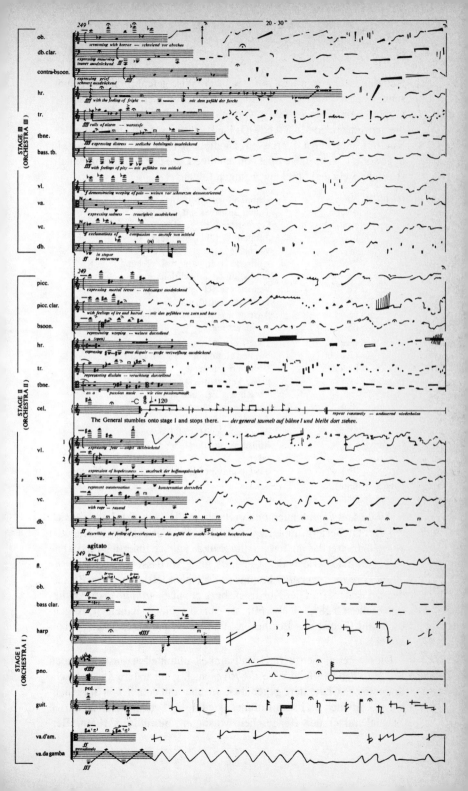

jetzt drei Orchestern wird auf zweierlei Weise gelenkt: mittels graphischer Zeichen, die teils wie mittelalterliche Neumen, teils wie somatographische Kurven aussehen, und mittels verbaler Ausdrucksangaben, die dem einzelnen Musiker zwar eine Richtung vorgeben, ihm die Realisierung aber selbst überlassen. Da diese Art der Zufallslenkung sehr ungewöhnlich ist, möge eine vollständige Liste der den Instrumentalisten beigegebenen Spielanweisungen folgen:

Orch. III	ob.	schreiend vor Abscheu
	db.clar.	Trauer ausdrückend
	contra-bsoon.	Schmerz ausdrückend
	hr.	mit dem Gefühl der Furcht
	tr.	Warnrufe
	tbne.	seelische Bedrängnis ausdrückend
	bass.tb.	mit Gefühlen von Mitleid
	vl.	Weinen vor Schmerzen demonstrierend
	va.	Traurigkeit ausdrückend
	vc.	Ausrufe von Mitleid
	db.	in Erstarrung
Orch. II	picc.	Todesangst ausdrückend
	picc.clar.	mit den Gefühlen von Zorn und Haß
	bsoon.	Weinen darstellend
	hr.	große Verzweiflung ausdrückend
	tr.	Verachtung darstellend
	tbne.	wie eine Passionsmusik
	vl.1	Angst ausdrückend
	vl.2	Ausdruck der Hoffnungslosigkeit
	va.	Konsternation darstellend
	vc.	rasend
	db.	das Gefühl der Machtlosigkeit beschreibend
Orch. I	(alle)	agitato

Nach diesem emotionalen und orchestralen Höhepunkt, bei dem sich die drei Orchestergruppen wie der Chor einer griechischen Tragödie verhalten, setzt das im Tempo ruhige und zugleich innerlich zerrissene und verwirrte Arioso des Generals ein. An dessen Ende (»*by the strength of one woman*«) kommt es zu einem letzten starken Einsatz des Orchesters (mit der Ausdrucksbezeichnung »*grandioso*«). An dieser Stelle (T.289, ♩. = 60) scheint für einen winzigen Augenblick ein Gestus aus Beethovens Fünfter Symphonie, 3.Satz, anzuklingen.

Dieser gewaltigen und Gewaltsamkeit unmittelbar ausdrückenden Szene stehen in *We come to the River* auch ganz andere musikalisch-dramatische Charaktere gegenüber, die eher mit geliehenen Sprachgebärden arbeiten und somit immer wieder das Schauspielerische, den Zeigecharakter der Henzeschen Musik ins Bewußtsein rufen. Bei-

Seria- und Marsch-Charaktere

spielsweise zieht Henze Formen der opera seria heran, wenn die High Society gekennzeichnet werden soll. Auf dem Festgelage zu Ehren des siegreichen Generals (I/3) wird ein Preislied vorgetragen. Es wurde von Rachel, einer 'höheren Tochter', selbst gedichtet und trägt den Titel »*Hail Liberator*« (»*Heil dem Befreier*«). Ein kleiner Damenchor beginnt mit einem kurzen C-Dur-Satz, überläßt aber dann sogleich der tüchtigen Koloratur-Sopranistin Rachel das Feld (vgl. NB 8).

Notenbeispiel 8: Henze, *River*, I/3, Part.S.47 (Ausschnitt)

Wirkt bereits das musikalische Stilzitat mit den völlig verdinglichten Koloraturfiguren wie schiere Ideologie, so umso mehr der Text, der ein Klischee an das andere reiht: die Segnung der Waffen, der Frieden für das Vaterland, die glückliche Familie des siegreichen Helden. Ein winziges Handlungsdetail setzt dem ganzen noch die Krone auf: die zarte Rachel fällt für »*einige Sekunden*« in Ohnmacht, weil sie dem Anblick des starken Generals nicht gewachsen ist.

Später wird der neue Gouverneur der Stadt ins Amt gesetzt. Eine Militärkapelle nähert sich von ferne und spielt den Marsch »*Lieutenant Jones had his legs shot off*«. Diese Militärmusik reiht sich in eine lange Reihe von bereits bekannten Marsch-Parodien und -Persiflagen ein. Der hier von Henze gefundene Klang ist allerdings neu. Es ist zwar eine vitale, aber verschmutzte Musik, die wie mit schlürfenden Schritten und untergründig korrupt daherkommt. Dieser Eindruck wird zum einen durch die Einbeziehung von Alt- und Tenorsaxophon in das Ensemble erreicht, zum anderen aber durch unregelmäßige Phrasen (5 ♩, 3 ♩, 4 ♩) und durch getrübte Tonalität, bei der sowohl die einzelnen Dreiklänge durch hinzugefügte Töne verunstaltet werden als auch ganze Satzschichten gegeneinander in polytonaler Manier verstimmt sind (vgl. NB 9).

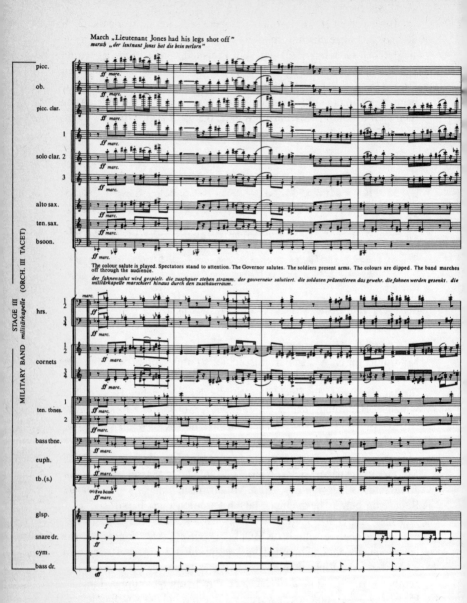

Notenbeispiel 9: Henze, *River*, I/5, Part. S.163

Die Gegenmusik zu diesem kaputten Marziale findet sich in der Szene im Irrenhaus, wo der Soldat 2 — ein Aufständischer — den General besucht und ihn zum Eingreifen in den Kampf gegen die Unterdrücker zu bewegen sucht. Henze nimmt hier mit Gitarrenklang, simplen Rhythmen und modalen Wendungen charakteristische Merkmale der musikalischen Kultur der Widerstandsbewegungen 'von unten' auf (vgl. NB 10), auf welchen Kontext im übrigen mit den Tatbeständen der Folter und des Verschwindenlassens unzweifelhaft angespielt wird. Auch diese Musik ist allerdings keine naturalistische Übernahme eines bestimmten volkstümlichen Musikidioms, sondern ein stilisiertes Zitat, bei dem der Komponist sich mit den duettierenden Zusatzstimmen der in diesem Milieu und in dieser Region völlig unbekannten Viola d'amore und der Viola da gamba gleichsam als 'abendländisches Subjekt' mit eingeschrieben hat.

Notenbeispiel 10: Henze, *River*, II/8, Part. S.311

Ein Musterbeispiel ideologiekritischer Musik stellt die große Legenden-Arie in der vorletzten Szene des Werkes dar. Ich verstehe sie als eine musikalische Thematisierung der Welt Ludwigs II. Die Musik dieser Szene mit ihrer Mischung aus Chinoiserien und Wagnerischen Phantasmagorien ist wie ein zu Klang gewordenes exotisches Kabinett in einer der Residenzen des verrückten Bayern-Königs, der bekanntlich für Richard Wagner schwärmte.

Die Legende um einen »alten« Kaiser, der dem in Not geratenen Buddha aus der Klemme hilft, wird von dem »jungen« Kaiser des hier geltenden Imperiums erzählt. In grotesker Identifikation des altklugen Knaben mit dem weisen Greis beschließt der junge Kaiser, ebenfalls eine »tausendste« gute Tat zu vollbringen: er läßt den abtrünnigen General blenden. Die völlig unangemessene Jugendlichkeit des Kaisers (in Relation zu der Macht, über die er verfügt) wird von Henze durch die Wahl der Stimmlage in Verbindung mit der Stimmgestaltung wiedergegeben. Der Kaiser wird von einem »*lyrischen Mezzosopran*« dargestellt, steigt aber zu einem 'Bayreuther Pathos' auf, das mit diesem Stimmfach gar nicht zu bewältigen ist. Wenn von dem Leben des Einsiedlers die Rede ist, erklingt plötzlich reine Naturmusik in der Art der *Rheingold*-Fanfaren (vgl. NB 11), und wo der Gott (Buddha) um Hilfe bittet, weil sein Stab (wie der Wotans) zerbrochen ist, tönt aus dem Orchester plötzlich eine Wagnerische Wendung von cis-Moll nach Dis-Dur. Meistens klingt das Orchester und auch der Gesang des Kaisers allerdings wie das fernöstliche Porzellan, das sich Ludwig und seinesgleichen in den Kolonien geklaut und bei sich in Europa aufgehäuft haben als Zeichen ihrer imperialen Macht. Wir hören das javanische Angklung, exotische Litophone und diverse Handglocken, die von den Musikern zusätzlich zu ihren eigentlichen Instrumenten bedient werden. Dazu kommen pentatonische Wendungen und charakteristische 'glucksende' Gesangsäußerungen, die das koloniale Kolorit unzweifelhaft aufscheinen lassen.

Notenbeispiel 11: Wagner, *Rheingold* Henze, *River*, II/10, Part. S.439

Henze selbst spricht in Bezug auf diese Kaiser-Arie von einer »*giftigen, scheinheiligen Tonalität, [...] nennen wir sie wagnerisch, parsifalesk*« (HENZE 1984, 268) und ordnet diese ganze Musik dem Terrain der Machthaber zu. Das Zwielichtige der Musik in dieser Szene entsteht aber auch deshalb, weil der Bayreuther Sound dem Tokyoer Kling-Klang so raffiniert untergemischt wird; letzteres muß (unschuldigerweise) dafür herhalten, die skurrile Figur des altklugen jungen Kaisers und mit ihm die dekadente Welt der kolonialen Imperialisten zu charakterisieren.

Von wiederum ganz anderer Art ist die Musik der Kranken in der großen Szene zu Beginn des zweiten Teils, die im Irrenhaus spielt. Hier erhebt sich zunächst die allgemeine Frage (und die Autoren haben sie sich gestellt), warum die Kranken krank und die Irren irre sind. Das Stück gibt zwei mögliche (unter vielen möglichen) Antworten auf diese Frage: der Wahnsinn ist die Folge übergroßer Leiderfahrung oder übergroßer Hoffnungsempfindung. Die übergroße Leiderfahrung wird von einer Gruppe Wahnsinniger vergegenwärtigt, denen der Wortlaut von Zeugenberichten über Verbrechen an der Menschlichkeit aus vergangenen und gegenwärtigen Zeiten in den Mund gelegt wird. Die übersteigerte Hoffnungsempfindung wird dagegen an dem Motiv der paradiesischen Insel veranschaulicht, zu der eine zweite Gruppe von Irren gelangen möchte. Die Zeugenberichte sind in Sprechnotation bei ungefährer Zuordnung zu fünf bis sieben Tonhöhenbereichen und diskreten Angaben über Lautstärke und Sprechtempo aufgezeichnet; jeder der Wahnsinnigen scheint für sich allein zu sprechen und sich als eingekerkert im Käfig der Erinnerung zu erleben. Die Gesänge über die 'Insel des absoluten Glücks' sind demgegenüber in überwiegend konsonante, tonale Chorsätze gefaßt; die Wahnsinnigen sind durch Dur- und Mollklänge sowie durch gleichgerichtete Rhythmen völlig aufeinander bezogen und in die fast unwirkliche Schönheit dieser madrigalesken Sätze eingetaucht, somit auch der realen Welt abhanden gekommen.

Auf dem in *Notenbeispiel 12* wiedergegebenen Partiturausschnitt überlagern sich Sprechvortrag und Chorgesang. Während fünf Frauen und sieben Männer ein Madrigal über die lebensspendende Kraft des Wassers anstimmen, sprechen vier andere Irre von menschlichem Schrecken, der jedes Vorstellungsvermögen übersteigt: die Wahnsinnige 6 über Hungersnot und -tod von Kindern, die Wahnsinnige 7 über einen Fall von Lynchjustiz an einem schwarzen Amerikaner, der Wahnsinnige 8 über nationalsozialistische Massenmorde und Massengräber, der Wahnsinnige 9 über die Kriegsverbrechen von Hiroshima und Nagasaki. Dazu spielen diverse Instrumente in freien Zeitmaßen einzelne, ebenfalls völlig isolierte Tonfolgen, wobei nur die Gitarre rhythmisch und harmonisch mit dem Chor der Wahnsinnigen koordiniert ist. Schließlich ist noch die Stimme des Generals zu hören, der das Sprechen und Singen der Irren wahrnimmt aber nicht versteht (»*Voices saying nothing!*«).

Die Musik der »irren« Utopisten scheint sich mit der Musik der »toten« Utopisten zu berühren, mit welcher ja das ganze Werk beschlossen wird. Doch obgleich sowohl die Madrigale der Wahnsinnigen als auch der hymnische Gesang der auferstandenen Opfer auf einfachen harmonischen Verhältnissen basieren und zum Teil streng homorhythmisch verlaufen, handelt es sich nicht um dieselbe Musik.

Dies wäre auch widersinnig, da der Traum der »Befreiten« sich bezeichnenderweise nicht auf jene Insel *im* Fluß, die die Illusion der Irren bedeutet, sondern auf ein Land *jenseits* des Flusses, das die Hoffnung auf Befreiung aller Unterdrückten symbolisiert, bezieht. Der Zukunftsgesang drückt ja den konstruktiven Willen der einstigen Opfer aus, die ihre Kraft aus dem erfahrenen Horror ableiten statt diesen Erfahrungen zu verfallen und krank zu werden. Der Hymnus »*We stand by the River*« weist denn auch im Tonsatz eine gewisse rhythmische Entschiedenheit auf, die direkt mit dem Bedeutungsgehalt der Zeile »*We have learned to march so well*« (»*Unser Schritt ist so sicher jetzt*«) korrespondiert. Auch sind die harmonischen Zusammenklänge zu vieltönigen Gebilden erweitert, die gleichsam eine Perspektive auf universale Weltgestaltung statt auf insulare Glückssuche eröffnen. Der letzte Klang des Chores besteht aus einer zehntönigen Schichtung, die dennoch kaum dissonant klingt, weil sie auf einem starken d-Moll-Fundament gründet. Erst der absolute Schlußklang der *River*-Oper, dem ein kurzer, 13 Takte umfassender Orchesterepilog vorangeht, verwischt die einfache tonale Orientierung. Dieser Akkord, der ebenfalls 'nur' zehn Töne enthält, bildet zum einen ein dissonantes Außenintervall ($_1$Gis-a^3) und führt zudem als tiefstes Intervall die kleine Terz in der Kontraoktave, was eine tonale Zentrierung kaum erlaubt. Überhaupt kann man die nachgestellten Orchestertakte wie ein verhaltenes Bedenken gegen den fast überbordenden Schönklang des Schlußchores hören, als wollte der Komponist noch einmal daran erinnern, daß dieser Traum zwar gedacht, seine Erfüllung aber nicht einfach erwartet werden kann.

Blickt man auf die vielen hier angesprochenen Ausdrucksformen zurück und erinnert man sich an die seltsamen gemischten Instrumentengruppen und an die sämtliche Möglichkeiten erschöpfenden Vokaltechniken, so wird man in Bezug auf *We come to the River* kaum von einem einheitlichen Stil sprechen. Eher könnte man den Begriff Synkretismus auf Musik, Sprache und Handlung in diesen »*Actions for music*« anwenden, wenn damit nicht wieder ein unnützer neuer (oder alter?) -ismus eingeführt würde, der eine falsche Objektivität vortäuschte. Die 'Vermischung' von Komponenten verschiedener Kulturen, Religionen und Weltanschauungen geschieht ja im *River* nicht aus Vorliebe für einen pluralistischen Stil, sondern weil das 'Mischen' und 'Vermischen' das Thema des Stücks ist. Wer bestimmt die 'Mischung', zu wessen Gunsten und wer wird zu wessen Schaden 'vermischt'? —

Notenbeispiel 12: Henze, *River,* II/8, Part. S.336

das sind die Fragen dieses politischen Musiktheaterstücks. Nur wer meint, daß Chile und Vietnam nichts mit Europa zu tun haben, daß die Rassendiskriminierung überwunden weil völkerrechtlich verboten sei, und daß Auschwitz einen Schatten werfe, aus dem sich einfach heraustreten ließe, nur der kann auch heute noch einen Eurozentrismus pflegen, der starr auf die Reinhaltung der abendländischen Kultur und Kunst gerichtet ist. Bond und Henze teilen eine solche 'euronationalistische' Position nicht. Sie sind Internationalisten, weil sie täglich hören müssen, daß ihre Freiheit international verteidigt wird. Mit ihrem Stück *Wir erreichen den Fluß* stellen sie ein Modell dieser sogenannten Verteidigungskriege, die in Wirklichkeit immer Besitzstandskriege sind, auf die Bühne. »*Wir befinden uns in einem imaginären Imperium. Es könnte das Viktorianische sein, aber es könnte auch eines sein, daß genau in unsere Zeit paßt, alle Symptome deuten darauf hin*«.

Sieben Jahre, nachdem in London die »*Actions for music*« *We come to the River* zum ersten Mal gezeigt wurden, und vier Jahre, nachdem in Stuttgart die »*Dance-Story*« *Orpheus* uraufgeführt wurde, ging am 2.Juni 1983 in Schwetzingen die »*Story for Singers and Instrumentalists*« *The English Cat* als drittes gemeinsames Theaterprojekt Henzes und Bond's über die Bühne. Henze, der den gesamten Entstehungsprozeß der *Englischen Katze* in einem »*Arbeitstagebuch*« festgehalten und anschließend veröffentlicht hat, nennt das Werk dort einmal beiläufig eine »*Opera buffa*« (HENZE 1983, 14). Die *Cat* von 1983 steht somit auch in Bezug zum *Lord* von 1964, welches Stück ja explizit die »*Komische Oper*« im Untertitel führt. Mit jenem Bachmann-Stück hat diese Bond-Arbeit aber auch die Textsorte »Parabel« als Vorlage gemeinsam: Bachmann schrieb ihr Libretto nach der Parabel *Der junge Engländer* von Wilhelm Hauff, Bond das seine nach der Parabel *Peines de coeur d'une chatte anglaise* von Honoré de Balzac. Die beiden Stücke verbindet überdies ein Element, daß bei Henze häufiger anzutreffen ist: das singende Tier — im *Lord* der Affe Adam alias Edward, in der *Cat* sämtliche dramatis personae, also Katzen und Kater, Hund, Fuchs, Maus, Gänse, Tauben. Singende Tiere gibt es auch im *König Hirsch* (1955), nämlich die »*Stimmen des Waldes*« und der »*König*« während seiner Verwandlung; in den szenischen Kantaten *Moralitäten* (1967), nämlich Frösche und Kranich, Pfau, Krähen und Pferde; und in der Kinderoper *Pollicino* (1980), nämlich Uhu, Waldkauz, Fuchs, Hase, Igel, Wildsau und Wolf. Mag sein, daß diese immerhin nicht seltenen Belege eine Affinität Henzes zur Welt der Tiere anzeigen und daß hier auch tiefenpsychologisch begründbare Querbeziehungen zwischen der Daseinsform Mensch/Tier zum Tragen kommen, für deren Verknüpfung ja nicht einmal die eigene körperliche Hülle verlassen werden muß. Jedenfalls spricht Henze in Bezug auf *Die englische Katze* einmal explizit davon, daß er *»auch die Wiederspiegelung«* seiner *»eigenen katzenhaften Welt«* sich abverlangen werden (HENZE 1983, 15). Andererseits kann das 'singende Tier' auch einfach der Anlaß sein, die vokalen Ausdrucksformen zu erweitern, also überhaupt neue Bereiche der Klangwelt aufzustoßen (was z.B. bei den Vokalisen des Affen Adam, die sich genau auf der Grenze zwischen Gesang und Instrumentalklang zu halten scheinen, zu beobachten ist). Daß es eine lange und anhaltende Geschichte der Tierstimmenimitation durch Instrumente (und auch Stimme) gibt, sei hier nur ergänzend erinnert.

Im Fall der 'Opera buffa' *Die englische Katze* ist indessen eine dritte Begründung anzuführen, die ohne Zweifel die wichtigste ist: das Stück geht auf eine Vorlage zurück, die neben dem Text Balzacs auch Tierzeichnungen des großen Karikaturisten Grandville enthält. Grandville (eigentlich Jean Isidore Gérard) lebte von 1803 bis 1847. Er wirkte in Paris, wo er für Zeitungen und Publikationen verschiedenster Art Karikaturen und Illustrationen zeichnete. Eines seiner wichtigsten und umfangreichsten Werke sind die *Scenes de la Vie privée et publique des Animaux* (*Bilder aus dem Staats- und Familienleben der Thiere*), deren zwei Bände mit 319 Holzschnitten 1842 in Paris erschienen. In Form von Bildgeschichten gibt Grandville eine spitze, bissige und äußerst treffende Darstellung der gesellschaftlichen Zustände seiner Zeit. Daß die Menschen in der Gestalt von Tieren oder Halbtieren erscheinen, schafft jene Distanz, die nötig ist, um im Betrachter analytische Verstandeskräfte wachzurufen. Die Bilder wollen gedeutet sein und dabei über das Erkennen der allegorisch verschlüsselten eigenen Wirklichkeit auch Vergnügen bereiten.

Die kurze Bildererzählung über eine englische Katze, die (zusammen mit einer zweiten Bilderfolge über eine französische Katze) Bestandteil des *Staats- und Familienlebens* ist, erschien bereits 1841 in Form einer längeren Parabel von Balzac; hier überwog folglich der Text bei weitem die Illustration. Dieser Text ist in unseren Tagen dramatisiert worden: Geneviève Serreau machte daraus ein Theaterstück und ließ es am 11.Oktober 1977 von einer seit 1969 in Paris arbeitenden argentinischen Theatergruppe zuerst aufführen. Henze hat diese Inszenierung gesehen. Aus einer französischen Kritik der Aufführung (Nouvelles littéraires 13.-20. Oct. 1977) lassen sich einige interessante Einzelheiten über das Stück (dessen Text leider nicht aufzufinden ist) erschließen: daß alle Schauspieler in naturalistischen Tiermasken auftraten, und zwar als Katzen, Pfau, Dogge, Storch, Mäuse, Eule und

Kaninchen; auch gab es Musik zu den Szenen bzw. zwischen ihnen, wobei der Rezensent im einzelnen eine Melodie von Berlioz, Salon-Musik des 19.Jahrhunderts und irische Folklore erwähnt. Henze empfing aus dieser Aufführung den Impuls für das Opernprojekt *Die Englische Katze*, wobei auszuschließen ist, daß er auch in den Besitz des Theaterskripts gelangte, denn sonst wäre es ihm wohl kaum passiert, den Namen der Autorin Serreau mit dem (anders geschriebenen Namen) eines französischen Schauspielers Serrault zu verwechseln (HENZE 1983, 7). Grundlage des Librettos kann deshalb nicht das Theaterstück Serreaus, sondern nur die Balzac-Erzählung gewesen sein, die Bond unter dem klimatischen Einfluß der Grandville-Karikaturen und allenfalls der von Henze mündlich übermittelten Bühnenbilder in das Opernbuch umschrieb.

Die »Story«, die Bond verfaßte, greift die Motive Balzacs auf, führt sie indessen viel weiter aus und läßt die Geschichte anders enden. Während Minette (in der Oper) wegen Ehebruchs verurteilt und in der Themse ersäuft wird, bleibt Beauty (in der Parabel) am Leben und ruft *»die arbeitenden Classen unter den Thieren«* zum Generalstreik gegenüber den Menschen auf (GRANDVILLE 1846, I, 155). Insgesamt ist Bond's Geschichte verwickelter und zeigt bzw. spielt an auf die Vorliebe der Engländer für skurrile Kriminalgeschichten. Geradezu klassische Intrigenmotive sind z.B. die Trauungszeremonie, bei der der Versuch unternommen wird, den Bräutigam mittels einer vergifteten Brandy-Dosis unschädlich zu machen; die Gerichtsszene, bei der ein befangener Richter und bestochene Geschworene der *Un*schuld zur Strafe verhelfen; der Mord mit dem Brieföffner, der als Unfall ausgegeben wird. Bond benutzt dieses Motivmaterial und das ganze Genre dazu, das Bild einer sterbend florierenden kapitalistischen Welt zu erstellen und dabei eine soziale Hierarchie, die von der Maus Louise bis zu Gott dem Herrn reicht, ideologisch ins Zwielicht zu setzen. Das Zwielichtige wird nicht zuletzt über die Tierfiguren herbeigeführt, die einesteils *wie* die Menschen, andernteils *über* die Menschen reden, denen Mrs. Halifax der Menschen-Gott ist, die aber gleichwohl auch Gott selbst gehorchen. Diese Zwitterhaftigkeit entspricht genau jenen Tiergestalten bei Grandville, die links eine Pfote und rechts eine Hand führen — wie die klavierspielende höhere Tochter — oder die oben Esel und unten Mann sind — wie der Akademiker (GRANDVILLE 1969, 836 und 872). Interessanterweise begegnen in der Katzengeschichte diese körperlichen Zwitter allerdings nur in Verbindung mit der Rolle 'Mensch'; die Tiere, die den Salon von Mrs. Halifax und die Dächer und Gassen von London bevölkern, sind bis in die Pfoten-

Zwitterhafte Sprache und Musik

spitzen hinein 'echt', wenngleich sie menschliche Kleidung tragen und aufrecht gehen.

Bond hat das Zwitterdasein der Figuren nun nicht an ihren Körpern sondern an ihrer Sprache durchgeführt, was sich daraus erklärt, daß in seiner Fassung der Story kein Mensch auf der Bühne erscheint. So spricht Tom einmal als Kater, das anderemal als Mensch.

> *O little sister do not cry*
> *You will feel better by and by*
> *The pearls upon your little face*
> *Are jewels of the feline race*
>
> *O kleine Schwester weine nicht*
> *Bald spürst du neue Zuversicht*
> *Der Perlenglanz auf deiner Wange*
> *Gerät zum Stolz des Katzenstamms*
>
> (Textbuch S.102/103)

Tom denkt hier ganz innerhalb des Katzengeschlechts (feline race), wenngleich menschliche Verhaltensweisen in seine Worte projiziert worden sind. Ein anderes Mal sagt Tom dagegen folgende, seine Titelrolle negierende Sätze:

> *Man makes his world and makes himself*
> *In time all shall be free*
> *The fight is hard yet this shall be*
> *As rocks are turned to sand along the shore*
> *By the unceasing hammer of the sea*
>
> *Der Mensch schafft sein Ich und seine Welt*
> *Dereinst sind alle frei*
> *Der Kampf ist hart doch muß er sein*
> *Wie Fels zergeht zu Sand entlang am Strand*
> *Im nie erlahmten Hammerschlag des Meers*
>
> (Textbuch S.112/113)

In diesem Zusammenhang hat Tom vergessen, daß er ein Kater ist. Er denkt als Mensch, dem nicht die Katzenwelt, sondern die Menschheit am Herzen liegt.

Wir haben somit folgende Relationen: über den visuellen Code erfahren wir, daß hier Tiere dargestellt sind, die bei Menschen wohnen und sich in Anpassung an diese verhalten; über den verbalen Code begreifen wir, daß die spezifische Fiktion der menschlichen Tierwelt hier und da aufgebrochen wird zugunsten einer menschlichen Menschenwelt. Welcher Art sind nun die Informationen, die über den musikalischen Code vermittelt werden? Hier ist die Relation umgekehrt der Sprache: die Musik ist durchgängig Menschenmusik, nur an ganz vereinzelten Stellen werden Tierlaute nachgeahmt. Zudem gewinnt die

Musik eine metasprachliche Funktion, die nicht figuren- und spielabhängig, sondern autorenabhängig ist, was insbesondere für die großen Orchesterzwischenspiele gilt. Eine metasprachliche Funktion ist übrigens gelegentlich auch auf der verbalen Ebene zu verzeichnen, wo den kleinen hilflosen Figuren inhaltsschwere Sentenzen in gehobener Sprache untergeschoben werden.

Das Denken, Fühlen und Handeln der Figuren ist in diesem Stück immer von Konventionen bestimmt. Was sie sagen und tun glaubt man immer schon zu kennen. Sprache und Musik spielen geradezu mit konventionellen Versatzstücken. Da ist zunächst das Liebespaar Minette und Tom. Sie entflammen für einander, rennen aber immer wieder gegen Sperren an, die durch eine strenge viktorianische Erziehung in Seele und Verstand Minettes errichtet worden sind. Nach der ersten Begegnung mit Tom sagt Minette zum Beispiel:

Those voices were so beautiful that I am sure I should not have listened. The parson told me not to listen to anything I didn't understand.
Diese Stimmen waren derart schön, daß ich sicher nicht hätte hinhören sollen. Denn Hochwürden sagte mir, ich soll auf nichts hören, was ich nicht verstehe.
(Textbuch S.26/27)

Nach der zweiten Begegnung, bei der Tom ein »*Wie schön Sie sind!*« nicht mehr unterdrücken kann, bedenkt Minette:

(aside) Thank heaven the parson warned me against such men. (to Tom) Sir I do not wish to subscribe to a magazine or purchase an encyclopaedia or any household article. Nor do I need to be converted or intend to join a political party.
(beiseite) Gottseidank hat Hochwürden mich vor solchen Männern gewarnt. (zu Tom) Sir, ich will bei Ihnen keine Zeitschrift abonnieren, auch keine Enzyklopädie kaufen. Ich brauche nichts für den Haushalt. Da ist kein Anlaß, mich zu bekehren und ich beabsichtige nicht, einer Partei beizutreten.
(Textbuch S.28/29)

Schließlich ist Minette von dem heldenhaft liebenden Tom — er ist inzwischen ihretwegen von der Armee desertiert — so hingerissen, daß sie ihm verspricht, sein zu werden. Aber wieder tritt ihre 'gute Erziehung' dazwischen:

Yes tonight! Now! Go! Suffer the just imprisonment for your desertion. Return to the world. Open a small shop. Work hard. In time you will prosper. [...] Than I can join you with a clear heart and money in the bank.
Ja, heut Nacht! Jetzt geh! Büße zunächst dein Schwerverbrechen im Gefängnis. Kehr zurück in die Welt. Eröffne ein kleines Geschäft. Arbeite hart. Bald wird es bergauf gehn. [...] Dann werd ich dein mit reinem Herzen und Geld auf der Bank.
(Textbuch S.66/67)

Selbst der Liebestod, der in deutlicher Anspielung auf Wagners *Tristan*-Schluß in Szene gesetzt wird, befreit Minette nicht von den Fesseln der Konvention. In einem letzten Gespräch zwischen Minette, die

Konventionelle Sprachgesten in Musik und Text

dem sterbenden Tom als Geist erscheint — kein englisches Theaterstück ohne Erscheinungen und Gespenster! — heißt es:

T.   Ah Minette at last we meet in death
M.   Ah that is often said
     But here we are too old
T.   Your hand is cold
M.   The warmth is fading from your lips
T.   My sighs will give you breath
M.   No more than could winds on the shore
T.   My kiss will raise you from the dead
M.   That too is often said

T.   Ah, Minette, endlich vereint im Tod
M.   Ah, das wird oft gesagt
     Doch nun sind wir zu alt
T.   Deine Hand ist kalt
M.   Die Wärme weicht von deinem Mund
T.   Du atmest meinen Schmerzenslaut
M.   Nur kalter Wind ist's am Strand
T.   Mein Kuß bringt dich zurück vom Tod
M.   Auch das wird oft gesagt

(Textbuch S.114/115)

Minettes Worte »*Auch das wird oft gesagt*« sind wie ein Schlüssel zum Verständnis dieser bisher letzten Oper Henzes. Wie selten zuvor hat Henze mit diesem Stück an die Konvention der Oper und teils der Operette angeknüpft. Das Konventionelle, also das, was »oft gesagt« wird, ist ja heutige Realität im Opernbetrieb. Schöne Musik und vor allem schöner Gesang sind nach wie vor die Hauptattraktionspunkte, um in die Oper zu gehen.

Henze und Bond verfolgen mit diesem Werk offenbar das pragmatische Konzept, das Publikum dort abzuholen, wo es sich nun einmal befindet. Dies bedeutet nicht, daß sie es dort belassen oder womöglich befestigen wollen. Aber sie wählen zunächst eine konventionelle Form, um an ihr demonstrieren zu können, was in der Kunst wie auch im Leben der Menschen ganz allgemein von größter Wichtigkeit ist: daß das Starre nicht starr bleiben muß, daß Totes zu beleben ist, daß Schönheit sich wandeln, die Menschen sich ändern können.

Schon ein flüchtiger Überblick über den Plan dieser Oper mit ihren 2 Akten, 7 Szenen und 41 Nummern läßt das Typische der Gesamtanlage und das Konventionelle der einzelnen Einheiten hervortreten.

Erster Akt
1. Szene
    Der Salon von Mrs. Halifax Nr. 1 Gassenhauer
                                      Nr. 2 Gebet und Polka
                                      Nr. 3 Cabaletta

		Nr. 4	Cavatina
		Nr. 5	Ländler
	Zwischenspiel	Nr. 6	Kontratanz
2.	Szene		
	Das Dach des Hauses von	Nr. 7	Serenade
	Mrs. Halifax	Nr. 8	Marcia
		Nr. 9	Aria
		Nr. 10	Cavatina
		Nr. 11	Duetto
		Nr. 12	Rondo
		Nr. 13	Finale der 1. Szene
	Zwischenspiel	Nr. 14	Collages
3.	Szene		
	Mrs. Halifax' Hauskapelle	Nr. 15	Con comodo
		Nr. 16	Andantino
		Nr. 17	Andantino e Walzerino
		Nr. 18	Scena
		Nr. 19	Finale des 1. Aktes

Zweiter Akt

4.	Szene		
	Der Salon von Mrs. Halifax	Nr. 20	Canzona
		Nr. 21	Duetto
		Nr. 22	Ballata
		Nr. 23	Tango
		Nr. 24	Schwur-Duett
		Nr. 25	K.G.S.R.-Walzer
		Nr. 26	Scena
		Nr. 27	Lamento
	Zwischenspiel	Nr. 28	La Tempesta
5.	Szene		
	Scheidungsgericht	Nr. 29	Recitativi e Conzonette
	Zwischenspiel	Nr. 30	Courante
6.	Szene		
	Der Salon von Mrs. Halifax	Nr. 31	Scena
		Nr. 32	Terzetto
		Nr. 33	Recitativo e Moresca
		Nr. 34	Quodlibet
		Nr. 35	Recitativo, Arietta e Rondo
	Zwischenspiel	Nr. 36	Anglaise
7.	Szene		
	Anwaltsbüro in Lincoln's	Nr. 37	Aria
	Inn Fields	Nr. 38	Scena
		Nr. 39	Ottetto
		Nr. 40	Duetto
		Nr. 41	Scena e Villanella

Das ästhetische Konzept, konventionelle Opernformen zunächst zu zitieren, um sie dann verwandeln und mit individuellem Leben begaben zu können, läßt sich bis in die Mikroorganismen dieser Partitur hinein verfolgen. Beispielsweise wird mit dem »*Tango*« in Nr. 23 ein bestimmter Charakter zitiert, der präzise Erwartungen an Rhythmik, Melodik und Instrumentalfarbe weckt. Diese Erwartungen werden auch teilweise erfüllt. Gleichzeitig schafft Henze aber eine Tango-Nummer, die nur in Bezug auf seine Kunstfiguren Minette und Tom einen Sinn ergibt. Wir befinden uns in einer Verführungshandlung. Tom greift auf einen alten Trick zurück: um Minette für sich zu gewinnen, appelliert er an das Mitleid seiner Geliebten, indem er sich als armes Waisenkind hinstellt. Dieser starke Einsatz wäre aber gar nicht nötig gewesen, weil Minette ihren schönen Kater ohnedies hinreißend findet. In der Partitur ist abzulesen, daß Minette den Charakter »Tango« in sich selbst aktiviert und auf Tom projiziert hat, denn der entsprechende Tango-Rhythmus (   ) wird von 'ihrer' Zither (vgl. HENZE 1983, 96/97) gespielt. Tom dagegen tritt auf zwei musikalischen Ebenen gleichzeitig hervor: sein Geschick als Waise (»*I wept, I wept — no mother came*«) beschreibt er in Form herzerweichender Gesangsmelismen, doch gleichzeitig gibt er sein draufgängerisches Wesen in zwei Klarinetten (die seine Leitinstrumente in dieser Partitur sind) zu erkennen. Das kokette Versteckspiel zwischen den Figuren und die unterschwellige Erotik der Situation werden zudem im Orchester eingefangen, das teils in Lockfiguren der Geigen, teils in tremolierenden Gängen und weitgespannten Melodien der übrigen Streicher die unentschiedene Gefühlsverfassung der Personen wiedergibt.

Aus der früheren Konzeptskizze, die Henze im Anhang seines Arbeitstagebuches zur *Englischen Katze* veröffentlicht hat (HENZE 1983) läßt sich ersehen, daß von Anfang an der Plan bestanden hatte, konventionelle musikalische Charaktere zu zitieren. Unter den Randnotizen, die entlang dem Typoskript von Bond stehen, finden sich entsprechende Stichworte wie Koloratur- und heroische Arie, Notturno und Cabaletta, Kirchenlied und lutherischer Choral, Chanson und Wiener Lied, Foxtrott und verdischer Walzer. Die zuletzt angeführte Idee wurde in Nr. 25 als K.G.S.R.-Walzer verwirklicht. Unter dem Abzeichen K.G.S.R. bzw. RSPR figuriert die »*Königliche Gesellschaft zum Schutze der Ratten*« bzw. die »*Royal Society for the Protection of Rats*«. Die Tiere finden, sie sollten nicht mehr tierisch sein. Sie beschließen, gegenüber den Unterdrückten Barmherzigkeit zu üben: forthin wird weder Maus noch Ratte gefressen — wofür Babette, die Schwester Minettes, die auf dem Lande lebt, allerdings kein Verständnis aufbringt. Was wirklich hinter dieser Barmherzigkeit steht, wird von Tom einmal offen ausgesprochen; er muß dafür mit dem Leben bezahlen:

> *While rats depend on cats*
> *There is no hope for rats*
> *Only when rat helps rat*
> *Will rats be free*
> *Till then cats feed on rats*
> *And call it charity*
>
> *Solang die Katz den Ratzen schützt*
> *Hat der Ratzen keine Ruh*
> *Nur wenn ein Ratz dem andern hilft*
> *Dann wird er frei im Nu*
> *So lang frißt Katz den Ratz*
> *Und sagt »Pardon« dazu*
>
> (Textbuch S.106/107)

Institutionalisierte Charitas führt zur Abhängigkeit der 'Beschenkten' und verschafft den 'Plünderern' ein reines Gewissen. (Bei uns wäre z.B. an die staatliche Entwicklungshilfe zu denken, in deren Folge die originären Agrarkulturen zerstört und die Entwicklungsländer systematisch in die Verschuldung getrieben werden.) Die Intrigenhandlung der *Englischen Katze* zeigt, daß es den Leuten von der K.G.S.R. keineswegs um Barmherzigkeit, sondern ausschließlich um Macht, Geld und Ansehen geht. Lord Puff, der impotente alte Kater, heiratet allein deshalb, weil er damit eine Bedingung für das Präsidentenamt der K.G.S.R. erfüllt. Arnold, sein Neffe, hintertreibt die Verbindung, um Lord Puff allein beerben zu können. Die mächtige K.G.S.R. läßt Tom mit Hilfe des Staatsanwalts (!) ermorden, um das plötzlich aufgetauchte enorme Vermögen Toms für ihre 'gemeinnützigen' Zwecke verwenden zu können.

Der K.G.S.R.-Walzer klingt (wie man sich denken kann) nicht wie ein Wiener Walzer oder ein Opern-Walzer von Johann bzw. Richard Strauss, sondern eher wie das Produkt einer Mischung aus Offenbach, Sullivan, Verdi und Strawinsky. Die Musik ist in ihrem Innern so verspannt wie die K.G.S.R.-Gesellschaft korrupt ist. Der schwunggebende 3/4-Takt wird durch 2/8-, 3/8-, 2/4-, 5/8- und 7/8-Metren abgelöst, wodurch das Ebenmaß der Bewegung aufgebrochen ist und kompositorische Zwangsmaßnahmen zur Aufrechterhaltung der Ordnung notwendig werden. Man fühlt sich an Edward Bond's Einsichten in die Natur des Kapitalismus erinnert: »*Wir benötigen anti-soziales Verhalten, um die Gesellschaft in Bewegung zu halten, aber dieses Verhalten zerstört die Gesellschaft*« (BOND 1976, VI). Als wollte Henze dieser Einsicht ein Exemplum beigeben, läßt er das K.G.S.R.-Ensemble immer wieder mit Tutti-Shouts in die gerade etablierte Walzerordnung des Orchesters hineinfahren. Dies würde Bond als einen Fall »*destruktiver Ironie*« (ebenda) bezeichnen.

Die Musik zur *Cat* hat allerdings hinter dieser Außenseite ein sehr feines strukturelles Binnenleben, ohne welches das Stück sicher nicht auf Dauer lebensfähig wäre. Henze hat diese Binnenansicht seiner Oper in dem ausführlichen Tagebuch offengelegt, wodurch wir es hier mit einer der am besten dokumentierten Opern überhaupt zu tun haben. Besonders interessant und aufschlußreich erscheinen mir Henzes Ausführungen über die Zwölftonreihe, die dem gesamten Werk zugrunde liegt. Sie belegen, daß Henzes Reihen beileibe nicht aus abstrakten Intervallimaginationen hervorgegangen sind, sondern in jedem einzelnen Schritt subjektiv besetzt und — da das Subjekt selbst historisch befangen ist — mit Geschichte angefüllt sind. Die Grundreihe der Oper *The English Cat* lautet:

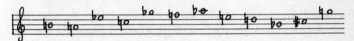

Notenbeispiel 13: Henze, *Cat*, Grundreihe

Hierzu nun Henzes Tagebuchnotizen:

Die Grundgestalt der Reihe der Katzenmusik beginnt mit dem großen Sekundschritt H-A. Darauf folgt, als obere verminderte Quinte, ein Es, das alles erst einmal in Frage zu stellen scheint. Durch den folgenden Intervallschritt C-Ges entsteht eine seltsam pathetische septakkordartige Wirkung opernhaft, der Eindruck verstärkt sich nun durch das folgende F, das im nachhinein den Septakkord spätromantisch auflöst, während mit dem nun folgenden kleinen Schritt vom F zum As ein neuer Zustand erreicht wird: das weich trauernde As hat den möglichen zweiten Sekundschritt vom F zum darunterliegenden E verhindert. Im Erinnern entsteht die Entscheidung für den nächsten Ton. Es wiederholt sich der große Sekundschritt vom Anfang, diesmal wird er auf E und D vollzogen. Von D geht es in die untere große Terz B. Also folgten zwei abfallende große Terzen aufeinander: As-E, D-B, ganz so wie anfangs zwei Tritonusgruppen aufsteigend einander gefolgt waren, A-Es, C-Fis. Vom B geht eine kleine Terz aufwärts nach Cis, darauf kommt das dritte (die funktionsharmonischen Assoziationen anreichernd und doch gleichzeitig auch auflösend, wie um den Schwebezustand noch zu bekräftigen) Tritonus-Intervall unserer Reihe, die somit in einem 3.Septakkord aufhört. Sie ist affektgeladen wie die Intervallik in einer Tastensonate von C.Ph.E.Bach oder Haydn, im empfindlichen Stil, aber auch geheimnisvoll und vielgestaltig wie das Seelenleben der Tiere ... Hölderlin sagt: »denn sinnlicher sind die Menschen ... lichttrunken und der Thiergeist ruhet mit ihnen ...«. Hieraus sollen alle Themen möglichst ausnahmslos abgeleitet werden, Krebsgänge und Umkehrungen werden dazu herhalten müssen, das ist der noch nicht im einzelnen festgelegte Plan. (HENZE 1983, 95)

Als die *Englische Katze* 1983 herauskam, war die Kritik und die Fachwelt einigermaßen konsterniert über diese scheinbar leichtfertige, den Saum der Operette streifende Arbeit. Dies hatte man nach *We come to the River* und *Orpheus* weder von Henze und schon gar nicht von Bond erwartet. Was ist das für ein schillerndes Ei, das diese beiden 'linken' Vögel zwischen Rom und London ausgekocht und dem Royal Opera House auf die Bühne gelegt hatten? Müssen wir das Stück als einen Widerruf der *River*-Oper einschätzen, weil die *Katzen*-Buffa sicherlich leichter zu verkraften ist, als jenes revolutionäre Aufbruchsstück, das doch ganz erhebliche Zumutungen an das Publikum mit sich bringt? Oder haben wir es mit jenem alten Versteckspiel zu tun, das (in diesem Fall) den Reflex der Gegenwart nicht nur durch ein historisches Sujet, sondern auch noch durch das Kostüm einer Tierparabel bricht und vielleicht völlig auflöst? Oder kommt *Die Englische Katze* vielleicht doch zu harmlos daher, so daß Bond's Verdikt gegen Brecht, dessen Lösungen seien den Problemen, mit denen er es zu tun hatte, nicht angemessen, nun gegen Henze und seinen Librettisten selbst gewendet werden müßte?

Ich halte dafür, daß das Stück weder einen Wandel der Weltanschauung der Autoren noch ihres Stils anzeigt. Das Spiel ist nicht harmlos und nicht lustig, auch wenn gelacht werden kann und soll. Für mein Gefühl liegt eine ganz eigenartige Melancholie über dieser Musik. Besonders die leisen Katastrophen wie etwa die Zumutung, daß Minette, die zum Ersäufen bereitsteht, dem neuen Flirt zwischen Tom und Babette auch noch zustimmen muß, gewinnen durch die Musik, die über sie hinwegzugehen scheint und sie noch mit Schönheit versieht, eine ungeheure Eindringlichkeit, die darauf beruht, daß in unserer Zeit die intime Korruption zwischen einander verfremdeten Menschen gar nicht mehr bemerkt wird. Auf der anderen Seite ist dieses Musiktheater aber auch voller Frechheiten und kritischer Anspielungen, die von einer entsprechenden Inszenierung zur Wirkung und — nach guter Komödienart — zu jeweiliger Aktualität gebracht werden sollten.

Daß Henze und Bond zu künstlerischer Zusammenarbeit gefunden haben, ist ein Glücksfall der Musikgeschichte. Bleibt zu hoffen, daß *Cat* nicht das letzte gemeinsame Projekt gewesen ist.

V. Das Floß der »Medusa« — mehr als ein Konzertskandal

Nachdem in den zurückliegenden Vorlesungen sechs Opern Henzes als exemplarisch für sein wichtigstes Arbeitsgebiet — das des Theaters nämlich — angesprochen worden sind, entfernen wir uns mit den nun zu erörternden oratorischen und kantatenartigen Werken zwar tendenziell, nicht aber prinzipiell vom Terrain des Musiktheaters. Es ist in diesem Zusammenhang symptomatisch, daß viele der Henzeschen Vokalwerke wiederholt szenische Umsetzungen erfahren haben. Henzes Musik, zumal wenn sie mit Text verbunden ist, lädt zu bildhaften Vorstellungen ein und lenkt die Phantasie immer wieder auf zumindest imaginäre Figuren- und Bühnenaktionen.

Henzes berühmtestes Werk dieser halbszenischen oder völlig konzertanten Kompositionsreihe ist sicherlich das »Oratorio volgare e militare« *Das Floß der »Medusa«*, dessen Text von Ernst Schnabel geschrieben wurde. (Ernst Schnabel, der 1913 geboren wurde, ist am 25.Januar 1986 in Hamburg gestorben.) Die Bekanntheit des Oratoriums von Henze und Schnabel oder besser gesagt seines Titels leitet sich allerdings eher von den Umständen der verhinderten Uraufführung her denn von der Musik und dem vertonten Text.

Henze selbst gab kurze Zeit nach dem Konzertskandal eine Schilderung der Vorfälle, der man noch die Aufgeregtheit anmerkt, die ihn an jenem Abend des 9.Dezember 1968 befallen hatte und die überhaupt über diesen 68er Jahren lag.

Vielleicht ist es wichtig, einmal zu sagen, wie es genau vor sich gegangen ist. Es gab da zu Beginn des Konzertes im Hamburger Rundfunk ein Go-in mit Slogans gegen die konsumistische Kultur und eine Flugblattschwemme, verursacht von drei verschiedenen Gruppen: der SDS-Projektgruppe 'Kultur und Revolution', Berlin, der Hamburger Musikhochschule und vom Hamburger SDS. Dann war da ein Che-Poster auf dem Konzertpodium angebracht worden, welches der Programmdirektor des Rundfunks kurzerhand zerriß. Der eigentliche Protagonist war also dieser engagierte Rundfunkboß, der, obwohl er wußte, daß dieses Stück Che Guevara zu Ehren geschrieben ist, nicht tolerieren konnte, daß das Bild dieses Mannes dort hing.
...
Dann haben andere Genossen eine rote Fahne angebracht, anstelle des Che-Posters. Ich wurde nun vom Justitiar des Rundfunks aufgefordert, die Fahne entfernen zu lassen, sonst wäre ich für die Konsequenzen verantwortlich. Da sagte ich, ich pfeife auf die Konsequenzen, weil ich mir eine solche Nötigung nicht bieten lassen wollte. Das übrige war dann so, wie es die Presse berichtet hatte. Sie hatte allerdings das Ausmaß der Brutalität der bis auf die Zähne bewaffneten Polente unterschlagen. (HENZE 1984, 137)

Die noch nachbebende Aufregung Henzes ist an gewissen Ausdrücken wie »Rundfunkboß« oder »Polente« abzulesen, die einem Jargon angehörten, der eigentlich nicht Henzes Sprechweise entsprach, den er aber adoptiert hatte, weil er Sympathie und politische Übereinstimmung mit den revoltierenden Studenten empfand. Schon wenige Jahre später hat er in seinem Stück *Der langwierige Weg in die Wohnung der Natascha Ungeheuer* mit diesen Begleiterscheinungen, die zur »Manier« eines revolutionären Verhaltens zu verkommen drohten, selbstkritisch aufgeräumt.

Noch krasser, als an diesen unbeholfenen Sprachanleihen, zeigte sich Henzes euphorische Exaltiertheit an jenem Abend selbst. Nachdem nämlich Henze der Weigerung des Chores, hinter einer roten Fahne zu musizieren, die Versicherung, er würde selbstverständlich auch unter diesen Umständen dirigieren, entgegengesetzt hatte, wurde es laut im Publikum. Aufgebrachte Leute erhoben sich von den Sitzen und gingen nach vorne vor das bereits voll mit Musikern und Sängern besetzte Podium. Eine Hundertschaft Polizisten stand offenbar schon bereit und marschierte von den rückwärtigen Eingängen der Ernst-Merck-Halle aus durch die Gänge zwischen den Sitzreihen ein. Zu diesem Aufmarsch und dem sich anschließenden 'Handwerk' der Polizisten, das in Festnahmen zahlreicher Personen, darunter auch des Textautors Ernst Schnabel, bestand (vgl. dessen Bericht in SCHNABEL 1969, 53-61), ertönte es 'wie Donnerhall' (*mf*) HO — HO — HO TSCHI MINH!, (*f*) HO — HO — HO TSCHI MINH!, (*ff*) HO — HO — HO TSCHI MINH! Auf der Bühne neben dem Dirigentenpult stand Henze, ballte die Faust und skandierte bzw. dirigierte diesen Massenrhythmus zusammen mit allen, denen der Ruf etwas bedeutete oder die sich hatten hinreißen lassen, ihn mitzurufen.

Ich werde den Anblick Henzes, der da 'nolens volens' in die Rolle eines Volkstribuns geraten war, nicht so bald vergessen. Man merkte ihm an, daß er auf eine solche Lage nicht vorbereitet gewesen war, daß er sich hatte wegschwemmen lassen. Nicht, daß sein politisches Engagement, daß ja schließlich in der Widmung an Che Guevara manifest ist, zu bezweifeln wäre! Aber der Situation, die da spontan entstanden war, zeigte sich der Komponist nicht gewachsen.

Aber auch in dem Stück selbst — das ja glücklicherweise durch einen Probenmitschnitt, der dann als Schallplatte gepreßt wurde, schnell verfügbar war — gibt es Spuren einer Verunsicherung, die hervorgerufen wird, wenn sich einer in eine Rolle begibt, die ihm nicht ganz zu eigen ist. Diese Spuren zeigen sich am Schluß des Werkes, der m.E. künstlerisch problematisch ist. Das Oratorium verläuft an sich

Der problematische Agit-Prop-Schluß

nach einem klar durchschaubaren sinnfälligen Plan: befinden sich zu Beginn des Stücks alle Choristen auf der einen Seite des Podiums und ist die andere Seite des Podiums also leer, so wechseln im Verlauf der Erzählung fast alle Sängerinnen und Sänger auf die andere Seite über. Hiermit wird der Übergang vom Leben in den Tod symbolisiert. Der Prozeß ist abgeschlossen, wenn über die schließliche Rettung einiger weniger Schiffbrüchiger auf dem Floß berichtet wird. Statt das Werk hiermit abzuschließen, läßt Henze aber noch ein gewaltiges Orchestercrescendo und -accelerando folgen. Der konkrete Inhalt dieser 36 Schlußtakte ist der Massenrhythmus HO — HO — HO TSCHI MINH!, der vom Schlagzeug ostinatohaft wiederholt und gesteigert wird (vgl. NB 14).

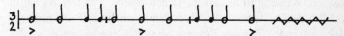

Notenbeispiel 14: Henze, *Das Floß der »Medusa«*, Schluß

Nun kann man selbstverständlich auch eine Musik über Massenrhythmen komponieren. Henze hat zum Beispiel am Schluß von *La Cubana* den Rhythmus des Namensrufs VI-VA FIDEL! (vgl. auch HENZE 1984, 191) dem Lärm der immer näher kommenden Volksmenge klanglich eingemischt (vgl. NB 15).

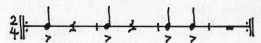

Notenbeispiel 15: Henze, *La Cubana*, Schluß

Anders, als bei *La Cubana*, wo der Schauplatz des Tages der siegreichen Revolution in Havanna vom ersten Moment an gegenwärtig ist, kommt allerdings im *Floß der »Medusa«* weder das Thema Vietnam noch der Ho-Tschi-Minh-Rhythmus vorher zur Darstellung. So ergibt sich die fragwürdige Konstellation, daß am Ende eines abendfüllenden Oratoriums über einen Schiffbruch und einen Verrat in Afrika im Jahre 1861 plötzlich eine akustische Ho-Tschi-Minh-Plakette vorgezeigt wird, die dem Werk äußerlich bleiben muß.

Vielleicht hat Henze in dem oben zitierten Text, wo er von »*Elementen in der Struktur des Stückes*« spricht, die die Möglichkeit eröffneten, »*eine Diskussion zu machen, d.h. von der Musik direkt überzugehen in Realität*« (HENZE 1984, 137), an diese Schlußpartie gedacht, etwa derart, daß in den orchestralen Massenrhythmen am Ende, wenn es denn zur Aufführung gekommen wäre, Teile des Publikums eingefallen wären und so die Zunge gelöst und eine anschließende Diskussion möglich geworden wäre. Liest man auch die sich anschließenden drei Sätze aus dem Interview, so scheint hier fast das Eingeständnis eines Widerspruchs im Innern des Werkes anzuklingen: »*Gleichzeitig muß ich aber sagen, daß das 'Floß der Medusa' ein Auftragsstück war und daß der Auftrag vier oder fünf Jahre zurücklag. Nachdem ich den Auftrag angenommen hatte, mußte ich ihn auch durchführen, da ich das Geld vorgeschossen bekommen und schon verbraucht hatte. Heute würde ich so einen Auftrag gar nicht mehr annehmen*«. (HENZE 1984, 137-138)

In dem Ho-Tschi-Minh-Schluß der *Medusa* kommt zweifellos eine Agitationsabsicht zum Tragen. Der Übergang von der Sprachform der Kunst in die Praxisform der Agitation ist aber riskant. Er kann zum Verlust der Wirkung in *beiden* Bereichen führen. Peter Weiss hat in seinem Roman *Die Ästhetik des Widerstands* von diesen Problemen gehandelt. Im ersten Teil des Romans, der 1975 erschienen ist — der zweite erschien 1978, der dritte 1981, Peter Weiss starb 1982 in Stockholm —, findet sich eine Interpretation des Gemäldes *Le Radeau de la Méduse* von Théodore Géricault. Auf dieses Bild wird übrigens im Vorspann der Partitur ausdrücklich Bezug genommen. Und Henze sagt in einem späteren Kommentar über sein Oratorium sogar ausdrücklich: »*Dieses monumentale Gemälde voller Pathos kann man als den inspiratorischen Ausgangspunkt des Stils und der Farbe der Partitur betrachten*«. (HENZE 1984, 234)

Die Interpretation des Géricault-Gemäldes, die Peter Weiss seinen Ich-Erzähler finden läßt, legt nun aber gerade den Akzent auf den nicht-agitatorischen Charakter des Bildes. Das »*Medusa*«-Gemälde Géricaults wird entschieden abgehoben von einer etwa zeitgleichen »*Barricaden*«-Darstellung des Malers Delacroix. Dieser habe »*seine Gestalten frontal dem Beschauer zugewandt, sein Aufruf zum Mitstreiten wurde nur durch seine eigene halb zögernde, halb kokettierende Haltung gedämpft*« (WEISS 1981, I, 344). Demgegenüber nun die Interpretation des Géricaults-Gemäldes:

Géricault verzichtete auf diese direkte Agitation, die Schiffbrüchigen drehten sich zum größten Teil nach rückwärts, sie waren völlig für sich, der nach vorn gekehrte Sitzende, die Hand um einen Toten geschlungen, war in Erschöpfung und Trauer versunken, wie vom Blick eines Ertrinkenden war das Floß gesehn, und die Rettung war so entlegen, daß es schien, als müsse sie erst erdacht werden. Eine Täuschung, eine Halluzination konnte diese auftauchende Hilfe sein, der sich die letzte wachwerdende, gradweise sich steigernde Kraft zuwandte, in einer Zukunft lag sie, weit weg von der Welt, in der die Zuschauer sich befanden. Aus der vereinzelten Katastrophe war das Sinnbild eines Lebenszustands geworden. Voller Verachtung den Angepaßten den Rücken zukehrend, stellten die auf dem Floß Treibenden Versprengte dar einer ausgelieferten Generation, die von ihrer Jugend her noch den

Sturz der Bastille kannte. Sie lehnten und hingen aneinander, alles Widerstreitende, das sie auf dem Schiff zusammengeführt haben mochte, war vergangen, vergessen war das Ringen, der Hunger, der Durst, das Sterben auf hoher See, zwischen ihnen war eine Einheit entstanden, gestützt von der Hand eines jeden, gemeinsam würden sie jetzt untergehn oder gemeinsam überleben, und daß der Winkende, der Stärkste von ihnen, ein Afrikaner war, vielleicht zum Verkauf als Sklave auf die Medusa verladen, ließ den Gedanken aufkommen an die Befreiung aller Unterdrückten. Ayschmann war plötzlich blaß geworden, er sank vornüber, das Buch fiel ihm aus der Hand. Ich legte ihn ins Gras. Er preßte die Hände an die Schläfen, nur eine Schwäche, sagte er, geht schnell vorbei, und richtete sich schon wieder auf.
(WEISS 1981, I/345)

Daß der politische Wirkungsgrad eines Kunstwerkes nicht von einem agitatorischen Habitus abzuhängen braucht, erhellt auch aus der weiteren Geschichte dieser beiden Bilder. Das offen revolutionäre Bild Delacroix' wurde von Louis Philipp I., dem »Bürgerkönig« in Frankreich nach 1830, ohne weiteres akzeptiert; er las es als Apotheose *seines* Weges zur Macht und stellte den Maler mit hohem Sold bei sich ein. Géricaults Gemälde dagegen wurde von der etablierten Gesellschaft als zu gefährlich angesehen; der Name des Schiffes »Méduse« verschwand aus dem Titel, und das Bild wurde an entlegenem Ort aufgehängt (WEISS 1981 I/343-344).

Es wäre nun ungerecht und verfehlt, das Oratorium *Das Floß der »Medusa«* ausschließlich von seinem Schluß her zu interpretieren. Denn im Grunde genommen ist das Stück aus einer ähnlichen Haltung heraus konzipiert worden, wie Peter Weiss sie an dem Bild Géricaults beschrieben hat. Zwar gibt es einen Sprecher, der die Chronik der Ereignisse in direkter Hinwendung an das Publikum vorträgt. Dieser Sprecher benutzt aber keine agitatorische, sondern eine datenreiche, eher dokumentarische Sprache. Und die musikalisch wie oratorisch nachgestellten Handlungssequenzen bleiben dem Zuhörer durch die epische Grundstruktur ähnlich fern wie die Opfer auf Géricaults Gemälde, die dem Betrachter den Rücken zukehren. Die Abgeschiedenheit der Welt der verratenen und Im-Stich-Gelassenen wird noch dadurch erhöht, daß diese mit einer allegorischen Figur, die den Namen »La Mort« — »Die Tödin« trägt, kommunizieren und auch tatsächlich in deren Totenreich hinüberwechseln. Das komplementäre Verhältnis zwischen Lebenden und Toten erbringt eine geschlossene Struktur, die dieselbe Auswegslosigkeit offenbart wie sie die auf dem Floß Alleingelassenen erleben mußten. Diese symmetrische Struktur wird durch die räumliche Verteilung der Klangkörper stark unterstrichen: links auf der Seite der Lebenden die Bläser, rechts auf der Seite der Toten die Streicher, in der Mitte das Schlagzeug. Vor diesem steht der Sprecher, der den Namen Charon trägt. Er ist für den »*Transfer*« zwischen Jean-

Charles, der als Bariton die Stimmen der noch Lebenden anführt, und La Mort, die als Sopran die Stimmen der schon Toten empfängt, zuständig. Selbst die zwei verwendeten Sprachen sind der doppelseitigen Struktur eingepaßt: deutsch als Ausdruck der Gegenwärtigkeit der Ereignisse, italienisch als Ausdruck der Zeitlosigkeit des Todes (vermittelt durch Texte aus Dantes *Devina commedia*).

Die Vermittlung zwischen historisch-konkreter und mythisch-legendärer Erlebnisebene wird eindringlich in den Dialogen der Gesangssolisten Jean-Charles und La Mort bewerkstelligt. Unter Verwendung alter neapolitanischer Echospiele, die aus Madrigalen und Opern von Claudio Monteverdi und seiner Zeit geläufig sind, kommt es zu einem denkbar engen Austausch der Sphären Hoffnung auf Leben und Lockung zum Tod. Diese Echospiele kann man noch heute in Kinderreimen antreffen: Was essen die Studenten? — — Enten! Das Echo gibt sich launisch, ist nicht verläßlich. Im Falle des *Orfeo* bei Monteverdi wird zum Beispiel der arme Liebende von der Echostimme so mißverstanden: tanti *guai* — — *Ahi!* Im Falle der Schiffbrüchigen bei Henze gibt die Tödin das Echo mit verhängnisträchtigen Varianten: *Schiffe* — — *Riffe!* (vgl. NB 16).

Notenbeispiel 16: Monteverdi, *Orfeo*, V.Akt Henze, *Medusa*, Nr.4

Die Rolle der Chöre ist je nach dem Ort, an dem sie zuerst und dann später sich befinden, verschieden bestimmt. Sie sind als Lebende mit den Turba-Chören aus Bachs Passionen vergleichbar, indem sie mit Jean-Charles dialogisieren oder selbst auf die Ereignisse reagieren (siehe auch NB 17). Als Tote übernehmen die Chöre eher die Funktion von Arien, in denen sich Trauer oder betrachtende Ruhe ausdrückt. Die Kinder sind immer schon in beiden Welten zu Haus: als das Verbrechen geschieht, indem die Leine, die vom Rettungsschiff zum Floß führte, gekappt wird, rufen sie »*Vive le roi!*«. Und als sie als erste ertrinken, singen sie in parallelen Terzen »*Or discendiam qua giù nel cieco mondo, io sarò primo, e tu sarai secondo*« (*Wir steigen nun hinab in eine blinde Welt, ich geh' voran, du wirst mir folgen*).

Diese Vorlesung über *Das Floß der Medusa* hatte ich am 6. Mai 1986 gehalten. Zehn Tage vorher, am 26. April, war es zu der Reaktor-Katastrophe in Tschernobyl gekommen. Die Brisanz und Aktualität des Medusa-Stoffes wurde in dieser bedrückenden Situation zwingend deutlich. Insbesondere zwei Meldungen, die wir der Tagespresse entnehmen konnten, zeigten die Parallelen zwischen jenem Verbrechen von 1816 und den aktuellen Machenschaften von 1986 auf: während nämlich die Behörden es nicht für nötig hielten, beispielsweise eine Freiluftveranstaltung an den Ufern des Rheins abzusagen, wodurch tausende von Besuchern wissentlich dem stark radioaktiv verseuchten Regen ausgesetzt wurden, sorgten Regierungsbeamte, Bundestagsabgeordnete und besser Informierte per Telex oder Telefon dafür, daß ihre Familien in südliche Regionen ausgeflogen wurden und so in Sicherheit waren. Die Havarie des Kernreaktors heute und die der Fregatte »Medusa« damals lösten die immergleichen Fluchtinstinkte bei den Herrschenden aus. Dabei garantieren die Besitzverhältnisse, daß den wenigen die Mittel zur Flucht bereitstehen, während die Behörden (z.B. Hamburgs) gleichzeitig öffentlich eingestehen, daß im Falle eines (nicht auszuschließenden) Atomkraftwerkunglücks eine Evakuierung der Bevölkerung unmöglich ist.

Denn da ist Rettung nur für Oberschreiber.
und nur die Leutnants haben einen Platz
im Himmel.
Die Aufpasser (die wir gehabt),
sie paßten nicht mehr auf, verschwanden,
und der Profos versteckte seine Knute,
dann sich selber.
Die Priester trösteten Fouriere
und schifften sich an ihrem Arme ein.
Die Köche und die Apotheker packten,
die Stabstrompeter steckten ihre Noten ein.
...
Das lernten wir in jener Nacht erfahren,
wir lernten vieles, was wir nicht gewußt,
dann machten wir uns selber an die Arbeit
wir ... (SCHNABEL 1969, 18)

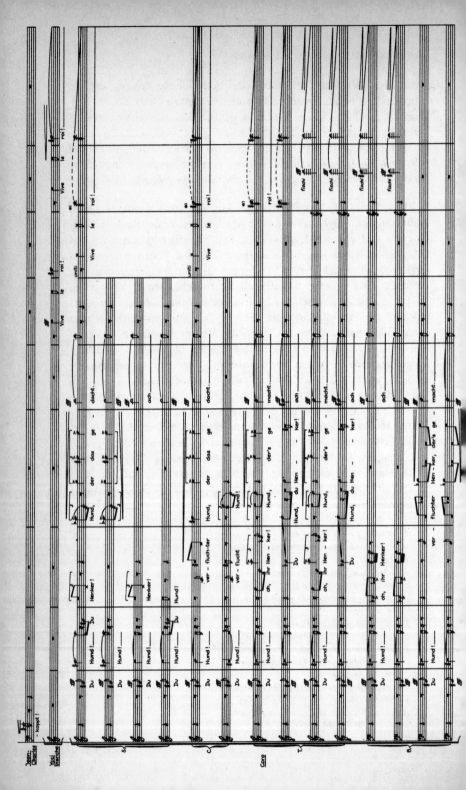

Ernst Schnabel über die verhinderte Uraufführung

Die letzten Worte in diesem »Oratorio volgare e militare« lauten: »*Die Überlebenden aber kehrten in die Welt zurück: belehrt von Wirklichkeit, fiebernd, sie umzustürzen*«. Ein solches »Fieber« ergriff auch uns in der Anti-AKW-Bewegung, nachdem mit Tschernobyl die Krankheit unserer Fortschrittsgesellschaft offen ausgebrochen war. Möge das schnelle »Fieber« als andauernde Energie fortwirken, um uns den Weg zur Umkehr und die geeigneten Formen des Widerstands finden zu lassen. Che Guevara, Ho Tschi Minh und andere »*Freiheitskämpfer aus der Dritten Welt*« (von denen übrigens etliche Namen in den Text der *Medusa* aufgenommen worden sind, vgl. HENZE 1984, 235) können nur Vorbild sein, sofern sie ein *Potential* des Kampfes verkörpern. Die *Formen* ihres Kampfes sind aber nicht auf die Erste und Zweite Welt zu übertragen. Hierüber sich Illusionen hingegeben zu haben, war einer der Irrtümer der 68er Bewegung und wohl auch Henzes und Schnabels. Andererseits blieben solche aus der Zeitsituation heraus verständlichen Vorkehrungen nur an der Oberfläche, wie der Bericht Ernst Schnabels über diesen »Untergang einer Uraufführung« (SCHNABEL 1969, 45-61) belegt. Darin heißt es:

Nach Mitternacht wurde ich aus dem Hamburger Polizeipräsidium entlassen. Mir war traurig zumute. Es ging mir viel durch den Kopf, was mich unbeschreiblich traurig machte. Ich mußte an Henze denken. Was wird er tun? Man kann seine Musik auf der Straße nicht pfeifen, es ist nicht möglich. Es ist so wenig möglich, wie bei Walter Benjamin, dem entschlossenen Sozialisten, eine brauchbare Inschrift für ein Transparent zu finden. Das ist keine Frage. Ich habe auch an die Studenten denken müssen, die steckenblieben, steckengeblieben sind. Sie sind drauf und dran, ein bloßer Bürgerschreck zu werden. Man fängt an, sich ihrer zu bedienen, und über kurz oder lang werden sie aus der Mode sein. (S.60)

Es ist gekommen, wie Ernst Schnabel vorhergesagt hat. Allerdings entwickelten sich nach einigen Jahren neue soziale Bewegungen (Frauenbewegung, Schwulenbewegung, Friedensbewegung, Anti-AKW-Bewegung), die weniger modisch und kurzlebig als insistent und dauerhaft angelegt sind. In diese Bewegung setzt auch Hans Werner Henze heute große Hoffnungen (HENZE 1983, 263-265). Diesen »uomini volgare« vermöchte auch heute noch *Das Floß der* »*Medusa*« Kraft und Phantasie schenken. Appellieren wir also an die Künstler, dieses brennend aktuelle Oratorium endlich wieder aufzuführen (vielleicht mit einem anderen Schluß?), weil es mehr bedeutet, als einen Konzertskandal.

Notenbeispiel 17: Henze, *Medusa*, Nr. 8

VI. *Voices* — Henzes »Solidaritätslied«

Mit der zyklischen Komposition *Voices* für Mezzosopran und Tenor mit fünfzehn Instrumentalisten zieht Hans Werner Henze die vorläufige Summe einer Reihe von Werken, in denen politische Themen offen, das heißt durch das Aufgreifen entsprechender Texte, behandelt werden. Diese Werkreihe umfaßt die Jahre 1968 bis 1973. An ihrem Anfang steht das Oratorium *Das Floß der »Medusa«*, das 1968 abgeschlossen wurde. Es ist Che Guevara gewidmet. Der Text Ernst Schnabels thematisiert an einem Fall brutaler Menschenverachtung exemplarisch die Klassenstruktur der frühkapitalistischen Welt; die Musik schlägt den Bogen zur Gegenwart des Vietnam-Krieges. Unmittelbar nach dem *Floß der »Medusa«* vertonte Henze das Gedicht *Versuch über Schweine* des in Berlin lebenden Chilenen Gastón Salvatore. In diesem Text wird über die linken Studenten Berlins gehandelt, die von der Springer-Presse und der dazugehörigen Bevölkerung als »Schweine« tituliert wurden. Salvatore mußte sich angesprochen fühlen, denn er war persönlich in die Studentenunruhen involviert (und mußte für neun Monate ins Gefängnis). Das kantatenähnliche Stück ist für Bariton und Kammerorchester besetzt. Der Sprechgesang des Vokalisten greift die von Roy Hart entwickelte Stimmtechnik auf, deren extreme Auslegung bis zu acht (!) Oktaven (SCHUBERT 1983, 13) für die Darstellung existenzieller Grenzsituationen genutzt wird. Im Anschluß an den *Versuch über Schweine*, uraufgeführt am 14. Februar 1969 in London, begann Henze mit der Vertonung eines umfangreichen Textes von Hans Magnus Enzensberger, der das Leben des geflohenen Sklaven Esteban Montejo, genannt *»El Cimarrón«*, beschreibt und dokumentarisch fundiert ist. In diesem engagierten Stück bekennen sich die Autoren zu dem kubanischen Weg zum Sozialismus. Der Komponist entspricht dem emanzipatorischen Impetus des Stücks auch durch die Überantwortung der Endgestalt des Werkes an die ausführenden Musiker: große Teile der Partitur erlauben die freie Improvisation anhand teils graphischer Notierung. Außerdem wird der ganze Apparat so verkleinert — insgesamt wirken nur vier Musiker mit — daß das Stück unabhängig von stehenden Theatern oder Konzerthäusern aufgeführt werden kann. Nach der Uraufführung des *Cimarrón* am 22. Juni 1970 vertonte Henze einen weiteren politischen Text Salvatores. Aus dessen Gedichtband *Der langwierige Weg in die Wohnung der Natascha Ungeheuer* wählte er bestimmte Teile aus und fügte sie zu einer »Show mit 17« zusammen. Die Gedichte beziehen sich auch diesesmal auf die Berliner Studentenszene, sind aber deutlich distanziert. Schon der

Untertitel »Show mit 17« erlaubt die Lesart »mit 17 Jahren«, womit ein Hinweis auf die teils pubertäre Motivation mancher Teile der Studentenbewegung gemeint ist. Diese selbstkritische Position Gastón Salvatores wird von Henze durchaus geteilt. Seine Musik und seine szenischen Einfälle ziehen die 'happiness' so mancher 'Hippies' durch den sozialdemokratischen Kakao. *Natascha Ungeheuer* wurde 1971 in Rom und Berlin aufgeführt. Wieder mit Enzensberger unternahm Henze sodann 1973 das Projekt *La Cubana oder Ein Leben für die Kunst*. Dieses Vaudeville kann als Versuch begriffen werden, die politisierte Kunst zurück in die etablierten Theater zu tragen, also den 'Marsch durch die Institutionen' anzutreten. Dem konsumgewohnten Publikum wird nicht nur zugemutet, daß der Name Fidel Castros von der Bühne her zur Identifikation angeboten wird, sondern die Bildungsbürger werden auch aufgefordert, ihren spießigen Kunstbegriff fallen zu lassen und das Verhältnis von Musik und Politik grundsätzlich neu zu begreifen. Im Jahre der Fertigstellung dieses Vaudeville engagierte sich Henze zugleich in der gewerkschaftlichen Arbeiterbewegung: er wurde der künstlerische Projektleiter für das Agitpropstück *Streik bei Mannesmann*. In dieser szenischen Kantate wird ein Streik der Belegschaft der Stahlwerke Mannesmann in Duisburg vom Frühjahr 1973 nachgespielt. Da der Streik erfolgreich verlief — die Arbeiter setzten eine Lohnerhöhung durch — taugte der Stoff als Exempel des Klassenkampfes: ein Kollektiv von Künstlern (Erika Runge, Dietrich Boeckle, Hans Werner Henze, Niels Frederic Hoffmann, Thomas Jahn, Luca Lombardi, Wilfried Steinbrenner) schrieben die Streik-Kantate, die dann von der erweiterten Gruppe »Hinz und Kunst« aus Hamburg auf den X.Weltfestspielen der Jugend und Studenten in Berlin-DDR und sodann überall in der Bundesrepublik aufgeführt wurde.

Die gesamte Breite des politisch-kompositorischen Engagements Henzes, die durch die genannten sechs Werke dokumentiert ist, bestimmt auch den Zyklus *Voices* von 1973. Dieser Liederzyklus hat in bestimmter Hinsicht abschließenden Charakter. Der Komponist vergewissert sich noch einmal der seit 1968 gefundenen Sprechweisen, die zu teilweise experimentell angelegten Stücken geführt hatten. Der Zyklus *Voices* selbst hat keinen experimentellen Charakter. Er ist eher auf Universalität aus: Universalität der musikalischen Idiome und Funktionsweisen von Musik, Universalität der gesellschaftlichen Katastrophen und Befreiungsleistungen in der Welt.

Aber auch der politische Mensch Hans Werner Henze vergewissert sich mit *Voices* seiner gewonnenen Positionen und vor allem auch seiner Freunde. Die 22 vertonten Gedichte stammen von 17 Autoren, von denen die meisten 1973 noch lebten. Zudem ist jedes einzelne Lied bzw. Stück mit einer persönlichen Widmung versehen. Die Widmungsträger sind (in der Reihenfolge der 22 Nummern): Andrea Lovane, Peter Maxwell Davies, Edward Bond, Herbert Marcuse, Stefano Merlini, Michael Vyner, Netta Vespignani, Fausto Moroni, Miguel Barnet, Lele Romanelli, Franco Serpa, Peter Adam, Herberto Padilla, Paul Dessau, Rogelio Rodriguez, Titina Meselli, Renzo Vespignani, Harrison Birtwistle, Arthur Mitchell, Hans Magnus Enzensberger, Rainer Esche und Yoichi Ohira. Es ist, als ob Henze mit diesem über vier Sprachen gehenden Werk und mit seiner Widmungspraxis das Ende seines Außenseiterdaseins bekräftigen wollte, unter dem er in den fünfziger und sechziger Jahren gelitten und mit dem er manchmal auch kokettiert hatte. Die Außenseiterrolle wird ja von einer Insidergesellschaft verliehen — sie ist nicht angeboren. Vor allem aber erscheint das Schicksal, als Außenseiter behandelt zu werden, vergleichsweise belanglos gegenüber dem Schicksal von Unterdrückten und Gefolterten, von Hungernden und Ermordeten. Henze hatte erfahren und erkannt, daß er im 'Abseits' den leidenden Menschen, jenen Menschen »ganz unten« (Walraff) auf natürliche Weise nahestand, daß er unter diesen Vielen nicht nur Solidarität üben sondern auch empfangen konnte. Solidarisches Handeln und die Erfahrung von Solidarität heben aber ein Außenseiterdasein auf.

Zu wissen, daß man nicht allein ist, daß man viele Freunde hat, daß man die gleichen Ziele anstrebt, ist eine Sache; den eigenen politischen Standort zu definieren und die künstlerische Arbeit zu begründen, ist eine andere Sache. Auch in dieser Hinsicht zeigen die *Voices* von 1973 eine neu gewonnene Sicherheit an. Der Partitur sind zwei Texte mottoartig vorangestellt (die also nicht vertont wurden), die den bestimmten Zweck haben, Auskunft über die Position des Autors Henze zu geben und zum Überdenken der eigenen Ansichten einzuladen. Der eine Text stammt von Bertolt Brecht. Geschrieben 1940 während des Exils in Finnland behandelt er das Problem des bürgerlichen Künstlers, der sich für die Sache des Proletariats engagiert. Der andere Text stammt von Victor Hernandez Cruz. Er wurde dem Sammelband *DICES or Black Bones, Black Voices of the Seventies* (Boston 1970) entnommen und behandelt das Verhältnis des Dichters zur Welt.

Hier nun zunächst Brechts Notizen aus dem Arbeitsjournal 1938-42: (vgl. BRECHT 1973, Bd.I, 143 und Bd.III, 28):

solche dichter wie hasek, silone, (o'casey) und mich zögert man oft, bürgerliche dichter zu nennen, aber mit unrecht. wir mögen die sache des proletariats zu der unsrigen machen, wir mögen sogar für eine gewisse zeitspanne die dichter des proletariats sein — dann hat eben das proletariat in dieser zeitspanne bürgerliche dichter, die für seine sache eintreten. wir wiederum mögen uns sagen, daß es weder ein vorteil noch ein verdienst ist, proletarier zu sein, und daß der kampf darum geht, aus dem antlitz der menschheit alle proletarischen züge auszutilgen — dennoch zeigen wir begrenzungen und schwächen unserer klasse, die uns zu kritisch zu betrachtenden mitkämpfern machen. freilich, wenn wir die bürgerliche kultur überliefern, so ist es doch eben die kultur. in gewissen phasen der entwicklung, wenn das proletariat gesiegt hat, aber noch proletariat ist, wird die funktion der bürgerlichen vorkämpfer, wie es sich gezeigt hat, eine formalistische. von der eigentlichen entwicklung überholt, entwickeln sie eine zeitlang nur noch die formen. dann ist es zeit, daß die neuen dichter und kämpfer auf den plan treten. sie finden dann in den werken ihrer vorgänger, unsern werken, nicht nur die höchstentwickelten ausdrucksmittel, sondern auch die elemente der neuen kultur, die im kampf immer am schärfsten hervortreten. die träume fliegen den taten voraus, gerade ihre vagheit läßt das neue feld unbegrenzt erscheinen, so spornen sie an. wichtig ist in unseren werken auch die technik des neuanfangens, von solchen entwickelt, welche die tradition beherrschen, denn der neu anfangende, der die tradition nicht beherrscht, fällt leicht unter die herrschaft der tradition zurück. am sichersten geht man, wenn man uns als dialektiker unter den bürgerlichen dichtern anführt und benutzt. damit stehen wir in einer reihe mit den bürgerlichen politikern, welche die sache des proletariats zu der ihrigen gemacht haben.

Diese Formulierungen Brechts müssen Henze als die prägnante sprachliche Fassung jener Gedanken und Empfindungen vorgekommen sein, die ihn seit 1966 bewegt und einen Positionswechsel herbeigeführt hatten. Die Unterscheidung zwischen Künstlern des Proletariats einerseits und proletarischen Künstlern andererseits wird ihm ebenso eingeleuchtet haben wie die Formulierung, daß die bürgerliche Kultur zu beerben sei, weil sie »*doch eben die kultur*« darstelle. Insbesondere aber werden ihn Brechts Gedanken über die Dialektik des Neuen und Traditionellen bestätigt haben, weil Henze schon immer bestrebt war, die Tradition, statt sie als Vergangenheit wegzurücken, in seinen Werken selbst konkret aufscheinen zu lassen. Brechts Satz, »*der neu anfangende, der die tradition nicht beherrscht, fällt leicht unter die herrschaft der tradition zurück*« kann sicherlich als ein Credo Hans Werner Henzes gelten.

Nicht weniger wichtig ist der zweite Text — ein 'Gedicht über das Dichten' von Victor Hernandez Cruz, der ebenfalls in voller Länge zitiert sei. (Übrigens wäre es möglich, daß Henzes Werktitel »*Voices*« sich von der Sammlung »*Black Voices of the Seventies*«, aus der das Gedicht stammt, herleitet.)

From doing Poetry
poems are songs. poems cry & laugh.
a poet is the world/the world is in the poet. things
are in the world. rock is hard/you better believe me.
slam a rock against your face. you see.
where they come from is where the poet was/the poet

> was there/or the poem grew out of mind/but the mind of
> the poet is there.
> EXPERIENCE
> poet records his life/his love of life.
> his woman is a poem/& what they do together can if the
> poem wants be poetry. or it's poetry all the time.
> words are what the poet uses/he bounces words to
> sing his feelings.
> in the world the poet goes thru fire & ice.
> thru ugly ugly cuts/or beautiful dreams.
> burning yellow bodies is part of present american every —
> day life.
> dead indians on T.v. is common.
> these are respectable things (situations or perfect happenings)
> there are poets of these respectable things. they write
> poems about it. how they like to kill people.
> kill being a good four letter word.
> poets go in & out of worlds/people are the world.
> met a woman on 72nd street & she is fine
> or saw a picture of dead people.
> or the Paxton Brothers put swords thru indian women
> with their babies in their arms.
> the poet sees & hears the world. & there are many worlds.
> people live in different worlds (got different bags)
> humans talk/dance & make noise/a poet must make poetry out
> of that/or make poetry out his mind/which took form from
> the world.
> words & music travel.
> god would not make anything bad or dirty. some people
> make dirty things happen tho.
> i see what's in the world & sing it
> like god.

Dieser Text kann wohl im Brechtschen Sinne als Zeugnis der »*neuen dichter und kämpfer*« gelesen werden, die bereit stehen, um nach dem Sieg des Proletariats eine neue Kultur — die dann nichts Proletarisches hätte — aufzubauen. In Cruz' Prosagedicht ist ein Wort besonders hervorgehoben: EXPERIENCE. Gemeint ist damit die Erfahrung der Lebenswirklichkeit, dergegenüber die Erfahrung einer ästhetischen Wirklichkeit zweitrangig ist. Daß sich Kunst aus der erfahrenen Wirklichkeit speist und begründet, ist der Inhalt dieses Gedichts.

> *Der Stein ist hart*
> *das kannst du mir glauben.*
> *schmeiß dir'n Stein ins Gesicht. Siehst du.*

Ausgehend von den elementaren Sinneserfahrungen, die zu reaktivieren der Dichter angesichts einer bald totalen T.V.-Welt wohl für nötig erachtet, werden die alltäglichen Brutalitäten benannt, für deren Wahrnehmung und Vermittlung der Dichter sich zuständig fühlt: »*gelbe Körper in Flammen*«, »*tote Indianer im Fernsehen*«, »*durchbohrte Indianerinnen mit ihren Babys im Arm*«. Allerdings reicht es nicht aus, das Schreckliche zu benennen; hierdurch würden die Schrecken nur »*respectable*« im Sinne eines Sujets für respektable Dichter. Der authentische Dichter beginnt erst mit dem Schreiben, wenn sein Geist von dem, über das er schreibt, berührt worden ist: »*make poetry out his mind / which took form from the world*«.

Voices mit seinen zweimal elf Nummern wurde von Henze als Zyklus angelegt, der bei vollständiger Ausführung einen ganzen Konzertabend füllt. Die reine Spielzeit beträgt 93 Minuten. Die durchschnittliche Dauer der einzelnen Stücke liegt bei 4 Minuten. Der zyklische Charakter des Werkes ist einerseits durch den Inhalt der Gedichte gegeben: eine weitgespannte Ausdrucks- bzw. Verhaltensskala von klagen, hoffen, verstehen, mahnen bis widerstehen, befreien, verbrüdern, lieben, und wird andererseits durch deutliche organisatorische Maßnahmen bekräftigt: die längsten Stücke stehen am Ende der beiden Teile, bei diesen wirken die beiden Vokalisten zusammen, die Schlußstücke enthalten die größte thematische Verallgemeinerung. Trotz des zyklischen Charakters der *Voices* läßt Henze ausdrücklich die Einzelaufführungen der Lieder zu und stellt es frei, auch das Instrumentarium zu ändern (Partitur S.XIII). Wie sagte doch Brecht: »*am sichersten geht man, wenn man uns als die dialektiker unter den bürgerlichen dichtern anführt und benutzt* [!]«. Das »Benutzen« von Kunst steht vor der ästhetischen Kunstfeier; der Zweck heiligt die Bearbeitung.

Einer immerhin denkbaren Verbreitung der *Voices* bis in nicht professionelle Kreise sind allerdings durch die technischen Anforderungen an Sänger und Instrumentalisten Grenzen gesetzt. Die Mezzosopranistin muß nicht nur über eine große Stimme und einen enormen Stimmumfang verfügen, sondern auch die Fächer dramatischer Sopran, lyrischer Sopran, Sprechgesang und Chanson-Stimme nebeneinander beherrschen. Dem Tenor werden hochdramatischer neben buffonesker Klang, leichtes Parlando neben Bel Canto und auch Sprechgesang abverlangt. Das erforderliche Instrumentarium übersteigt die Zahl der Musiker um das Vielfache. Ist dies beim Schlagzeug nicht ungewöhnlich: dem Schlagzeuger sind 27 Instrumente zugewiesen, so sprengt beispielsweise die Instrumentenliste des Flötisten doch die gewohnten Normen: Flöte, Piccolo, Altflöte, Bengalflöte, Inkaflöte, Blockflöte, Okarina, Rugbypfeife, Bambusflöte und Handglocke. Selbstverständlich wird der große Instrumentenapparat nicht für starke

Klangwirkungen, sondern für differenzierte Klangfärbungen gebraucht. Hierzu gehören die Zitate bestimmter Lokalkolorits wie bei Nr.7 und 8 mit Okarina, Gitarre und Akkordeon bzw. Mundharmonika, die das Ambiente italienischer Resistenza-Lieder herstellen, oder bei Nr.17, wo der Tenor von einer Gitarre und einem aus den übrigen Instrumentalisten gebildeten Backgroundchor begleitet wird. Der große Instrumentenapparat wird aber auch für die eher avantgardistischen Stücke (Nr.2,4,6,13,16,19,20) gebraucht, wo es zu geradezu unerhörten Klangeffekten im Dienste einer Textinterpretation und -überhöhung kommt.

Aber nicht nur das Instrumentarium wird den sehr unterschiedlichen Texten angepaßt, sondern auch die Melodik und Rhythmik sowie der ganze Tonsatz und der jeweilige Vokalstil gehen auf die vorgegebenen Inhalte ein. Dabei spürt man, daß Henze sich der unausweichlichen Distanz zwischen dem kulturellen abendländischen Erbe, dem er angehört, und der weniger entwickelten oder aber anders entwickelten Kultur der in den Texten angesprochenen Regionen stets bewußt ist. Gleiches gilt für die Klassenunterschiede — nach Brecht die zwischen Bourgeoisie und Proletariat —, die nicht einfach durch eine Geste der Verbrüderung zu überwinden sind. Es gibt Lieder, in denen Henze seine eigene Kunstsprache sehr weit zurücknimmt und seine Ausdrucksmittel den fernen »Stimmen« einfach leiht; bei anderen Stücken wiederum macht er sich die Texte ganz zu eigen und versieht sie mit der ganzen Kraft seines persönlichen künstlerischen Ausdrucks unter Verwendung auch der avanciertesten Techniken.

Anhand einiger Nummern aus *Voices* möchte ich diesen besonderen »parteilichen Pluralismus«, der einem Solidaritätsempfinden für die Unterdrückten und Aufbegehrenden aller Länder entspringt, eingehender erläutern.

Nr.2 *Prison song (The Leg-Irons)* von Ho Chi Minh
      Peter Maxwell Davies gewidmet

Das Gedicht, das dieser Vertonung (und übrigens auch einer früheren Variante für Schlagzeug solo und Tonband von 1971) zu Grunde liegt, stammt von dem Führer des vietnamesischen Befreiungskampfes. Es erschien 1967 in Hanoi in englischer Sprache. Form und Inhalt sind einfach: in zwei vierzeiligen Strophen werden zwei Aspekte der Gefängniswirklichkeit beleuchtet. In der ersten Strophe findet der Dichter ein eindringliches Bild für die Fesselung der Gefangenen: die Fußfesseln sind die geöffneten Mäuler von Monstern, die an jedem Abend darauf warten, das Bein des Gefangenen zu verschlingen. In der zweiten Strophe wird dieses Bild auf eine unerwartete Weise gewendet: die

Vietnamesische Wirklichkeit europäisch imaginiert 117

Gefangenen eilen willig herbei, um sich die Fußschellen anlegen zu lassen! Der Grund dafür ist der, daß sie als Gefesselte ruhig schlafen können, während sie sonst nicht einmal einen Platz hätten, um ihren Kopf abzulegen. So wird ein irrisierendes Licht auf die vietnamesische Wirklichkeit zur Zeit des Krieges geworfen.

Der Klang des Gedichts ist sehr still, die Haltung ist kontemplativ, die Perspektive ist die eines Berichts. Das Gedicht hat bei Henze imaginäre Kräfte angesprochen, die zu einer Überhöhung des eher schlichten Textes geführt haben. Hier liegt der Fall vor, daß der Komponist sich aufgerufen fühlte, mit seinem gesamten Ausdrucksvermögen eine noch leise Stimme des Protests mächtig zu verstärken.

Wir hören und erleben eine gespenstische, traumartige Szene, die nur zu Anfang tonmalerisch-konkret auf die Gefängnissituation Bezug nimmt (Schritte, Kettengeräusche), von da an aber in freien schreckensbehafteten Klangvisionen sich auslebt. Es gibt keinen Puls und kein Metrum in diesem Stück, sondern nur freie Dauerorganisationen. Die Musiker geben sich gegenseitig die Einsätze weiter. Die Sängerin spricht in ungefähr zwölf verschiedenen Lagen ohne distinkte Tonhöhen. Nur einmal benutzt sie einen Vokal eines Wortes — der dafür gar nicht geeignet erscheint — für die Gestaltung eines Klagetons in einem langsamen Vierteltonvibrato; es ist das »o« des Wortes »otherwise«. Ihre Artikulation ist auf Überdeutlichkeit hin angelegt. Beispielsweise wird das zweite Wort des Gedichts förmlich ausbuchstabiert, was in der Notenschrift exakt festgelegt wird (vgl. NB 18).

Notenbeispiel 18: Henze, *Voices*, Nr. 2

Die Struktur des Gedichts ist völlig aufgehoben. Die Rhythmik der Strophen in alternierend sechs- und fünfhebigen ungereimten Versen ist aufgelöst, das Sprechtempo extrem gedehnt. Nur die Zweiteilung der Komposition spiegelt noch die Form des Gedichtes wieder.

Der Klang des ganzen Ensembles erinnert an elektronische Musik; es gibt aber kein Tonband in dieser Nummer! Der Effekt synthetisch erzeugter Schallreize wird durch das Zusammenwirken verschiedener Klänge erreicht, beispielsweise durch das Spiel auf den ungedämpften Saiten des Klaviers mit Holzschlägeln, Glaskugeln, Holzhammer; durch den Einsatz von Jew's harp (Maultrommel) und elektrisch verstärktem »String yo yo«; durch Schreie der Ausführenden in bestimmte

Schlagzeugklänge hinein usw. Tonfolgen sind die Ausnahme. Sie klingen sehr verlassen. Sie erscheinen überhaupt erst, nachdem die erste Strophe abgeschlossen ist. Eine bengalische Flöte spielt eine kaum strukturierte Tonfolge. Sehr bewegend ist eine Phase am Schluß des Stückes, wo diese verwehten Töne jetzt von einer Inka-Flöte realisiert und von einem Horn — das überhaupt nur diese fünfzehn Töne zu spielen hat — in einem freien Kanon imitiert werden, und zwar »gestopft« und *ppp*. Da das Waldhorn als ausgesprochen europäisches Instrument zu gelten hat, kann man diese Klang-Szene am Schluß des »Prison-Song« auch als Sinnbild einer solidarischen Adresse eines Europäers an jene ferne Stimme in einem vietnamesischen Gefängnis verstehen.

Nr.3   *Keiner oder alle* (Bertolt Brecht)
       Edward Bond gewidmet

Brecht schrieb das Lied »*Keiner oder alle*« 1934 in seinem dänischen Exil. 1949 fügte er es in sein Stück »*Die Tage der Commune*« ein, das auf eine Vorlage von Nordahl Grieg, einem norwegischen Lyriker und Dramatiker, der im zweiten Weltkrieg im Kampf gegen Hitlers Truppen als 41jähriger gefallen war, zurückgeht. Dem Lied hört man seine Funktion geradezu an: es sollte denen, die im Widerstand gegen die Nazis standen, Kraft und Mut zum Weiterkämpfen geben. Mehrere extreme Alternativen werden angeführt: »*Gewehre oder Ketten*«, »*Alles oder Nichts*«, »*Keiner oder alle*«, doch jede dieser Alternativen scheint die Antwort in sich zu tragen: gemeinsam kämpfen.

In vier Strophen führt Brecht das gleichbleibende Muster durch: der Sklave, der Hungernde, der Geschlagene und der Verlorene — wer wird sie retten, wenn nicht die Sklaven, die Hungernden, die Geschlagenen und die Verlorenen, die alleine verlieren würden, gemeinsam aber stark sind! Auch wenn das Wort »Solidarität« nicht vorkommt, stellt der Song doch ein Gegenstück zu Brechts berühmtem und von Hanns Eisler vertontem »Solidaritätslied« vor.

Henze hat sich mit seiner Vertonung ganz auf den optimistischen, kämpferischen Impetus des Gedichts eingelassen. Das ganze Stück kommt wie ein Zitat des Eisler/Dessau-Stils daher. Die Möglichkeit, ihre Kunst ganz einem erzieherischen Zweck unterzuordnen, ja in Einklang mit den Beschlüssen der Partei zu bringen, wurde von diesen Musikern ja zumindest in der Aufbauphase der DDR euphorisch begrüßt. Da in dem Zyklus *Voices* nicht etwa nur eine richtige sondern viele berechtigte Positionen vorgezeigt werden, identifizierte sich Henze in diesem Fall mit jenen Künstlern, die 1949 eine Hoffnung hatten, in Ost-Berlin ein besseres Deutschland aufbauen zu helfen. Das Stück »*Keiner oder alle*« ist also in mehrfacher Hinsicht 'historisch':

Notenbeispiel 19: Henze, *Voices*, aus Nr. 3

der Text ruft die Zeit der Nazi-Herrschaft und des kommunistischen Widerstands wach, die Musik reflektiert auf die Aufbaustimmung der jungen DDR und deren Widerschein in der Westdeutschen Studentenbewegung Ende der sechziger Jahre. Henze schrieb das Stück 1973, also heute vor dreizehn Jahren. Diese mehrfachen Distanzen muß man sich bewußt machen, wenn sich beim Hören dieser Musik mit ihrem kollektivistischen Elan — hervorgerufen durch den agitatorischen Rumba-Rhythmus (3+3+2 ♪) — und ihrem ungebrochenen Wir-Gefühl — eingehämmert von dem robusten Refrain »*Keiner oder alle, Alles oder nichts*« — gewisse Unwohlgefühle einstellen sollten (vgl. auch NB 19).

Nr.4 *The Electric Cop* (Victor Hernandez Cruz)
       Herbert Marcuse gewidmet

Der Text von »*The Electric Cop*« stammt aus dem schon erwähnten Sammelband »*Black Voices of the Seventies*« (CRUZ 1970). Er handelt vom Fernsehen in den USA. Seine Sprache ist ein grobes Slang-Amerikanisch, was die Übersetzung nicht einfacher macht. Schon der Titel ist nur annäherungsweise zu erschließen: »Cop« bedeutet »Polyp« (Polizist) und leitet sich von dem Verb »to cop« = »jemanden erwischen«, »jemanden zur Sau machen« her. »The Electric Cop« wäre also eine Metapher für das Fernsehen in den USA, dessen Programme ebenso brutal sind wie die »Polypen« auf der Straße. Von der Anfangszeile des Gedichts her könnte im Titel aber auch auf eine bestimmte Sorte »Bulle« angespielt sein, die in jenem »elektrischen« Ding, dem »t.v.«, so häufig zu sehen ist. Hier folgt der Anfang des Gedichts und mein Versuch einer Übersetzung:

> *this guy on t.v.*
> *who rob everything he got*
> *a thief*
> *who rob*
> *who kill*
> *a killer who kills*
> *this guy on t.v.*
>
> *dieser typ auf der glotze*
> *der klaut was er kriegen kann*
> *ein dieb*
> *der klaut*
> *der killt*
> *ein killer der killt*
> *dieser typ auf der glotze*

Das 'lyrische' Ich dieses Gedichts ist damit beschäftigt, die Fernsehprogramme nacheinander durchzugehen: Raub, Mord und Reklame.

Ein musikalisches und szenisches Happening

Am Schluß heißt es über die amerikanische Fernsehwelt zusammenfassend: »*an open window of lies / and true storys of the empire / the end for instance*« (ein offenes fenster für lügen / und wahrheiten über den staat / sein ende zum beispiel).

Diesem zerklüfteten Text gibt Henze die Gestalt einer wüsten Collage mit Happening-Elementen. Die Partitur weist für dieses Stück einen Anhang auf, in dem mehrere Versatzstücke für Teilorchester bzw. für Klavier solo mitgeteilt sind, die in den Verlauf des Stückes je nach Bedarf eingefügt werden sollen. Außerdem sind insgesamt drei Transistorgeräte erforderlich, auf denen tonbandgespeicherte Fremd-Musik oder bestimmte andere Klangrealien wiedergegeben werden können. Zur Koordination des ganzen wird einerseits die Verlaufsachse des Sänger-Sprechers benutzt, zum anderen werden die Einsätze der einzelnen Collage-Elemente durch Sekundenangaben festgelegt.

Im Mittelpunkt steht der Sängerdarsteller, den man sich in diesem Fall gern kostümiert vorstellen möchte. Er wird durch das, was er sagt, und vor allem wie er es sagt (Sprechgesang einschließlich brüchiger Fistel- und Schrei-Intonation) als einer jener verzweifelt gemütlichen Provinzamerikaner gezeichnet, wie sie aus Hollywoodstreifen bekannt sind: klein, schwach, belanglos, aber irgendwie sympathisch. Sein Instrument ist die Hammond-Orgel. Als er bei dem Rettungswort »*freedom*« angekommen ist, tönt aus einem Transistorgerät die Übertragung eines baseball game's. Nun braucht er ein Handmikrophon. Ein grüner Luftballon steigt auf, es wird stiller. Vom Tonband wird klassische Musik (»*SIBELIUS slow music mainly for strings*«) eingespielt, wozu unser jolly fellow singt: »*your eyes dropping blood*«. Dann hören wir aus dem Transistor THE PRESIDENT. Drei Sekunden später steigen zwei »*pink balloons*« auf und gesellen sich zu dem grünen. Es wird schön. Im Fernsehen läuft inzwischen Zahnpasta-Reklame, wozu ein kleines Orchester einen einprägsamen Spot beisteuert, während eine andere Gruppe einen Tango spielt. Diese Mischung bringt den Mann vor der Glotze aus der Fassung: er möchte dem Super-Strahlemann auf dem Bildschirm am liebsten alle zweiunddreißig Zähne ausschlagen (»*pull out his 32 - - bang bang bodies crash to the ground*«). Seinem Wunsch wird entsprochen: die Orchestermusiker schießen die Ballons ab, und der Schlagzeuger bearbeitet ein Donnerblech mit Boxhandschuhen. Inzwischen sind drei Transistorgeräte, zwei kleine Orchester und eine Hammondorgel im Einsatz. Nun werden sie leiser und geben einer Bel Canto Passage Raum, innerhalb welcher die gerade laufenden Fernsehbilder besungen werden: »*cowboys shoot indians in their soft nights and blond angels smile gleem brith teeth*« (cowboys erschießen indianer in schwülen nächten und blonde engel zeigen strahlend weiße zähne), wozu Mädchengekreisch zu hören ist. Am Schluß ist unser t.v.fan wieder mit seiner Hammondorgel allein — »*the end for instance*«. Doch nach guter Show-Art gibt es den fröhlichen Ausklang. Ein ziemlich echter Mambo beschließt das böse Stück.

Nr.5   *The Distant Drum* (Calvin C. Hernton)
      Stefano Merlini gewidmet

Wenngleich das Gedicht »*The Distant Drum*« derselben Sammlung (»*Black Voices*«) entnommen ist wie »*The Electric Cop*«, so gehört es doch einem ganz anderen Genre an. Cruz' Gedicht ist eine zornige Satire auf den amerikanischen 'way of life', Hernton's Gedicht ist subjektive Lyrik, gefaßt als Rede eines fiktiven ICHs gegenüber einem fiktiven DU. »*Die ferne Trommel*« ist das Bild für den Dichter, der sich als »fern« von jenen Menschen erlebt, die ihn aus ihrer Welt verdrängen, weil er deren schönen Schein trüben könnte. Diese Welt gehört den Weißen und Reichen. Sie scheinen gar nicht zu bemerken, daß außer ihnen empfindsame Menschen existieren. Falls sie sich überhaupt den Slums nähern, ist es wie ein Nahetreten; ihr Tritt kann einer Katze so gut gelten, wie einem Schwarzen. Das Gedicht ist der leise Schrei eines Menschen, der daran erinnert, daß er lebt. Seine Sprache ist schmucklos und konkret und dabei von äußerster Eindringlichkeit.

> *The Distant Drum*
>
> *I am not a metaphor or symbol.*
> *This you hear is not the wind in the trees,*
> *not a cat being maimed in the street.*
> *It is I being maimed in the street.*
> *It is I who weep, laugh, feel pain or joy.*
> *I speak this because I exist.*
> *This is my voice.*
> *These words are my words,*
> *my mouth speaks them,*
> *my hand writes*
> *I am a poet.*
> *It is my fist*
> *you hear beating against your ear.*
>
> *Die ferne Trommel*
>
> *Ich bin keine Metapher, kein Symbol.*
> *Was du hörst ist nicht der Wind in den Bäumen,*
> *nicht eine Katze, die auf der Straße getreten wird.*
> *Ich bin es, der auf der Straße getreten wird.*
> *Ich bin es, der weint, lacht, Schmerz oder Freude fühlt.*
> *Ich sage dies weil ich existiere.*
> *Dies ist meine Stimme.*

Eine subtil stilisierte Straßenmusik 123

> *Diese Worte sind meine Worte,*
> *mein Mund sagt sie,*
> *meine Hand schreibt*
> *Ich bin ein Dichter.*
> *Es ist meine Faust*
> *die du gegen dein Ohr schlagen hörst.*

Henzes Musik tritt völlig hinter den Text dieses Gedichts zurück — in krassem Gegensatz zu dem vorangehenden Stück. Dem großen und spektakulären Apparat in »*The Electric Cop*« steht ein bescheidenes und volkstümliches Instrumentarium in »*The Distant Drum*« gegenüber. Dem organisierten Klangchaos in Nr.4 folgt in Nr.5 ein eher schlichtes C-Dur-Lied. Wird in dem Cruz-Stück eine surreale Szene vor einem imaginären Fernsehapparat gestaltet, so führt die Hernton-Vertonung den Hörer in eine konkrete Musiziersituation, die etwa als ein Treffen einiger schwarzer Laienmusiker in einem Hinterhof von Harlem zu denken wäre. Allerdings haben wir es auch bei »*The Distant Drum*« nicht mit einer naturalistischen Übernahme einer 'musica povera' des Schwarzenmilieus zu tun. Könnte man noch den Part des Tenor-Banjos so auffassen, weil dieser mit seinen drei Akkorden (C / d / e) und nicht mehr als einem gleichbleibenden Notenwert (♩) so simpel ist wie ein Laienspieler sich dies wünschen mag, so schließt der polymodale Tonsatz und die teilweise vertrackte Rhythmik des Begleitapparats die Annahme, hier könnte ein Stück echter Straßenmusik einfach übernommen worden sein, sofort aus. Auch die Sonderrolle, die die Mundharmonika spielt, überschreitet die Grenzen einer realistischen Straßenmusik. Dieses (vom Oboisten zu spielende) Instrument setzt erst im zweiten Teil des Liedes ein. Wenn die Sängerin die Worte »*This is my voice*« vorträgt, beginnt die Mundharmonika mit einer freien, ziemlich differenzierten Neben-»Stimme«. Diese Melodie ist aber atypisch für das Instrument und auch abweichend vom Tonfall der Gesangsstimme. Sollte sich zudem bestätigen, was ich vermute,

Notenbeispiel 20: Schubert, *Winterreise,* Nr.1
Henze, *Voices,* Nr.5

daß nämlich mit dem Anfang dieser Mundharmonikastimme auf das Schubertlied »Gute Nacht« aus der Winterreise angespielt werden soll (vgl. NB 20), so wäre der Sonderstatus dieses Parts noch zusätzlich unterstrichen. Ähnlich wie im »Prison Song«, wo das Waldhorn sozusagen ein europäisches Echo symbolisiert, könnte hier in »The Distant Drum« mit dem Schubert-Zitat ein Echo aus der »fernen« Alten Welt gemeint sein.

Nr.14 Recht und billig (Erich Fried)
Paul Dessau gewidmet

Erich Fried zählt zu den bedeutendsten deutschsprachigen Lyrikern der Gegenwart. Daß er auch politische Gedichte geschrieben hat und immer noch schreibt, würde keinen Literaturkritiker dazu veranlassen, die hohe künstlerische Bedeutung seines Schaffens herabzumindern. Es ist auffällig, daß man in der Literaturkritik die Möglichkeit eines politischen Tendenzgedichtes wie selbstverständlich akzeptiert, wohingegen in der Musikkritik Kompositionen, die eine politische Wirkungsabsicht erkennen lassen, sofort dem Verdacht der ästhetischen Unzulänglichkeit ausgesetzt sind. Dabei wäre es doch widersinnig, der einen Kunstsparte die Verbindung mit politisch-konkreten Aussagegehalten zugestehen und der anderen diese Verbindung von vornherein absprechen zu wollen. Sicher: es gibt gute und schlechte »politische Musik«, aber daß eine »politische Musik« prinzipiell undenkbar sei, ist nichts als der Ausfluß eines puristischen Denkens, dessen Ursachen eher im Sozialcharakter der Kritiker als in der Sache selbst begründet liegen dürften.

Die Musikkritik könnte etwas von jener Gelassenheit der Betrachtung gebrauchen, die Erich Fried kürzlich erneut unter Beweis gestellt hat. Aus Anlaß seines 65.Geburtstages erschien in der Frankfurter Rundschau vom 6.Mai 1986 ein Gespräch, in dem Fried zu seiner politischen Lyrik Stellung nahm:

Ich glaube nicht, daß mehr als die Hälfte meiner Gedichte politisch sind. Und viele von den politischen Gedichten versuchen nicht so sehr, auf tagespolitische Themen einzugehen, als menschliche Verhaltensmuster zu zeigen. Überhaupt schreibe ich meine Gedichte zunächst einmal für mich selbst, wenn mir das Herz oder die Galle übergeht, damit ich mir über meine eigenen Gedanken und Gefühle in dieser Form klar werde. Und natürlich schreibe ich nur dann ein Gedicht, wenn mir ein entsprechender Einfall kommt. Ich habe nicht über alles, was mir politisch am Herzen lag, auch Gedichte geschrieben, weil mir zu manchen Dingen nichts eingefallen ist. Zum Beispiel zu Biafra oder zu Nicaragua, das von der amerikanischen Regierung so bedrängt wird. Sehr oft fällt mir freilich zu politischen Dingen etwas ein, weil ich mich gegen Ungerechtigkeit engagiere, und dann schreibe ich politische

Gedichte. Und die erzeugen natürlich viel mehr Stunk (wie man in Deutschland sagt), politischen Krach, als irgendwelche Gedichte über Landschaften oder übers Altern oder über die Liebe. Bei der Liebe hat man mir höchstens manchmal Unmoral vorgeworfen.

Die Gelassenheit, die in diesen Worten zum Ausdruck kommt, hat Methode. Sie ist von der Einsicht getragen, daß eifernde Kritik nur geringe Wirkung hat. Viel stärkere Wirkung geht von der geformten, klaren und eindeutigen Zusammen- und Gegeneinanderstellung der Tatsachen aus. Hierfür bietet auch das Gedicht »Recht und billig« ein Beispiel. Es wurde 1969 nach der Lektüre einer Zeitungsmeldung geschrieben, in der über die Entschädigungsleistungen der Amerikaner für die im Vietnam-Krieg getöteten Zivilisten berichtet wurde. Das Gedicht ist zweigeteilt. Im ersten Teil werden die Fakten ausgebreitet: die Tarife für tote Vietnamesen und ihre zerstörten Häuser. Im zweiten Teil wird der Sachverhalt sarkastisch verkehrt: auch die Amerikaner hätten Anspruch auf Entschädigung, falls der Präsident und seine Familie und sein Weißes Haus einmal in die Luft fliegen sollten.

Recht und Billig

Für jeden von ihnen getöteten Zivilisten
der nicht gegen sie gekämpft hat
zahlen die Amerikaner
120 Mark Entschädigung und für jedes
getötete Kind zahlen sie 60 Mark
außerdem für jedes zerstörte Haus
90 Mark bar
und zehn Sack Zement
und zehn Streifen Wellblech

Deshalb sollten wir
schon heute zu sammeln beginnen
für den Fall
daß einmal in Washington ein Präsident
erschossen wird
oder gehängt
damit man seiner Familie
120 Mark für ihn gibt
und die Sache so aus der Welt schafft

Und falls dabei Mitglieder seiner Familie
ums Leben kommen
wäre es praktisch
auch dafür Kleingeld bereitzuhalten
Und falls das Weiße Haus
dabei in die Luft fliegt
90 Mark extra
und zehn Sack Zement
und zehn Streifen Wellblech

Notenbeispiel 21: Henze, *Voices*, aus Nr. 14

Henze hat zu diesem Text eine der frechsten Musiken geschrieben, die ich von ihm kenne. Grundlage ist eine typische Allzweckband, wie sie in mittelgroßen Kleinstädten der USA für Hochzeiten, Feuerwehrumzüge und Wahlkämpfe Verwendung finden mögen: Klarinette, Posaune, Banjo und Baß. Die Fidelität der Klarinette ist geradezu teuflisch, der trottende Begleitapparat aus Gitarre und Baß wirkt konsequent dümmlich, und die Posaune verstärkt die Singstimme mit animalischem Röhren. Henze verzichtet auf die tonmalerische Deskription des Textes; stattdessen erstellt er mit seiner Musik ein charakteristisches Ambiente für die im Text angesprochene amerikanische Gedankenlosigkeit. Selbst der Umschlag vom ersten zum zweiten Teil wird von der Musik negiert. Wir haben nichts als diese diabolische Gaudi, in welcher uns die Perversion eines bürokratischen Napalmbomben-Krieges und eine aus schlimmer Wut geborene Alternative dargeboten werden (vgl. auch NB 21).

Nr.20   *Vermutung über Hessen* (Friedrich Christian Delius)
        Hans Magnus Enzensberger gewidmet

Mit der Vertonung des Gedichts »*Vermutung über Hessen*« von Friedrich Christian Delius, das 1969 in dem Band »*Wenn wir bei Rot*« im Verlag Klaus Wagenbach in Berlin erschienen war, greift Henze ein Thema aus der aktuellen bundesrepublikanischen Wirklichkeit auf. Wie schon bei dem Duett-Lied »*Das wirkliche Messer*« von Enzensberger (*Voices* Nr.13) verbindet Henze auch in dem »Hessen«-Stück seine Komposition einem stark reflektierenden Text. Ähnliches hatte er bereits in dem Musiktheaterstück *Der langwierige Weg in die Wohnung der Natascha Ungeheuer* (1971) gemacht, worüber in der nächsten Vorlesung ausführlich zu sprechen sein wird. »*Vermutung über Hessen*« ist eigentlich ein Stück imaginären Musiktheaters, in dem sich zwar keine Handlungssequenzen, wohl aber handlungsträchtige Bildmotive finden. Diese werden zu einer Szenen-Collage zusammengefügt mit der Absicht, das Chaos in den Köpfen der revoltierenden Studenten durch ein irreales Szenario eines Generalstreiks in Hessen bloßzustellen.

Henze hat mit diesem Stück die herkömmlichen Grenzen einer 'Tonkunst' weit hinter sich gelassen. Alle Musiker sind zwar im Einsatz, werden aber kaum ihren Instrumenten gemäß beschäftigt, sondern vielmehr zu artfremden Handlungen herangezogen. Sie müssen singen und sprechen, pfeifen und schreien, nebenbei Geräte (Transistorapparat, Megaphon) bedienen, auf verfremdeten Instrumenten spielen (auf dem Mundstück blasen, auf den Corpus der Instrumente klopfen,

Tennisbälle auf Klaviersaiten werfen etc.) und über weite Strecken nach graphischer Notation improvisieren (vgl. NB 22).

Geleitet von dem Text des Sänger-Redners werden so über den akustischen Kanal mehrere Spotlights auf mögliche Situationen des Lebens in der BRD, Bundesland Hessen, geworfen. In der Zusammensetzung entsteht das Bild eines Generalstreiks — »alle Räder stehen still, wenn dein starker Arm es will« — und das Klima eines Bürgerkriegs. Gleich den naiv gemalten Bildern zu Moritaten, die den Bericht des Erzählers illustrieren, erklingen zweifelsfrei zu deutende akustische Signale: dem Text »*Maurer und Händler auf LKWs streun Proklamationen*« folgen Marschmusik und Demo-Lärm aus Transistorgeräten, und der Bericht »*Kanzler auf dunklen Pisten fliehn*« findet durch das raffiniert imitierte Geräusch von Flugzeugmotoren (auf nächtlichen Startbahnen) seine passende Illustration. Aber auch unerwartete Bilder klingen gelegentlich auf und sorgen für Heiterkeit: so folgt einer ziemlich lauten Detonation die Erwähnung eines eher harmlosen Tatbestandes: »*Schüler pauken auf das Pult*«, und der eher laszive Berichtsinhalt »*die Brücken sind besetzt von Lust*« wird zwar akustisch bestätigt, aber nicht wie zu vermuten war: eine Feuerwehrkapelle übt mit ihrer Bumsmusik eine Art Ersatzbefriedigung.

Was Henze und Delius da über Hessen »vermuten«, ist weniger der tatsächliche Generalstreik, als der schon wieder abzusehende Stillstand der Studentenrevolte. Das Irreale des ganzen Treibens, das Verkennen der wirklichen Machtverhältnisse wird durch Form und Inhalt dieses Stückes drastisch vermittelt. Wenn der Dichter sagt: »*Lieder reißen Plätze auf, Steine springen in die Hand*«, so ist damit ein Zweifel an der Kompetenz des selbsternannten revolutionären Subjekts ausgedrückt. Statt den Stein zu heben, möchte es, daß dieser ihm von selbst in die Hand springt; und Lieder mögen hinreißend sein, Plätze reißen sie aber nicht auf.

Der Schluß dieses szenischen Liedes besteht aus einem 40 Sekunden dauernden Epilog von sehr verhaltener Klanglichkeit. In musikalischer Hinsicht sind hier vor allem die multiplen Klänge (akkordähnliche Klänge auf einem Blasinstrument) der Flöte und des Fagotts bemerkenswert, die in Verbindung mit Flageolett-Tönen von Cello und Kontrabaß und dem Luftgeräusch des Akkordeons, das ohne Tastendruck bedient wird, die Assoziation eines leisen metallenen Kreischens von gebremsten Eisenrädern hervorruft. Diese Assoziation wird freilich verbal abgesichert, indem der Vokalist als letztes die Worte »*alle Räder stehen still*« leise und deutlich prononciert spricht. Diese Worte hätten ja eigentlich an den Anfang gehört, gemäß dem

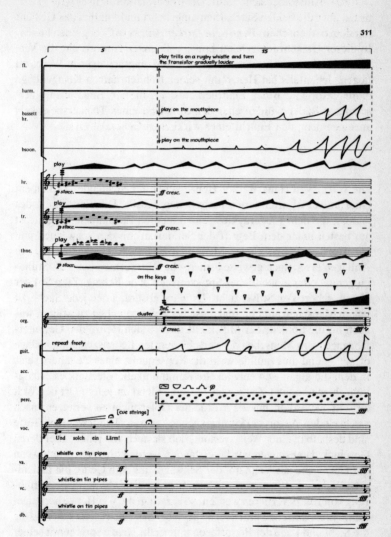

Notenbeispiel 22: Henze, *Voices*, aus Nr. 20

schon zitierten Arbeiterkampfspruch von 1863 (Georg Herwegh: *Bundeslied*) »Alle Räder stehen still, wenn dein starker Arm es will«. Delius hat aber die beiden Satzhälften umgekehrt und folglich das Gedicht mit dem pathetischen *»Wenn dein starker Arm es will«* beginnen lassen. In dieser Umkehrung scheint mir ein diskreter Hinweis auf die Verkehrtheit des von den 68er-Revolutionären eingeschlagenen Weges zu liegen. Jedenfalls hat Henze mit seiner fröhlich-naiven Klangcollage dafür gesorgt, daß der Eindruck entsteht, die am Ende leise quietschenden Räder würden eher den Stillstand eines Theaterspektakels anzeigen denn den Eintritt eines wirklichen Generalstreiks.

Die *Voices* von Hans Werner Henze sind ein bedeutendes Dokument einer universal orientierten parteilichen Musik. Die Einstellung des Autors, die dem Liederzyklus seinen inneren Zusammenhalt gibt, ist am besten unter dem Begriff der Solidarität mit den schwachen und von Herrschaft betroffenen Menschen zu fassen. Gegenüber diesem Anliegen erscheinen gewisse ästhetische Wertnormen wie z.B. Stilhomogenität oder einheitliches Sprachniveau ohne Belang. Zum Stil der *Voices* gehört der Stilverzicht. Es wäre absurd, über jede Sache zu jedem Menschen auf ein- und dieselbe Weise sprechen zu wollen, was auch für die Sprache der Musik gilt. Indem sich Henze den Gewalterfahrungen von Menschen der verschiedensten Lebenszusammenhänge öffnet — und dies muß ja wohl die Konsequenz eines Zeitalters sein, in dem die gigantisch entwickelte Kommunikationstechnik es ermöglicht, hier und jetzt Zeuge von Tod und Elend an jedem Ort der Welt zu sein — wird er, um die Würde der Opfer nicht zu verletzen, nach wechselnden Ausdrucksformen suchen müssen. Die jeweiligen Texte sind deshalb in einer Weise vertont, daß sie auch von jenen, über deren Geschick da gesungen wird, verstanden werden könnten. Auch wenn der Gefangene aus Vietnam, der Schwarze aus dem Getto, die italienische Widerstandskämpferin sich kaum unter die Zuhörer einer Aufführung von *Voices* verlieren werden, so erzwingt die von Henze herbeigeführte musikalische Sprachebene doch bei uns eine Höreinstellung, die die Sicht und Lage der Betroffenen miterfaßt. Henze spricht mit seiner Musik nicht *über* das Los der Menschen, sondern möchte sich *mit* diesen Menschen über Leid- und Widerstandserfahrungen austauschen. An diesen Kommunikationsversuchen teilzunehmen, dazu sind wir europäischen Hörer, für die ja die *Voices* geschrieben wurden, aufgefordert.

VII. Von Sklaven und Studenten und Negern und Delinquenten — Musik als »Imaginäres Theater«

Henze hat bisher zweien seiner Werke die Nebenbezeichnung »Imaginäres Theater« beigegeben. Als »*Imaginäres Theater I*« ist das kammermusikalische Vokalwerk *El Rey de Harlem* für eine Singstimme und kleines Instrumentalensemble von 1979 bezeichnet, und das Instrumentalkonzert *Le Miracle de la Rose* für einen Klarinettisten und dreizehn Spieler von 1981 trägt den Untertitel »*Imaginäres Theater II*«. Indem der Komponist mit dieser Numerierung offenbar zu einer Reihenbildung ansetzt, wird der Anschein einer neuen Gattung mit eigenem Namen hervorgerufen. Es ist aber fraglich, ob die an sich ja glücklich erfundene Bezeichnung wirklich als Terminus im strengen Sinne trägt, oder ob sich nicht vielmehr der freie Umgang mit diesem Sprachausdruck durchsetzen wird. Schon Hanns Werner Heister geht einigermaßen unbefangen mit dem Ausdruck um, indem er zwei frühere Werke Henzes, den *Cimarrón* von 1970 und den *Tristan* von 1973 kurzerhand dem Begriff »*Imaginäres Theater*« unterstellt (HEISTER 1986). Mit nicht weniger guten Gründen könnten dann auch Werke wie das 2.Klavierkonzert und das 2.Violinkonzert, die Orchesterwerke *Heliogabalus Imperator* und *Barcarola*, die Gitarrensonaten *Royal Winter Music I* und *II* und bestimmt auch einige Nummern aus *Voices* zum »Imaginären Theater« gezählt werden.

Führt man solche Überlegungen weiter, so stößt man auf zwei charakteristische Wesensmerkmale Henzes: sein Interesse an Grenzüberschreitungen, das in diesem Fall zu Werktypen geführt hat, die weder dem Musiktheater noch der reinen Konzertmusik angehören, also gleichsam zwischen Bühne und Podium 'sitzen'; andererseits seine Vorliebe für Bild- und Sprachvisionen, die allenthalben zu beobachten ist und in diesem Fall bedeutet, daß Imaginationen aufgrund von musikalischen Wahrnehmungen nicht nur in Kauf genommen sondern vom Komponisten absichtlich hervorgerufen werden.

Wir können Henzes Interesse, die Grenzen zwischen den musikalischen Gattungen hier und da zu verwischen, gut nachvollziehen, wenn wir uns einen Überblick über die Haupt- und Nebenbezeichnungen, mit denen er seine Kompositionen versieht, verschaffen. Gehen wir von der Einteilung in Bühnenwerke, Vokalwerke und Instrumentalwerke aus, und bilden wir je zwei Untergruppen, nämlich Oper und Ballett, Chor- und Sologesang, absolute und programmatische Instrumentalwerke, so verteilen sich die Werkbezeichnungen wie folgt: die Opern heißen einmal traditionell »*Opera*«, »*Opera seria*«, »*Opera buffa*«, »*Komische Oper*«, »*lyrisches Drama*« und »*Melodram*«, dann aber auch »*Show*«, »*Vaudeville*«, »*Actions*« bzw. »*Handlungen*«, »*Story*« bzw. »*Geschichte*« und »*Märchen*« (wozu noch die beiden »*Funkopern*« kommen). Die Ballette werden entweder schlicht »*Ballett*«, »*Handlungsloses Ballett*«, »*Tanzdrama*« oder »*Pantomime*« untertitelt, tragen aber auch Bezeichnungen wie »*Szenen*«, »*Story*« bzw. »*Geschichte*«, »*Fantasie*« und »*Varationen*«. Die Chorwerke sind als »*Oratorio*« oder »*Cantata*«, »*Lied*« oder »*Madrigal*« und auch einfach »*Chor*« benannt; hier fallen nur die »*Chorfantasie*«, die »*Szenischen Kantaten*« und das »*Konzert*« für Chor (und Instrumente) aus dem Rahmen. Unter den Sologesängen gibt es wiederum die konventionellen Bezeichnungen wie »*Arie*« und »*Konzertarie*«, »*Lied*«, »*Canzone*«, »*Kantate*«, aber auch Titel wie »*Kammermusik*«, »*Fragmente*«, »*Rezital*« und »*Imaginäres Theater*«. Die Gruppe der reinen Instrumentalwerke besteht aus überwiegend konventionellen Titeln wie »*Sinfonie*«, »*Suite*«, »*Sonate*« und »*Sonatine*«, »*Divertimento*«, »*Serenade*«, »*Konzert*« und »*Concertino*«, »*Kammerkonzert*«, »*Canzona*«, »*Ciacona*«, »*Capriccio*«, »*Fantasia*«, »*Etüde*«, »*Variation*«, »*Quartett*« und »*Quintett*«, kennt aber auch Entlehnungen aus anderen Genres wie »*Antifona*«, »*Aria*«, »*Dithyramben*«, »*Miniaturen*« oder einfach »*Stück*«. Schließlich noch die programmusikalischen Werke, die zwar auch gebräuchliche Gattungsbezeichnungen aufweisen, wie »*Sinfonie*«, »*Suite*«, »*Sonate*«, »*Konzert*«, »*Fantasie*«, »*Nachtstück*«, »*Barcarola*«, »*Improvisation*« und »*Divertissement*«, daneben aber häufig mit Gattungsnamen fremder Herkunft versehen sind, wie »*Zwischenspiel*«, »*Szene*«, »*Poemi*«, »*Imaginäres Theater*«, »*Fragmente*«, »*Elegie*«, »*Allegoria per musica*« oder auch einfach »*Musik*«. — Aus solcher Vielfalt von Bezeichnungen läßt sich Henzes Bereitschaft ablesen, terminologische Schubladen eher zu deformieren als sich ihnen anzupassen, weshalb auch der Ausdruck »Imaginäres Theater« frei und undogmatisch benutzt werden sollte.

Was nun die andere Seite des Problems anbelangt, daß nämlich unter »Imaginärem Theater« Musikstücke zu verstehen sind, die zwar auch oder überwiegend oder ausschließlich auf dem Konzertpodium dargeboten werden, gleichwohl aber einen deutlichen Bezug auf die Kunstform Theater aufweisen, so möchte ich von folgender Überlegung ausgehen. Prinzipiell läßt sich Konzertmusik auf zwei Wegen theatralisieren:

1. es werden vom Komponisten szenische Momente, z.B. Kostüme, Requisiten, Lichteffekte, dramatische Aktionen, in den Konzertsaal selbst eingeführt;

2. es werden vom Zuhörer konkrete, meist durch Sprache vorher vermittelte Inhalte, z.B. Handlungssequenzen, Dialoge, dramatische Situationen, im Sinne einer Szene imaginiert.

Selbstredend können beide Methoden kombiniert werden. Ein gutes Beispiel dafür ist das bereits ausführlich erörterte Oratorium *Das Floß der »Medusa«*. Das, was die Gesangssolisten und Chöre mit ihren jeweiligen Orchestergruppen vortragen, scheint dramatische Gegenwart zu besitzen. Auch ohne Floß und Schiff auf der Bühne wird jeder Hörer etwa jenen Augenblick, in welchem das Tau zwischen dem Rettungsboot der Reichen und dem Todesfloß der Armen zerschlagen wird, als dramatisches Präsenz erfahren — es ist »imaginäres Theater«. Andererseits sehen wir, daß im Laufe des Stücks immer mehr Chorsänger von der linken Seite des Podiums auf die rechte Seite hinübergehn, wo sie von »La Mort« empfangen werden — dies ist ein Stück »wirkliches Theater«; die Chorsänger werden für kurze Zeit auch im körperlichen Sinn zu »dramatis personae«. Dagegen ist der Part des »Charon«, der als allwissender Erzähler auftritt und seinen Bericht folglich auch im Imperfekt formuliert, gar nicht dramatisch sondern rein episch.

Interessant ist in diesem Zusammenhang auch Henzes erste Oper *Das Wundertheater* von 1948, einem Einakter für Schauspieler und Orchester nach einem Intermezzo von Miguel Cervantes. Hier findet sich unser Problem im Sujet des Stückes selbst aufgehoben: *Das Wundertheater* existiert nämlich nur als »Imaginäres Theater«. Nach dem Vorbild (oder Nachbild) von *Des Kaisers neue Kleider* werden die auf Ehre und gute Herkunft bedachten Damen und Herren der Gesellschaft von dem Theaterdirektor aufgefordert, einem Puppenspiel zu folgen, das gar nicht vorgeführt wird. Die Zuschauer geben vor, Simson den Tempelzerstörer, den Stier von Salamanca, eine Herde Mäuse, das wunderwirkende Wasser des Jordan, den Tanz der Herodias tatsächlich zu sehen. Mehr noch, sie gehen auf das nicht-existente Geschehen pantomimisch und tanzend ein, bringen also die Szenen endlich auch tatsächlich hervor. Hier gelangt also »Imaginäres Theater« im Rahmen eines Sprechtheaters zur Darstellung. Dabei tritt die Musik immer hervor, wenn das Publikum zur Imagination überlistet wird. Die List besteht übrigens darin, daß vom Theaterdirektor vorgegeben wird, das »Wundertheater« sei nur von jenem wahrzunehmen, der von untadliger Abstammung sei. Die Furcht, in den Verdacht unreiner Geburt zu geraten, läßt alle 'sehend' werden.

Das Gezeigte 'sehend' zu verstehen, und das nicht zu Sehende 'verstehend' wahrzunehmen — dies charakterisiert jene besondere Kunstwelt, in der eine Reihe von Werken Henzes ihre Wirkung entfaltet. Zu den stärksten und gelungensten Arbeiten dieser Art gehört sicherlich *El Cimarrón* von 1969, einem »*Rezital für vier Musiker*«, wie es im Untertitel heißt. Diese Bezeichnung ist sehr genau zu nehmen. Sie besagt, daß nicht nur der Sänger mittels des Textes »rezitiert«, sondern daß auch der Flötist, der Gitarrist und der Percussionist in ihrem je eigenen Medium »rezitieren«, also von einer vergangenen Gegenwart Mitteilung machen. Wie in dem ausführlichen Werkbericht (HENNEBERG 1971) über das Stück — der konsequenterweise außer von den beiden Autoren Enzensberger und Henze auch von den vier Musikern der Uraufführung mitverfaßt wurde — zu lesen ist, gibt es nicht die eine Identität zwischen dem Ich-Erzähler im Stück und jenem Esteban Montejo aus Kuba, genannt »El Cimarrón«, sondern dessen Identität wird von allen vier Musikern gleichermaßen verkörpert. In der Formulierung von Enzensberger: »*Das Stück macht den Zuschauer zum Zeugen einer Handlung ohne Schauspieler. Musik und Text bilden einen einzigen Vorgang, der sich nicht in 'Rollen' aufspalten läßt.*« (HENNEBERG 1971, 34) Das heißt, wenn der Vokalist z.B. bei der Schilderung der Selbstbefreiung des Cimarrón eine Kette ergreift und sie auf eine Eisenplatte fallen läßt, dann ist das nicht mehr und nicht weniger dargestellte Handlung, als wenn im Anschluß daran der Gitarrist und der Percussionist eine wilde Improvisation auf elf verschiedenen Schlaginstrumenten ausführen, dabei (wie es in der Partitur heißt) »*leichtfüßig in maximaler Geschwindigkeit das Instrumentarium durchwandernd und dazu wild pfeifend (die Verfolger imitierend)*« (Partitur S.31). Wiederum gibt es hier also erzählte Handlung neben angedeuteter Figurenbewegung, wobei letztere teilweise direkt aus der Ausführung der Musik resultiert, also Instrumentales Theater ist.

Die Zeitperspektive von *El Cimarrón* ist seitens des Textes durch das Imperfektum bestimmt; nur in den letzten beiden Gesängen spricht der Vokalist von »heute«. Da indessen der Ich-Erzähler uns nicht (wie in dem Buch von Miguel Barnet) in narrativer Distanz, sondern in dramatischer Direktheit erscheint, erhält sein Bericht, der bei der Geburt Estebans in Afrika 1860 einsetzt und bis ins Jahr des ersten großen Aufstands in Kuba 1896 führt, stets einen Aktualeffekt. Dies ist in noch viel stärkerem Maße bei den Instrumenten der Fall. Die Musik hat es ja naturgemäß schwer, im Imperfekt zu reden. Alles was erklingt scheint wie eben entstanden. Es bedarf schon deutlicher historischer Zitate, um den Klang des epischen »Es war einmal ...« herbeizuführen. Wenngleich also die Musiker der Vergangenheitserzählung des Vokalisten folgen, bewirken sie es besonders, daß die einzelnen Episoden als gegenwärtige Szenen vor uns erstehen. Wenn es dann am Ende heißt: »*Heute ist es anders. Die Wahrheit kann niemand verstecken. Ich habe keine Lust zu sterben. Bei den Kämpfen, die kommen werden, bin ich dabei*«. Wenn also nicht nur unmittelbare Gegenwart, sondern sogar Zukunft angesprochen wird, dann ist das musikalische Präsenz und die dramatische Aktualzeit in Eins gefallen und reine (Musik-) Theaterzeit herbeigeführt.

In kompositionstechnischer Hinsicht hat Henze mit *El Cimarrón* Neuland betreten. Am auffälligsten ist die weitgehend aleatorische Anlage der Musik. Sie betrifft am häufigsten die Rhythmik, aber auch die Tonhöhenordnung. Die Tonhöhen sind entweder nur ungefähr festgelegt oder aber völlig frei zu wählen. Das gleiche gilt für die Instrumentalfarben, für die Alternativen angeboten sind oder aber freie Improvisation angeregt wird. Vom neuesten Stand der Technik künden auch die multiplen Klänge der Flöte, die nach Bartolozzis 1967 erschienenem Handbuch *New Sounds for Woodwind* vorgeschrieben werden (vgl. HENNEBERG 1971, 46). Avantgardistisch erscheint auch der riesige Schlagzeugapparat mitsamt anderer Geräuschinstrumente, wobei anzumerken ist, daß alle Ausführenden gelegentlich das Schlagwerk bedienen (und übrigens auch stimmliche Äußerungen tun). Bliebe auf Vierteltöne, special effects auf der Gitarre und vieles andere hinzuweisen. Wichtiger als der avantgardistische Habitus — dem Henze ja eher skeptisch gegenübersteht; er zitiert gern Peter Maxwell Davies mit dessen provokanter Gegenfrage »*avant of what?*« (HENZE 1984, 216) — wichtiger ist also die Funktion der neuen Mittel in dem jeweiligen bestimmten Kontext. Diese Funktion bestimmt Henze zum einen negativ, indem er danach gesucht habe, den Dessau/Brecht/Eisler-Ton zu umgehen. Zum anderen strebte er aber nach einer Musik, die den ausübenden Musiker selbst aus seiner Unmündigkeit herausführen sollte. Henze ließ sich bei *El Cimarrón* wie nie zuvor von einem »emanzipatorischen Kompositionsinteresse« leiten. Und die Musiker haben es dankbar aufgegriffen, wie die Probenberichte bezeugen (vgl. die Beiträge von Pearson, Zöller, Brouwer und Yamash'ta in HENNEBERG 1971, 44-53).

Anhand zweier Abschnitte sei die ästhetische Konzeption und Funktionsweise von *El Cimarrón* näher erläutert. Der IX.Gesang trägt den Titel »*Die Maschinen*«. Moderne Maschinen kamen nach Kuba, als die Sklavenhaltung abgeschafft war. Die Arbeiter wurden zu Sklaven der Maschine — eine zeitgemäßere Form der Ausbeutung.

Notenbeispiel 23: Henze, *Cimarrón* Nr. IX, Part. S. 64 und 66

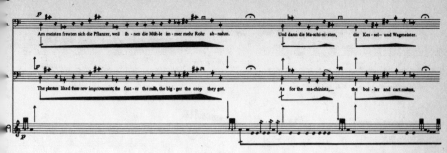
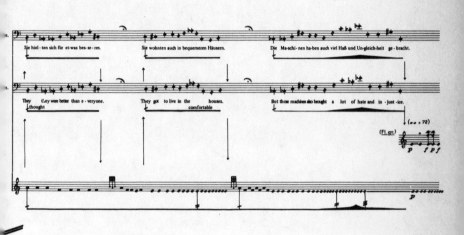
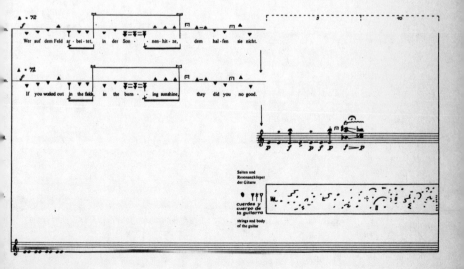

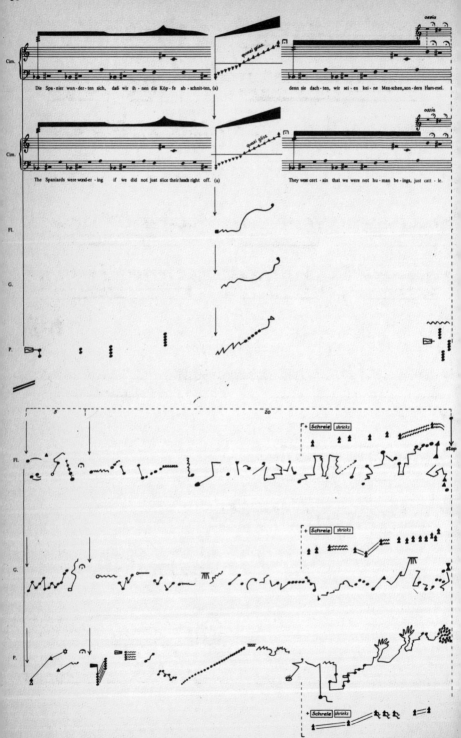

»*Die Maschinen*« — »*Die Schlacht*«

Dieses Thema ist immer wieder in fortschrittlicher Kunst aufgegriffen worden. Interessanterweise gibt Henze an, daß er bei diesem Stück auch an die »*Schrauben-Szene in Chaplins Modern Times*« gedacht habe (HENNEBERG 1971, 43). Dies kann man nachvollziehen anhand der Rhythmik, die eher auf kurze Stereotype gestellt ist denn auf längere Materialentfaltung; auch, daß der Vokalist selbst bei diesem Stück ein Schlagwerk mit Schlegel bedient, macht ihn 'Charlie mit dem Schraubenschlüssel' ähnlich. Bemerkenswert ist sodann, daß die Instrumentalisten hier die verschiedensten Stimmlaute hervorzubringen haben, der Flötist sogar gleichzeitig mit der Tonerzeugung auf dem Instrument. Davon abgehoben erscheint die einfache, konkrete Rede des Cimarrón. Dieser konstatiert am Schluß (nicht ganz ohne Haß): »*Wer auf dem Felde arbeitete, in der Sonnenhitze, dem halfen (die Maschinen) nicht*« (siehe dazu NB 23).

Der dramatische und klangliche Höhepunkt des in zwei große Teile (44 + 32 Minuten) und in fünfzehn »Bilder« untergliederten Stücks liegt in Nr. XII, »*Die Schlacht*«. »*Im Dezember fünfundneunzig sagte ich zu meinen Freunden: Es ist Zeit, daß wir unsre Köpfe erheben.*« So beginnt der Vokalist die Schilderung der »*Schlacht von Mal Tiempo*«. Dieses Stück ist als Steigerungsform angelegt. Es zeigt Henzes Vermögen, selbst horrende Bilder in komponierte Klänge umzusetzen und dabei nicht den Eindruck zu vermitteln, als spielte jeder nur so laut und so schnell wie möglich. Infolge gezielter Abbrüche und Umschwünge, durch den Wechsel von synchronen und asynchronen Klangaktionen, und durch eine kluge Höhepunktdisposition entsteht der Eindruck eines 'vollendeten' Chaos, eines »Chaos ohne Löcher«, wie Ligeti sagen würde. Dabei kommt Henze fast durchgehend mit graphischer Notation aus (vgl. NB 24). Als Gesamteindruck bleibt ein aus orgiastischem Fest und wüster Schlächterei resultierendes Gefühl zurück. Beim ersten Hören dieser Szene wird man kaum glauben, daß hier nicht mehr als vier Musiker am Werk sind.

Je nachdem, ob und in welchem Ausmaß das Stück szenisch ausgestaltet wird (worüber den Ausführenden weitgehende Entscheidungsspielräume belassen werden), erscheint das »Rezital« *El Cimarrón* als »Musiktheater«, als »Instrumentales Theater« oder eben als »Imaginäres Theater«. Ganz ähnlich verhält es sich mit dem 1971 entstandenen Stück *Der langwierige Weg in die Wohnung der Natascha Ungeheuer*.

Notenbeispiel 24. Henze, *Cimarrón* Nr. XII, Part. S. 80

Henze wünscht sich dessen Aufführung entweder in Sporthallen, vielleicht auch auf offenen Plätzen, sieht aber auch die rein konzertante Realisation im Konzertsaal vor. Zudem gibt es unter dem Titel »*Fragmente aus einer Show*« einen Auszug der Blechbläsersätze aus *Natascha Ungeheuer*, also eine Suite von Instrumentalstücken, die ohne jedes szenische Beiwerk auskommt.

Die szenische Version der sechzig-Minuten Show (der sicherlich der Vorzug zu geben ist) kann als bühnenwirksam und undramatisch zugleich angesprochen werden. Einerseits gibt es viel zu sehen: ein altes Autowrack mit einem 'echten Alternativen' darin, der mit Latzhose und Sonnenbrille bekleidet und mit Kaugummi und Mundharmonika wechselweise befaßt ist; der Vokalist mit Army-Jacke und enormer dunkler Sonnenbrille; fünf seriös gekleidete Musiker eines Blechbläserquintetts, die allerdings Tropen und Motorradhelme tragen; fünf Ärzte — wie direkt aus der Ambulanz entsprungen, selber teils Patienten teils Therapeuten —, die sich zum Instrumentalensemble des *Pierrot lunaire* (Schönberg) zusammengefunden haben; schließlich noch einige mit phantasievollen bunten Sachen bekleidete Jazzer, zu denen der Organist und der Dirigent (der hier »Zeichengeber« heißt) sich zuordnen lassen. Es wird gesungen, gesprochen und musiziert, dazu auch Pantomime und Tanz geboten. Aus den Lautsprechern tönt gelegentlich die Stimme der 'fernen' Natascha, oder aber die verfremdete Sprache des umherirrenden Berliner Studenten. Schallplattenmusik und auch Straßen- und Massenlärm kommen ebenfalls über Tonband. Das ganze Spektakel soll (wenn möglich) von psychedelischem Lichtzauber überflutet sein.

Dies alles sind also Mittel des Theaters. Gleichwohl kommt es nicht zu wirklich dramatischen Vorgängen, und zwar nicht nur deshalb, weil das Stück nur *einen* Spieler-Sänger hat, sondern weil dieser selbst sich eher grüblerisch-zweifelnd als wollend-handelnd verhält. Die Vorlage ist der Band »*Der langwierige Weg in die Wohnung der Natascha Ungeheuer*«, eine Gedichtsammlung Gastón Salvatores, die 1971 veröffentlicht wurde. In der Fassung Henzes ergibt sich daraus die folgende 'Quasi-Handlung', denn alles Geschehen in dieser »Show« ist im Sinne eines inneren Monologs mit traumartigen Zügen aufzufassen. Ein 'linker Student' im Berlin des Jahres 1971 (ER) faßt den Entschluß, sich an der Revolution zu beteiligen. Der Weg hin zu den übrigen Revolutionären, den er meint noch überwinden zu müssen, wird in das Bild der Entfernung zwischen seiner Studentenbude irgendwo in Berlin und der Wohnung Natascha Ungeheuers in Kreuzberg gefaßt. In elf Phasen vollzieht sich die Gedanken-Odyssee.

Eine lyrisch-dramatische Gedanken-Odyssee 141

Nr.1 *Planimetrie*. ER plant sein Vorgehen, indem ER sich über die Gechichte der Stadt, die Orte des Aufruhrs, das Verlangen nach Sicherheit ihrer Bürger und die bürokratischen Strukturen Klarheit verschafft.
Nr.2 Belästigungsversuche. Erinnerungen an die Straßenschlachten der letzten Jahre kommen in IHM hoch. Sie stören IHN ebenso wie der Gedanke an die verlorene Menschlichkeit der jungen »*Krieger*«.
Nr.3 Die verschleierten Boten. Selbstkritisch bemerkt ER, daß ER sich in Namen wie Persien, Mozambique oder Vietnam verliebt hat, anstatt eine vernünftige Beziehung zum Krieg der unterdrückten Völker zu gewinnen.
Nr.4 Der lustlose Aufpasser. Daß der Krieg fortdauert, daß sich in Wirklichkeit nichts ändert, führt zu (sexuellen) Frustrationen und Aggressionen gegen SICH selbst.
Nr.5 Einleitung in die schwierige Bourgeosie. ER findet sich damit ab, daß ER keine Zukunft habe. ER richtet sich ein in den rituellen Gepflogenheiten der mit sich selbst zufriedenen linken Bourgeosie.
Nr.6-7 Rückkehrversuche in die Bourgeosie. SEINE Lage ist verzweifelt: der Liebe will ER Gewalt beimischen, ER haßt SEINE Fettleibigkeit wo überall Kinder sterben, SEIN Wissen aus Büchern lähmt SEIN Handeln anstatt es zu befördern.
Nr.8 Deutsches Lied. Die Idylle konspirativer Wohnungen, Kreuzberger Fabrikhallen und revolutionärer Planungsausschüsse erzeugt Gewissensbisse. Wie lange wird ER ruhig bleiben und diese »*Raubzüge*« genießen?
Nr.9 Vermessungskunde. ER stellt neue Fragen. So kann es nicht weitergehen. Die Wege zu Natascha führen nicht zur Revolution sondern zur Lüge. ER ist am Ende.
Nr.10. Sprachübung (Galgenlied). ER reflektiert SEINEN Irrtum: Haß klärt nicht auf, Agitation bannt nur das Bewußtsein. ER war ein »*Umkehrer, der nie das Zimmer verließ*«.
Nr.11 Metapenthes. In einem »*Nachruf*« verabschiedet ER Natascha Ungeheuer, die sich als Revolution ausgab und nur die Revolution zu verhindern trachtete. Sprachlosigkeit, Demütigungen und Verstümmelungen trägt ER als Narben eines langwierigen Irrwegs. ER muß sich neu orientieren.

Nach Gastón Salvatore bedeutet die fiktive Figur (die übrigens den Namen einer real existierenden Frau trägt) »*die Sirene einer falschen Utopie*«. Wer sich von ihr verführen lasse, gelange in die Ratlosigkeit der Sozialdemokratie oder der einsamen Avantgarde. In Ergänzung dieser rein ideologischen Deutung betont Hans Werner Henze den autobiographischen Hintergrund des Gedichts und der Musik. Das Erlebnis des »*Fremdseins*« habe sich in dem Gedicht des Exil-Chilenen niedergeschlagen und sei auch ihm vertraut. Fremd geworden ist den Autoren aber nicht nur der Ort Berlin, sondern auch die 'linke Szene', der sie selbst angehörten bzw. zugerechnet wurden. Ihre »Show mit 17« will zum Überdenken auffordern ohne zu denunzieren. Schon der Untertitel, der die Lesart 'mit siebzehn Jahren' zuläßt, obleich er vordergründig auf die Zahl der Ausführenden sich bezieht (unter Auslassung des »*Zeichengebers*«), legt einen satirisch-polemischen Akzent auf die pubertäre Qualität so mancher Rede- und Straßenschlachten der späten 60er Jahre (»*allumfassende bunte Nachahmungen des Krieges*«). Vollends wird die jugendliche Ratlosigkeit in den zahlreichen Motiven sexueller Verwirrung und Nöte offenbar, die den Text durchziehen (»*schneide dir das Glied ab für mich*«; »*am Telefon ... onanieren*«; »*ein Gewehr ... soll ... mir mein Glied ersetzen*«). Und was sich da alles an Formen einer gewissen 'revolutionären' Lebensart herausgebildet hatte, wird gründlich durch den Kakao gezogen: die »*unveröffentlichten Spätleser des Kommunistischen Manifests*« liegen in »*Schlafsäcken*« in »*kreuzberger Fabrikhallen*«, durch die »*ein Wind von Klöstern*« weht, und betreiben ganz ernsthaft Ausschußarbeit mit »*Rechenschiebern*« und »*Landkarten*«. Auch das von Henze gewählte spektakuläre Hauptinstrument dieser »Show«, das alte Autowrack, verkörpert Sehnsucht nach romantischem Untergrundleben. Konsequenterweise steigert sich der Schlagzeuger bei seinem selbstverliebten Spiel in und außerhalb dieses Schrottemblems denn auch bis in einen Zustand heller Verzückung: »*er tanzt eine Fantasie über 'modern dance' (parodierend) mit Rock-Elementen. Er scheint wahnsinnig glücklich zu sein*« (Nr.6 Zi.3).

Die Kritik der Autoren legt aber nicht nur eine pubertäre Teilstruktur der Studentenrevolte offen, sondern verweist auch auf alte und neue Verkrustungen im Bewußtsein des »erwachsenen« Links-Bourgeois. Der statusbewußten Bildungselite wird dazu die feinsinnige Klangwelt des *Pierrot lunaire* von Arnold Schönberg als Identifikationsfalle hingehalten. Wer diese Musik, mit der die zerfallende Donaumonarchie besungen wurde, immer noch als zeitgenössischen Kunstausdruck verinnerlicht, befindet sich in der Situation von »*kranken Ärzten, die sich selber nicht mehr zu helfen wissen*« (HENZE 1984, 162). Dem Pierrot-Quintett steht das Blech-Quintett entgegen, das eher die herrschende, erfolgssichere, zur Not auch hart durchgreifende Staatselite symbolisiert, deren musikalische Identität Henze spitz mit »*neue Sachlichkeit, alte Sachlichkeit*« charakterisiert (HENZE 1984, 162). Die Kino-Orgel schließlich scheint als Sinnbild für die geschäftstüchtige Vermarktung von Kultur gelten zu können. Dem Manager an der Orgel fällt so ziemlich alles anheim was an E- oder U-Musik einen Marktwert besitzt: Inventionen und Foxtrotts, Aida und Bach drängen aus seiner profitgerechten Hammondorgel heraus. Wo der arme Stadtguerillero nun wirklich verzeifelt ist und mit hängendem Kopf stammelt: »*sieh doch — ich — bin — ziemlich — am Ende — —*«, hat der clevere Unterhaltungsverkäufer sogleich das passende Angebot zu Hand; er läßt den Trauermarsch aus Mahlers Fünfter spielen, diesmal (zum Mitnehmen) von einer Schallplatte.

So grob, ja drastisch manche Zeichengebungen der Szene und der sprachlich-musikalischen Gesten auch wirken mögen, so zeigt die

Partitur dennoch alle Merkmale einer kunstvollen Gestaltung. Die Singstimme kennt alle Abstufungen vom realistischen Sprechen bis zum kultivierten Singen, wobei die rhythmische Deklamation des *Pierrot lunaire* ebenso einbezogen ist wie das Singen unter Verzicht auf genaue Tonhöhen, das Gleiten und Schwanken der Stimme, das gepreßte (extrem hohe) Falsett. Den Instrumentalisten werden wiederholt Vierteltöne abverlangt (auch in Form des langsamen Vierteltonvibratos), oder sie haben Spielanweisungen wie »hohe Lage«, »Mittellage«, »tiefe Lage« oder auch »höchster (Flageolett-)Ton des Instruments« zu befolgen. Die Tasteninstrumente werden sowohl normal gespielt als auch mit geschlossenen Fingern, Faust, Handfläche und Unterarm traktiert. Die Klangwelt des »Autowrackisten« ist ebenfalls weitgehend durchstrukturiert, indem aus den verschiedenen Materialien Stahl, Aluminium, Gummi, Holz, Glas und Fell ausgewählt und so sechs Klangklassen gewonnen werden, die die Grundlage der Komposition des Percussion-Parts bilden. In rhythmischer Hinsicht ist die Bandbreite zwischen taktierten und völlig frei zu improvisierenden Partien — letztere auch unter Verwendung graphischer Notation — voll ausgeschöpft, darin inbegriffen vage Angaben wie »etwas bewegt«, »schnell, aber nicht hastig«, »sehr schnell« und »so schnell wie möglich«. Auch gibt es Vorkehrungen, um asynchrones Zusammenspiel absichtlich herbeiführen zu können (»gleichmäßige Tonlängen vermeiden«; »Spiel 'auf den Schlag' vermeiden«).

Trotz der monologischen, zum Teil auch kontemplativen Haltung der Gedichte folgt die Gesamtanlage des Stückes einem dramaturgischen Konzept, das Spannungsbildungen und abgestufte Höhepunkte keineswegs verschmäht. Ein erster Höhepunkt (in Nr.9) bezieht seine Gespanntheit außer vom Text aus einer an sich eher spärlichen Instrumentation: eine Solo-Bratsche duettiert über längere Zeit mit dem Vokalisten; die vierteltönig verzerrten Doppelgriffoktaven sowie die diastematische Gesamtanlage des Solos erzeugen aber im Verbund mit dynamischen und artikulatorischen Mitteln eine so starke Innenspannung, daß selbst vorausgegangene Tuttipassagen in den Schatten gestellt erscheinen (vgl. NB 25).

Mit ganz anderer Technik ist der Schluß des Werkes geformt, der zugleich den letzten Höhepunkt darstellt. Der ruhig und leise gesprochene Text wird von insgesamt siebzehn (!) Stakkato- und Sforzato-

Notenbeispiel 25: Henze, *Natascha* Nr. 9, Part. S. 74
Notenbeispiel 26: Henze, *Natascha*, Schluß

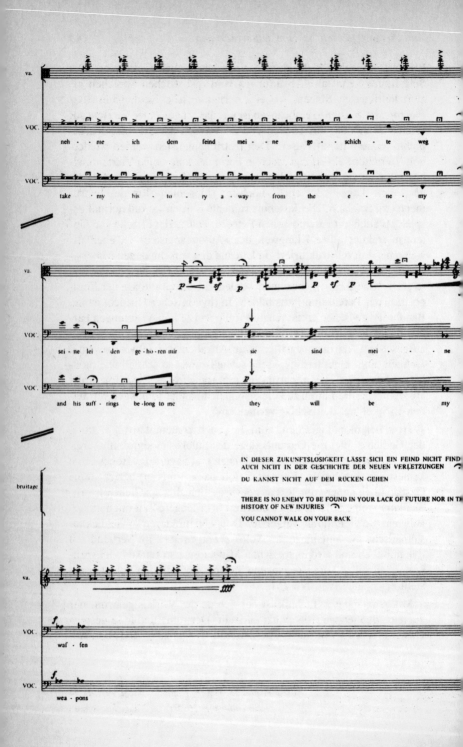

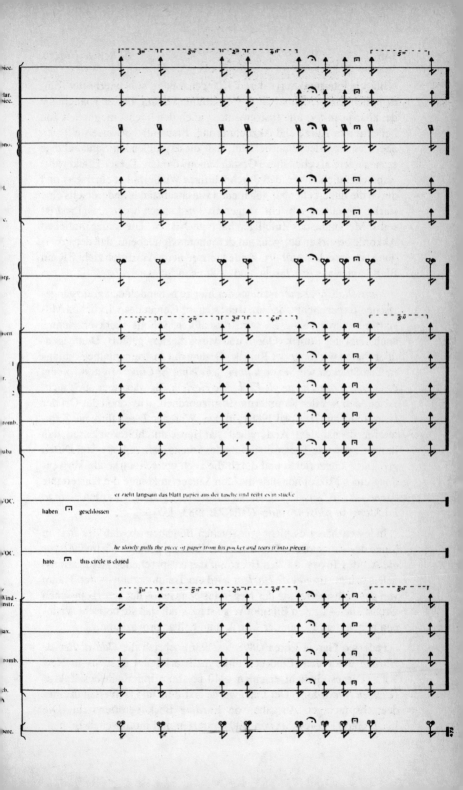

schlägen interpunktiert, deren Klangcharakter von unerhörter Eindringlichkeit ist. Dabei ist die Zusammensetzung dieser Klanghiebe denkbar primitiv: alle Instrumente spielen den höchst möglichen Ton bei extremer Kürze und Akzentuierung. Erstaunlicherweise stellt sich aber dennoch der Eindruck ein, daß diese gleißenden Schlagklänge keine andere als eben diese Gestalt haben könnten. Dieser Effekt rührt wahrscheinlich daher, daß durch häufiges Wiederholen einerseits und durch die unberechenbar gehaltenen Einsatzabstände andererseits eine starke Gestaltungsabsicht suggeriert wird, auch wenn das Produkt selbst Merkmale des Zufälligen hat (vgl. NB 26). Die schlagähnlichen Akkorde bewirken übrigens auf der inneren Spielebene, daß der Protagonist zu sprechen aufhört. Zu den letzten neun Akkorden zieht ER ein Blatt Papier aus der Tasche und reißt es in Stücke.

Natascha Ungeheuer ist eines der hier zu behandelnden grenzgängerischen Experimente, das am weitesten ins Gebiet des wirklichen Musiktheaters vordringt. Es wird deshalb in Schotts Werkverzeichnis auch unter der Rubrik »Opern und Musiktheater« geführt. Demgegenüber finden wir unter der Rubrik »Gesang mit Instrumentalbegleitung« (neben Stücken wie *Versuch über Schweine*, *El Cimarrón* und *Voices*) das »Imaginäre Theater I« *El Rey de Harlem*. Es wäre aber auch nicht falsch, den *Rey* der Kammermusik zuzuordnen, wie schon der Ort der Uraufführung (20. April 1980) auf den »Wittener Tagen für neue Kammermusik« nahelegt. Andererseits hat Henze durchblicken lassen, daß ihm eine gewisse Theatralisierung des Stücks nicht unlieb wäre. Durch geeignete Lichteffekte und durch die auch optisch wirkende Verwendung eines Mikrophons für die/den Sänger/in könnte die konzertante Szene »*in die Nähe der Spelunken Harlems*« gebracht werden, »*die ja im Klang so präsent sind.*« (HENZE 1983, 135)

Indessen hängt es nicht von solchen Beigaben ab, daß der *Rey* im Sinne des »Imaginären Theaters« zur Wirkung gelangt. Vielmehr ist es die Art des Textes, die den Hörer auf das entsprechende Assoziationsgeleis bringt. Im *Rey de Harlem* wird ein Traum erzählt — der Traum von der Selbstbefreiung der Neger aus den Gettos der amerikanischen Großstädte — dessen Bildmotive so stark sind, daß sie optische Visionen neben dem Hören der Musik unmittelbar provozieren.

Federico Garcia Lorca (1898 bis 1936) schrieb die *Oda al Rey de Harlem* unter dem Eindruck eines 1929 erfolgten Besuchs in New York. Dieses Gedicht erschien 1940 posthum innerhalb des Zyklus *Poeta en Nueva York*. Der Band wurde erst 1963 im Inselverlag in einer deutschsprachigen Ausgabe von Enrique Beck veröffentlicht. Die Lyrik Garcia Lorcas ist von Bildkontrasten und motivischen Binnenspannungen wie zerklüftet. Bilder der Gewalt und Zerstörung stehen unvermittelt neben solchen der Lust und der Hoffnung. Zentral sind die Aufschreie »*Ay Harlem*!« und »*Negros*!«, die je an zwei Stellen der »Ode« den Gang der Prosaverse durchbrechen. Es gibt ganze Passagen, die von dem Wort »Blut« durchzogen sind, andere, die immer wieder das Wort »Sonne« aufgreifen. Von einem kontinuierlichen Gedanken- oder auch Metaphernfluß kann keine Rede sein. Eruptionen und Einstürze, gestautes Gefühl, offene Wut bestimmen die Zustände, die das lyrische Ich durchläuft.

Henze hat sich ganz auf diese Grundverfassung des Gedichts eingelassen, partielle Tonmalerei dagegen nur gelegentlich einbezogen. Dies steht nicht im Widerspruch zu der Auskunft, daß mehrere wiederkehrende Begriffe in dem Gedicht mit gleichbleibenden musikalischen Zeichen besetzt sind (HENZE 1984, 299 f.). Bestimmend ist allerdings dieser durchgängige »Harlem-Ton«, der sich aus dem sowohl persönlichen wie auch politischen Engagement des Dichters wie des Musikers herleitet. »*Und ich erkannte mich selbst in der Menge wieder, noch jung, mit Lebenshunger, außerstande, allein zu schlafen. (...) Habe in die 'König von Harlem'-Musik alle diese Erregungen und Mitleidenschaften hineingetan, die alten und die neuen*« (HENZE 1983, 135).

Neben dieser subjektiven, expressiv-leidenschaftlichen Verfassung der Musik, die es nahelegt, auch die Person Hans Werner Henze mit ihren »Erregungen und Mitleidenschaften« in der Harlem-Musik wiederzufinden, gibt es einen objektiven, offen politischen Tonfall in dem Stück, der sich anhand einer Zitatkette des Brecht/Eisler-Liedes »*Und weil der Mensch ein Mensch ist*« manifestiert (vgl. auch HEISTER 1982,11). Henze greift hiermit den Appellcharakter von Garcia Lorcas Gedicht auf, der ja nicht von der Hand zu weisen ist. Das Zitat des »*Einheitsfrontliedes*« ist historisch keineswegs abwegig, da eine zumindest ideelle Beziehung zwischen Brecht und Garcia Lorca bestand. Eine Frühfassung des Gedichts von Brecht wurde bereits 1937 in den »*Canciones de Guerra de las Brigadas Internacionales*« in Madrid veröffentlicht, und zwar von Ernst Busch, dem wichtigsten Brecht-Interpreten (siehe BRECHT-LIEDERBUCH Frankfurt M. 1984, 226, 460, 513). Federico Garcia Lorca war aber gerade ein Jahr zuvor von den Falangisten ermordet worden. Die vierte Strophe von Brechts Gedicht: »*Und weil der Prolet ein Prolet ist, / drum wird ihn kein anderer befrein. / Es kann die Befreiung der Arbeiter / nur das Werk der Arbeiter sein.*« läßt sich ohne weiteres im Sinne von Garcia Lorcas Versen lesen, auch wenn dessen Sprache poetisch sehr verschlüsselt ist:

»*Dann, Neger, dann, ja dann/ könnt rasend ihr des Fahrrads Räder küssen, / von Mikroskopen Paare in die Eichhornhöhlen stellen / und schließlich tanzen, ohne Zweifel, derweil die hochgesträubten Blumen / ermorden unsren Mose beinahe in des Himmels Binsen.*«

Indem Henze nun die Melodie des Brecht-Liedes an bestimmten ausgewählten Stellen des *Rey de Harlem* aufklingen läßt, gibt er zugleich eine akzentuierende Interpretation von Garcia Lorcas Gedicht.

Notenbeispiel 27: Brecht/Eisler, *Einheitsfrontlied*, Anfang.

Zitiert wird immer nur die Anfangszeile der Eislerschen Melodie; wir assoziieren indessen jeweils den Gesamtinhalt des Liedes, also — zusammengefaßt — den Aufruf der Unterdrückten und Ausgebeuteten zu einigem Kampf. Wenn also gleich zu Anfang das Bild des Königs mit dem »krachenden Löffel« (»*mientras crujia la cuchara del rey*«) wachgerufen wird, dann erfährt diese Metapher durch die zitierte Melodie eine Deutung in Richtung von Aufruhr und Befreiungskampf (vgl. NB 28).

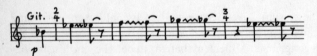

Notenbeispiel 28: Henze, *Rey de Harlem*, bei Zi.3.

Besonders im vierten und letzten Abschnitt, in dem ein visionäres Pathos in Wort und Musik Raum gewinnt, gibt es deutliche Parallelführungen zwischen dem Inhalt des *Rey*-Gedichtes und dem vermittelten Inhalt des »Einheits«-Liedes. »*Der Mitte große Sonne sucht!*« wird von Henze sowohl in der Gesangstimme als auch in der Trompete mit der Eisler-Melodie eingefärbt (NB 29).

Notenbeispiel 29: Henze, *Rey de Harlem*, bei Zi.45.

Zitate des Einheitsfrontliedes (Eisler)

Noch im Epilog (»*Ay, Harlem*«), der mit einem gewaltigen 'musikalischen' Doppelpunkt angekündigt wird (siehe NB 30), finden sich mehrere Andeutungen des Liedes, und zwar bei Zi.62 in Gesang (versteckt in Oktavverspringungen und 'falscher' Notierung) und Trompete, wodurch das Wort »*rumor*« (Geräusch, Lärm) eine konkrete Ausrichtung erfährt (NB 31), sowie zu den letzten Worten des

Notenbeispiel 31: Henze, *Rey de Harlem*, Zi.62

Gedichts (»*durch einen großen König, der verzweifelt, und dessen Bart reicht bis ans Meer*«), deren Bildgehalt überhaupt erst durch das Liedzitat dechiffrierbar ist; der Bart, der bis ans Meer reicht, steht für die langfristige und weltumfassende Natur des Befreiungskampfes. (NB 32).

Notenbeispiel 32: Henze, *Rey de Harlem*, bei Zi.64.

El Rey de Harlem erinnert nach Konzept und Thematik in vielem an *El Cimarrón*, ist aber viel subjektiver und gefühlsstärker. Dies liegt vor allem auch an den unterschiedlichen Textvorlagen. Der *Cimarrón* ist von der Sicherheit und Würde des erzählenden Esteban Montejo geprägt, wobei Enzensberger eher hinter dessen Erscheinung zurücktritt. Der *Rey* wurde dagegen als eine fiktive Figur von Garcia Lorca »imaginiert«. Die *Ode auf den König von Harlem* ist der poetische Reflex auf die Eindrücke in New York, dessen Elendsviertel einerseits und kalte Geschäftigkeit andererseits den Dichter beinahe zu Grunde gehen ließen.

Zwei Jahre nach dem *Rey* komponierte Henze das »*Imaginäre Theater II*«, eine »*Musik für einen Klarinettisten und dreizehn Spieler*« mit dem Titel *Le Miracle de la Rose*. Dieses rein instrumental auszuführende Klarinettenkonzert (mit einer Spieldauer von 40 Minuten) ist Programmusik im konkreten Sinn des Wortes. Der Partitur ist nämlich ein ausführlicher Einführungstext (Programm − Vor-Schrift) beige-

Notenbeispiel 30: Henze, *Rey de Harlem*, vor Zi. 61

geben, in dem der Inhalt bzw. die Handlung dieses 'Theaterstücks für ein Kammerorchester' mitgeteilt werden. Zudem flicht Henze in die Inhaltsangabe Bemerkungen über die Komposition ein, die vollends deutlich machen, daß bei diesem Stück jedes klangliche Ereignis an den im Text vorgegebenen Imaginationen sich entzündet hat und folglich die Musik auch nur durch Aktivierung imaginativer Kräfte vollgültig rezipiert werden kann (vgl. auch HENZE 1984, 356-359).

Die Quelle, auf die das »imaginäre« Libretto zurückgeht, ist Jean Genet's Roman *Miracle de la Rose* (Paris 1951, Hamburg 1963). In einer Notiz zum Tode Genet's, der am 15.April 1986 in Paris gestorben ist, 'meldete' die Frankfurter Rundschau u.a.:

»*Von Sartre als 'Komödiant und Märtyrer' gefeiert, von anderen als 'Theologe der Gewalt' gekennzeichnet, hat Genet, der sich mit den 'Black Panthers' und den Palästinensern solidarisierte und für die 'Rote Armee Fraktion' Partei ergriff, ein Œuvre geschaffen, dessen ausschweifende Provokationen durch die Verbindung von Ästhetik und Gewalt einzigartig in der modernen Literatur sind.*« (FR 16.04.86)

Jean Genet's Roman, der Henzes Musik den Titel und das Programm lieh, handelt von dem Strafgefangenen Jean und dessen Liebe zu dem Jugendfreund, Mithäftling und jetzigen Delinquenten Harcomone. Da dieser bis zu seiner Hinrichtung durch die Guillotine in Einzelhaft gehalten wird, ist er für Jean nicht mehr erreichbar. Die Erzählung blendet wiederholt auf die frühere »Haft« im Heim zurück, die Jean und Harcomone gemeinsam durchlitten, und ist überdies mit mehreren Nebenhandlungen ausgestattet. Die gesamte Geschichte wird auf 330 Seiten erzählt. Auf vier Seiten gegen Ende des Romans (GENET 1963, 320-324) findet sich eine Traumerzählung. Sie füllt und überdehnt den Zeitpunkt, da Harcomone zum Schafott geführt werden soll. Die Episode, die dem ganzen Roman den Titel gab, läßt das gesamte Leben in Verbrechen, Haft und Leidenschaft noch einmal aufblühen, gipfelnd in dem Bild »*einer an Größe und Schönheit ungeheuerlichen Rose*« (324).

Die Traumerzählung basiert auf mehreren Handlungsmomenten, die alle surrealistisch verformt sind: die vier schwarz gekleideten Männer, die die Hinrichtung Harcomones besorgen sollen, dringen in den Körper des Delinquenten ein, nachdem sie die Ausmaße von kleinen Wanzen gewonnen haben, während Harcomones Körper sich gleichzeitig zu unbestimmter Übergröße ausdehnt. Sie durchwandern Landschaften und Städte und finden am Ende das Herz. In dessen erster Kammer sehen sie einen sechzehnjährigen Trommler, in der zweiten (zentralen) Kammer stehen sie vor der wunderbaren Rose. Sie zerreißen sie, werden aber von der Tiefe des Kelches angezogen und stürzen ab.

Es ist einsichtig, weshalb Henze diesem programmusikalischen Konzert das Attribut »imaginär« beigab: denn das Geschehen, auf das die Musik Bezug nimmt, ist ja selbst ein imaginiertes: es wurde von dem Erzähler geträumt. Wie erklärt sich aber die Bestimmung als »Theater«? Entscheidend ist hier wiederum (wie schon im *Cimarrón*) die veränderte Zeitperspektive. Während der Ich-Erzähler im Roman den Traum im Imperfekt spricht, formt Henze sein Programm ins Präsenz um und arbeitet so der Natur der Musik in die Hände, die — analog dem Drama — stets Gegenwärtiges verkörpert. Durch die Präsenz-Fassung des 'Librettos' und aufgrund des Präsentationsmodus der Musik gewinnt das Klarinettenkonzert *Le Miracle de la Rose* tatsächlich theatralische Qualität.

Henzes Text und Musik weichen in einigen Punkten von der Romanfassung ab. Während der neue Schluß sicherlich in voller Absicht an die Stelle des originalen Traum-Endes gesetzt worden ist: bei Henze wird Harcomone noch innerhalb des Traumes von den vier Insekten zerfetzt, während bei Genet ja die vier Herren abstürzen, danach allerdings von der Guillotinierung Harcomones berichtet wird —, ist eine zweite Veränderung problematisch, ja eigentlich unerklärlich, so daß ich nicht sicher bin, ob hier 'dichterische Freiheit' oder vielleicht 'dichterische Flüchtigkeit' den Grund abgeben. Bei Genet wird Harcomone als über dreißigjähriger Mann verurteilt und hingerichtet, nachdem er im Gefängnis einen Wärter getötet hatte. Die frühere, längst verjährte Tat des sechzehnjährigen Harcomone — er hatte ein zehnjähriges Mädchen ermordet — hatte zwar zu Haft, nicht aber zum Todesurteil geführt. Demgegenüber geht Henze von dem »*sechzehnjährigen Doppelmörder*« Harcomone aus, der vor der Hinrichtung steht (HENZE 1984, 356). Es ist nun aber ein erheblicher Unterschied, ob Harcomone zum Zeitpunkt seiner Hinrichtung ein Kind oder ein reifer Mann ist. Denn die Liebe des über dreißigjährigen Jean erlangt ihre Erhabenheit erst in Bezug auf den etwa gleichaltrigen Mann. Insbesondere das Bild der »ungeheuerlichen« roten Rose, das bei Genet bewußt dem Bild des kindlichen Trommlers entgegengestellt wird, ist nur aus der Vorstellung einer entwickelten Liebe zu gewinnen, die die Würde einer existenziell notwendigen Partnerschaft besitzt. Henzes Verschiebung (oder Verwechslung?) der Altersverhältnisse ist deshalb unverständlich. Sie hat aber immerhin zu bestimmten Folgen für die Komposition geführt. Von der Auffassung des jugendlichen Delinquenten leitet sich nämlich der Gedanke her, ein »*Kinderlied*« einzuführen, das Harcomones Identität wiederspiegelt. Zum 5.Bild des 'Librettos' heißt es: »*Nicht zuletzt entsteht aus den Kontrapunkten und Engführungen*

Nähe zu Alban Berg

Harcomones nicht überhörbares Kinderlied, dem später weitere (Partitur: große) Bedeutung zukommen wird« (HENZE 1984, 358). In der Beschreibung des letzten (siebten) Bildes lesen wir sodann: »*Als letzter Gesang läßt sich das nun voll entfaltete Kinderlied Harcomones hören. Mit ihm geschieht nun ganz das, was der Rose in der Erzählung geschieht. Das Soloinstrument ist nun die Es-Klarinette, sie repräsentiert nicht mehr Harcomone, sondern gesellt sich zu den todbringenden Insekten, während Harcomones Musik unter ihrem Anstrum vergeht*« (HENZE 1984, 359). Aus der Perspektive Genet's ließe sich aber einwenden, daß zur Charakterisierung Harcomones nicht ein Kinderlied, sondern eine reife, eigenständige Musik angemessen gewesen wäre.

Betrachtet und hört man nun die Musik zu diesen imaginierten Traumsequenzen, so relativiert sich die vorangegangene Kritik sogleich. An keiner Stelle nämlich scheint die Musik mit Blick auf den Empfindungshorizont eines Sechzehnjährigen erfunden zu sein. Auch das »Kinderlied« Harcomones bzw. die entsprechenden Episoden (Partitur S.51-62 und S.86-87) klingen weder infantil noch pubertär, sondern ernst und würdig, als werde hier nicht ein Kind, sondern eher die 'Kindheit der Geschichte' erinnert. Die D-Moll-Dreiklänge und die diatonisch-modalen Wendungen, die aus der ansonsten vieltönigen Harmonik und Melodik hervorscheinen, bringen jeweils für kurze Zeit einen archaischen Ton in die Musik — vergleichbar dem »*Lamento di Tristano*« aus dem 2.Satz von Henzes *Tristan*, ähnlich auch dem Choralzitat in Alban Bergs *Violinkonzert*.

Alban Berg klingt überhaupt in Henzes Musik nach. Bergs »*Kammerkonzert für Klavier und Geige mit dreizehn Bläsern*« erscheint fast wie ein Ahne von Henzes »*Musik für einen Klarinettisten und dreizehn Spieler*«, vergleicht man etwa die Instrumentation und bisweilen auch die Melodik. Immerhin haben beide Komponisten die Vorliebe für Programmusik (gegen alle Verfemungen dieser Musikart) gemeinsam. Bergs Instrumentalwerke könnte man in einem nicht zu ernsten Sinn als »Imaginäres Theater« bezeichnen, so wie sich dieser Ausdruck auch auf weitere Werke Henzes (neben *Rey de Harlem* und *Miracle de la Rose*) beziehen läßt.

VIII. Vokale und instrumentale Kammermusik

Der Begriff Kammermusik hat eine nunmehr über 400jährige Geschichte. Nach Erich Reimer (Handwörterbuch der musikalischen Terminologie) ist der Ausdruck »*musica da camera*« erstmals 1555 belegt. Er bezeichnete Vokalmusik, die in fürstlichen Kammern aufgeführt wurde anstatt in der Kirche. Im 16. und 17.Jahrhundert wurde der Ausdruck auch zur Bezeichnung von Notensammlungen sowie von bestimmten Veranstaltungsformen verwendet. Das 18.Jahrhundert weitet den Begriff Kammermusik auf sämtliche Vokal- und Instrumentalmusik aus, die hinsichtlich ihres spezifischen Kompositionsstils von der Kirchenmusik einerseits und der Theatermusik andererseits abwich. Dabei bildete sich neben der Kammermusik als aristokratischer Gesellschaftskunst die Kammermusik im Sinne der bürgerlichen Musikpflege heraus. In diesem Zusammenhang trat auch das Kriterium der Kenner- und Liebhaberschaft in das Begriffsfeld, ein Aspekt, der noch heute in dem Typus des Experten fortlebt. Seit dem 19.Jahrhundert begegnen wir dem Terminus zur Bezeichnung von Musik, die in Privaträumen vor kleinem Auditorium in kleiner Besetzung aufgeführt wird. Dabei wurde das Streichquartett zum Prototyp für Kammermusik. Im 20.Jahrhundert lebt dieser Begriff fort, bezieht sich aber im engeren Sinne vor allem auf Besetzungsarten, indem er solistische von chorischer Ausführung abhebt. Daher konnte Schönberg 1906 einem symphonischen Werk die Bezeichnung »*Kammersymphonie für 15 Soloinstrumente*« geben. Doch auch dieses Kriterium gilt nicht für alle Fälle: es gibt Kammerorchesterwerke, Kammerkonzerte, Kammeropern und Kammerchöre, die wohl durch kleine, nicht aber notwendig durch solistische Besetzung ausgezeichnet sind.

Der Begriff Kammermusik im heute gebräuchlichen Sinn läßt sich am besten fassen, wenn man ihn in Relation zum Aspekt »Öffentlichkeit« bringt. Es ist ja ein allgemeines Merkmal von Musik überhaupt, daß durch sie eine kommunikative Situation begründet wird: man komponiert und musiziert, um gehört und verstanden zu werden. Die Frage ist nun, in welcher Öffentlichkeit diese Kommunikation stattfindet oder für welche Öffentlichkeit sie gedacht ist. Unterscheiden wir zunächst ganz grob zwischen der größeren Öffentlichkeit für Theater- und Konzertmusik einerseits und der kleineren Öffentlichkeit für Kammermusik andererseits, so wäre weiterhin offen, wie es zu der verkleinerten Öffentlichkeit im Fall der Kammermusik kommt. Zwei Gründe scheinen mir hier von Belang zu sein, die mit divergenten gesellschaftlichen Interessenlagen zu tun haben. Die dominante Gesellschaftsschicht ist wie eh und je auf Exklusivität aus, die Künstler verfolgen demgegenüber inklusive Tendenzen. In einem Fall wird über die Anwendung kunstfremder Kriterien wie Herkunft, Ansehen und Besitz der Ausschluß der breiteren Öffentlichkeit betrieben mit dem Ziel, eine als wertvoll erachtete Kunsterscheinung für wenige zu reservieren. Im anderen Fall wird der Einschluß der gesamten Öffentlichkeit angestrebt. Künstler möchten sich über Dinge verständlich machen, die zwar nicht einfach auszudrücken, gleichwohl aber von möglichst vielen Menschen zu verstehen sind. Sie laden jeden zur Teilhabe an Kunst ein. Wenn dennoch nicht jeder an dem angebotenen ästhetischen Austausch teilhat, so ist dies möglicherweise die Folge der zum Teil schwer zugänglichen Inhalte und Formen von Kunst, geht indessen nicht auf die Absicht zurück, die breite Öffentlichkeit auszuschließen.

Im Laufe der Musikgeschichte kam der Kammermusik oftmals die Funktion der Avantgarde unter den musikalischen Kunstformen zu. Was Haydn, Mozart und Beethoven in ihren Quartetten 'formulierten', war an Sprache und Inhalt der Symphonik und der Opernmusik weit voraus. Beispielsweise wurde die zukunftweisende Technik der »durchbrochenen Arbeit«, die zur Re-Emanzipation der Unter- und Mittelstimmen des Tonsatzes führte, zuerst in den Quartetten entwickelt. Und die Auflösung der Dur-Moll-Tonalität fand ebenfalls zunächst in der Kammer- und Klaviermusik statt, bevor sie in Form atonaler Opern und Orchesterwerke an die breite Öffentlichkeit getragen wurde.

Bei Henze läßt sich die Tendenz beobachten, jenes Merkmal von Kammermusik, daß alle Instrumentalisten zu Hauptpersonen werden, überhaupt zum Prinzip zu erheben. Ein Indiz hierfür ist die seit Mitte der sechziger Jahre (auch von anderen Komponisten) geübte Praxis, Besetzungsangaben womöglich auf Musiker statt auf Instrumente zu beziehen: »Rezital für vier *Musiker*« (1969), »Musik für Viola und 22 *Spieler*« (1970), »Konzert für *Sologeiger*, Tonband, *Baßbariton* und 33 *Instrumentalisten* (1971)«, »Musik für einen *Klarinettisten* und 13 *Spieler*« (1981), »Sonate für sechs *Spieler*« (1984). Selbst die Oper *Die Englische Katze* (1982) heißt im Untertitel »Geschichte für *Sänger* und *Instrumentalisten*«. Dies bedeutet, daß der einzelne Musiker bereits bei der Konzeption des Werkes und somit auch im Titel als Individuum betrachtet wird. Ich erkenne hierin die Ausstrahlung des Prinzips Kammermusik, nämlich mit der Kompetenz jedes einzelnen Musikers zu rechnen.

Wenngleich eine eindeutige Grenzziehung zwischen Kammermusik und Nicht-Kammermusik weder bei Henze noch sonstwo möglich und auch nicht nötig ist, lassen sich sowohl unter den Vokal- als auch unter den Instrumentalwerken Henzes viele Titel anführen, die zweifellos zur Kammermusik zu rechnen sind.

Zur vokalen Kammermusik zählen: *Whispers from Heavenly Death*, eine 1948 komponierte Kantate über ein Gedicht von Walt Whitman für hohe Singstimme und acht Soloinstrumente; *Apollo et Hyazinthus*, eine 1949 entstandene Komposition über einen Trakl-Text für Altstimme, Cembalo und acht Soloinstrumente; die *Kammermusik 1958*, eine Tenor-Kantate nach Hölderlin mit acht Instrumenten und mehreren eingelegten Gitarrensätzen (*Tentos*); *Being Beauteous*, eine 1963 geschriebene Kantate nach Rimbaud für Koloratursopran, Harfe und vier Violoncelli; und die erst 1983 aufgezeichneten *Drei Lieder* auf Gedichte von W. H. Auden für Tenor und Klavier. Dazu kommen bereits in anderm Zusammenhang besprochene Werke, nämlich *El Cimarrón* von 1969, ein Stück, das trotz seiner theatralischen Qualität und abendfüllenden Länge kammermusikalische Charakteristik besitzt, der Zyklus *Voices* von 1973, der zumindest in einigen Nummern kammermusikalisches Gepräge aufweist, und *El Rey de Harlem*, jene 1979 vollendete mehrteilige Komposition auf ein Gedicht von Garcia Lorca für eine Singstimme und acht Spieler.

Unter den Instrumentalwerken dürften die folgenden mit Sicherheit der Kammermusik zuzurechnen sein: die in freier Septettbesetzung gehaltene Canzona von 1982 für Oboe, drei Bratschen, Violoncello, Klavier und Harfe; die von sechs Musikern auszuführende Sonate von 1984 für Flöte, Klarinette, Violine, Violoncello, Klavier und Schlagzeug; zwei Bläserquintette von 1952 und 1977, letzteres mit dem Titel L'Autunno; das mit Klarinette, Posaune, Violoncello, Schlagzeug und Klavier besetzte Quintett Amicizia von 1976; die Streichquartette I - V aus den Jahren 1947, 1952 und — für die letzten drei Quartette — 1975/76; ein frühes Klaviertrio von 1948 mit dem Titel Kammer-Sonate; ein kleines Bläsertrio von 1980 für Flöte, Klarinette und Fagott, bezeichnet als »*Madrigal für Herbert Marcuse*«; je eine *Duo-Sonate* für Violine bzw. Flöte mit Klavier von 1946 und 1947, und die große *Sonata per viola e pianoforte* von 1979; der kleine Zyklus *Divertimenti* für zwei Klaviere von 1964; schließlich Solostücke für diverse Instrumente: für Violine eine *Sonata* von 1977, die *Etude philharmonique* von 1979 und eine *Serenade* von 1986; für Cello eine *Serenade* von 1949 und ein *Capriccio* von 1983; für Kontrabaß ein Stück mit dem Titel *S.Biagio 9 Agosto ore 1207* von 1977; für Gitarre zwei Sonaten über Schakespeare-Figuren, *Royal Winter Music I* (1976) und *II* (1979); für Schlagzeug der *Prison Song* von 1971 und *Five Scenes form the Snow*

Country für Marimbaphone solo von 1978; für Klavier eine (wichtige) *Sonate* von 1959; für Cembalo *Six Absences* 1961 und die *Lucy Escott Variations* von 1963. Erwähnt werden können noch Werkauszüge und -bearbeitungen wie die *Tentos* für Solo-Gitarre (aus der *Kammermusik 1958*), die *Fantasia* für Streichersextett (nach der Filmmusik *Der junge Törless*) und die *Fragmente aus einer Show* für Blechbläserquintett (aus *Natascha Ungeheuer*).

Aus dieser Werkliste — die schon ihrem Umfang nach ungewöhnlich in unserer Zeit sein dürfte — läßt sich die Vielfalt und experimentelle Vielgestaltigkeit von Henzes kammermusikalischem Schaffen ablesen; nur ein Teil der Werke entspricht standardisierten Besetzungen und Werkformen. Insgesamt wird man zudem konstatieren können, daß die Kammermusik in Henzes Gesammtschaffen sehr hoch rangiert, auch wenn nicht alle Stücke die Bedeutung »großer« Werke haben. Ich möchte nachfolgend einige Kammermusikwerke vorstellen. Dabei soll einerseits Henzes kompositorische Entwicklung sichtbar werden, andererseits auf wechselnde Besetzung geachtet werden. Aus Henzes früheren Jahren seien die *Kammersonate*, das *2.Streichquartett* und die *Klaviersonate*, aus der jüngeren Zeit das *4.Streichquartett,* die *Violin-Solosonate* und die *Duo-Sonate für Bratsche und Klavier* einbezogen.

Das früheste Stück stammt aus dem Jahre 1948. Es ist die *Kammersonate* für Violine, Violoncello und Klavier. Henze war noch Schüler von Wolfgang Fortner, als er im Sommer 1948 (wie schon '46 und '47) nach Darmstadt zu den Ferienkursen für Neue Musik reiste. René Leibowitz hielt seinen ersten — den überhaupt ersten Darmstädter Kursus über Schönbergs Methode der Komposition mit zwölf Tönen. Daß dies stattfinden konnte, kam einer Sensation gleich, wobei die Noten, die er mitbrachte, also Stücke von Schönberg selbst — die ersten, die Henze (und andere) überhaupt zu Gesicht, geschweige denn zu Gehör bekam — vielleicht eine größere Bedeutung als die Lehrinhalte der Seminare hatten.

Bedenkt man nun, daß Henze in diesem Sommer die erste wirkliche Zwöftonmusik kennenlernte, und hört man daraufhin die *Kammersonate*, so kann man ziemlich sicher schließen, daß dieses Stück noch *vor* dem Darmstädter Sommer 1948 komponiert sein muß. Nicht, weil das Stück etwa tonal komponiert wäre — Im Gegenteil! Es basiert mit allen Sätzen auf einer Zwölftonreihe. Aber die Handhabung dieser Reihe läßt die eigentlichen Merkmale der Zwölftontechnik vermissen: es gibt weder Krebs, Umkehrung und Umkehrungskrebs, sattdessen erscheint die Reihe ausschließlich in der Grundgestalt (inklusive deren Transpositionen), noch erklingt die Reihe in akkordischer Gestalt, vielmehr sind die Akkorde, die den zwölftönigen Themen bzw. Hauptstimmen unterlegt sind, frei atonal gebildet.

Im ersten Satz wird die Reihe geradezu etüdenartig durchgespielt (vgl. NB 33 und NB 34). Im zweiten Satz 'Dolce, con tenerezza' sind weit gespannte Melodien aus der Reihe gebildet, nachdem ein 'Vorhang' aus bitonalen Akkorden zunächst ganz von ihr abgelenkt hatte. Im dritten Satz, einem *Lento* mit Agitato-Mittelteil, wird der Reihe eine Es-Moll-Hülle übergestülpt, was einen ironisierend pathetischen Effekt macht. Der gegenteilige Ausdruck, nämlich ein *Leggiero-Scherzando*, herrscht im vierten Satz vor, wobei die Reihe zu Fragmenten zerstäubt wird. Es folgt noch ein *Epilog*, der zwar nicht als fünfter Satz beziffert ist, wohl aber Eigenständigkeit besitzt. Überraschenderweise erscheint in diesem Teil die Reihe nun plötzlich in Simultanklängen und sogar — im sechstletzten Takt — in partieller Rückläufigkeit. Daher möchte ich annehmen, daß dieser Satz erst 1963, als Henze die ganze *Kammersonate* einer gründlichen Revision unterzog, hinzukomponiert worden ist.

Das bisher einzige Klaviertrio Henzes, eben diese *Kammersonate*, ist sicher noch kein reifes Werk. Mit seinem Versuch, die nur vom Hören-Sagen bekannte Zwölftontechnik vorausahnend zu gebrauchen, stellt es aber einen interessanten Fall eines Übergangswerkes dar. Durchaus schon Henze gemäß erscheint in diesem Werk der Wille, die Sätze im Ausdruck stark kontrastieren zu lassen. Auch meine ich, gelegentlich schon das für den späteren Henze typische Zitieren älteren Materials beobachten zu können, etwa die ironisierende Einbeziehung von tonalen Klängen und das leicht distanzierte Spiel mit konventionellen Ausdrucksgesten.

Vier Jahre nach dem Klaviertrio schrieb Henze sein *2.Streichquartett*. In der Zwischenzeit durchlitt er die schwerste Krise seines Lebens (Berlin 1950). Danach besserte sich seine Lage. Er komponierte die Oper *Boulevard solitude*, nach einem Libretto von Grete Weil, und die Ballett-Pantomime *Der Idiot*, zu der Ingeborg Bachmann später ein neues Libretto nachdichtete. Dieses Werk brachte Henze zugleich den ersten großen Erfolg ein.

Sein dadurch gewonnenes und durch den Zuspruch wichtiger Menschen (Igor Strawinsky, Paul Dessau, Tatjana Gsovsky) befestigtes Selbstvertrauen ließ ihn ein hochgradig konstruktives Werk schreiben: das *2.Streichquartett*. In dieser Komposition tritt das Konzeptuale vor dem Assoziativen so deutlich hervor, wie sonst selten bei Henze. Anhand des Mittelsatzes des dreisätzigen Stücks sei dies erläutert. Der Satz hat einen ersten langsamen und einen zweiten schnellen Teil. Der

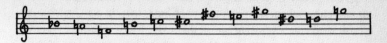

Notenbeispiel 33: Henze, *Kammersonate*, Reihe

Notenbeispiel 34: Henze, *Kammersonate*, Anfang

erste Teil ist alternierend angelegt, nach dem Schema a b a b, wobei a für polyphonischen, b für akkordischen Satz steht. In dem ersten a-Abschnitt wird eine Zwölftonreihe in ihren vier Modi sukzessiv entfaltet, wobei sich jeweils zwei Formen kanonartig überlagern. Der nachfolgende akkordische Abschnitt läßt einen Zwölfklang nach und nach erstehen, also vom Einklang bis zum durch Doppelgriffe und Arpeggien dargestellten zwölftönigen Akkord. Nach dem veränderten polyphonen 'Reprisenteil' folgt noch einmal der akkordische Satz, dieses Mal aber in strikter Rückläufigkeit, also vom Zwölfklang bis zum Einzelton (vgl. NB 35). Diesem ganzen Teil I (♪ = 69) ist zudem ein metrisches Ostinato überlagert: die arithmetische Folge von 2,3,4,5 Achteltakten wird fünfzehnmal wiederholt; bei der krebsförmigen Akkord-Demontage schlägt die Folge in zweimal 5,4,3,2 Achteltakte um. Es schließt sich der (schnelle) Teil II an, in dem das metrische Ostinato in veränderter Form fortgesetzt wird. Hier verbinden sich die vor- und rückläufigen Taktfolgen, indem nun die metrische Reihe 2,3,4,5,4,3,2 Achteltakte zehnmal durchlaufen wird. Dabei werden auf der thematischen Ebene die a- und b-Abschnitte des Teils I kombinatorisch durchgeführt. Der Schluß hat Auflösungscharakter: ein »*concertando, rubato*« zu spielendes Arpeggio der 1.Violine verflüchtigt sich förmlich, so daß nur noch einige Pizzicato- und Flageolett-Klänge nachbleiben.

Aus Henzes erster Schaffensphase, die ich ja für die Zeit 1946 bis 1966 annehme, stammt auch die Klaviersonate von 1959. Dieses Werk ist Henzes Kommentar zur 'Krise' der europäischen Avantgarde im Übergang von den 50er zu den 60er Jahren. Die serielle Musik schlug um in die aleatorische. Karlheinz Stockhausen ließ 1957 sein Klavierstück XI von David Tudor aufführen. Das Werk ist ein Paradebeispiel für die Ideen zu einer offenen Formkonzeption in der Musik. In Stockhausens Texten zur Musik ist die Ausführungsanweisung für dieses Klavierstück abgedruckt (STOCKHAUSEN 1963, II 70); sie lautet:

Der Spieler schaut absichtslos auf den Papierbogen und beginnt mit irgendeiner zuerst gesehenen Gruppe; diese spielt er mit beliebiger Geschwindigkeit (die klein gedruckten Noten immer ausgenommen), Grundlautstärke und Anschlagsform. Ist die erste Gruppe zu Ende, so liest er die darauf folgenden Spielbezeichnungen für Geschwindigkeit, Grundlautstärke und Anschlagsform, schaut absichtslos wieder zu irgend einer der anderen Gruppen und spielt diese, den drei Bezeichnungen gemäß.

1958 erschien der berühmte Text »*Alea*« von Pierre Boulez in Band I der Darmstädter Beiträge zur Neuen Musik. Boulez rechtfertigt darin die Einbeziehung des Zufalls in die Musik, ja betrachtet sie geradezu als unverzichtbar, um ein »*Unendliches*« fixieren zu können. An dem Text stört mich ein dogmatischer, in Teilen sogar autoritärer Ton, der

Notenbeispiel 35: Henze, 2. Streichquartett, 2. Satz

darauf zurückzuführen ist, daß die Darmstädter Führer meinten, das Zentrum aller relevanten zeitgenössischen Musikproduktion besetzt zu halten. Boulez schließt den Aufsatz »*Alea*« so:

Vielleicht braucht es Unbewußtheit — und Vermessenheit, diese ungewisse Reise anzutreten, aber stellt sie nicht das einzige Mittel dar für den Versuch, das Unendliche zu fixieren? Das ist der uneingestandene Anspruch eines jeden, der den ungetrübten und platten Hedonismus ablehnt, das beschränkte Handwerk in einer schöpferischen Welt, die von niedrigen Trieben belastet und niedergedrückt wird. Jeder Dilettant wird sich zerrissen fühlen von einer Verantwortung, die außerhalb seiner kleinen Tricks liegt, jeder Handwerker — schrecklich — wird sich verzehren ob der Nichtigkeit und Leere seiner Arbeit. Wäre dies nicht letztlich das einzige Mittel, den Künstler zu töten? (BOULEZ 1972, 113; Hervorhebungen von Boulez)

1959 verfaßte Henze den Text »*Die geistige Rede in der Musik*« (HENZE 1984, 52 f.), wohl wissend, daß schon ein solcher Titel in solcher Zeit ihm den Vorwurf der »*Erfolgslüsternheit*« (ebenda, 58) eintragen dürfte. Seine von Ingeborg Bachmann beeinflußten Gedanken beantworten das 'Unendlichkeits'-Gerede mit dem schlichten Hinweis auf die Geschichtlichkeit von Musik und ihrer Zeichen, an die anzuknüpfen wäre. Ich zitiere den zentralen Passus aus Henzes Text:

Wir glauben, daß auch heute, wenn einige Werke an den Rand der Aufführbarkeit, ja der Lesbarkeit getragen sind, ein anderer Ausweg möglich ist als der in die Stille der Tonlosigkeit oder in eine Welt der Improvisation oder des Schalls oder des Geräuschs an sich: Der einzige Ausweg für diejenigen, die der Überzeugung leben, daß die Musik vorbei sei, ist allerdings dieser, keine Musik mehr zu machen. Die anderen, die darauf bestehen, den neuen Gnaden der alten Schönheit [Zitat aus I. Bachmanns Gedicht »Freies Geleit«, BACHMANN 1983, 171] *nachzugehen, innerhalb der europäischen Zeichenwelt, innerhalb der Überlieferung, werden auf die Überlieferung aufbauen müssen. Text und Ausführung müssen erneut die Schwebe halten können. Es muß noch einmal ganz umgedacht werden. Ich meine, daß die Zeichen, die Symbole, die Chiffren etwas in sich tragen, das zur Musik gehört wie die Gliedmaßen zu einem Körper; in der heutigen Schwierigkeit ihrer Handhabung liegt eine Einladung zum Verzicht, sondern die Aufforderung zu einer neuen Fühlungnahme, zur Umwertung, vielleicht sogar zur Zerstörung bestehender Sanktionen. Aber dies alles wird nicht gehen durch simples Anfertigen von Ornamenten, es wird nicht gehen, ohne daß man sich in neuen Klängen auch eine neue geistige Rede vorstellt, ohne daß man sich oberhalb des Machens noch etwas dazu einbildet, es wird nicht gehen, ohne die neuen Gebilde in Beziehung zum Begriff 'europäische Kunst' zu bringen.* (HENZE 1984, 57-58)

Henzes wichtigstes Werk dieses Jahres, die *Klaviersonate* von 1959, kann ebenfalls als eine Art Antwort auf die Darmstädter Sprengsätze dieser Zeit genommen werden. Dieses Stück gehört einerseits zu den ausgesprochen 'avantgardistischen' Kompositionen Henzes: der Klaviersatz, der meist in drei Systemen notiert ist, ist durch Riesenintervalle, durch extreme Dynamik (*ffff* bis *ppppp*), durch aperiodische Rhythmen, durch ständige Stimmkreuzungen usw. in die Nähe des punktuellen Stils getrieben (was besonders im ersten Satz zu erfahren ist). Daher mutet es fast programmatisch im Sinne eines Gegenkonzepts an, wenn Henze andererseits den letzten Satz der Sonate als vierstimmige Fuge gestaltet. Obgleich deren Thema (vgl. NB 36) nicht gerade eingängig ist, sind doch die thematischen Teile von zwei »*con grazia e fantasia*« auszuführenden Zwischenspielen (T.47-59 und T.69-81), die retrograd aufeinander bezogen sind, gut zu unterscheiden (siehe auch NB 37). Auch die Engführungen (T.37 ff., T.60 ff., T.81 ff.) sind als Fugen-Charaktere gut zu erkennen, und selbst die Coda (T.90 ff.), in der das Thema mit sich selbst in Umkehrung und Krebs kontrapunktiert und dabei fragmentiert und rhythmisch und diastematisch verändert wird, entspricht im großen und ganzen der Fugenkonvention. Das Besondere der Formkonzeption besteht aber darin, daß innerhalb des Satzes ein Prozeß abläuft, der von streng regulärer Faktur zu immer freieren und damit auch komplexeren Strukturen führt (vgl. auch SCHALLER 1986).

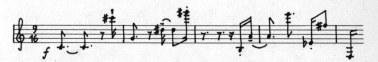

Notenbeispiel 36: Henze, *Klaviersonate*, 3.Satz, Anfang.

Ich höre diesen Satz einerseits in Bezug auf Bach, der etwa mit seiner A-Dur-Fuge aus dem 1.Teil des *Wohltemperierten Klaviers* ein in seiner Zeit nicht weniger sperriges Stück als diese Fuge von Henze geschrieben hat, und andererseits in Bezug auf Bartóks großartige »*Fuga*« aus der *Sonata für Violine solo* von 1943/45, ein Satz von ähnlicher Insistenz und Kraft wie Henzes Klavierfuge. Beide Bezugsetzungen (auf Bach und Bartók) bestätigen das oben gesagte, daß Henze inmitten der Zeit entschiedener Abwendung von musikgeschichtlichen Traditionen die Anknüpfung an die großen Meister der Vergangenheit geradezu demonstrativ vertreten hat.

Dies bedeutet nicht, daß Henze die in den frühen sechziger Jahren überall entwickelten neuen Techniken, die unter dem Schlagwort »Aleatorik« zusammengefaßt worden sind, nicht auch in sein Komponieren einbezogen hätte, allerdings sehr viel später als andere Komponisten. Beispiele dafür wurden in den vorangegangenen Vorlesungen des öfteren erwähnt, so *El Cimarrón* von 1969, *Natascha Ungeheuer* von 1971, *La Cubana* von 1972, *Voices* von 1973 (einzelne Nummern) und *We come to the River* von 1975. Ein interessantes Beispiel aus Henzes Kammermusik ist in diesem Zusammenhang das *4.Streichquartett* von 1976. Von seinen vier Sätzen sind die beiden Ecksätze im freien Stil,

165

Notenbeispiel 37: Henze, *Klaviersonate*, 3. Satz, S.20/21

die beiden Binnensätze im gebundenen Stil abgefaßt. Der erste Satz kommt ganz ohne Taktstriche aus (bis auf zwei winzige Partien bei Buchstabe H und I) und benutzt sogar einmal graphische Notation (vgl. NB 38). Gleichwohl werden hier und da gemessene, das heißt auf metronomische Werte bezogene Spielverläufe einbezogen, allerdings immer nur für je eine Stimme, so daß es zu verschiedenen Tempoebenen in der Gleichzeitigkeit kommt (siehe die Achtelfolgen kurz nach Beginn des ersten Satzes in den drei Oberstimmen, die im Verhältnis 100:112:120 ♩ pro Minute stehen). Im vierten Satz (der nicht als Partitur sondern nur in vier getrennten Stimmen vorliegt) wird über die rhythmisch-metrische Anlage hinaus auch der gesamte Satzverlauf den Entscheidungen der Musiker überstellt. »*Die Reihenfolge von 27 größeren und kleineren Zellen wird vom Primgeiger nach seinem Belieben gewählt, nur Anfang (Thema) und Ende sind fixiert. So werden auch die Dauer, die Stimmung — Charakter, Farbe, Intensität — von seinem Spiel und seinen Entscheidungen bestimmt, die anderen spielen sich auf ihn ein und machen Echos zu seinen Motionen, Rufen und Akzenten.*« (HENZE 1984, 281)

Dieser Satz ist meines Wissens das einzige Beispiel für eine aleatorische Formkonzeption bei Henze. Daß hiermit kein Glaubensbekenntnis vertreten wird, erhellt schon aus der Anlage der übrigen Sätze des 4.Streichquartetts. So ist der dritte Satz mit seinen drei Teilen »*Allegretto moderato*« — »*meno mosso*« — »*Allegretto moderato*« (wobei die Außenteile auf wechselnden Taktarten 3/8, 2/4, 5/8 und 3/4 basieren, der Mittelteil dagegen den 3/4-Takt festhält) ein reguläres »*Scherzo mit Trio*« (HENZE 1984, 281), das an die Tradition der Ländler-Scherzi anknüpft und so klingt, als hätte Henze auf Alban Berg durch Strawinskys Augen geschaut.

Auch der zweite Satz fügt sich mit seinem »*Adagio*«-Charakter bruchlos in die seit der Klassik bekannte zyklische Viersätzigkeit ein. Im Titel dieses Satzes findet sich der Vermerk »*William Byrd Pavana*«. Noch deutlicher als beim dritten Satz, der mit seiner überdeutlichen Bezugnahme auf den alten Typus Ländler-Scherzo ja im Grunde genommen zitierte und neu formulierte Musik ist, haben wir es auch im zweiten Satz mit 'Musik über Musik' zu tun. Die Pavane, die dem Adagio zugrundeliegt, findet sich in *The Fitzwilliam Virginal Book*. Diese wahrscheinlich von dem Engländer Francis Tregian Anfang des 17.Jahrhunderts aufgeschriebene Sammlung von Instrumentalmusik (meist Suitensätzen) diverser Komponisten der Zeit zwischen 1550 und 1620 wurde erstmals 1899 gedruckt und 1963 in einer reprographischen Neuausgabe herausgebracht (Wiesbaden: Breitkopf und Härtel).

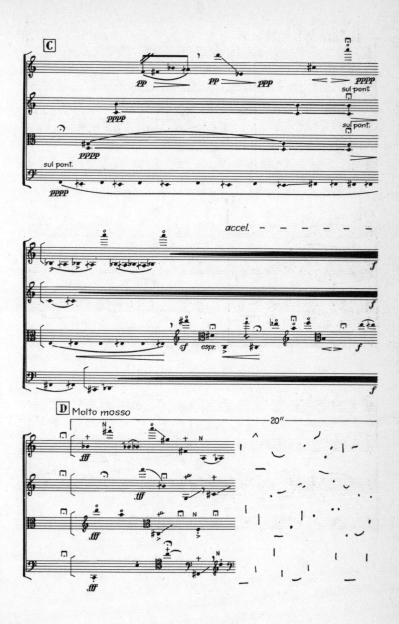

Notenbeispiel 38: Henze, 4. Streichquartett, 1. Satz, Part. S.11

169

[CLXXIV.]
Pavana.

Notenbeispiel 39: Henze, *4. Streichquartett,* 2. Satz (Anfang) und Byrd: *Pavane* (Anfang)

Unter der Nummer CLXXIV ist die Pavane Byrd's aufgenommen, die Henze im Adagio zitiert. Das dreiteilige Stück (8+8+13 Takte) wird vollständig realisiert, dabei aber durch Unterbrechungen, kleine Teilwiederholungen und Überdrehungen einzelner Klänge auf eine etwa sechsfache Länge gebracht. Der Grund dafür liegt in dem 'Verhalten' des Quartettbratschers, der hier in der Rolle eines Rhapsoden auftritt, der seinen Vortrag mit der alten Musik untermalt, dabei aber die Pavane — als käme sie von einer Drehorgel — immer wieder stocken läßt, um seinen instrumentalen Gesang um so wirkungsvoller zu Gehör bringen zu können. Der Part der Bratsche ist hoch expressiv, dabei in freier Rhythmik gehalten (auch wenn diese gelegentlich taktmetrisch notiert ist) und mit Vierteltönen durchsetzt. Die Stimmen der anderen Musiker führen die Byrd-music aus, wobei es zu kleinen Phasen mit metrischer Zeitstruktur kommt. An einigen Stellen gehen Geigen und Cello auf die 'Sprechweise' der Bratsche ein, so wie letztere auch hier und da Töne des Pavanen-Satzes übernimmt (vgl. NB 39, T.11). Da Henze den Satz in der originalen Tonart (»aus A«) übernimmt, setzen sich auch die Akkorde der Teilschlüsse, A-Dur und C-Dur, zäsurbildend durch. Der letzte A-Dur-Klang wird uns allerdings vorenthalten. Stattdessen verliert sich der 'Rhapsode' (sozusagen beim Weggehen) in entlegensten Höhen und hält mit den Septakkordtönen d^3-gis^3, die bis ins *pppppp* zurückgenommen werden, das Bedürfnis nach Auflösung unbefriedigt.

Das *4.Streichquartett* ist mit seinen pro Satz wechselnden kompositorischen Posen (die auch an die 'pluralistische' Denkart B.A.Zimmermanns erinnern) höchst charakteristisch für Henzes reifen Schreibstil. Einerseits gibt es die enorme Spanne zwischen den präsentierten historischen Bewußtseinszuständen: von der Choralbearbeitung bis zu aleatorischer Formkonzeption; andererseits findet Henze zu sehr einfachen und einsichtigen Lösungen, die dem in sich heterogenen Gebilde Halt geben: durch die vier Sätze des Quartetts wird eine Art 'Leitungsfunktion' von Musiker zu Musiker weitergegeben, indem im Kopfsatz das Cello hervortritt, im Adagio die Bratsche die Initiative hat, im Scherzo die 2.Violine den Hauptpart hat und im Finale die 1.Violine Ausdruck, Maß und Form bestimmt. So gewinnt dieses Werk auch einen zuweilen konzertanten Charakter, wie Wulf Konold zurecht hervorhebt (KONOLD 1986, 217).

Aus derselben Zeit wie Henzes letzte drei Quartette stammt auch die leicht gedachte aber sehr schwer zu spielende Solosonate für Violine. Dieses dreisätzige Werk schrieb Henze 1977 für den zweiten »Cantiere Internazionale d'Arte« in Montepulciano, wo es am 10.August von

Jenny Abel uraufgeführt wurde. Bei diesem Cantiere lag ein Schwerpunkt auf der Orpheus-Thematik. Es wurde u.a. eine *Favola d'Orfeo* aus dem 15.Jahrhundert aufgeführt, zu der mehrere mit Henze befreundete Komponisten kleine Charakterstücke über bestimmte Figuren und Situationen hinzukomponierten. In dieses Projekt paßte sich auch Henze mit seinen Geigenstücken *Tirsi*, *Mopso* und *Aristeo* ein.

Aristeo war jener brünstige Hirte, der Euridice nachstellte und ihren Tod verschuldete: als sie vor ihm in den Wald fliehen mußte, erlag sie dem Biß einer Schlange. Henze über den *Aristeo*-Satz:

In dieser Musik habe ich versucht, wie in photographischer Technik einige entscheidende Augenblicke des Vorgangs festzuhalten. Aus den Klageliedern des Monteverdischen Orfeo *tönt wie von fern ein Ritornell in die moderne Rondomusik hinein, die Tragödie vorausnehmend, anachronistisch und prophetisch wie die Liebe, wie die Musik.* (HENZE 1984, 287, auch im Vorwort der Partitur)

Da Henze die Szene näher beschreibt, ist es nicht schwer, die Bilderfolge auf die Abschnitte des Rondos zu beziehen. Hier eine Übersicht über die 'imaginäre' Szene zwischen Aristeo und Euridice:

T.1	Aristeo kommt	»con ferocia«	A 1
T.17	tonale Intonation		—
T.20	Euridice kommt	»hektisch, unruhig«	B 1
T.41	tonale Intonation		—
T.42	Aristeo ruft sie		A 2
T.59	tonale Intonation		—
T.60	Euridice ängstigt sich	»drängend« - »furtivamente - »dolce«	B 2
T.89	tonale Intonation		—
T.91	Aristeo jagt sie	»il piú presto possibile«	C
T.107	tonale Intonation		—
T.109	Aristio begehrt sie	»mit großem Pathos«	A 3
T.111	Euridice weicht zurück	»espressivo«	B 3
T.124	tonale Intonation		—
T.126	Euridice im Wald Biß der Schlange	»dolce«	B 4
T.150	tonale Intonation		—
T.150 -199	Aristeo schreit laut und anhaltend		A 4

Es wird deutlich, daß bei dieser Anlage eine didaktische mit einer künstlerischen Intention einhergeht. Zu den didaktischen Maßnahmen gehört wohl die sorgfältige Abtrennung der neuen Klangbilder durch dazwischengestellte Zitate Monteverdischer Tonalität. Auch ist die charakterisierende Einlassung der Musik auf die Figuren und deren Affekte gleichsam der Welt des Volkstheaters genähert. Andererseits ist das Stück weder der Form noch der Kompositionstechnik nach einfach oder gar primitiv. Die neun Rondoabschnitte werden nämlich eingreifenden Variationen unterworfen. Dazu gehört auch, daß die

Teile B 3 und B 4 die krebsförmigen Fassungen von B 1 und B 2 sind. Diese Maßnahme dürfte übrigens tonsymbolisch begründet sein, da die Rückläufigkeit der Euridice-Musik mit dem Zurückweichen der bedrängten Nymphe vor Aristeo analog gesetzt werden kann. Musik, die sich rückläufig wiederholt, löscht sich selbst symbolisch aus.

Der Satz ist zwölftönig auf der Grundlage einer einzigen Reihe komponiert (± 5 1 2 6 11 10 10 7 6 9 8 ∓). Die Grundgestalt der Reihe ist meistens Aristeo, die Umkehrungsform eher Euridice zugeordnet. Allerdings gibt es etliche Freiheiten im Umgang mit der Reihe, so daß etwa die Modi Krebs und Umkehrungskrebs neben den häufigeren Hauptformen nicht immer leicht zu erkennen sind. Wie schon Alban Berg so legt auch Henze es darauf an, einer Reihe Ausdrucksqualitäten abzugewinnen, die noch Berührung mit dem historischen Ausdrucksrepertoire haben. In diesem Fall endet die Grundgestalt mit einem Dur-, die Umkehrung mit einem Moll-Dreiklang. Allerdings vermeidet Henze den Dur-Klang immer dann, wenn er allzu exponiert (also z.B. am Schluß eines Teils) erscheinen würde. Am Schluß des Satzes (und der Sonate) fehlt denn auch der 'kritische' Ton *fis* zwischen *a* und *d*, während der Euridice-Klang cis-gis-e wie zur Erinnerung an die schöne Nymphe noch einmal angezupft wird (vgl. NB 40).

Notenbeispiel 40: Henze, *Sonate für Violine solo*, 3.Satz (Schlußtakte und Zwölftonreihe)

Mit den jährlich stattfindenden Festen in Montepulciano hängt auch die Entstehung der *Duo-Sonate für Bratsche und Klavier* zusammen. Sie wurde 1979 für den schottischen Bratschisten Garth Knox geschrieben, der in Montepulciano mitgewirkt hatte, und zwar sowohl konzertierend als auch organisierend. (Er ist jetzt Konzertmeister im Ensemble Contemporaine bei Boulez in Paris.) Die Sonate wurde indessen nicht in Montepulciano, sondern zu den Wittener Tagen für neue Kammermusik am 20. April 1980 von Garth Knox und Jan Lathan-Koenig uraufgeführt.

Henze hat sich in einem Gesprächskonzert im SFB 1986 ausführlich und offen über die Bratschensonate geäußert. Da diese Ausführungen sehr kennzeichnend für Henzes (Kammer-)Musikauffassung überhaupt sind und kaum bekannt sein dürften, füge ich eine längere Passage hier ein. Der Text basiert auf der Umschrift einer Tonbandaufzeichnung dieser Live-Unterhaltung und wahrt die Merkmale der spontanen Rede. Henze beginnt mit dem schmunzelnd vorgetragenen Bekenntnis, daß die Bratsche sein »Lieblingsinstrument« sei. Nach einigen Auskünften über die Entstehung des Stücks und über dessen ersten Interpreten Garth Knox wird die Sonate gespielt. In dem nachfolgend geführten Gespräch (mit einem wenig kompetenten Moderator) sagt Henze auf die Frage, weshalb er in dieser Sonate auf brillante Extras und avantgardistische Spieltechniken verzichtet habe:

Das liegt am Stück, das ist, natürlich, wie fast immer bei meinen Sachen — also selbst zu Hause mach' ich Theater, es ist'n Theaterstück, sagen wir mal ein Kammermusikstück mit einem theatralischen Aspekt, also, das sieht man nicht aber das — das merkt man vielleicht, das hört man vielleicht, und so ist es ja auch bei der Kammermusik... gedacht, und auch in der klassischen Kammermusik ist natürlich das Leben, das Drama, der Gesang, menschliche Verhältnisse in die Kammermusik auch hineingekommen. Es ist ja nicht 'Eintritt verboten' plötzlich für diese Dinge. Und... also hier geht es — wenn man das so nachtr..., hätte man vielleicht vorher sagen sollen, aber vielleicht fühlen sich manche im Eindruck bestätigt auch ... das sind zwei ... was heißt hier ... das ist eine Sonate, es geht also um den ... um die Dualität zweier — zweier Themen, in diesem Falle eher Themenkreisen, muß man sagen. Und alles das, was in der Exposition die Bratsche spielt und das Klavier spielt, wird während der Durchführung verändert. Die Bratschen... der Bratschencharakter geht in's Klavier und der Klaviercharakter geht in die Bratsche. Außerdem hat es natürlich mit Auseinandersetzungen, Spannungen und Streit zu tun — es ist ein Zwei-Personen-Drama ... zwischen zwei Personen. (HENZE 1986 f.)

Es bestätigt sich wieder einmal, daß Musik für Henze immer den Charakter imaginärer dramatischer Interaktionen hat. Auch die *Bratschensonate* könnte somit in die Reihe von Stücken »Imaginären Theaters« eingereiht werden. Doch welches »Drama« steht hier auf dem Spielplan? Am ehesten wohl eine der klassischen Liebesgeschichten wie die zwischen Orpheus und Eurydike oder Tristan und Isolde oder Romeo und Julia oder Pelleas und Melisande oder Lulu und Dr. Schön. Denn die Musik klingt sehr gefühlsstark und über Strecken fast romantisch (auf der Linie Schumann - Mahler - Berg). So gibt es mehrere Abschnitte in dem einsätzigen Werk, die der Viola weitgespannte Kantilenen über einer vom Klavier zelebrierten naturhaften Ostinatofläche

Notenbeispiel 41: Henze, *Bratschensonate*, Kleinterzmelodik

Notenbeispiel 42: Henze, *Bratschensonate*, Quartenmelodik

Notenbeispiel 43: Henze, *Bratschensonate*, Schlußklang

ermöglichen (T.132 ff, T.178 ff, T.204 ff). Aber auch die Wahl der Intervalle trägt zu dem sanften Gesamtklang bei. Bevorzugt werden einerseits kleine Terzen in Verbindung mit kleinen Sekunden (vgl. NB 41) andererseits begegnen häufig Quarten, die durch eine kleine Sekunde miteinander verbunden sind (vgl. NB 42). Beide Intervallkonstellationen kommen auch in akkordischer Schichtung vor, wofür der Schlußklang ein instruktives Beispiel abgibt. Schreibt man die zwölf Töne dieses mit Hilfe des Pedals realisierten, mehrmals drei Oktaven umfassenden Simultanklangs nacheinander auf, so wird sofort dessen auf kleine Terzen (3) gegründete Struktur deutlich (NB 43).

Henze hat mit dieser zwanzigminütigen *Sonata per viola e pianoforte* ein sehr persönliches, bezwingend schönes und zudem für beide Musiker dankbares Kammermusikwerk vorgelegt. Da Henze ja auch ein sehr bedeutendes *Bratschenkonzert* komponiert hat — mit dem schwer zugänglichen Titel *Compases para preguntas ensimismadas* — und er auch sonst in Orchester- und Bühnenwerken (siehe z.B. die *Elegie für junge Liebende*, wo die Bratsche der sympathischen Hauptfigur Toni gilt) »*immer schöne Sachen für die Bratschen*« (HENZE 1986 f) anbringt, besteht Aussicht, daß dieses Instrument vielleicht in unserem Jahrhundert doch noch aus dem Schattendasein unterhalb der Violinen heraustreten kann. Damit wäre auch dem Programm von Kammermusik, nämlich zur Emanzipation der Musiker auf dem Wege der Verselbständigung ihrer Instrumentalstimmen beizutragen, nachgekommen.

IX. *Tristan* und andere 'verkehrte' Konzerte

Die erste öffentlich aufgeführte Komposition H. W. Henzes war ein Stück für Solo-Klavier, Solo-Flöte und Streichorchester, das *Kammerkonzert* von 1946. Der zwanzigjährige Schüler Wolfgang Fortners war auf den ersten Darmstädter Ferienkursen für Neue Musik aufgetreten und war sofort 'entdeckt' worden: Willi Strecker holte Henze noch in der Konzertpause dieses Abends, also nachdem er soeben die Uraufführung des *Kammerkonzerts* gehört hatte, zu sich und bot ihm 'seinen' Schott-Verlag für dieses Stück und alle kommenden Werke an. Henze war der komponierende Star, eine nicht zu übersehende Begabung, selbst eine Art Solist unter den Komponisten der ersten Stunde.

Die musikalische Gattung, mit der Henze zuerst an die Öffentlichkeit getreten war, übte auch weiterhin eine große Anziehungskraft auf den Komponisten aus. Dies ist eigentlich erstaunlich, weil Henze selbst ja kein Instrumentalsolist ist. Im Gegensatz zu manchen Großmeistern der Musikgeschichte wie Bach, Händel, Mozart, Beethoven, Schumann, Liszt, Brahms, Reger, Busoni, Bartók, Hindemith, die alle ihre Instrumentalwerke auch selber aufführen konnten, beherrscht Henze kein Instrument bis zur Konzertreife. Daß er dennoch viele Werke schrieb, die an Instrumentalsolisten höchste Anforderungen stellen, wirft ein Licht auf die veränderte Rolle des Komponisten in unserem Jahrhundert. Während nämlich im vorigen Jahrhundert jene Komponisten, die nicht zugleich Instrumentalsolisten waren, wie Schubert, Berlioz, Wagner, Dvořák, Mahler, Debussy, sich — bei gelegentlichen Ausnahmen — der Komposition großer Solo-Konzerte enthielten, hat sich im 20. Jahrhundert die Rolle des Komponisten gegenüber der des Instrumentalsolisten so weitgehend verselbständigt, daß jeder Komponist ohne Skrupel Konzerte schreiben wird, sofern er überhaupt eine Affinität für diese Gattung empfindet. So schrieb Schönberg, — selbst nur ein mäßiger Pianist und Cellospieler — je ein großes *Klavier-* und *Violinkonzert*, Berg legte mit dem *Kammerkonzert* und dem *Violinkonzert* zwei zentrale Werke des Genres vor, und desgleichen lassen sich Lutosławski und Ligeti, Schostakowitsch und Strawinsky, Hartmann und B.A. Zimmermann, und so verschiedene Komponisten wie Messiaen, Penderecki und Lachenmann in diesem Zusammenhang anführen.

Henze nun führt in seinem bisherigen Werkregister nicht weniger als zwanzig Titel, die dem Genre des Instrumentalkonzerts zuzurechnen sind, fast alle aber 'quer' zur Tradition der Gattung stehen. Die Reichweite dieser Stücke ist sehr unterschiedlich, was schon aus dem jeweiligen Umfang abzulesen ist: das *Concerto per il Marigny* für Klavier und sieben Instrumente von 1956 dauert gerade fünf Minuten, während das *Zweite Konzert für Klavier und Orchester in einem Satz* von 1967 fünfundvierzig Minuten beansprucht. Aber auch inhaltlich besitzen die Kompositionen mit Instrumentalsolisten ein wechselndes Gewicht. Die absolute Spitze hinsichtlich der formalen Komplexität, der Ausdrucksstärke und des innovativen Gehalts nimmt der *Tristan* Henzes ein. Constantin Floros, der im Oktober 1983 die Laudatio auf den Bach-Preisträger Henze hielt, stellt dieses gewaltige Orchesterwerk mit Klavier und Tonbändern entsprechend deutlich heraus: »*Dieser Tristan ist — so scheint es — eines der persönlichsten Werke Henzes und zugleich eines, das der Krise unserer Zeit ergreifenden Ausdruck verleiht*« (FLOROS 1983, 19). Ich möchte wegen der allgemein anerkannten exzeptionellen Bedeutung dieses Werkes in der heutigen Vorlesung gern einen Akzent auf Henzes *Tristan* legen. Dessen Erörterung sei deshalb nur ein kurzgefaßter Überblick über Henzes übrige instrumentalsolistische Werke vorangestellt.

Das am häufigsten von Henze herangezogene Soloinstrument ist das Klavier. In sieben Werken Henzes ist ein Klaviersolist vorgesehen, und zwar in dem besagten *Kammerkonzert* von 1946, in dem *Concertino für Klavier und Blasorchester mit Schlagzeug* von 1947, im *Ersten Konzert für Klavier und Orchester* von 1950, in dem bereits erwähnten *Concerto* für das Théatre Marigny in Paris aus dem Jahre 1956, in den *Jeux des Tritons* nach dem *Undine*-Ballett von 1957, im *Zweiten Klavierkonzert* von 1967 und eben in den *Tristan-Preludes* von 1973.

Die nächsthäufige Gruppe von Soloinstrumenten bilden die Streicher. Wir haben zwei *Violinkonzerte* von Henze, das frühe von 1950 und das »szenische« von 1971 (mit dem rezitierten Gedicht Hans Magnus Enzensbergers). Dazu kommt die *Ciacona per violino concertante ed orchestra da camera* von 1977 (eine Paraphrase über die auch heute noch viel gespielte *Ciaconna* für Violine und Generalbaß von Tommaso Vitali, Sohn des italienischen Barockmeisters Giovanni Battista Vitali). Für die tieferen Streichinstrumente hat Henze die *Musik für Viola und 22 Spieler* von 1970 mit dem ungewöhnlichen Titel *Compases para preguntas ensimismadas* (»Zeitmaße für gedankenverlorene Fragen«) geschrieben sowie drei Werke mit Violoncello solo: die *Ode an den Westwind* für Violoncello und Orchester von 1953 (über das gleichnamige Gedicht Percy B. Shelly's, das aber nicht rezitiert wird), ein *Konzertstück für Violoncello und kleines Ensemble* von 1985 und die *Sieben Liebeslieder für Violoncello und Orcheser*, ebenfalls von 1985. Außerdem gibt es das *Concerto per Contrabasso* aus dem Jahre 1966.

Auffällig oft setzt Henze sodann die Harfe solistisch ein: zuerst 1966 im *Doppio Concerto* für Oboe, Harfe und Streicher, später in den *Arien des Orpheus* für Gitarre, Harfe, Cembalo und Streicher von 1979, und schließlich in einer konzertanten Umwandlung der *Clavier-Fantasie mit Begleitung einer Violine* von Carl Ph. E. Bach für Flöte, Harfe und Streicher aus dem Jahre 1982. Jüngsten Datums ist die *Musik für konzertierende Gitarre und 15 Soloinstrumente* mit dem Titel *An eine Äolsharfe* (nach Mörike), die am 27. August 1986 in Luzern uraufgeführt wurde.

Neben der absolut dominierenden Gruppe der Saiteninstrumente — geklopft und gezupft wie gesungen — ist bisher nur die Klarinette eines eigenen Konzerts für würdig befunden worden: jenes bereits vorgestellte »*Imaginäre Theater II*«, *Le Miracle de la Rose*, von 1981.

Die inhaltlich gewichtigen Instrumentalkonzerte wurden alle nach 1966 geschrieben. Nach meiner Einschätzung können neben dem *Tristan* das *Zweite Klavierkonzert*, das *Bratschenkonzert*, das *Zweite Violinkonzert* und das *Klarinettenkonzert* auch heute erste Aufmerksamkeit beanspruchen und sollten unbedingt öfter aufgeführt werden. Mehr den Charakter von Gelegenheitsarbeiten haben dagegen das *Doppelkonzert* und das *Kontrabaßkonzert*, beide von 1966. Ersteres wurde für das Künstlerehepaar Holliger geschrieben und Paul und Maja Sacher gewidmet. Es ist ein Werk, dem ich am ehesten unter allen Henze-Stücken (abgesehen von bestimmten Frühwerken) das Attribut »klassizistisch« beigeben würde. Trotz meisterlicher Handhabung der ungleichen Gewichte von Oboe und Harfe — letztere gerät anderswo doch allzu leicht in eine Begleitrolle (z.B. in Lutosławskis Doppelkonzert) — und trotz überraschend früher Einbeziehung der gerade erst (wieder-)entdeckten multiplen Klänge für Holzblasinstrumente — Henze schreibt für die Oboe Zweiklänge und sogar Doppelklangtriller vor — ist der ganze Streichersatz sowie die Melodik und Harmonik doch recht hausbacken. Gelegentlich wird wohl auch die Grenze zum Kitsch überschritten, so im vierten Satz, der nach 'Lebensherbst' und 'Abendrot' klingt. Wenig aufregend wenngleich unterhaltsam ist auch das *Kontrabaßkonzert*, das Henze für den Amerikaner Gary Karr geschrieben hat. Angesiedelt zwischen Strawinsky und Blacher erscheint es wie aus Rücksicht auf dieses schwerfällige Instrument geschrieben; dabei ließen sich dem großen Baß-Corpus durch Perkussionseffekte und andere bereits erprobte Spielweisen höchst bizarre und auch sehr bedeutende Ausdruckswelten erschließen (siehe z.B. das *Kontrabaßkonzert* des Leipziger Komponisten Friedrich Schenker).

Zweites Klavierkonzert

Wie aus einer anderen Welt erscheint im Vergleich das schon ein Jahr später geschriebene *Zweite Klavierkonzert*. Henze selbst kommentiert, daß mit diesem Konzert von 1967 »*die Brücke von den Bacchanten und Mänaden der 'Bassariden' zu den sterbenden Soldaten und Arbeitern des 'Floßes der Medusa'*« geschlagen worden sei (HENZE 1984, 253). Diese Musik trägt die Spuren der impulsiven endsechziger Jahre an sich. Bestimmte scharf instrumentierte 'Orchesterschreie' hat man so noch nicht vorher von Henze gehört. Auch der Gesamtverlauf des 45minütigen Stücks spiegelt Henzes Neuorientierung wider, indem der letzte Teil des in drei Abschnitte aufgegliederten Werkes (mit einem *Scherzo* als mittlerem Hauptsatz) zu sehr freien, von heftigen Ausdrucksgegensätzen bestimmten Formprozessen gelangt. Hierzu trägt auch das Shakespeare-Sonett bei, das den Komponisten bei diesem Phantasieren geleitet hat, und das allerdings schon für sich einen Zustand am Rande von »madness und hell« beschreibt.

William Shakespeare, *Sonett CXXIX*

> *The expense of spirit in a waste of shame*
> *Is lust in action; and till action, lust*
> *Is perjur'd, murderous, bloody, full of blame,*
> *Savage, extreme, rude, cruel, not to trust;*
> *Enjoy'd no sooner, but despised straight;*
> *Past reason hunted; and no sooner had,*
> *Past reson hated, as a swallow'd bait,*
> *On purpose laid to make the taker mad:*
> *Mad in pursuit, and in possession so;*
> *Had, having, and in quest to have, extreme;*
> *A bliss in proof, — and prov'd, a very woe;*
> *Before, a joy propos'd; behind, a dream:*
> *All this the world well knows; yet none knows well*
> *To shun the heaven that leads men to this hell.*

Nachdichtung von Karl Kraus (1932/33)

> *Wird Geist gewendet an den Plan der Lust,*
> *sind Lust und Geist im Werk der Schmach verschwendet.*
> *Kein Meineid, kein Verrat ist unbewußt,*
> *nicht Mord dem Sinn, den jene Lockung blendet.*
> *Doch sie verkürzt ihn. Denn in tollem Wagen*
> *wird Lust Verlust und nichts verbleibt den Sinnen*
> *als noch der Wunsch, sich fortan zu versagen*
> *und niemals mehr von neuem zu gewinnen.*
> *Wie Wahnwitz giert und allzu bald ersattet,*
> *bevor das Unmaß der Erfüllung voll —*
> *unselig, den die Seligkeit ermattet,*
> *und den das Glück gleich einem Gift macht toll.*
> *Wer wüßt' es nicht, und würde nicht durch Gluten*
> *des Himmels doch sich in die Hölle sputen!*

Zugleich weist das Konzert aber eine hochgradige strukturelle Dichte auf, worauf Gregor Berger in einer Melos-Analyse (BERGER 1973) aufmerksam gemacht hat. Auf zwei Zwölftonreihen basierend ist das Stück gleichwohl auf eine einzige Grundgestalt ($\pm$ 5 6 $\mp$) zentriert, die an allen wichtigen Beginn- und Wendepunkten hervortritt. Ergänzend zu Bergers Beobachtungen sei noch angeführt, daß Henze auch frei-dodekaphonische Modelle einbezieht. Diese dürfte er bei Alban Berg vorgefunden haben, der eine Vorliebe für symmetrische Zwölftonkonstellationen hegte (siehe PETERSEN 1986). Am Schluß von Henzes *Zweitem Klavierkonzert* erklingt in der linken Hand des Klaviers (T.1176) einer jener vier Zwölftonterzakkorde, die Berg zuerst im *Wozzeck* verwendet hatte (vgl. auch PETERSEN 1985).

Während Henzes *Zweites Klavierkonzert* eine gewisse Beachtung erfahren hat, ist sein *Bratschenkonzert* von 1970 weitgehend unbekannt geblieben. Die Vernachlässigung dieser feinsinnigen und aufregenden Komposition durch Musiker, Dirigenten, Schallplattenproduzenten und Rundfunkredakteure ist völlig unverständlich, zumal ja kaum bedeutende Bratschenkonzerte vorliegen. Das 26minütige Werk ist einesteils experimentell, andernteils aber dramaturgisch klar durchgestaltet. Taktmetrische Notation steht neben spazialer Notation (bezogen auf Zeiteinheiten von vier Sekunden Dauer). Manche Partien basieren auf graphisch gefaßten Ausführungszeichen, was z.T. ein bizarres Partitur- und Klangbild ergibt. So häufig wie nie zuvor verwendet Henze in dieser Partitur Vierteltöne, und zwar sowohl für Streicher als auch für Bläser; das Stück endet denn auch auf einem ↑c^4 der Solo-Bratsche. Andererseits kommen tonale bzw. modale Enklaven vor, denen konkrete Bedeutung anzuhaften scheint, die jedoch im Dunkeln bleibt (Part. S.28 ff, boo bam und log drums; S.50, Harfe; S.71 ff, Harfe und Cembalo). Bemerkenswert ist auch, daß Henze in diesem Konzert avancierteste Spieltechniken aufgreift und sehr subtil einsetzt, so das tonlose Betätigen von Klappen bei Holzbläsern, das Spiel auf dem abgenommenen Mundstück, das Streichen und Schlagen der Saiten zwischen Steg und Saitenhalter, das Spiel »im« Cembalo und Klavier mit Draht- und Haarbürsten usw. Dabei ist der Klang des Konzerts nicht aggressiv; eher hören wir überfeine, höchst empfindliche Schattendialoge, von denen aber magnetische Kräfte auszugehen scheinen. Ausgedrückt mit Henzes poetisierender Sprache: »*Die Musik ist wie kleine Notizen über vorübergehende Stimmungen, das Vibrieren der Saiten wie das Rascheln von Blättern im Wind. Es sind Briefe, die nicht geschrieben werden konnten, weil ihr Inhalt nur noch in Klang sich mitteilen ließ, so wie der Klang die Berührungen vollzieht, für die es keine andere Verwirklichung gab*« (HENZE 1984, 144).

Zweites Violinenkonzert

Erzählt das *Bratschenkonzert* sozusagen von einer »vita intima«, so ist das ein Jahr später komponierte *Zweite Violinkonzert* eher öffentlichen Themen gewidmet. In diesem Konzert hat Henze ein Gedicht von Hans Magnus Enzensberger verarbeitet. Enzensbergers Gedicht, das den Titel *Hommage á Gödel* führt, hat weder Berührungspunkt mit *El Cimmarrón*, jener emphatischen Einlassung des Dichters auf die Lebensgeschichte des Sklaven Esteban Montejo, noch mit *La Cubana*, wo Enzensberger in offen denunzierender Absicht die Künstler-Karriere der kubanischen Halbweltdame Rachel nachgezeichnet hat. Die hier vorliegenden Prosaverse handeln von ganz anderen Dingen und wenden sich an ein spezielles Publikum. Der Titel des Gedichts bezieht sich auf den Logiker und Mathematiker Kurt Gödel. Enzensberger will mit dem Gedicht eine Brücke von den Gesetzen des Denkens zur Praxis des politischen Verhaltens einklagen. Gödel »hat« recht, doch wer »tut« recht? — lautet der hier zum Thema von Gedankenlyrik erhobene Widerspruch.

Hans Magnus Enzensberger, *Hommage á Gödel*

Münchhausens Theorem, Pferd, Sumpf und Schopf,
ist bezaubernd, aber vergiß nicht:
Münchhausen war ein Lügner.

Gödels Theorem wirkt auf den ersten Blick
etwas unscheinbar, doch bedenk:
Gödel hat recht.

»In jedem genügend reichhaltigen System
lassen sich Sätze formulieren,
die innerhalb des Systems
weder beweis- noch widerlegbar sind,
es sei denn das System
wäre selber inkonsistent.«

Du kannst deine eigene Sprache
in deiner eigenen Sprache beschreiben:
aber nicht ganz.
Du kannst dein eigenes Gehirn
mit deinem eignen Gehirn erforschen:
aber nicht ganz.
Usw.

Um sich zu rechtfertigen
muß jedes denkbare System
sich transzendieren,
d.h. zerstören.

»Genügend reichhaltig« oder nicht:
Widerspruchsfreiheit
ist eine Mangelerscheinung
oder ein Widerspruch.

(Gewißheit = Inkonsistenz.)
Jeder denkbare Reiter,
also auch Münchhausen,
also auch du bist ein Subsystem
eines genügend reichhaltigen Sumpfes.

Und ein Subsystem dieses Subsystems
ist der eigene Schopf,
dieses Hebezeug
für Reformisten und Lügner.

In jedem genügend reichhaltigen System,
also auch in diesem Sumpf hier
lassen sich Sätze formulieren,
die innerhalb des Systems
weder beweis- noch widerlegbar sind.

Diese Sätze nimm in die Hand
und zieh!

Henzes sehr ungewöhnliches Violingedicht von 1971 heißt genau: »*Zweites Violinkonzert für Sologeiger, Tonband, Stimmen und 33 Instrumentalisten unter Verwendung des Gedichts 'Hommage á Gödel' von Hans Magnus Enzensberger*«. In diesem Titel — so lang er ist — fehlen eigentlich die Hinweise auf die erforderlichen szenischen Mittel wie den Beleuchtungsapparat, das Kostüm und die Einbeziehung des Raumes. Das im Titel angeführte Tonband enthält Sprech- und Gesangstimmen sowie solistische Geigenpartien, die allesamt vorher aufgenommen worden sind und zu den Live-Darbietungen von Sologeiger und Orchester eingespielt werden.

Die Form des Konzerts ist überschaubar: sechs Sätze mit den altertümlichen Titeln *Presentazione*, *Teorema*, *Fantasia I*, *Divertimento*, *Fantasia II* und *Conclusione* sind so angeordnet, daß sprachhaltige und sprachfreie Einheiten sich abwechseln. Das Gedicht Enzensbergers wird im Verlauf des Konzerts vollständig vorgetragen.

Der erste Teil, in dem Münchhausens Lüge und Gödels Wahrheit einander gegenübergestellt werden, kommt im ersten Satz des Konzerts zu Gehör. Der Mittelabschnitt (»*Du kannst deine eigene Sprache...*«), in dem die Implikationen des Gödelschen Theorems erörtert werden, wird innerhalb der *Fantasia I*, dem dritten Satz des Konzerts, gesungen bzw. gesprochen. Der Schluß (»*Jeder denkbare Reiter...*«), der Münchhausens und unsere Not thematisiert, gelangt in der *Fantasia II*, dem fünften Satz des Konzerts, zum Vortrag. Die Sätze II, IV und VI sind dagegen sprachfrei. Sie enthalten allerdings musikalische Fremdzitate in Form von Fragmenten von Vokal- und Instrumentalmusik als zurückliegenden Zeiten, die einen ähnlichen semantischen Effekt erzeugen, wie die verbalen Bestandteile der anderen Sätze. Mit den einmontierten Klangrealien nimmt der Hörer ja nicht lediglich stilistisch abweichende Musik auf; vielmehr assoziiert er (bei entsprechenden Vorkenntnissen) mit den zitierten Genres konkrete historische Sachverhalte, z.B. »Wiener Gesellschaft« bei den schnellen Walzerabschnitten (Partitur S.42, 68 und öfter), »Klavierlöwe des 19.Jahrhunderts« bei dem B-Moll-Klaviersatz (Partitur S.47 und 95), »Big-Band-Amerika« bei dem dichten, homophonen Blechsatz (Partitur S.47), oder »Elizabethanisches Zeitalter« bei der Pavane und Gaillarde (Partitur S.42, 67 und öfter).

Zu den verbalen und musikalischen Semantemen kommt nun noch die Szene hinzu, die hier, weil wir uns im Konzertsaal befinden, ihrerseits wie einmontiert wirkt. Zu nennen sind, in Bezug auf den Sologeiger, dessen Kostümierung sowie bestimmte Gesten des Zögerns und Anhebens, außerdem die Stimmen aus dem Off (über Lautsprecher), und zwar sowohl die verbalen als auch die geigerischen 'Sätze', sodann das Auftreten eines Sprechers, der in diesem Ambiente ebenfalls fremd wirkt, schließlich die Verdunklung des Konzertsaals in der *Fantasia II*, wo der Geiger bis an die Rückwand der Bühne zu gehen hat und nur noch von einem »Verfolger« beleuchtet wird, während der Vokalist irgendwo im Raum auf der Seite des Publikums den Schlußtext in den Saal heineinsingt, so einen Dialog mit dem Geiger »Münchhausen« führend, der wegen der Verfinsterung geisterhafte Züge gewinnt.

In gewisser Weise entspricht Henze mit der Anlage dieses *Violinkonzerts* dem im Sinne Gödels formulierten Satz, daß »jedes denkbare System« — also auch das »System Instrumentalkonzert« — sich transzendieren müsse, um sich zu rechtfertigen. Andererseits verfolgt Henze aber auch Absichten wie Münchhausen: sich am eigenen Schopf aus dem Sumpf zu ziehen wäre ein Bild für die Anstrengung von Besuchern der Abonnementskonzerte, alte Hörgewohnheiten und -erwartungen aufzugeben und neue Zugänge zu Musik erproben zu wollen. Auch im Konzerthaus darf der Verstand mit in die Loge genommen und sollte nicht in der Garderobe abgegeben werden. Verstandesarbeit als eine Komponente der musikalischen Apperzeption wird durch Henzes *Zweites Violinkonzert* geradezu herbeigezwungen. Der Gewinn ist beachtlich, insbesondere auch für die sprachfreien Sätze des Konzerts, die infolge des Kontextes mit hellerem Bewußtsein gehört bzw. in ihren Geschehensabläufen beobachtet werden.

Besonders der Anfang des Stücks scheint in seiner musikalisch-szenischen Dramaturgie auf das Ziel einer intelligenten Verstörung des Hörers hin angelegt zu sein.

Das Orchester beginnt.

Nach sechs Takten tritt der Violinspieler eilig auf. »*Er trägt einen Dreispitz mit Feder, einen wehenden schwarzen Frackmantel, rot gefüttert.*«

Nach weiteren sieben Takten sehen wir: »*Der Violinspieler legt Mantel und Hut ab.*«

Beim Einsatz des Klaviers ist vermerkt: »*Er nimmt die Geige unters Kinn – – – er setzt den Bogen an.*«

In diesem Moment tönt aus dem Lausprecher der erste Satz des Gedichts: »*Münchhausens Theorem...*«; die Folge ist: »*Der Violinspieler läßt den Arm mit dem Bogen sinken.*«

Das Ansetzen und Sinkenlassen des Bogens wiederholt sich mehrere Male, bis die Stimme aus dem Off verkündet: »*Gödels Theorem wirkt auf den ersten Blick etwas unscheinbar, doch bedenkt: Gödel hat recht.*« Hier setzt der Violonspieler »*ganz plötzlich die Geige an und beginnt zu spielen.*« Dabei spricht er zwischen seine Geigentöne und teilweise sogar während des Geigenspiels das Gödelsche Theorem.

»Introduktion« und »Eingang des Solisten« sind bewältigt. Der nun folgende rein instrumentale zweite Satz entwickelt sich und wird großflächig fortgesponnen (über dreißig Partiturseiten). Es scheint unausweichlich, daß diese Musik nun aus einer neuen, erweiterten Perspektive verfolgt wird — nämlich mit Gödels Theorem im Kopf.

In Erinnerung an unsere Überlegungen zu Henzes »Imaginärem Theater« bleibt festzuhalten, daß im *Zweiten Violinkonzert* die Bezugnahme von Instrumentalmusik auf theatralische Vorstellungswelten dadurch gelingt, daß szenische Komponenten in den Konzertsaal selbst hineingetragen werden. Bei dem jetzt ausführlich zu behandelnden Stück ist der andere denkbare und von Henze öfter beschrittene Weg gewählt worden, nämlich die Imagination des Hörers derart auszurichten und zu stimulieren, daß er durch die Musik hindurch zu szenischtheatralischen Visionen gelangt. Die erste Tür zu einer derartigen Welt von Assoziationen wird bereits mit dem Titel *Tristan* aufgestoßen, denn dieser Name ist Begriff: er bedeutet Wagnersche Musikdramatik, jedenfalls für ein mit Musik vertrautes Publikum. Daß Henze allerdings Wagners psychologische Dramaturgie bewußt durchkreuzt und sein »Imaginäres Theater« auf vielfältige Weise episiert, werden die nachfolgenden Ausführungen deutlich machen.

Neben dem Theatralischen spielt indessen das Politische eine große Rolle in Henzes *Tristan*. Die Jahre nach 1966 waren ja überhaupt durch konkretes politisches Engagement Henzes bestimmt. Das Jahr 1973 aber, in welchem der *Tristan* entstand, war in ganz besonderem Maße

Politische Begleitumstände der Entstehung

von weltpolitischen Ereignissen geprägt. In Vietnam kam mit der Niederlage der Amerikaner die entscheidende Wende — im Januar 1973 trat ein offizielles Waffenstillstandsabkommen in Kraft; der bisher größte Korruptionsskandal in den USA, der seit dem Watergate-Einbruch (1972) schwelte, konnte aufgedeckt werden — im Mai 1973 fanden die Vernehmungen der Regierungsbeamten und Präsident Nixon's statt, die im nachfolgenden Jahr zu dessen Rücktritt führten; in Chile aber erlitt das hoffnungsvolle Projekt eines demokratischen Sozialismus einen schweren Rückschlag durch den übermächtigen Krieg, den der private US-Konzern ITT mit Unterstützung des regierungsamtlichen Geheimdienstes CIA gegen die Demokratie führte — am 11.September 1973 putschte General Pinochet mit der Folge der Ermordung Salvador Allendes und vieler seiner Anhänger sowie der Errichtung der bis heute andauernden Militärdiktatur.

Henze wurde von diesen Ereignissen in seiner ganzen Person erfaßt, nicht nur, weil unter den Opfern auch befreundete Künstler (wie der chilenische Liedermacher Victor Jara) waren, sondern weil sein persönliches Hoffen und Wünschen unmittelbar mit dem Erfolg und den Niederlagen von Befreiungsbewegungen in der Welt verbunden ist. Der auf den *Tristan* bezogene Satz: »[...] *ein die Barrieren der Konzertmusik sprengender Todesschrei* [...] *der ganzen leidenden Welt*« (HENZE 1984, 232) ist daher entgegen dem ersten Anschein nicht von pathetischer Attitüde, sondern von genauer politischer Zeitbeobachtung und engagierter Teilnahme diktiert.

Der Entstehungsprozeß des *Tristan* ist von Henze minutiös beschieben worden (HENZE 1984, 227-234). Demnach stand am Anfang ein Klavierstück, das 1972 in Erinnerung an Wagners *Tristan*-Musik komponiert wurde. Dieses Stück nannte Henze *Prélude*. Während dieses einzelne Prélude zunächst liegen blieb, lernte Henze (ebenfalls 1972) in London ein modern eingerichtetes Tonstudio kennen, das über Möglichkeiten der computergesteuerten Klangsynthese und -verfremdung verfügte. In wenigen Tagen entstanden nun drei Tonbänder: eines speicherte mechanisch und elektroakustisch verfremdete Klavierklänge, denen Chopins Trauermarsch über eine Pianola-Walze zugeschaltet worden war; ein anderes enthielt die Aufnahme einer von Henze komponierten Version des mittelalterlichen *Lamento di Tristano* für Renaissance-Instrumente sowie eine im Synthesizer erstellte Verzerrungsvariante dieses Klangmaterials; das dritte Tonband benutzte die ersten vier Takte des dritten Aktes von Wagners *Tristan*, um daraus extrem lang gezogene, orgelnde und heulende Klangfolgen zu gewinnen, die den Rückschluß auf ihre Herkunft gar nicht mehr zuließen.

Über den weiteren Fortgang der Komposition gibt Henze jetzt folgende interessante Auskunft: noch bevor eine Note der umfangreichen Orchesterpartitur geschrieben war, lernte Henze die Tonbandmusik auswendig. Er hörte sie immer und immer wieder ab, so daß er schließlich mit der elektronischen Musik im Ohr die instrumentale Musik des Klaviers und des Orchesters schreiben konnte. So entstanden fünf Teile des sechssätzigen *Tristan* im Laufe des Jahres 1973. Die endgültige Fertigstellung wurde dann aber durch politische und private Katastrophen verzögert. Angesichts der Fernsehbilder und der Berichte vom Sturz der Allende-Demokratie in Chile konnte Henze nicht arbeiten; er ging mit Tausenden auf die Straßen von Rom, um dabei nur wieder ein Gefühl der Ohnmacht zu empfangen. Und die Todesfälle der ihm nahen und bedeutenden Menschen, nämlich W. H. Audens am 28.September 1973 und I. Bachmanns am 17.Oktober 1973, lähmten ihn zudem, so daß er erst gegen Ende des Jahres den »Epilog« des *Tristan* schreiben konnte.

Im nachfolgenden Jahr, am 20.Oktober 1974, fand dann die Uraufführung dieses ungewöhnlichen Werkes in London statt. Es spielten das London Symphony Orchestra mit Homero Francesch; die Leitung hatte Colin Davis. (Die 1975 produzierte Schallplatteneinspielung bei DG ist mit dem Kölner Rundfunk-Sinfonie-Orchester und wiederum Homero Francesch besetzt; die Leitung hatte dieses Mal der Komponist.)

Die allmähliche Gestaltwerdung von Henzes *Tristan* läßt sich in einem Stufenschema veranschaulichen. Am Anfang stand ein einzelnes Klavierstück mit dem Titel *Prélude*:

Klavier

Daraus entwickelte sich die *erste Formidee* einer Komposition für Klavier und Orchester, die auf dem Alternatim-Prinzip basieren und eine Folge von fünf Klavier-Préludes und fünf Orchestersätzen miteinander verschränken sollte.

Klavier

Orchester

Vom Klavierstück zum sechssätzigen Zyklus

Eine *erweiterte Formidee* rechnete mit der Einbeziehung von elektronischer Musik als dritter Aktionsebene, wobei den zehn Abschnitten von Klavier und Orchester drei Tonband-Passagen zugeordnet wurden.

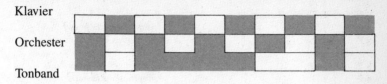

Die nun entstehende *integrierte Formidee* faßte einige Préludes und Orchestersätze sammt den Bandpassagen zu einem sechssätzigen Zyklus zusammen.

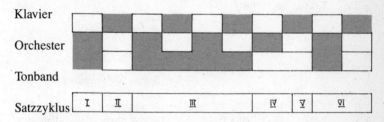

Im endlich *realisierten Formverlauf* ist das schematische Alternatim-Prinzip aufgelockert (nur im dritten Satz ist es noch rein zu erkennen). Die so entstandene Form dieses konzertanten Orchesterwerks ist mit keinem der aus der Geschichte des Instrumentalkonzerts oder der Symphonie bekannten Modelle vergleichbar.

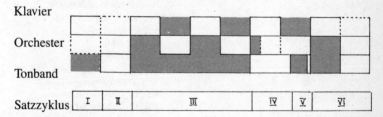

Der musikalische Formverlauf ist nun seinerseits unterlegt bzw. gesteuert von einem dramaturgischen Plan, der einerseits auf den Träumen und Phantasien des kompositorischen Subjekts, andererseits auf »imaginären« Handlungszusammenhängen gründet. Die letztere Ebene ist von Henze in jenem bereits erwähnten längeren Essay recht detailliert beschrieben worden

Henze, *Tristan*, Verlaufsprotokoll

Partitur	Takt	Angaben in der Partitur	Stichworte aus dem Essay
S.1	T.1	I. Prologue	*Erstes Prélude*
S.6	T.36		*a-Moll*
S.7	T.37	II. Lament	*florentinisches Lamento*
S.15	T.59		*Erinnerung taucht auf*
S.18	T.65		*orgelhaftes Tönen des vollen Blechs*
S.19	T.67		*ekstatischer Hörnerschall*
S.21	T.71		*Chopineske Klaviermusik*
S.46	T.1	III. Preludes and Variations	*zweiter Monolog für das Klavier*
S.48	T.31		*drei kurze Orchestervariationen* 1. Var. *pointillistisch*
S.54	T.58		2. Var. *Scherzando*
S.61	T.101		3. Var. *stürmisch*
S.71	T.124	das dritte Prélude	
S.72	T.125		*dreistimmiger Kanon in drei Versionen* 1. Vers.
S.75	T.142		2. Vers.
S.77	T.155		3. Vers.
S.78	T.163		*Anfang der Brahmsschen »Ersten Sinfonie«*
S.81	T.190		*Reminiszenz des ostinaten Baß c*
S.83	T.197	IV. Tristan's Folly	*Abrupt bricht Tristans Wahnsinn aus; Tonbandmusik Klavier »con pathos« hochgestimmte Perkussionsinstrumente*
S.84	T.200		*dann Blasmusik*
S.85	T.203		*dunkle Perkussion*
S.87	T.209		*hohe Holzbläser*
S.88	T.212		*auskomponierte Fermate Sequenz Holzbläsermusik, wie im Lamento*
S.90	T.217		*wenige Takte Streicherkantilene*
S.91	T.222		*erneut eine Parzelle aus Brahms*
S.92	T.225		*verzückte Sologeigenpassage*
S.94	T.230		*wuchtige Klavierakkorde Clusters, Piccola-Trompete*
S.96	T.236		*Crescendo-accelerando auf der Gran cassa, wie ein Signal aus dem Kabuki-Theater*
S.98	T.242		*Montage des Chopinschen Trauermarsches*
S.98	T.243		*im Holz [...] gelächterhafte Verkürzung des Marschrhythmus, Gegenstimmen in Pos.,Tub.,Hörn.*

Zuordnung von Essay und Partitur

S.101	T.247		schließl. auch in den Trompeten
S.107	T.254		erster Höhepunkt Violinen übernehmen die Hauptstimme
S.109	T.260		kanonisches Blech
S.111	T.265		akustisch und emotional höchste Steigerung
S.112	T.266	V. Adagio	zwei Adagio-Takte der Streicher
S.113	T.268	Burla I	Folge von burlesken Tanz-(Valse)stücken
			1. Tanz *Walzer*
S.115	T.295	Burla II (alla turca)	2. Tanz *alla Turca*
S.119	T.318	Ricercare I	dann zwei Ricercari ...
S.130	T.370	Burla III (Marcia)	zwischen die Burla III gestellt ist
S.133	T.384	Ricercare II	
S.139	T.423	Largo	metallische Schläge
S.147	T.455		Todesschrei
S.149	T.1	VI. Epilogue	Epilog für das Klavier, ein langanhaltender zweistimmiger Gesang
S.150f	(T.1)	Valse	Reminiszenzen
S.154	(T.1)	heart beat	menschlicher Herzschlag
		child's voice	Stimme Kolinkas
		Lentissimo	originale Wagnersche Tristan-Klänge
S.155	T.8		dann fallen Glocken ein elektronische Verwandlungen dieser alten Musik
S.158	T.20		in diesem Licht, in diesen Klängen, diesem Weinen und Verstummen
S.176	T.54	(Finis)	

Der formale, auf Alternation beruhende Plan und das dramaturgische, auf Umschwünge und Überraschungen zielende Konzept üben wechselseitige Einflüsse aufeinander aus. Zu Anfang scheint der formale Umschlag vom Klavierstück zum Orchestersatz mit einem Wechsel des Inhalts zu korrelieren: dem ersten Prélude, das auf Wagners *Tristan*-Vorspiel bezogen ist, wird mit dem Einsatz des Orchesterstücks *Lament* ein ganz anderer *Tristan* entgegengehalten: eine Estampie aus dem 14.Jahrhundert mit dem Titel *Lamento di Tristano*. Sie bildet als einfacher Schreittanz in schlichtem a-Äolisch sozusagen das entfernteste Gegenbild zu dem psychologisch hochgespannten Wagnerschen *Tristan*. Als sollte der objektive und leichtere Erzähl- und Legendenton, der nun durch diese inhaltliche Opposition gewonnen wurde, für das folgende bestimmend werden, setzt das Stück zu einem mehr spielerisch gehaltenen Wechsel zwischen kurzen *Préludes* des Klaviers und knappen *Variationen* des Orchesters an. Da geschieht das Unerwartete: ein Zitat der *Ersten Symphonie* von Johannes Brahms bricht mit seinem todernsten c-Moll-Klang in diese lichte Welt ein. Drei Takte und einige Paukenschläge genügen, um die gesamte »Scene« zu verändern, eine Peripetie herbeizuführen. Der vierte und fünfte Satz (die eine Einheit bilden) zeigen die Spuren dieses Eintritts des 'steinernen Gastes'. Unter dem Leitgedanken *Tristans Wahnsinn* gerät das Schema von Klavier- und Orchesteralternation durcheinander: Orchester und Tonband mischen sich in den Klaviermonolog ein, und zudem nimmt die Musik selbst und besonders die Klänge von den Tonbändern chaotische Gestalt an. *Bruitismus* (und) *Brutalismus* — so Henze selbst in seinem Essay (HENZE 1984, 229) — wenden sich gegen die Vergangenheit, die in Form von Marcia funebre-, Valse-, alla Turca-, Marcia- bis hin zu Ricercare-Elementen zitiert wird. Dabei verstummt 'Tristan am Klavier', um letztlich einem »*die Barrieren der Konzertmusik sprengenden Todesschrei*« (HENZE 1984, 232) Raum zu geben. Der nun folgende Epilog scheint wieder die alten Verhältnisse von Prélude und nachfolgendem Hauptsatz eingesetzt zu haben. Doch das fünfte Prélude ist nicht mit den anderen vergleichbar; es ist tatsächlich ein »Apréslude«, in dem »Tristan's Folly« nachbebt, und zwar jetzt in der Imagination des komponierenden Subjekts. Vor allem aber wird der planmäßige Übergang vom Klavierstück zum Orchestersatz auf eine wiederum unerwartete Weise herbeigeführt: unmittelbar vor dem ersten Wagner-Akkord aus *Tristan und Isolde* setzt ein mikrophonisch verstärkter menschlicher Herzschlag ein, über dem eine Knabenstimme die Zeilen über Isoldes Liebestod an Tristans Leiche rezitiert. Nochmals, und sogar noch krasser, stehen der objektivisch-epische Berichtston neben der von Richard Wagner verkörperten subjektivisch-dramatischen Klangpsychologie. Diesen Widerspruch durchzuführen und dabei keine der beiden Welten auszusperren, ist das Anliegen des letzten Tuttis aus Klavier-, Orchester- und Tonbandklängen, über das Henze die folgenden Sätze schrieb: »*In diesem Licht, in diesen Klängen, diesem Weinen und Verstummen kommt alles zusammen, was diese Arbeit begleitet hat, Orte und Menschen, der Friedhof von Klagenfurt, das Fußballstadion von Santiago, die Todesfälle und Todesarten, die Toten, um die die Menschheit nun verarmt ist, während der Paradeschritt der Faschisten durch volksarme Hallen dröhnt, das Fliegengesicht des Generals Pinochet auf dem Fernsehschirm erscheint, Entsetzen verbreitend, daß die Uhren stehenbleiben und das Blut erstarrt*« (HENZE 1984, 233).

Einige Partien aus Henzes *Tristan* seien noch näher besprochen. Zunächst das 1. Prélude, das als reines Klavierstück entworfen war, in der endgültigen Gestalt aber eine Reihe von kurzen, gleichbleibenden

Orchesterzusätzen aufweist. Die Frage ist zunächst, inwiefern dieser 1.Satz sich (wie Henze bezeugt) »*in der Erinnerung fern auf einen konkreten Gegenstand, nämlich die Wagnersche 'Tristan'-Musik*« bezieht (HENZE 1984, 227). Da Henze noch zwei bestimmte Details erwähnt, nämlich »*Halbton und Sextenschritte*« (ebenda), die das thematische Material des Prélude bildeten, liegt die Annahme nahe, daß insbesondere das Wagnersche *Tristan*-Vorspiel dem Komponisten vorgeschwebt hat. Denn dessen erste drei Töne gehen eben über die von Henze erwähnten Intervalle Sext und Halbton.

Notenbeispiel 44: Wagner, *Tristan*, Anfang

In Henzes erstem *Tristan*-Prélude zeigt sich diese Intervallstruktur aus kleiner Sexte und kleiner Sekunde am deutlichsten in den Bläserakkorden, die von Zeit zu Zeit zu den Klavierklängen hinzutreten. Bei Takt 22 sind diese Akkorde sechsstimmig gesetzt und mit Rohrblattbläsern homogen instrumentiert. Alle Instrumente spielen drei Töne, in drei Stimmen werden dabei das steigende kleine Sext- und das fallende Kleinsekundintervall gebildet. (In Henzes *Tristan*-Partitur gibt es nur Kreuzvorzeichen. Jedes Vorzeichen gilt nur für die Note, vor der es steht. Statt durch Punkte werden die Notenwerte durch Linien verlängert. Vgl. NB 45.)

Notenbeispiel 45: Henze, *Tristan*, 1.Satz T.22

An jedes dieser Dreitonmotive ließe sich der *Tristan*-Akkord und dessen Fortsetzung in Analogie zu den ersten Wagner-Takten anschließen (vgl. NB 46).

Notenbeispiel 46: (kombinatorische Rekonstruktion)

Die rekonstruierten Fassungen erklingen natürlich nicht, sie stehen aber im Hintergrund von Henzes Bläsersatz. Jedenfalls ist durch die Parallelführung der steigenden kleinen Sexten und der fallenden kleinen Sekunden der »Kopf« der *Tristan*-Sequenz hervorgehoben und im Sinne einer »fernen Erinnerung« durch die Dissonanzen zugleich wieder kaschiert.

Noch viel fernerliegend erscheinen die Anklänge im Klaviersatz: hier werden die aufeinanderfolgenden kleinen Sekunden des »Sehnsuchtsmotivs«, die bei Wagner eng beieinander liegen, durch Oktav- und Doppeloktavsprünge versetzt. Beispielsweise können die ersten vier Anschläge des Klaviers als Allusion auf das Wagnersche Sehnsuchtsmotiv verstanden werden (vgl. NB 47).

Notenbeispiel 47: Henzes *Tristan*-Anfang und Wagners Sehnsuchtsmotiv.

Der Erinnerung an Wagners *Tristan* wird die Vergegenwärtigung des Florentinischen *Tristan* gegenübergestellt. Damit ist eine einstimmige Melodie aus dem 14. Jahrhundert gemeint, die in der Handschrift London, British Museum, Additional 29987 überliefert ist. Die Melodie hat keinen Text, wohl aber einen Titel, welcher lautet *Lamento di Tristano*. Die Form der Melodie folgt den Regeln der Estampie, einer

Kontrastierende Zitate: Estampie und Symphonie

Tanzform mit paarweiser Wiederholung der Melodiezeilen, wobei die Schlüsse verändert sind. Hier der Anfang des musikalischen »Ur-Tristan« (nach der Übertragung durch Johannes Wolf, in: AfMw 1, 1918, S.41):

Notenbeispiel 48: Lamento di Tristano, Anfang.

Die 'aus A gehende' Melodie hat Henze (wie gesagt) mehrstimmig gesetzt und für Renaissance-Instrumente eingerichtet. Dieses Produkt geriet auf ein Tonband und wurde dort elektronisch umgebildet. Die Brücke, die von Wagners *Tristan* zu dem Florentinischen *Tristan* führt, ist seltsam überdeutlich auskomponiert: es ist ein a-Moll-Dreiklang, der die letzten Takte des ersten und die ersten Takte des zweiten Satzes verklammert. Seine Funktion als Brücke gewinnt der a-Moll-Akkord aber auch in symbolischer Hinsicht. Da sowohl Wagners *Tristan*-Vorspiel auf a-Moll als vermiedenen Tonikaklang bezogen ist und zugleich die Lamentomelodie ihre modale Substanz in diesem Dreiklang besitzt, kann an dieser auffälligen Stelle die Idee der Tonalität als das die Jahrhunderte verbindende Moment begriffen werden.

Henze klassifiziert das plötzliche Aufscheinen des ungetrübten a-Moll-Klanges als einen »*coup de théatre*« (HENZE 1984, 230). Diese Kennzeichnung könnte mit noch größerem Recht auch auf das Brahms-Zitat im 3.Satz bezogen werden, denn dieser 'Auftritt' verändert das nachfolgende innere Geschehen ganz so wie etwa die destruktive Tat einer Figur in einem Drama — 'Brahms und die Folgen'. Henze hat — ganz im Gegensatz zu seiner sonstigen Gewohnheit — sich hier einmal nur in Andeutungen über den Sinn dieses symphonischen Fremdkörpers geäußert. Was er sagt, ist zu spärlich, um wirklich etwas erfahren zu haben, und zu umfangreich, um sich mit den Hinweisen zufrieden geben zu können. Henze schreibt: »*Es ist gerätselt worden über die Gründe dieses unerwarteten Besuchs. Ich hatte angedeutet, er bezeichne den Feind. Was damit im einzelnen gemeint ist, sollte offen bleiben, es muß genügen zu wissen, daß nicht nur der pedantische Gegner Wagners aus der Biographie gemeint ist, und auch nicht nur, im grauen Nordseelicht jener Klänge, der öde Tag, den Tristan meint*« (HENZE 1984, 231).

Möglicherweise ist hier ein autobiographischer Bezug gegeben, der etwa in Henzes Jugend zurückführt und den pedantischen Vater oder auch den Hitler (und Brahms?) huldigenden Klavierlehrer treffen würde. In eine ganz andere Richtung würde dagegen die Annahme führen, daß mit Brahms auch der von ihm beförderte Weg der bürgerlichen Musik in die Innerlichkeit der subtilsten thematischen Verflechtungen und somit die kulturelle Strömung eines »l'art pour l'art« hätte getroffen werden sollen. Ich muß aber zugeben: dies sind bloße Spekulationen.

Sicher ist, daß dieser Auftritt Brahms' in Henzes »Imaginärem Theater« eine Wahnsinns-Szene auslöst, in deren Verlauf — stellvertretend für die reale Welt — die musikgeschichtliche Welt in den Untergang geführt wird, und zwar in Form einer Angstvision Tristans.

Mit davon betroffen ist der Trauermarsch aus Chopins b-Moll-Sonate op.35. Wie vielleicht erinnerlich, hatte Henze diesen Trauermarsch Chopins bereits in seinem Bühnenwerk *La Cubana oder ein Leben für die Kunst* verwendet, und zwar in einer depravierten Version für Militärband im Zusammenhang mit einer Collage aus etlichen anderen Trauermärschen. Der dramatische Kontext in der Oper ist der, daß ein Gangsterboß zu Grabe getragen und ihm noch von den höchsten geistlichen und staatlichen Würdenträgern Havannas (um 1910) die letzte Ehre zuteil wird. Ein solcher Wahnsinn hat die korrupte Form einer gesellschaftlichen Normalität unter bestimmten historischen Bedingungen. Die Wahnsinns-Szene in Henzes *Tristan* ist von anderer Qualität. Henze und seinen Freunden ging es um mehr, als nur um die Bloßstellung eines kaputten sozialen Gefüges. Der »Todesschrei [...] *der ganzen leidenden Welt*« stand zum Thema. Dies erforderte exzeptionelle Mittel. Die Gruppe um Henze, die da in jenem Londoner Aufnahmestudio einen Konzertflügel symbolisch verletzte und die überkommene Konzertmusik real zerfetzte, war sich ihres Tuns wohl bewußt, wenngleich alle außer sich gerieten und bis zu Tränen betroffen waren. Hier aus Henzes Bericht ein Auszug:

Wir warfen Glasmurmeln auf die Saiten. Sie hüpften kichernd, sie klirrten, wenn sie an den Stahl der Resonanzharfe gerieten, wir bombardierten Baßsaiten mit Tennisbällen, das klang wie ferne Detonationen. Es war eine Spielerei, aber es hatte doch etwas Teuflisches, Neurotisches, Ungutes, Irrwitziges. Wir waren gespannt, aufgeregt, schrien uns an, gerieten außer uns [...] diese Vergewaltigung, dieses Zerschlagen der Musik. Bruitismus. Brutalismus. Physische Aggression [...] Nie zuvor hatte ich so etwas gemacht, geschweige denn gehört. (HENZE 1984, 229)

Man darf nicht vergessen, daß mit diesem Bericht nur erfaßt wird, auf welche Weise und unter welchen Umständen ein bestimmter Teil des *Tristan*-Materials, nämlich das Tonband für den vierten Satz, herge-

Notenbeispiel 49: Henze, »*Todesschrei*«, Part. S. 147

stellt wurde. Im übrigen wird weder wüst experimentiert noch chaotisch komponiert, sondern es werden Zeichen erfunden, die die Imagination von Chaos und Wüste ermöglichen.

Der diesbezügliche Höhepunkt ist sicher mit der »Todesschrei«-Stelle am Ende des 5.Satzes erreicht. (vgl. NB 49). Dieser Klimax der Angst und des Entsetzens folgt eine Konterklimax der Intimität und der Lebensnähe. Wir hören aus dem Munde eines Kindes den Schluß der Geschichte um Tristan und Isolde in der Fassung des Thomas von Bretagne. Dessen Epos *Tristran* entstand um 1160. Henze hat vermutlich die Ausgabe und Übersetzung von A. T. Hatto benutzt, die im Hauptteil eine Übersetzung des *Tristan* Gottfrieds von Straßburgs enthält, im Anhang aber Thomas' Text mitteilt, weil ja Gottfrieds Roman Fragment geblieben ist.

Hier die von Henze zitierten, eindringlich schönen Verse des Thomas von Bretagne:

> *She takes him in her arms*
> *and then, lying out full length,*
> *she kisses his face and lips*
> *and clasps him tightly to her.*
> *Then straining body to body,*
> *mouth to mouth, she*
> *at once gives up her spirit*
> *and of sorrow for her lover*
> *dies thus at his side.* (HATTO 1960, 353)

> *Sie nimmt ihn in ihre Arme,*
> *und dann, lang hingestreckt,*
> *küßt sie sein Gesicht und seine Lippen*
> *und zieht ihn dicht an sich.*
> *Dann plötzlich, wie sie Leib an Leib*
> *und Mund an Mund gepreßt daliegt,*
> *gibt sie ihren Geist auf,*
> *und aus Kummer über ihren Liebsten*
> *stirbt sie so an seiner Seite.*

Die Wagner-Klänge, die diesem Text (zusammen mit dem hyper-naturalistischen Herzschlag) unterlegt sind, entstammen ursprünglich einem Klavierlied, das Wagner über ein Gedicht Mathilde Wesendonks geschrieben hatte. Dieses Lied »*Im Treibhaus*« wurde am 1.Mai 1858 vertont, aber erst 1862 zusammen mit vier weiteren Wesendonk-Liedern veröffentlicht. (Übrigens hat Henze 1976 die Wesendonk-Lieder Richard Wagners für Kammerorchester instrumentiert. Den Anfangsakkord — ein b-Moll-Sixte ajouté — zitierte er später auch in dem Orchesterstück *Barcarola* von 1979.)

Wesendonk-Lieder und Tristan-Thematik

Die *Treibhaus/Tristan*-Akkorde bringen aus sich eine Kantilene in den tiefen Streichern hervor, die nach Rhythmus und Melodie als eine diatonische Variante des chromatischen Sehnsuchtsmotivs begriffen werden kann. Henze übernimmt die Töne getreu, dehnt jedoch ihren Rhythmus auf ein partiell vierfach langsameres Tempo (vgl. NB 50). Stellt man sich auf das unwirklich langsame Tempo ein, so vernimmt man diese unendlich traurige Musik nicht nur an dieser Stelle, sondern auch im Verlauf und am letzten Schluß des letzten Orchestersatzes. Die aus dem f-Moll-Satz gewonnenen elektronischen Klänge, die vom Tonband kommen, werden dagegen nicht ohne vorheriges Wissen auf Wagner zurückzubeziehen sein. Sie gehören aber zu dieser großen Trauermusik dazu. Deren Einleitung, also der von Henze so bezeichnete »*Zwiegesang*« im 5. Prélude für Klavier solo, ist noch von Schlacken aus der Musik zu Tristans Wahnsinn durchwirkt.

Notenbeispiel 50: Wagner, *Tristan*, Vorspiel

Notenbeispiel 50: Wagner, *Tristan*, III. Akt

Notenbeispiel 50: Henze, *Tristan*, Epilog

Man muß den ganzen Vorgang unbedingt im Zusammenhang hören, um die Erschütterung zu begreifen, die Henzes *Tristan*-Schluß immer wieder auslöst: der Orchestersatz bis zum elektronisch durchschossenen »*Todesschrei*« — das Klaviersolo mit seiner ganz verinnerlichten selbst-reflexiven Haltung — die konkreten Klänge aus einem realen menschlichen Körper, die das große, bis zum Äußersten gespannte Werk sozusagen implodieren lassen. Der Herzschlag führt uns bis an den akustisch geöffneten Leib eines Menschen heran, die Kinderstimme vermittelt dazu in seltsamer Objektivität die Idee eines möglichen Einverständnisses des Menschen mit dem Tod. Das Stück insgesamt handelt aber davon, daß dieser Tod vielleicht gar nicht mehr vorkommen wird, weil an seine Stelle die Vernichtung oder das belanglose Auslöschen menschlichen Lebens treten könnte.

Henzes Umgang mit der Gattung Instrumentalkonzert führte ihn zu höchst unkonventionellen Lösungen, die die Sorge, mit dieser historischen Kunstform könne es nun bald ein Ende haben, unbegründet erscheinen lassen. Am auffälligsten bei Henzes Konzerten ist die Anbindung an außermusikalische Gegenstände wie literarische Textvorlagen oder sonstige historisch-konkrete Realia. Da aber diese inhaltliche Grundierung und Behaftung seiner Musik regelmäßig zu neuartigen und gleichwohl sinnfälligen formalen Lösungen führt, muß man Henze zugestehen, daß er auch die »Form« des Instrumentalkonzerts bereichert und deren geschichtlicher Fortentwicklung neue Impulse gegeben hat. Das 'Verkehrte' seiner Konzerte wendet sich so in ein dialektisch 'Richtiges', getreu dem Satz Hegels, daß nur das sich bewege, das einen Widerspruch in sich selbst habe (Motto über Henzes und Brockmeiers Essay zur *Neunten Symphonie* von Beethoven: HENZE 1981 b).

X. Sinfonien und Orchesterwerke

In der Mitte des vorigen Jahrhunderts proklamierte Richard Wagner, daß die Sinfonie als Gattung tot sei: Beethoven habe mit dem Chor-Finale seiner *Neunten Sinfonie* zugleich den Epilog auf die Sinfoniegeschichte geschrieben; die Sinfonie nach Beethoven könne nur noch »aufgehoben« fortleben — aufgehoben und überhöht im Drama der Zukunft.

Seither hat es immer wieder 'letzte' Sinfonien gegeben. Brahms und Bruckner, vor allem aber Mahler schienen der Sinfonie wiederum die letztmöglichen Verwandlungen abgerungen zu haben. Schon reagierte man auf das vermeintliche Ableben der 'Königin aller Instrumentalmusik': Schönberg nannte sein monumentales chor-symphonisches Werk, die *Gurrelieder* von 1900 bzw. 1911, lieber nicht mehr Sinfonie, obgleich dieses Werk eindeutig auf der Linie der Mahlerschen Vokalsinfonien lag; stattdessen komponierte er die *Kammersinfonie* op.9, deren verkleinerter Apparat ein Ausscheren aus der Gattungstradition zu signalisieren schien. Alban Berg schrieb mit seinen *Drei Orchesterstücken* zwar eine Reihe von Sinfonie-Sätzen, nicht aber eine Sinfonie; dafür benutzte er aber den Namen Sinfonie zur Kennzeichnung eines Opernaktes im *Wozzeck*, was nur scheinbar im Sinne Richard Wagners war. Weber brachte als einziger unter den 'Neuen Wienern' den Mut auf, ein reines Instrumentalwerk als *Sinfonie* zu betiteln; freilich läßt sich dieses 'Kammerwerk' mit seiner 'Kammerform', das zehn Minuten dauert, zwei Sätze hat und neun Instrumentalisten beschäftigt, nur schwerlich als Fortsetzung der Sinfonie-Tradition begreifen. Als Weberns Op.21 uraufgeführt worden war, hat man dieses Werk wiederum mit dem Epitheton 'letzte Sinfonie' versehen.

Die allmählich zur Gewohnheit gewordenen Nachrufe auf die Sinfonie stehen in auffälligem Widerspruch zu dem tatsächlich sehr umfangreichen Sinfonie-Schaffen des 20.Jahrhunderts. Dies kann nur verkennen, wer die Musikgeschichte unseres Jahrhunderts auf allzu wenige Komponistenpersönlichkeiten verkürzt. Namen wie Szymanowski, Mjaskowskij, Prokofieff, Schostakowitsch, Martinů, Lutosławski, Serocki und Penderecki; Nielsen, Sibelius und Blomdahl; Ives, Elgar, Vaughan Williams, Cowell, Copland, Britten, Searle und Harris; Milhaud, Malipiero, Strawinsky, Honnegger, Messiaen und Berio; Schmidt, Schreker, Krenek, Hindemith, Hartmann, Zimmermann, Klebe und Henze — können als Sinfoniker gelten, die nicht einfach an die Peripherie der Musikgeschichte zu drängen sind. In seinem Beitrag »*Die Symphonie im 20.Jahrhundert. Zwischen Sonatensatz und Aleatorik*«

— 1972 in dem Sammelband *Die Welt der Symphonie* erschienen — gibt Josef Häusler einen durchweg zutreffenden Abriß des zeitgenössischen Sinfonie-Schaffens bis 1970, wobei er sowohl die Traditionslinie Spätromantik — Expressionismus — Moderne als auch die historischen Re-Orientierungen des Neoklassizismus und des Neobarock sowie die nationalen Sonderzweige der osteuropäischen, skandinavischen und anglo-amerikanischen Räume berücksichtigt. Der Artikel wird durch eine tabellarische Übersicht ergänzt, in der für den Zeitraum 1900 bis 1970 immerhin 473 Titel von Sinfonien (und Quasi-Sinfonien) angegeben sind, ohne daß damit eine Vollständigkeit auch nur angestrebt wäre.

Auch im Fall Hans Werner Henzes konnte das läßliche Spiel um die jeweils 'letzte' Sinfonie gespielt werden. Als Henze nämlich 1969 seine »Kubanische« Sinfonie herausbrachte, lag es nahe, diese seine *Sechste* wieder einmal als Endpunkt und abschließendes Wort auf dem Gebiet der Sinfonik einzustufen. In der Tat unterscheidet sich diese Sinfonie in jeder Hinsicht von den vorangegangenen: sie ist mit zwei Kammerorchestern besetzt, während die Vorgänger für normales Sinfonieorchester ausgelegt waren; sie kennt nicht mehr die Unterteilung in Sätze; es werden nicht die traditionellen Formen aufgenommen (wie in den früheren Sinfonien); anstelle von Themen und Motiven treten frei gestaltete Aktionen der beiden Orchesterkollektive; das Ton- und Klangmaterial ist in Richtung mikrotöniger, sonoristischer und aleatorischer Struktureigenschaften entwickelt; schließlich ist Henzes *Sechste* noch dazu ein politisches Bekenntniswerk, mit dem auch eine neue populistische Konzert- und Kulturpraxis befördert werden sollte. Da nun nach diesem, die Gattungstradition hinter sich lassenden Werk keine neue Sinfonie Henzes erschien — bei einer ansonsten ungebremsten Produktivität —, machte man sich damit vertraut, daß seine *Sechste* wohl seine 'Letzte' gewesen sei. Da führten die Berliner Philharmoniker am 1. Dezember 1984 — also nach einer fünfzehnjährigen sinfonischen Pause — Henzes *Symphonie Nr. 7* auf. Das Werk löste einige Verblüffung aus und gab Rätsel auf. Nicht allein deshalb, weil der vermeintlich 'Letzten' doch noch eine *Siebte* gefolgt war (inzwischen schreibt Henze bereits an seiner *Achten Sinfonie*), sondern weil sie in gewisser Hinsicht Henzes erste 'richtige' Sinfonie ist. Henze knüpft mit seiner *Siebten* erstmals direkt an die klassisch-romantische Tradition der großen Sinfonie an. Seine ersten fünf Sinfonien nahmen ja eher auf die durch Strawinsky vermittelte vor- und frühklassische Sinfonie Bezug, während die *Sechste* überhaupt außerhalb der verschiedenen sinfonischen Traditionslinien steht. Ein äußerliches aber sehr

Die große Überraschung: Henzes Siebte

sprechendes Indiz hierfür ist die Schreibweise *Symphonie* gemäß dem deutsch-traditionellen Gebrauch seit Haydn bis Mahler, während alle früheren Werke dieser Folge mit der aus dem Romanischen abgeleiteten Schreibweise *Sinfonie* versehen sind — die *Sechste* ist zudem ausdrücklich *Sinfonia* betitelt, was in diesem Fall allerdings nicht auf neoklassizistische Neigungen sondern auf lateinamerikanische Orientierung verweist. »Symphonie« ist auch der orthographische Reim auf »Philharmonie«. Der Anlaß, der zur Bestellung des Werkes führte, ist offenbar voll durchgeschlagen. Das Berliner Philharmonische Orchester hatte sich von Henze ein Geburtstagsgeschenk zum 100. Gründungstag im Jahre '82 erbeten — und erhielt es (mit zweijähriger Verspätung). Wie wir noch sehen werden, entspricht das Geschenk dem Anlaß seiner Übergabe: Eine viersätzige, wirklich 'große' Sinfonie, mit der sich eines der besten Orchester der Welt sehen und hören lassen kann; keine störenden Extras wie elektrische Klangerzeugung oder -verfremdung; keine avantgardistischen Zumutungen wie aleatorisches Spiel oder gar szenische Einlagen. Mit dieser Sinfonie konnte sich das Orchester einfach auf's Podium setzen, spielen und siegen.

Und dennoch: als Henzes *Siebte* in Hamburg von den NDR-Sinfonikern erstmals aufgeführt wurde, verließen die Leute in der Konzertpause und sogar während der Darbietung der Sinfonie in Scharen die Musikhalle. Es war nicht unbemerkt geblieben, daß das 'Geburtstagsgeschenk' unheilkündende Kassiber enthielt. Etwas Subversives war in die nachgestellte Jubiläumsparty eingedrungen. Die Feiertagssymphonie entpuppte sich als eine realistische Zeitmusik. Dieser Auffassung war jedenfalls der Musikkritiker Rudolf Ganz, der seine Rezension mit der Überschrift *»Komponierte Katastrophenstimmung«* versah (FR vom 6.12.1984).

Ich will hier zunächst innehalten, um mich an das weit gesteckte Thema der heutigen Vorlesung zu erinnern: ein Bericht über das gesamte orchestrale Schaffen Henzes, das ja neben den Sinfonien (und den hier zu vernachlässigenden Instrumentalkonzerten) auch sehr viele Werke anderen Zuschnitts umfaßt. Henzes Orchestermusik läßt sich sinnfällig in drei Sparten ordnen: Sinfonien, Freie Orchesterwerke und Bearbeitungen für Orchester (siehe auch die tabellarische Übersicht auf der nächsten Seite).

Die Gruppe der Orchesterbearbeitungen ist mit zwanzig Titeln die größte, hat aber am wenigsten Gewicht, weil in ihr nur unselbständige Orchesterstücke bzw. -zyklen enthalten sind, d.h. Musik aus vorher entstandenen Opern, Balletten und Filmen. Sieht man einmal von diesem Umstand ab, so gibt es unter den diversen Suiten und Zusammen-

Henzes Orchesterwerke
Chronologisch-systematische Übersicht

Jahr	Sinfonien	Freie Orchesterwerke	Bearbeitungen für Orchester
1947	Erste Sinfonie		
1949	Zweite Sinfonie		Ballett-Variationen Ballett-Suite nach *Jack Pudding*
1950	Dritte Sinfonie	Sinfonische Variationen	Ballett-Szenen nach *Rosa Silber* Choreographische Fantasie nach *Labyrinth*
1952			Ballett-Suite nach *Tancredi*
1953			Zwischenspiele aus *Boulevard Solitude*
1955	Vierte Sinfonie	Quattro Poemi Sinfonische Etüden	
1956			Ballett-Suite nach *Maratona*
1957			Hochzeitsmusik aus *Undine*
1958		Drei Dithyramben Sonata per Archi	Erste Suite nach *Undine* Zweite Suite nach *Undine*
1959			Ballett-Suite nach *Des Kaisers Nachtigall*
1960		Antifone	
1962	Fünfte Sinfonie		
1963		Los Caprichos	
1964			Zwischenspiele aus *Der junge Lord*
1965		In Memoriam: Die weiße Rose	Mänadenjagd aus *Die Bassariden*
1966			Fantasia nach *Der junge Törless*
1967		Telemanniana	
1969	Sechste Sinfonie		
1972		Heliogabalus Imperator	
1975		Ragtimes and Habaneras	Konzert-Suite nach *Katharina Blum*
1977		Aria de la Folia espanola	
1979		Barcarola	Ballett-Suite nach *Orpheus* Dramatische Szenen aus *Orpheus*
1980			Spielmusiken aus *Pollicino*
1982			*Cinque piccoli concerti* nach *Die englische Katze*
1984	Siebte Sinfonie		
1985		Fandango	

Ballette und Opernsätze im Konzertsaal

fassungen doch einige, denen ein 'zweites Leben' im Konzertsaal oder auf Tonträgern zu wünschen wäre. Bei den Ballett-Musiken ist dies ohnehin gängige Praxis. Von manchen Orchesterwerken unseres Jahrhunderts dürfte nicht einmal immer bekannt sein, daß sie ursprünglich choreographische Kompositionen waren. Debussys *Jeux*, Ravels *Daphnis und Chloe*, Strawinskys *Sacre*, Bartóks *Mandarin*, Milhauds *Création du Monde*, Prokofieffs *Romeo und Julia*, Hindemiths *Nobilissima visione* und erst recht B. A. Zimmermanns *Cellokonzert* (»en forme de pas de trois«) werden als (programmatische) Konzertmusik weit eher rezipiert denn als Ballette. So ist zu erwarten — ohne dies zu begrüßen noch zu verdammen — daß auch Henzes Ballette *Jack the Pudding*, *Rosa Silber*, *Labyrinth*, *Tancredi*, *Maratona*, *Undine*, *Des Kaisers Nachtigall* und insbesondere *Orpheus* öfters im Konzertsaal zu hören als auf der Bühne zu sehen sein werden.

Etwas anders verhält es sich mit den symphonischen Auszügen, Querschnitten und Zwischenspielfolgen aus Opern. Hier tritt der fehlende dramatische Kontext stärker als Mangel hervor, hier hat man eher den Eindruck des Fragmentarischen, nicht Vollgültigen. Gleichwohl haben die Komponisten seit dem 19.Jahrhundert immer wieder solche Kompromißlösungen akzeptiert, weil es ihnen lieber war, überhaupt einmal ihre Musik zu hören, als darauf zu warten, daß sich der riesige, schwerfällige Apparat eines Opernhauses für sie in Bewegung setzte. Fast alle Opern Henzes führen denn auch ein solches zusätzliches substitutes Leben, wenngleich Henze ja über einen Mangel an kompletten Musiktheateraufführungen nicht eigentlich klagen kann. Am häufigsten (und auch am einfachsten) ist die Bildung von Orchestersatzzyklen aus den Verwandlungsmusiken zwichen den Szenen und Akten der Opern; solche symphonischen Zyklen gibt es zu *Boulevard solitude*, *Der junge Lord* und *Die englische Katze*. Eine andere Möglichkeit besteht darin, Teile von Opern, die zwar szenisch (bei offenem Vorhang) realisiert werden, aber doch vorwiegend isntrumental bestimmt sind, herauszulösen und als Orchestersätze fortleben zu lassen; dieser Fall liegt bei der choreographisch konzipierten *Mänadenjagd* aus den *Bassariden* vor, und kann auch für die *Spielmusiken* aus *Pollicino* gelten. Ein Sonderfall ist die *Vierte Sinfonie*: sie basiert gänzlich auf dem zweiten Finale der Oper *König Hirsch*, dessen Gesangstimmen in die Instrumente gelegt wurden. Es gibt indessen auch Opern Henzes, bei denen aufgrund der durchkomponierten Struktur ein Auszug von symphonischen Stücken nicht möglich erscheint (wie z.B. beim *Prinzen von Homburg*) oder wo sich eine solche Ersatzlösung aus inhaltlich-konzeptionellen Gründen verbietet (wie im Falle von *We come to the river.*) Sehr vorteilhaft erscheint mir die Lösung bei der *Englischen Katze*, deren fünf große Zwischenspiele jeweils das Gewicht von »symphonischen Dichtungen« besitzen, die den sonst vorwaltenden spielerischen Ton der musikalischen Szenen oder auch die kolportagehafte Haltung mancher Ensembles duch einen überraschend tief gegründeten Ernst geradezu in den Schatten stellen. Eines dieser *Cinque piccoli concerti* (die so heißen, weil jeweils ein Instrument führend wenngleich nicht unbedingt konzertierend im Sinne von brillant hervortritt) wurde von Henze noch während der Komposition der Oper für eine separate Aufführung hergerichtet, und zwar für ein Gedächtniskonzert zu Ehren Igor Strawinskys am 9.Oktober 1982 auf der Musik-Biennale in Venedig. Henze nannte das Stück *La Tempesta* und widmete es dem Andenken Strawinskys. In seinem *Arbeitstagebuch* zur *Englischen Katze* findet sich eine überaus lesenswerte, sehr detaillierte Beschreibung des Kompositionsherganges dieses Stücks, die deutlich macht, daß Henze sowohl aus der Perspektive des Spielgeschehens (zwischen der vierten und fünften Szene) als auch von der übergeordneten Warte des Autors aus, der das bisherige und kommende Geschehen musikalisch überdenkt, dieses Orchesterstück geschrieben hat (HENZE 1983, 302-317, auch 323).

Die Filmmusiken sind mehr als die symphonischen Stücke aus Oper und Ballett auf ein 'zweites' Leben, nämlich außerhalb des Kinos, angewiesen: Einmal, weil die Musik in Filmen oft hinter den attraktiven Bildangeboten verschwindet und überhaupt nicht bewußt wahrgenommen wird — Tausende werden die Böll-Verfilmung der *Katharina Blum* kennen, kaum einer aber wissen, daß Henze die Musik dazu komponierte —, zum anderen, weil Filme nicht so leicht »wiederaufgenommen« werden, wie das bei Opern (sofern sie gut sind) doch die Regel ist. Im Fall der Musik zu Volker Schlöndorffs Film *Die verlorene Ehre der Katharina Blum* ist ein solches 'zweites' Leben der Orchesterpartitur unbedingt zu wünschen, wenngleich auch der Film selbst gerade heute wieder in die Kinos gehört. Buch, Film und Musik berichten von einem Zustand unserer Republik in den 70er Jahren, den wir gerade wieder einzuholen und sogar zu übersteigern dabei sind. Es war die Zeit der Terroristen-Hysterie. Was der Figur Katharina Blum von Staatsanwaltschaft, Polizei, Justiz und Presse zugemutet wurde, kann heute wieder realiter erfahren werden. Drei Studierende unseres Instituts können ein Lied davon singen — und haben es getan. Sie gehörten zu den 800 Demonstranten, die am 8.Juni 1986 von der Hamburger Polizei in einem beispiellosen Willkürakt (»Hamburger Kessel«) eingeschlossen und mehr als dreizehn Stunden lang ohne Nahrung und sanitäre Versorgung festgehalten wurden. Ausgesetzt dem Dreck und der Hitze und beworfen vom Haß und Hohn der jungen Beamten (vgl. HOFFMANN 1986) ist es nur dem eisernen Beharren der Eingekesselten auf dem Grundsatz der Gewaltfreiheit zuzuschreiben, daß es nicht zu Gewaltentladungen wie bei Katharina Blum — einer von Natur aus sanften und ausgeglichenen Frau — gekommen ist.

Eines der Stücke aus Henzes *Konzertsuite* zu *Katharina Blum* trägt den Titel *Angst*. Es ist die Angst, die in erster Linie dem von der Polizei verfolgten Liebsten Katharinas gilt, die aber sowohl von Katharina selbst als auch von den Autoren des Films auf die unheilvolle Entwicklung unseres Staatswesens pojiziert wurde. Im Kommentar Henzes heißt es hierzu: »*Die Handlung [...] gibt uns einen Einblick in die gegenwärtige Situation der Bundesrepublik Deutschland: Entfremdung, Zerstörung der Umwelt, der Triumph der Mittelklasse, Gewaltakte der Polizei*« (HENZE 1981 c, 249).

Im Film ist die Musik des Abschnittes *Angst* in mehrere sehr kurze Phasen zerteilt und verschiedenen Einstellungen unterlegt, die jeweils Katharina allein, z.T. ihr Gesicht in Großaufnahme, zeigen. Die Musik ist indessen nicht deskriptiv in Bezug auf die Details der Bildsequenzen; sie ist vielmehr auf die Grundstimmung dieser Bildmonologe bezogen. Wir hören den musikalischen Ausdruck des Klagens (fallende kleine Sekunde), der Vereinsamung (unbegleitete Alt-Flöte) und der Angst (plötzlich eintretende und wieder verschwindende Klänge).

Auch die übrigen Orchesterstücke aus dem Film *Katharina Blum* führen jeweils eine bestimmte Vorstellung oder Befindlichkeit aus und weiten sie zu längeren zusammenhängenden musikalischen Verläufen. So kommt ein in sich tragfähiger Instrumentalzyklus von sieben Sätzen zustande:

I *Der vergiftete Strom*
II *Die Liebenden*
III *Klage*
IV *Erinnerungen*
V *Stoßzeit (große Fuge)*
VI *Angst*
VII *Der vergiftete Strom*

Die zweite Gruppe aus Henzes Orchester-OEuvre, die »freien Orchesterwerke«, umfaßt immerhin vierzehn Titel, die allerdings einen je unterschiedlichen Rang haben. Völlig verzichtbar erscheinen mir z.B. die *Telemanniana*, die Henze 1967 im Auftrag der Berliner Philharmoniker verfertigte. Sie bestehen in nichts als einer Umschrift der sechsten Suite aus G. Ph. Telemanns *Nouveaux Quatuors* von 1737 für großes Orchester, haben aber nicht das geringste mit so subtilen Zuwendungen wie Weberns oder Schönbergs Bach-Bearbeitungen zu tun. Über seine Instrumentierung von Bachs Choralvorspiel *Komm, Gott, Schöpfer, Heiliger Geist* hat Schönberg folgende Intentionen mitgeteilt: »*Unser 'Klangbedürfnis' zielt nicht auf 'geschmackige' Farbigkeit ab, sondern die Farben bezwecken die Verdeutlichung des Verlaufs der Stimmen und das ist im kontrapunktischen Gewebe sehr wichtig!*« (zitiert nach J. Rufer: *Das Werk Arnold Schönbergs*, Basel 1959, 79). Reichlich 'geschmackig' ist dagegen Henzes Telemann-Adaption. Sie nützt niemandem außer der Schallplattenfirma Schwann, die das Stück in der Reihe »unbekannte Kostbarkeiten« 1983 herausbrachte.

Es ist doch wohl ein Dilemma (das allerdings keine Rätsel aufgibt), ein solches Opus wie diese »Telephonie« auf Schallplatte zu haben, gewichtige Stücke — wenn sie nicht gerade Sinfonien sind — aber nicht hören zu können. Dazu zählen leider auch die folgenden noch zu erörternden »freien« Orchesterwerke *Antifone*, *Los Caprichos*, *Heliogabalus Imperator* und *Barcarola*.

Die *Antifone* für elf Solostreicher, Bläser und Schlagzeug entstanden 1960 und sind — Herbert von Karajan gewidmet, der sie auch uraufgeführt hat. (Karajan hat weder vorher noch nachher jemals ein Werk von Henze zuerst dirigiert.) Einige Merkmale machen dieses Stück zu einem wichtigen Zeugnis der Entwicklung Henzes hin zu den Orchestersätzen der späten sechziger und siebziger Jahre:
1. das teilweise dominante Schlagzeug;
2. die Einbeziehung des Raumes als kompositorischen Parameter;
3. die Senza-Misura-Partien.
Der Orchesterapparat von *Antifone*, bestehend aus vier Schlagzeuggruppen zuzüglich fünf Spielern für Klavier, Marimbafon, Pauken, Vibrafon und Celesta, dazu drei Bläser-Quartetten von Flöten, Saxophonen und Blechbläsern (Tr. u. Pos.) und schließlich den elf Solostreichern, ist mit Blick auf räumliche Klangeffekte aufgestellt (vgl. NB 51). Dies wird am Anfang des Stücks sogleich offenbar, wo eine Folge kurzer Klangattacken 'auf den Weg durch's Schlagzeug' geschickt wird. Da die vier »Batterie« im Halbkreis hinter den anderen Instrumenten aufgestellt sind, bedeutet ein Durchgang durch die Partitur von unten links nach oben rechts einen Klangweg in einer runden Geste über das ganze Podium. In diesen derart aufgerissenen Raum schlagen dann die symmetrisch plazierten Schlag-Klinger Klavier und Celesta (links und rechts außen) und Marimbafon und Vibrafon (links und rechts halbaußen) hinein. Mit dem jetzt erst erfolgenden Einsatz von vier Sologeigern wird das Klanggeschehen nach vorne ins Zentrum gerückt.

Formalistische und realistische Versuche

Henze hat sich bei diesem Werk aber auch von eher abstrakten Vorstellungen leiten lassen, wofür bestimmte arithmetische Verhältnisse sprechen. So gehorchen die vier Schlagwerkgruppen mit der Anzahl ihrer jeweiligen Instrumente der einfachen arithmetischen Folge 8-7-6-5. Die in der Folge sich anschließende Zahl 4 bedingt die Anzahl der Pauken, die Anzahl der chromatischen Kurztoninstrumente, und die Anzahl der Bläser (drei mal 4). Die weiteren Zahlen 3-2-1 haben offenbar zur Aufteilung der Solostreicher in drei Register geführt: hohe Streicher (drei 1., drei 2.Violinen), mittlere Streicher (zwei Bratschen, zwei Celli) und tiefes Streichinstrument (ein Kontrabaß).

Auch die Reihentechnik wird anfangs überaus planmäßig angewandt: nach der kanonischen Exposition der Reihe in Marimbafon und Vibrafon (G/G) folgt die zweimalige Umkehrung der Reihe bei gleichzeitiger Präsentation der Grundgestalt in dem vierstimmig polyphonen Satz der Sologeigen (U/G und U/G).

In gewisser Weise zeigte sich Henze in den *Antifone* von 1960 als 'Formalist'; als sein diesbezüglicher Gegensatz, nämlich als 'Realist', erschiene er dann in dem Orchesterzyklus *Los Caprichos* von 1963.

Los Caprichos ist der von Henze entlehnte Titel einer Reihe von achtzig Graphiken des spanischen Malers und Zeichners Francisco de Goya, die dieser 1799 in Madrid herausbrachte. Aus diesen Fantasien und Grotesken Goyas wählte Henze neun Blätter aus und nahm sie zum Vorwurf für eine Folge von ineinander übergehenden Orchestersätzen. Im einzelnen beziehen sich die Sätze auf folgende, von Henze in der Partitur angeführte Titel (deren verbale Fassung übrigens nicht von Goya selbst sondern wahrscheinlich von seinem Freund Moratin stammt, vgl. FERRARI 1961, 15):

Titel	Goya	Henze	Partitur
Nadie se conoce (Sie erkennen einander nicht)	Nr.6	Nr.1	S.5
Tal para qual (Gleich und gleich gesellt sich gern)	Nr.5	Nr.2	S.19
El sueno de la razon produce monstruos (Der Traum der Vernunft gebiert Ungeheuer)	Nr.4	Nr.3	S.30
Quien mas rendido? (Wer ist ergebener als er?)	Nr.27	Nr.4	S.53
El si pronuncian y la mano alargan. Al primero que llega (Sie geben das Jawort und reichen die Hand dem Erstbesten)	Nr.2	Nr.5	S.58
De que mal morira? (An welcher Krankheit wird er sterben?)	Nr.40	Nr.6	S.63
Aquellos pulvos (Dieser Staub ...)	Nr.23	Nr.7	S.89
No hubo remedio (Es gab keine Hilfe dagegen)	Nr.24	Nr.8	S.98
Linda maestra (Hübsche Meisterin)	Nr.68	Nr.9	S.106

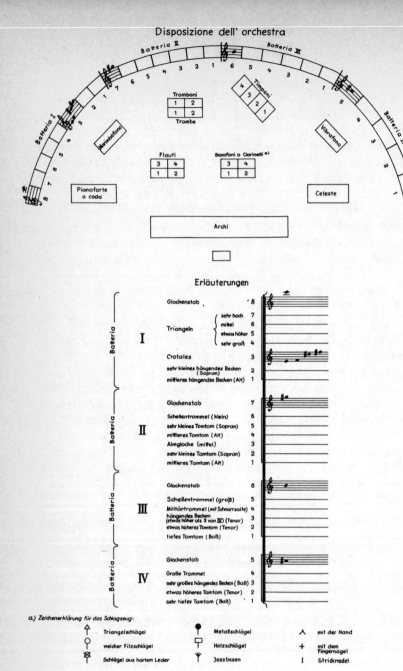

Notenbeispiel 51. Henze, *Antifone*, Erläuterungsblatt und Anfang

Das bekannteste Bild der Reihe stellt einen jungen Mann dar, der — halb liegend über Bild- und Schriftstücken und den Kopf unter den Händen vergraben — von einem Schwarm riesiger Nachtvögel bedrängt wird. Der in diesem Fall ins Bild integrierte Schriftzug *El sueno de la razon produce monstruos* enthält das Schlüsselwort »Vernunft« (»razon«). Bezieht sich der »Traum der Vernunft« auf die Vision einer Welt wie sie sein könnte, so zeigen die Bilder in der Folge die Welt wie sie ist, d.h. voller »Ungeheuer«. Daß käufliche Liebe (*Sie erkennen einander nicht*), Kuppelei, (*Gleich und gleich gesellt sich gern*), Verführung (*Wer ist ergebener als er?*), Promiskuität (*Sie geben das Jawort und reichen die Hand dem Erstbesten*), Dummheit (*An welcher Krankheit wird er sterben?*), Inquisition (*Dieser Staub...*), Folter (*Es gab keine Hilfe dagegen*) und Hexenwahn (*Hübsche Meisterin!*) in das Reich der »Ungeheuer« gehören, wird aber nur dem offenbar, der den »Traum der Vernunft« geträumt hat.

Henze verhält sich mit seiner Musik zu den Bildern wie sich Goya den Motiven der Wirklichkeit gegenüber verhalten haben mag; der Komponist malt nicht die Bildaktionen in Klängen nach, sondern reagiert auf das Dargestellte bzw. Gemeinte. Am deutlichsten wird dies an der langen, immer langsamer werdenden Schlußpartie der neunsätzigen Folge. Nachdem »der Esel als Arzt« (der mit dem Huf den Puls des Kranken nimmt, Goya Nr. 40) in einem grotesken Scherzo mit Walzercharakter (Henze Nr. 6) durchgeführt ist, mündet die Musik nach einem weit gespannten Crescendo in einen brutalen Marschrhythmus, der von der Militärtrommel (*fff*) dominiert und von drei Tomtoms sekundiert wird (Henze Nr. 7). Das dazugehörige Bild (Goya Nr. 23) zeigt einen Delinquenten auf dem Gericht, dem, unter den Blicken einer riesigen Volksmenge, das Urteil verlesen wird. Die Musik ist nicht auf Seiten der »Gerechtigkeit« und nicht auf Seiten der »Mehrheit« sondern auf Seiten des armen Teufels — so wie Goya es wollte und durch seine Bildaufteilung auch erzwungen hat. Denn was hören wir aus dem Orchester? Die Bratschen intonieren einen Trauergesang (*molto dolente*) und die Blechbläser dämpfen ihren Klang. Die auch bei Goya direkt folgende Situation (Goya Nr. 24, Henze Nr. 8) zeigt das Geschehen nach Verkündung des Urteils: das Opfer (das hier auch eine Frau sein könnte, weswegen möglicherweise auch Goya Nr. 23 anders gelesen werden müßte) wird auf einem Esel reitend, halb enkleidet und in Eisen gelegt, der Menge zum Spiel überlassen. Wiederum ist die Musik ganz und gar durch Identifikation mit dem Opfer, sozusagen aus dem Antlitz dieses gequälten Menschen heraus erdacht; von der Turbulenz der Volksszene ist nichts zu hören. Die *Marcia* von vorher wird

Mehr Ausdruck der Empfindung als Malerei

noch verlangsamt und als Trauerkondukt (*Cortège*) zu größter Ruhe geführt, bis mit neun epilogisierenden Takten (*Dolce, cantabile, con gran espressione*) zum letzten Satz übergeleitet wird. Hier nun wird die Selbständigkeit des Komponisten gegenüber dem Motivgehalt der Bilder vollends deutlich (Goya Nr.68, Henze Nr.9, vgl. auch die Abbildung und NB 52). Goyas Zeichnung *Hübsche Meisterin* zeigt einen Hexenritt: ein greiser Mann und eine junge Frau durchreiten — beide völlig nackt — auf einem Besen die Lüfte über einer öden Landschaft, beobachtet nur von drei winzigen Reitern (tief unter ihnen) und einer großen Eule (noch über ihnen). Trotz der wehenden Haare, trotz des wetterleuchtenden Nachthimmels, und ungeachtet der Häßlichkeit des geisterhaften Treibens findet die Musik zu letzter Stille und tiefer Trauer (*Con tristezza*). Das Tempo ist in Fortsetzung der Tendenz der vorangegangenen Sätze noch wieder extrem verlangsamt (♩=23), die Ausdrucksangaben bei den führenden Instrumenten sind *dolce, dolente, espressivo, dolcissimo* und *calmo*. Es ist offenkundig, daß diese Haltung nicht mehr im Bild selbst, sondern nur noch in Kopf und Herz der Autoren festgemacht werden kann. Die von der Musik ausgedrückte Trauer gilt den Menschen, die der Inquisition der Katholischen Kirche und überhaupt der Anmaßung der Mächtigen anheimgefallen sind — 1799 und heute.

Henze hatte den Zyklus *Los Caprichos* unter dem unmittelbaren Eindruck der Stadt New York geschrieben, wo er der Uraufführung seiner *Fünften Sinfonie* am 16. Mai 1963 durch Leonard Bernstein beigewohnt hatte. Statt nebenbei sight-seeing zu treiben, begab er sich in das Schwarzen-Viertel Harlem. Die hier gewonnenen Eindrücke von dem Elend, der Rechtlosigkeit und der Gewalt, der die Neger ausgesetzt waren, stürmten dermaßen heftig auf Henze ein, daß er den Kontinent geradezu fluchtartig — wie Klaus Geitel bezeugt (GEITEL 1968, 112 f.) — verließ. Zurück in Italien schrieb Henze in schneller Folge die Kantate nach Baudelaire's *Being Beauteous*, die *Ariosi* auf Gedichte von Torquato Tasso, die *Lucy Escott Variations* für Cembalo, die *Cantata della Fiaba Estrema* nach einem Gedicht der Kommunistin Elsa Morante, und eben die *Fantasia per orchestra* nach Goyas *Los Caprichos*.

Das größte Werk aus der Gruppe der freien Orchesterwerke heißt *Heliogabalus Imperator*, welches im Untertitel als *Allegoria per musica* bezeichnet wird. Das Werk entstand 1971/72 und wurde am 17. November 1972 in Chicago unter Sir Georg Solti uraufgeführt. Es ist »Für Nono und Gastón« (womit Luigi und Salvatore gemeint sind) geschrieben. Der Titel des Werks bezieht sich auf eine historische

Goya: *Los Caprichos* Nr. 68 »*Linda maestra*«

Notenbeispiel 52: Henze, *Los Caprichos* Nr. 9, Anfang

Gestalt, den jungen römischen Kaiser Heliogabalus, der fünfzehn war, als er den Thron bestieg, und achtzehn, als er ermordet wurde. Die einen hielten ihn für verrückt, die anderen für einen Anarchisten. Sein Benehmen war allerdings extravagant. Er predigte und lebte die ungebremste Sinnesfreude. Als weibliche Prostituierte verkleidet, trat er vor den römischen Tempeln und christlichen Kirchen auf und bot sich für Geld an. Nach Antonin Artaud, der ein ganzes Buch über diese ungewöhnliche Figur aus dem dritten nachchristlichen Jahrhundert geschrieben hat (ARTAUD 1934), rebellierte Heliogabalus unter Berufung auf seine hedonistische Religion gegen den Verfall von Religion und Sitten der Römer. Er wählte dafür die Lebensform der nicht vermittelten Gegensätze, indem er für Ordnung *und* Unordnung, Zartheit *und* Grausamkeit usw. eintrat. Sein Tod sei zwar schändlich, andererseits aber auch der Höhepunkt eines Lebens als Rebell gewesen, so Artaud in seinem Essay, den er folglich mit *Der gekrönte Anarchist* untertitelte (ARTAUD 1934, nach COKER 1981, 196 und 220).

Henze ist zu einer entsprechenden Auffassung gelangt. Ihn faszinierte an Heliogabalus vor allem der Aufstieg und Fall eines Menschen, der versucht hatte, »*jede Standardmoral und alle Standardsitten über den Haufen zu werfen und sie durch etwas völlig anderes zu ersetzen*« (HENZE nach COKER 1981, 197).

Eine *Allegoria per musica* kann wohl nur Programmusik sein. Mit einem älteren Ausdruck könnte man den *Heliogabalus* auch als Symphonische Dichtung bezeichnen. Programmusik ist immer so gut wie die Musik, die aus dem Programm hervorgeht, sei dieses nun kurz oder ausführlich, tief oder oberflächlich, realistisch oder visionär. Henzes Musik ist gut und reich, das Programm, das er mitteilt, eher spärlich. Hier der Text der im Programmheft der Uraufführung enthaltenen Notiz:

Meine Allegorie ist auf folgende Weise mit dem Gegenstand verbunden: sie beginnt mit vollem Orchester und beschreibt, wie Antoninus Rom betritt. Darauf folgt ein Porträt, mit Saiteninstrumenten orchestriert, danach Musik nur für Schlagzeug, die Antoninus' erstes Erscheinen vor dem Senat repräsentieren soll. Die neuen Präfekten werden von Holzbläser-Soli dargestellt. Ein Auszug aus einem feierlichen Ritual zu Ehren Baals ist zu hören, dann das Nahen der Mörder, charakterisiert durch nüchterne Militärmusik, die in eine Jig überleitet, die Antoninus' Tod repräsentiert. (HENZE nach COKER 1981, 198)

Die Kürze des Programms soll uns nicht zu der Annahme verführen, die Musik lehne sich nur in groben Zügen an den Gang des Geschehens an. In einer umfangreichen Studie konnte der amerikanische Komponist und Musikphilosoph Wilson Coker aufzeigen, daß die Musik bis ins Detail auf konkretes Geschehen bzw. räumlich-körperliche Gegebenheiten bezogen ist, so daß Henzes an anderer Stelle geäußerter Hinweis, er habe bestimmte Momente »*fast photographisch zu beschreiben*« versucht, wohl seine Bestätigung erhält. Wenn Coker nun den Gang der allegorischen Handlung analysierend nachzeichnet und dabei das immerhin halbstündige Werk bis auf den einzelnen Takt genau semantisch aufschlüsselt, so ist er doch Ästhetiker genug, um es nicht hierbei bewenden zu lassen (vgl. auch COKER 1972). Immer wieder werden die Detailbefunde an zeichentheoretischen Denkfiguren festgemacht und durch stilgeschichtliche Exkurse fundiert. Am Ende gelangt Coker zu folgender Einschätzung des *Heliogabalus*:

Was dem Komponisten gelungen ist, ist mehr als ein Kunstwerk, eine Allegorie oder ein Denkmal. Er hat sich dem Dilemma der Vereinbarkeit von musikalischer Modernität und Mitteilbarkeit gestellt. Er demonstriert eine Reihe von Möglichkeiten, wie man durch die Mittel zeitgenössischer Zeichen etwas Zeitloses stilisierend und in klaren mitvollziehbaren Texturen darstellen und mitteilen kann. »Heliogabalus Imperator, Allegoria per musica« darf als Paradigma für Komposition in einer neuen ästhetischen Tradition angesehen werden. (COKER 1981, 219)

Es mag nützlich erscheinen, die Analyse Coker's durch eine tabellarische Übersicht zu ergänzen, die als erste Orientierung beim Hören dieser an Farben und Charakteren so reichen Musik dienen kann. Dabei nehme ich auch die ungefähren Dauern der acht Hauptabschnitte auf; sie wurden von einem Rundfunkmitschnitt einer Konzertaufführung des Stücks durch das Rundfunk-Sinfonieorchester des Saarländischen Rundfunks unter der Leitung von Dennis Russel Davies abgenommen.

Henze: *Heliogabalus Imperator*, Verlaufsübersicht

Partitur	Abschnitt	Dauer	'Handlung'
S.13-18	I	ca. 1'	Prozession mit exotischer Musikkapelle
S.19-32	II	ca. 2'	Zeremonie um einen phallisch geformten Meteorstein, den Gott Baal symbolisierend
S.33-45	III	ca. 5'	Heliogabalus erscheint
	S.33: a		— seine Schönheit allgemein
	S.36: b		— seine Lenden
	S.41: c		— sein Rumpf
S.46-62	IV	ca. 7'	Bizarre, provokative und freiheitliche Gedanken des jungen Kaisers
S.63-67	V	ca. 2'	Heliogabalus vespottet die Römer, indem er in Verkleidung einer weiblichen Hure öffentlich tanzt
S.67-77	VI	ca. 8'	Acht Senatoren halten erbärmliche Reden
	S.67: a		— 1. Senator: Fagott
	S.68: b		— 2. Senator: Piccolo Klarinette
	S.69: c		— 3. Senator: Baßklarinette
	S.71: d		— 4. Senator: Oboe
	S.72: e		— 5. Senator: Klarinette
	S.74: f		— 6. Senator: Englischhorn

S.74: g			— 7. Senator: Altflöte
S.75: h			— 8. Senator: Flöte
S.78-89	VII	ca. 3'	Erotische Feier für die Gottheit Baal
S.90-120	VIII	ca. 4'	Verfolgung und Ermordung des Kaisers
S. 90: a			— der Kaiser rennt und wird eingeholt
S. 99: b			— er reißt sich los, doch umsonst
S.120: c			— Tumult, tödlicher Schwertstoß, Heliogabalus haucht sein Leben aus

Ganz anders in der Stimmung und doch mit der *Heliogabalus*-Allegorie verwandt ist das 1979 komponierte zwanzigminütige Orchesterstück *Barcarola*. Tritt in dem älteren Werk der babylonische Lebensgott Baal als wirkende Vitalkraft in Erscheinung, so übt hier der griechisch-antike Todesgott Charon seine unbezwingliche Macht über die Sterblichen aus. An beiden Sujets ist aber Henzes Passion für mythische Stoffe ablesbar, wobei die 'Alten Griechen' seine besondere Vorliebe genießen. Dabei entbehrt Henzes Affinität zu mythischen Figuren, Motiven und Vorstellungen gänzlich der romantischen Neigung zur Realitätsflucht; im Gegenteil: die Mythen werden aufgegriffen, um heutige Wirklichkeit beleuchten zu können, mit ihnen wird gearbeitet, um ein dunkles Gestern im Heute aufhellen zu können. Am eindrucksvollsten ist Henze eine solche »*illuminierende*« Adaptation des Mythos (HENZE 1987) wohl im *Orpheus* gelungen, wo sowohl durch hart montierte Anachronismen Sprünge in die Gegenwart gewagt werden (Orpheus ... sieht jenseits des Styx ... ein Konzentrationslager) als auch dem Mythos neue Bildgehalte eingefügt werden (Orpheus' Spiel auf der zerbrochenen Leier). Ähnliche Verfahren wären auch an den *Orpheus*-Chören, an den *Bassariden*, an der *River*-Oper, an Henzes Monteverdi-Bearbeitung, am *Tristan* und eben an *Heliogabalus* und *Barcarola* zu beobachten (vgl. zu dieser Thematik PUHLMANN 1986 und 1987).

In der *Barcarola*, deren Thema eine mächtige funebrale Feier im Bilde der anstehenden Überquerung des Styx ist, sind verschiedene heutige und vergangene Aktualzeiten musikalisch anwesend. Dabei werden auch autobiographische Anspielungen nicht ausgelassen, so die Herkunft des die Introduktion beherrschenden Tonzentrums »Des«, das sich von dem Namen des Freundes Paul *Des*sau herleitet, der im Frühsommer 1979, kurz bevor Henze mit der Komposition der *Barcarola* begann, gestorben war. (In HENZE 1987 merkt der Komponist übrigens an, daß dieses Spiel mit Tonnamen für Wortzeichen — das ja eine lange Tradition in der Musikgeschichte hat — die gesamte Korrespondenz zwischen Henze und Dessau durchzieht.) Indem Henze in der *Barcarola* auch ältere eigene Werke aufscheinen läßt, wird sowohl ein autobiographischer als auch ein inhaltlicher, die Kontinuität des Schaffens bestätigender Bezug gewonnen. So gibt es direkte Verbindungen zwischen der *Barcarola* und *We come to the river* durch die Einmontage des trivialen *Eton Boating Song* (*River* Partitur S.82-88, *Barcarola* Partitur S.15-20), der im *River* den Beinamen »*barcarola*« führt, in der *Barcarola* zudem mit der seltenen Ausdrucksangabe »*volgarmente*« (bei den Harfen!) versehen ist, welche Wortwahl wiederum mit der Spielanweisung aus der Prostituierten-Szene des *River*: »*mit kitschigem vibrato*« korrespondiert. Außerdem verbindet sich die *Barcarola* mit dem *River* natürlich durch das mächtige Urbild des Flusses, der zu überqueren ist und dessen anderes Ufer Hoffnung verheißt; die aufscheinende Utopie einer besseren Menschenwelt wird ja im *River* von dem geblendeten General geträumt und in dem Hymnus der Getöteten und Gefolterten vergegenwärtigt, in der *Barcarola* dagegen als eine Vision des zu Tode ermatteten Tristan dargestellt. Mit dem letzteren Motiv spielt Henze zugleich auf seinen *Tristan* von 1973 an, und zwar ganz konkret durch die Wiederaufnahme jenes Wagnerschen b-Moll-Quintsextakkords, der in allen Fällen den Zustand des Sterbens nach einer tödlichen Verwundung meint (Wagner: *Tristan*, Anfang erster Akt, Henze: *Tristan*, Partitur S.154, Henze: *Barcarola*, Partitur S.76). Neben Wagner — der auch sonst durch die *Barcarola*-Partitur geistert — sind vor allem Henzes große Vorbilder Gustav Mahler und Claudio Monteverdi in dieser symphonischen Trauer-Ode anwesend, ersterer in den Beinahe-Zitaten aus Mahlers Ländler-Scherzo der *Neunten Sinfonie* (*Barcarola* Partitur S.23-27), letzterer in dem Quintensignal, das auf die Stilwelt von Monteverdis *Orfeo* verweisen soll (erstmals in der *Barcarola*-Partitur S.4). Die musikalisch älteste Schicht dürfte in der Schlußmusik (noch nach dem *Tristan*-Akkord) anzutreffen sein, über die Henze folgendes Sprachbild mitteilt: »*In diesem Augenblick erkennt der Betroffene am Horizont eine kleine Insel, die im Morgenlicht glitzernd aufleuchtet. Er reibt sich verwundert die Augen, blinzelt, und dann weiß er: dies ist Ithaka*« (HENZE 1984, 343). Wenn nicht alles täuscht, dann ist das antike Ithaka in der Stimme der 1.Harfe mit aufgehoben, die mit zeichenhafter Deutlichkeit (abgesehen von der tonmalerisch begründeten irrealen Klanglichkeit der ganzen Stelle) eine antike Tonleiter (h-a-g-f-e) ständig wiederholt, bis das ganze Trugbild, das im übrigen in einem Tonhöhenfeld von zwölf Tönen sich verwirklicht, vergeht — ohne eigentlichen Schluß (und folglich auch ohne schließenden Doppelstrich in der Partitur).

Ich wende mich jetzt der Werkgruppe der sieben Sinfonien zu. Die *Erste* bis *Fünfte Sinfonie* gehören Henzes erster Schattenphase an. Sie sind alle relativ kurz — zwischen siebzehn und fünfundzwanzig Minuten — und lassen eine apollinisch-helle Welt aufscheinen, in der vor allem Igor Strawinsky mächtig anwesend ist. Die *Sechste* und *Siebte Sinfonie* dagegen können nur als Individualitäten gewürdigt werden. Sie haben schon äußerlich mit einer Spieldauer von fünfunddreißig und fünfundvierzig Minuten ein erhebliches Eigengewicht. Die *Sechste* wurde direkt nach Henzes dramatischer Hinwendung zu einer offen politischen, d.h. sozialistischen Kunstauffassung geschrieben, und zwar in Kuba, wo sie auch mit kubanischen Musikern zur Uraufführung kam. Die *Siebte* dagegen — fünfzehn Jahre nach der *Sechsten* komponiert — richtet sich wieder ganz explizit an das breite, vorwiegend bürgerliche Abonnementspublikum bzw. tritt wieder in die entsprechend würdevollen Institutionen der Musikkultur Zentraleuropas — hier durch das Berliner Philharmonische Orchester repräsentiert — ein. Daß diese schon seit längerem erfolgte Wiederannäherung an die bürgerlichen Kultureinrichtungen nach dem sozialistischen Konzept eines »Ganges durch die Institutionen« erfolgt, ist wohl anzunehmen.

Unter den frühen Sinfonien Henzes nimmt die *Vierte* insofern eine Sonderstellung ein, als sie eigentlich Theatermusik ist. Sie bildete ursprünglich das Finale des 2.Aktes aus Henzes Oper *König Hirsch* und fiel sozusagen ab, als Henze nach dem Mißerfolg des fünfstündigen Riesen die verkleinerte Fassung der Oper unter dem italienisierten Titel *Il Re Cervo* herstellte. 1985 hat es ja erfreulicherweise den ungekürzten Ur-*Hirsch* in Stuttgart gegeben, in dem folglich auch die *Vierte Sinfonie* in szenischer Version erklang. Diese endlich zu erlebende Erstfassung macht es m.E. offenbar: die *Vierte Sinfonie* sollte lieber in die Theater- und Märchenwelt des *König Hirsch* eingebunden bleiben. Sie braucht für ihr Leben den allegorischen und teils auch phantasmagorischen Zauber des Waldes und seiner Bewohner, die im Verlaufe von Sommer, Herbst, Winter und Frühling die Metamorphosen von leichten Pflanzen zu schweren Bäumen und wieder zu hellen Lichtwesen durchlaufen.

Klaus Geitel ist dagegen der Auffassung, die *Vierte Sinfonie* sei die »*am strengsten gebaute*« und damit tragfähigste unter Henzes ersten fünf Sinfonien (GEITEL 1968, 66). Meines Erachtens ist das Gegenteil richtig: die Musik ist in dem Maße redundant, wie sie mit Sprache und Bühnenbild rechnet und rechnen muß.

Die ersten fünf Sinfonien ermöglichen eine Vorstellung von der sensiblen Kunstauffassung des frühen Henze. Daß diese Kunstauffassung nicht geschichtsblind oder gar unreflektiert war, belegt ein Selbstkommentar Henzes aus Anlaß der ehrenvollen Gesamtaufführung seiner

Sinfonien im Jahre 1964 in Berlin. Diesen Text kann man so lesen, als hätte Henze bereits den Plan zu einer ganz neuen Art von Sinfonik im Kopf gehabt.

In diesen fünf zu Sinfonien erklärten Orchesterstücken wurden also jene großen Formen versucht, die unsere Tradition als Gefäße für das Weiteste und Höchste der absoluten Musik zu betrachten uns gelehrt hat. Nun sind, wie wir wissen und doch nicht wissen wollen, wie gern auf der Feststellung auch bestanden wird, diese Gefäße zerbrochen: die expansive Kraft der Spätromantik hat sie gesprengt. Seit fünfzig und mehr Jahren gibt es die Sinfonie, so wie das 19.Jahrhundert sie gesehen hat, nicht mehr. Zwischen Strawinsky und Webern scheint alles, was sich als Sinfonie noch ausgibt, entweder Replik, Nachruf oder Echo zu sein. Es ist, als ob die heutige musikalische Sprache der alten Formen nicht mehr mächtig wäre, oder aber als ob die alten Formen über die neue Sprache keine Macht mehr besäßen. — Wie dem auch sei, ich habe mir den allzu naheliegenden Pessimismus in diesem Zusammenhang verboten. Mahlers Adieux' galten seinem eigenen Saitenspiel, nicht dem der europäischen Sinfonik an sich. Wir dürfen seine Musik weiterdenken, auch sie enthält, über die unbestrittenen nekrologischen Qualitäten hinaus, viele neue Anknüpfungspunkte, Herausforderungen und Anregungen. (HENZE 1984, 103-104)

Der in diesem Text beschworene Gustav Mahler war also Anfang der sechziger Jahre durchaus im Kopf Henzes präsent; in seinen Sinfonie-Partituren ist er es nicht. Da bedurfte es noch weiterer zwanzig Jahre, um einen Sinfonieklang zu finden, der — wie Henze so treffend sagt — die »*nekrologischen Qualitäten*« der Mahlerschen Sinfonik hat. Dieser Ton findet sich (abgesehen von Werken anderer Gattung) erst in der *Siebten Sinfonie* Henzes. Auch die *Sechste* von 1969 wich dem großen Vorbild Mahler — den Henze einmal den wirklichen Komponisten unserer Zeit genannt hat (HENZE 1984, 254) — aus. Mit der *Sechsten Sinfonie* hatte Henze nach eigenem Zeugnis den Versuch unternommen, einmal »*eine Musik gegen die Bourgeoisie*« zu komponieren (HENZE 1984, 153). Dieser Versuch ist gescheitert. Herausgekommen sei das Protokoll dieses Scheiterns, ein Dokument der Sprachprobleme, ein Zeugnis der »*Unmöglichkeit, heute noch Sinfonien zu machen*« (ebenda). Man sollte sich diesem Urteil über die *Sechste Sinfonie* nicht anschließen, und wahrscheinlich würde es Henze heute — siebzehn Jahre später — auch nicht mehr aufrechterhalten. Sieht man nämlich davon ab, daß der Plan, mit diesem Werk ein »*direktes Bekenntnis zur Revolution*« abzulegen, eine »*Affirmation*« herbeizuführen (ebenda) nicht aufgegangen ist, so bleibt doch ein höchst komplexes, klanglich raffiniertes und von sinfonischem Ernst bestimmtes Opus, das aus dem Umkreis der so gewichtigen Werke wie *El Cimarrón*, den *Compases para preguntas ensimismadas*, dem *Zweiten Violinkonzert* und den *Voices* nicht wegzudenken ist. Unter dem Aspekt der Sinfoniegeschichte ist freilich Henzes jüngster Beitrag der aufregendere Fall.

Wollte man Henzes *Sechste* und *Siebte* miteinander vergleichen, würde man ständig offene Türen einrennen, so evident sind die gegensätzlichen Konzeptionen dieser beiden Werke. Werfen wir nur einen kurzen Blick auf die Anfangspartie von Henzes »Kubanischer« von 1969. Am Anfang und Ende des ersten Teils (bis Buchstabe D) stehen regelrechte Penderecki-Clusters, wobei der eröffnende Clusterklang im Orchester II durch Vierteltongänge sukzessiv aufgebaut wird (vgl. NB 53). In der Mitte des Abschnittes (bei Buchstabe A) begegnet ein für Henze typischer Zusammenbruch des Gefüges, der mittels Schlagklängen und kaum zu ortenden Wellklängen einen gesteigerten Fortgang des Geschehens bis zu einem ersten Höhepunkt anzeigt. Auch der Schluß des Teils wird wieder mit indexhafter Deutlichkeit angezeigt: die Harfe führt mit einer Borstenbürste ein Tremolo zwischen mittleren und hohen Registern aus, wozu das Klavier im *ff* auf den höchst möglichen Tönen tremoliert. Im harten Schnitt wird dieser glitzernde Klang von einem im *ffff* angesetzten chromatischen Zwölftoncluster abgelöst, dessen grauer, stählerner Klang sofort durch Vierteltonvibrato aller Streicher verschwemmt wird und zum Verlöschen kommt.

Dagegen nun der Anfang von Henzes *Siebter* (vgl. NB 54). Frappierend schon die Zusammenstellung der Satzbezeichnung »*Tanz*« mit der Taktart 6/8 und der Ausdrucksangabe »*Lebhaft und beseelt*« — frappierend wegen der offenkundigen Konventionalität dieser Zeichen. Hört bzw. liest man noch die ersten Töne, die einen es-Moll-Dreiklang ergeben, und bemerkt man die völlig gleichförmige Dauerorganisation, die einen statischen, nur aus Achteln bestehenden Komplementärrhythmus erbringt, so fragt man sich unwillkürlich: Hören wir hier etwa einen gezähmten *Sacre*? Erklingt da vielleicht ein unbekannter Bartók? Wieviel Sinfonien hat Prokofieff eigentlich geschrieben? Ist Carl Orff nicht 1982 gestorben?

Jedoch: solche respektlosen Eingebungen verflüchtigen sich sehr bald, wenn man das ganze Werk hört, denn wir haben es mit einer Musik des sehr langen Atems und nicht der schnellen Orientierung zu tun. Ohne die einmal gewählte Stil-Zone zu verlassen, erleben wir bestimmte unterschwellige Verwandlungen, die nur Henze so schreiben bzw. hören konnte. Diese Verwandlungen führen zu orchestralen Evokationen von unerhörter Intensität und Aggressivität. Neu ist nicht das Material dieser Musik — im Gegenteil, es ist entliehen, ohne Nachweis zitiert, einfach irgendwo aufgesammelt. Neu ist das Konzept eines konsequent gerichteten Prozesses, in dessen Verlauf das Sanfte bedrängt wird, das Weiche gepreßt erscheint, das Zarte zerdrückt, das Fließende gestaut. Man hat den Eindruck, daß sich die Substanz dieser

Analytische Bemerkungen zum 1. Satz

musikalischen Organismen nicht ändert, daß sie nur unter immer erschwerteren Bedingungen leben müssen.

Natürlich läßt sich diesem etwas hilflosen Versuch, ein Hörerlebnis zu beschreiben, auch der objektive Befund analytisch gewonnener Daten an die Seite stellen. Zunächst zur melodisch-harmonisch-rhythmischen Substanz am Beispiel des ersten Satzes. Nach Art der Polymodalität der von Debussy über Bartók und den »russischen« Strawinsky bis zu Lutosławski führenden Stilrichtung sind die einzelnen Stimmen meist diatonisch gesetzt, im Zusammenklang aber mittels verschiedener Transpositionsebenen zu chromatischer Komplexität verknüpft. Daneben gibt es aber auch harmonisch gedachte Klänge, die vom reinen Molldreiklang bis zu vieltönigen Akkorden mit mehrfachen Nebentoneinstellungen reichen. Am wenigsten verändert sich die Rhythmik; sie verbleibt den ganzen langen ersten Satz über auf dem Stand der variablen, leicht unregelmäßigen Taktarten bei vorherrschender Achtelbewegung. Nur daß diese Bewegungsform durch die harmonische Beleuchtung und durch die dynamische Aufladung im später erreichten vollen Tutti nicht mehr entspannt wirkt.

In Zahlen ausgedrückt entwickelt sich der erste Satz über neun dynamische Stufen vom Pianissimo im ersten Takt bis zum fünffachen Forte im letzten Takt; füllt sich der Klangkörper von zwei Instrumenten bis zu rund hundert Instrumenten auf; steigen die Stimmen von der Kontra-Oktave bis zu sieben Oktaven höher gelegenen Registern empor. Das Tempo bleibt den ganzen Satz über konstant ♩=120. Dies dürfte auch kaum anders sein, denn nur über einer unbeweglichen Basis, für die hier das Tempo steht, läßt sich der offenbar gewünschte Eindruck eines gerichteten Prozesses vermitteln. Dieser Prozeß endet nicht, er wird beendet. Der Satz reißt mit dem erreichten *fffff* im Tutti des Orchesters plötzlich ab. Eine Katastrophe wird nicht komponiert, allenfalls anvisiert. Die Katastrophen, die dem Zeitgenossen Henze hier im Sinn gewesen sein mögen, gestatten wohl auch kaum eine ästhetische Umsetzung. Stattdessen finden wir überall Leichtigkeit und souveräne Kraftäußerung. Dafür bezeichnend ist auch der verbale Nebentext in der Partitur. In verblüffender Eindeutigkeit fordern die Spielanweisungen die jeweils führenden Instrumentalisten zu leichtem und lockerem Spiel auf. Hier die Liste aller Angaben im ersten Satz (hervorgehobene Angaben gelten für das ganze Orchester): »*lebhaft und*

Notenbeispiel 53: Henze, *Sechste Sinfonie,* Anfang im Orchester II
Notenbeispiel 54: Henze, *Siebte Sinfonie, Anfang*

Errata:
Korrigiertes Notenbeispiel von Seite 222

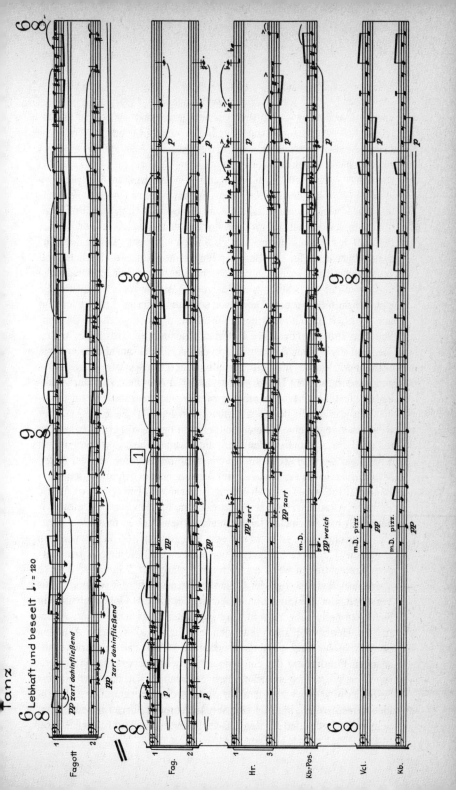

beseelt« — »zart, weich« — »zart singend« — »leggero« — »singend« — »zart singend« — »sehr ausdrucksvoll singend« — »sehr zart« — »mit großem Ausdruck« — »festlich« — »singend, zart« — »leicht spielerisch« — *vorwärts«* — »zart singend« - »zart singend« — *»wild«* — »zart, leicht« — »gehaucht, sehr zart« — »weich« — »singend« — »zart« — »weich« — »ausdrucksvoll singend, (hart) leichtes pp« — »flüsternd, zärtlich« — »liedhaft, festlich singend« — »mit großem Ausdruck« — »leicht« — »mit Pathos«. Nach der Durchsicht dieser Ausdrucksangaben (die übrigens ausschließlich deutsch abgefaßt sind, was für Henze höchst ungewöhnlich ist,) mögen doch wieder Zweifel an der Zeitgemäßheit des Werkes aufkommen. Befinden wir uns vielleicht doch auf der Geburtstagsfeier der Berliner Philharmoniker, wo »festlich« und wohl auch einmal »wild« getanzt, sicher aber »mit großem Ausdruck« und vor allem »mit Pathos« geredet wurde? Wer den ersten Satz und die ganze Sinfonie über eine Dauer von sechsundvierzig Minuten verfolgt und wirklich in sich eindringen läßt, dem vergehen solche Gedanken. Statt den Sturm auf das Kalte Buffet zu assoziieren, wird er eher an den Tanz auf der Titanic denken. Die in den Ausdrucksangaben manifeste Schicht des Werkes muß einem realistischen Kunstkonzept zugeschlagen werden, an dem Henze — dem äußeren Anschein zuwider — unbedingt festhält. 'Als wäre nichts gewesen' und 'als stünde nichts an' — dies war ja exakt die politische Situation in der BRD Ende 1983, als der Bundestag gegen eine Zweidrittelmehrheit der Bevölkerung bestimmte, daß die aggressiv-offensiven amerikanischen Atomraketen mit einer Reichweite bis 2000 km bei uns stationiert würden, um der neuen Militärdoktrin der Amerikaner mit dem ungeheuerlichen Namen »Air-Land-Battle 2000« zur Realisierung zu verhelfen. Ein »leggero« für die Baßtuba vorzuschreiben bedeutet doch nicht, daß Henze meint, wir hätten Grund zu einem »leicht spielerischen« Leben in unserer Zeit. Das Konventionelle ist nicht nur eine Kategorie der Stilkritik, sondern kann zum Thema eines Essays oder eben einer Sinfonie erhoben werden. Konventionen werden gleich am Anfang der *Symphonie Nr.7* so überdeutlich zitiert, daß der Gedanke, Henze wäre hier sozusagen aus Versehen oder aus einer Laune heraus oder gar aus Opportunismus in Konventionelles abgerutscht, sich verbietet. Inzwischen sind Äußerungen Henzes bekannt geworden und liegen analytische Arbeiten über die *Siebte Sinfonie* vor, die erkennen lassen, daß neben der realistischen Fundierung der Sinfonie auch mehr verborgene, ja esoterische Zeichensetzungen vorkommen. So erfahren wir, daß nach Henzes Selbstdeutung die vier Sätze der *Siebten* den überkommenen Formideen entsprächen, nämlich der Sonatenhauptsatzform für den 1.Satz, dem dreiteiligen Lied für den 2.Satz, Scherzo und Trio für den 3.Satz, und — in freierem Bezug — der zweiteiligen, antithetischen Anlage für den 4.Satz (BURDE 1986, 254). Überraschenderweise werden auch die von Albrecht Dümling aufgespürten Anspielungen auf Mozart-Melodien (aus *Don Giovanni* und *Figaro*) von Henze im Sinne von intendierten Zitaten bestätigt (DÜMLING 1986, 109). Auch scheint es sich zu bestätigen, daß während der Komposition der *Siebten Sinfonie* die Geistes- und Lebenswelt des späten Hölderlin konkreten Einfluß auf Konzeption und Ausdruck der Musik gehabt haben (DÜMLING 1986, 110).

Andererseits gelangen einzelne Autoren zu einer Auffassung von Henzes *Siebter Sinfonie*, die mir oberflächlich und undialektisch zu sein scheint. Einen »*reflektierten Freudentanz*« nennt Dümling den 1.Satz (DÜMLING 1986, 107), und Hanspeter Krellmann kommt gar zu der folgenden Einschätzung: »*Die siebte Sinfonie ist ein Werk der Lebensfreude, ein ganz und gar optimistisches Werk, ein Lebens-Dithyrambos* [...]« (KRELLMANN 1986, 243).

Demgegenüber müssen Henzes eigene Bekundungen zu denken geben: »*Schauen Sie sich so etwas an wie diesen Glücksfall meiner 7. Sinfonie, deren Musik sich direkt mitzuteilen scheint: Gleichzeitig ist es aber das Konzentrierteste und Härteste, das ich je geschrieben habe.*« Was er damit an Hintergrund andeuten wollte, bezeichnete Henze in demselben Gespräch mit Heinz Josef Herbort am Ende so: er wünsche sich, »*daß Musik so im kulturellen Bewußtsein der Menschen sich verankern möge, daß sie einen ganz neuen Lebensfaktor bedeutet, eine neue Lebensqualität, so wie sie noch nie existiert hat bisher, als ein allgemeiner seelischer Reichtum. Als eine Möglichkeit, das Individuum zu bewaffnen, damit es sich selber davor bewahren lernt, kaputtgemacht, nivelliert zu werden von der faschistischen Walze, die da über uns hinwegzugehen droht*« (HENZE 1986 b).

XI. Henze als Interpret seiner selbst und als Kritiker seiner Zeit

»*Eine Existenz wie die meine*« — unter diesem Motto standen die »*Mitteilungen*«, die Hans Werner Henze am 16. September 1986 im Rahmen der Festwochen in Gütersloh einem Theaterpublikum aus Ostwestphalen (bei Anwesenheit westöstlicher Freunde und Gäste) »*zu seiner Person*« machte (HENZE 1986 g). Solche Ich-Berichte kennen wir seit Henzes frühen Jahren. Sie deuten auf einen Zug seines Wesens, der von dem Bedürfnis nach Gemeinschaftlichkeit — dem ursprünglichen Sinn des Wortes Kommunikation — bestimmt ist. Kommunikative Handlungen werden am besten durch Ich-Sätze eingeleitet, weil diese dazu verleiten, ebenfalls von sich zu sprechen. Und nur eine Ich-Musik wird den Hörer mächtig anziehen, weil sie ihn neugierig macht, sein Ich und sein Weltbild in dem Tonbild des Komponisten wiederzufinden.

Ich-Rede und Ich-Kunst sind insofern aber von egozentrischem oder egomanischem Verhalten zu unterscheiden. Denn der Künstler, der von sich redet oder über sich musiziert, objektiviert sein Ich in dem Sinne, daß er sich in Bezug zur Welt präsentiert. Im Subjekt werden also Natur und Geschichte ausgemacht, und das Subjekt als empirisches Ich verschwindet hinter dem Sujet als vorgestelltem Thema. Die *Symphonie Nr. 7* von 1984 führt uns eben nicht zu Hans Werner Henze in seinem Haus in Marino am Schreibtisch oder am Klavier, sondern wir begegnen dem Komponisten gleichsam auf einer Bühne, auf der ein von Hans Werner Henze inszeniertes und imaginiertes Stück läuft.

Diese Dialektik zwischen empirischem und ideellem künstlerischem Subjekt ist Henze mehr und mehr bewußt geworden. Sie brachte ihn zu der Auffassung, daß der Komponist die Funktion eines Regisseurs ausübe und daß der ausübende Musiker sich wie ein Schauspieler zu verhalten habe. Mit Bezug auf *Natascha Ungeheuer* formuliert Henze einmal: »*Da sind die Musizierenden selbst Darsteller, Darsteller von Ideen, von Zuständen, ihre Betätigung drückt selbst diese Ideen und Zustände aus, ihre physische Präsenz und der Klang, den sie produzieren, sind Handlung, Dekor und die Message*« (HENZE 1984, 210). Es ist daher auch abwegig, Henze eine romantische Kunstauffassung zu unterstellen, wie es immer wieder geschehen ist. Ausdruck mittels Musik bedeutet für Henze nicht die Freigabe der von innen her drängenden Klangbilder und Tonströme, sondern das Ergreifen, Gestalten und Anreichern von musikalischem Zeichenmaterial, das vergangene Musik und menschliche Geschichte in sich trägt und hier und heute in einer bestimmten noch nicht dagewesenen Konfiguration vor die Zeitgenossen hingestellt wird.

Zwar gibt es gelegentliche Äußerungen des frühen Henze, die eine Affintät zum Künstlerbild des beginnenden 19.Jahrhunderts nahezulegen scheinen. In dem Essay *Neue Musik* von 1955 steht der Satz: »*Freiheit, wilder und schöner neuer Klang, kann nur durch das Gefühl von Einsamkeit und Freiheit entstehen*« (HENZE 1984, S.30). Unwillkürlich kommt einem das berühmte Künstler-Motto Robert Schumanns in den Sinn — f-a-e, frei aber einsam — und die stürmisch-drängenden Vorromantiker mit ihren Ursprungs- und Wildheitsphantasien stellen sich ein mit der Folge, daß Henzes Satz wie die zum Klischee erstarrte Pose eines rebellischen Bürgerkünstlers sich ausnimmt. Indessen ist der zitierte Satz wohl nur eine flüchtig angespielte Sprechattitüde, denn sowohl vorher, wenn Henze sich gegen »*wolkige Verdunklungen des Notentextes*« ausspricht, als auch nachher, wo von »*Deutung*« alten Materials und »*Aufdeckung neuer Zusammenhänge*« die Rede ist, wird klar, daß Henze mit seiner Musik weder das Dunkle beschwören noch die Einsamkeit mystifizieren, sondern vor allem aufhellend und illuminierend wirken will. Schon 1953 charakterisiert Henze seine Musik zu der Funk-Oper *Das Ende einer Welt* (Wolfgang Hildesheimer) so: »*Die Musik verhält sich objektiv und, gewissermaßen, unbewegt — bis auf die erwähnten gelegentlichen subjektiven 'Ausbrüche'*« (HENZE 1953, 11/13). Und seit der Beziehung zu Ingeborg Bachmann, die Henze im Mai 1952 kennengelernt hatte, war ohnehin einer Anfälligkeit für Romantizismen — wenn sie denn je bestanden haben sollte — ein Riegel vorgeschoben. Henze zitiert Bachmann gleich nach Erscheinen der *Frankfurter Poetik-Vorlesungen*« (1959) ausführlichst und läßt dabei auch das Schlüsselwort für seine eigene Kunstauffassung hervortreten:

Von einem notwendigen Antrieb, den ich vorläufig nicht anders als einen moralischen vor aller Moral zu identifizieren weiß, ist gesprochen worden, einer Stoßkraft für ein Denken, das zuerst noch nicht um Richtung besorgt ist, einem Denken, das Erkenntnis will und mit der Sprache und durch die Sprache hindurch etwas erreichen will. Nennen wir es vorläufig: Realität. (Ingeborg Bachmann, zitiert bei HENZE 1984, 51/52)

Realität erreichen wollen bedeutet auch, daß Kunst von der Realität ihren Ausgang nehmen muß, von wirklicher Erfahrung ihre Impulse zu empfangen hat. In der bereits erwähnten Gütersloher Rede Henzes manifestierte sich dieser leitende Gesichtspunkt aufs neue und eindringlichste:

Immer waren es reale Vorgänge, Eindrücke, Zustände, die ihren Klang in meinem Sensorium hinterlassen haben wie Spuren im Sand oder Graffiti in einer Wand, die zur graduellen Herausbildung meines Stils, meiner Handschrift geführt haben. Menschen, die meinen Weg gekreuzt und die ich geliebt habe, oder gefürchtet, oder verachtet, sind in meiner Musik festgehalten, man hört das Geräusch, das sie in meiner Seele gemacht haben. Die Leiden der Menschen, der Völker, ihrer Kämpfe, die Schönheit ihres Daseins, ihr Wunderbares, ihre Würde, aber auch die Verletzung dieser Würde, dieser Schönheit durch die Menschenfeinde, durch die Feinde des Lebens, das alles hat mich immer wieder aufs Stärkste berührt, bestürzt, es ging mich an, es betraf mich, es hat mich entsetzt oder erhoben und hat mein Mitleiden und meine Solidarität gefordert und erhalten: auch davon weiß und spricht meine Musik. Die Welt läßt sich nicht aussperren, sie dringt in das Arbeitszimmer, sie bestimmt den Charakter der Werke, sie allein macht es möglich, daß meine Stimme, eine Stimme unter vielen, überhaupt gehört werden kann. Nur dadurch, daß der Künstler die ihn ständig bedrohende Gefahr vermeidet, der Welt abhanden zu kommen, kann er sein höchstes Ziel wenn nicht erreichen, so doch wenigstens verfolgen: die Kommunikation, die Anrede, den Dialog. (HENZE 1986 g, 19)

Bevor nun Henzes ästhetische und politische Positionen näher dargestellt werden, ist der Gesamtbestand an verbalen Äußerungen einmal nach Textsorten aufzufächern, denn das spontan gesprochene Wort ist anders zu gewichten als die bedachte Formulierung, der Tagebuchvermerk anders zu rezipieren als die öffentliche Rede vor Kameras und Mikrophonen.

Wie bereits erwähnt, standen mir für diese Vorlesungen nur veröffentlichte Texte Henzes zur Verfügung. Man kann davon ausgehen, daß eine umfangreiche Korrespondenz zu erschließen wäre — Henze erwähnte z.B. unlängst seinen Briefwechsel mit Paul Dessau (HENZE 1987) — daß unzählige Konvolute an Skizzen und Entwürfen zu einzelnen Werken der Bearbeitung harren — einen vielversprechenden Einblick in die Werkstatt des Komponisten bieten die faksimilierten Notizen im *Arbeitstagebuch* zur *Englischen Katze* (HENZE 1983) — und daß vielleicht einmal weitere Tagebücher Henzes veröffentlicht werden — inzwischen ist *An eine Äolsharfe. Ein Tagebuch* (HENZE 1986 d) erschienen.

Aber auch die veröffentlichten Texte ergeben eine beachtliche Streuung von Textsorten:
— Werknotiz, Szenario, Inhaltskonzept, Übersetzung;
— Tagebuch, literarisches Tagebuch;
— Brief, Leserbrief, öffentliche Verlautbarung;
— Vortrag, Festrede, Nachruf;
— Werkeinführung, Programmheftnotiz;
— Gespräch, Interview, Podiumsdiskussion;
— Vorwort, Essay, Aufsatz.

Monographische Arbeiten

Die monographischen Publikationen zu einzelnen Werken setzen 1953 mit einer Broschüre über die Funk-Oper *Das Ende einer Welt* ein. Sie kulminieren in dem großartigen Buch von 1983 zur *Englischen Katze*, das als *Arbeitstagebuch* untertitelt ist, aber auch Werkstattmaterialien, Analysen und Programmnotizen zu anderen Werken, einen ausführlichen Bericht über Montepulciano, Reiseerzählungen, allgemeine Reflexionen zur politischen Lage und vieles mehr enthält. Der Eindruck einer erheblichen literarischen Eigenqualität, der sich bei der Lektüre des *Cat*-Book einstellt, wurde bereits sehr viel früher Henze attestiert, und zwar von Alfred Andersch, der 1959 im Vorwort zum *Undine*-Tagebuch schrieb:

»*Als ein Mann, der sich darum bemüht, erzählende Prosa zu schreiben, stelle ich zuletzt mit ein wenig berufsmäßigem Neid fest, daß es einem Komponisten, einem literarischen Außenseiter also, gelungen ist, den Miniatur-Roman von der Entstehung eines Kunstwerkes als der Auseinandersetzung zwischen Menschen zu formen. Ein Miniatur-Roman: das ist etwas sehr Großes.*« (HENZE 1959, 8/9)

Das *Undine*-Buch vereinigt Tagebuchniederschriften und nachträgliche Berichte und Betrachtungen zu einem narrativen Ganzen. Im Fall des Werkberichts zu *El Cimarrón* (1971) dagegen erscheint Henze nur als ein Autor unter mehreren neben dem Schriftsteller Hans Magnus Enzensberger und den Musikern der Uraufführung William Pearson, Karlheinz Zöller, Leo Brouwer und Tsutomu Yamash'ta, und tritt mit diesen allen zusammen in den Schatten des großen Esteban Montejo, dessen Leben in Sklaverei und Befreiung hier allein im Licht stehen sollte.

Vereinzelt erlangen auch die in den mehrfach aufgelegten und erweiterten Sammelband *Musik und Politik* aufgenommenen Werkeinführungen den Rang monographischer Abhandlungen, so die Texte über *Natascha Ungeheuer* (HENZE 1984, 155 ff.), *La Cubana* (ebenda 207 ff.), *Tristan* (227 ff.), *We come to the River* (255 ff.), *Orpheus* (290 ff.) und *Le Miracle de la rose* (356 ff.).

Von außerordentlichem Gewinn sind sodann die Gespräche und Interviews, die Henze seit Mitte der sechziger Jahre großzügig gewährt. Die meisten von ihnen wurden in den Sammelband *Musik und Politik* aufgenommen, zwei neuere in dem Frankfurter Festband über Henze veröffentlicht. Je nach Vertrautheit mit dem Gesprächspartner (und des Gesprächspartners mit der Materie) fallen die Äußerungen Henzes persönlich und eindringlich (Hans-Klaus Jungheinrich) oder aber distanziert und verschlossen aus. Dasselbe gilt für die Live-Gespräche im Rundfunk und Fernsehen, wo es schon einmal passieren kann, daß der Moderator durch Ignoranz verhindert, daß der Komponist überhaupt Wesentliches sagt (Berlin 1986).

Bleibt Henzes Herausgeber- und Autorentätigkeit in bezug auf die Reihe *Neue Aspekte der musikalischen Ästhetik* zu erwähnen, die zum einen indirekt Henzes Kunstauffassung dokumentiert (durch die von ihm ausgewählten Autoren und Rahmenthemen), zum anderen seine Sicht auf musikalische Kunst und Kultur direkt aufzeigt (als Autor). Am meisten Gewicht hat wohl die mit Jens Brockmeier zusammen verfaßte Studie über Beethovens *Neunte* (Henze 1981 b), die von dem Gedanken ausgeht, daß in diesem bekenntnishaften Werk die »*Methode*« der allfälligen Befreiung, nicht deren Feier (zu der es schon seit 1802 keinen Grund mehr gab) zum Thema steht. Henzes früherer Aufsatz über den *Populismus* (HENZE 1979 b) verarbeitet die neuen »kommunalpädagogischen« (Helmut Richter) Erfahrungen bei dem Cantiere von Montepulciano, und zwar einerseits selbstkritisch (in bezug auf das verfehlte Finale des Festivals von 1976), andererseits fremdkritisch (mit der These, daß bestimmte kulturreaktionäre Ansichten Schönbergs auf jene abfärbten, die sich auch heute noch auf seine Technik berufen). Im dritten und bisher letzten Band der Ästhetik-Reihe, der der Musikpädagogik gewidmet ist, erscheint Henze nicht als Autor. Nur das von ihm verfaßte Vorwort weist seine auktoriale Mitwirkung aus. Es dokumentiert einen Aufschrei gegen die Unkultur der Disko-Musik, der sich nach 'altem zornigem Männerklatsch' anhören mag und gleichwohl die Wahrheit bekundet: »*Sie sind einverstanden mit einem System, das ihnen repressive Produkte als individuelle Wunschvorstellung und -erfüllung andreht [...] Kaum einer von den Millionen tauber Rockfans wird jemals auch nur auf die Idee kommen, daß er betrogen worden ist.*« (HENZE 1986 a, 8).

Wie ich komponiere.

Bevor einige Spezifika des Henzeschen Komponierens bestimmt und erörtert werden, möchte ich ein scheinbar Selbstverständliches erwähnen: Henze komponiert allein. Gerade weil mit Henzes Namen mehrere Kollektivkompositionen, nämlich die *Jüdische Chronik* (1960), *Streik bei Mannesmann* (1973) und *Der Ofen* (1976), bei denen er einzelne Teile komponiert hat, sowie die 'Kommunal-Opern' *Robert der Teufel* (1985) und *Die Regentrude* (1986), bei deren Produktion Henze Anreger und Superviser war, verbunden sind, ist die Feststellung, daß Henze sonst immer der alleinige Autor seiner Musik ist, angebracht. Damit soll nicht der Anspruch auf geistiges Eigentum extra hochgehalten, vielmehr ein Schaffensmodus bezeichnet werden, der sich zunächst eben nicht von dem des bürgerlichen Künstlers seit gut zwei Jahrhunderten unterscheidet. So sehr Henze auch die Zusammenarbeit und das fachliche Gespräch mit Künstlern seiner und anderer Disziplinen sucht, so offenkundig auch die Anbindung seiner Musik an Literatur und Theater, an geschichtliche oder real gegenwärtige Sujets ist, der Komponiervorgang selbst ist dann doch eine Angelegenheit intimer Abgeschiedenheit und konzentrischer Sammlung aller psychischen Kräfte auf das imaginierende und kombinierende, erinnernde und erfindende, hörend produzierende Selbst.

Dieser Schaffensvorgang nun wurde von Henze mehrfach beschrieben, am ausführlichsten im *Arbeitstagebuch* zur *Englischen Katze*. Es lassen sich konzeptuale Überlegungen einerseits und die sukzessive Niederschrift der Musik andererseits voneinander abheben. Die konzeptualen Überlegungen sind der Niederschrift zeitlich vorgelagert, enden allerdings nicht, wenn die ersten Noten geschrieben werden. Im Falle eines Musiktheaterwerkes betreffen die ersten Entscheidungen die »Story«, die ja letztlich auf einer Opernbühne verwirklicht und von einem Opernpublikum verstanden werden muß. Von ihr leiten sich die Grundvorstellungen über Art und Ton des geplanten Projekts her, noch ehe ein Librettist überhaupt gewonnen wurde. Der Brief Henzes an Edward Bond, in dem er ihn (am 18. April 1978) um ein Libretto zu der »*Animal opera*« bittet, enthält bereits entscheidende Festlegungen: »*Es sollte eine Kammeroper werden. Ohne Chor, ohne Menschenmengen, nicht mit mehr als sechs bis zehn Sängern*« (HENZE 1983, 9). Auch der Stil des Stückes, das Genre, über welches eine dem Stück ganz eigentümliche Wirkung auf den Zuschauer ausgeübt werden soll, ist schon präzise vorgestellt: »*Alles scheint süß und charmant zu sein, und dann ist es plötzlich grimmig und wirklich entsetzlich*« (ebenda 10). Sogar Details der Konzeption begegnen in diesem ersten Brief bereits so, wie sie endgültig realisiert wurden: einige Figuren »*könnten Instrumente auf der Bühne spielen (einfache Kinder-Blasinstrumente, gezupfte Mandolinen, Zithern)*« (ebenda 9).

Die nächsten konzeptualen Schritte werden mit dem Entwurf eines (zwei Seiten umfassenden) Szenarios (März '79) und der Niederschrift der ersten Fassung des (32 Seiten langen) Librettos (Mai '79) durch Bond vollzogen. Diese Schritte sind von Diskussionen über das Personal des Stückes, über Gang und Tempo der Handlung, über die Verteilung der explizit musikalischen Nummern usw. begleitet. In dieser Phase der Produktion begegnen auch die ersten Tonvorstellungen: »*Beginne, was zu hören. habe ein Motiv von einem Buchfink (oder ist es eine Drossel?) mir notiert, er singt es morgens und abends, man kann daran nicht vorbeigehen*« (HENZE 1983, 16) — es ist eine musikalische Figur, die später in der Musik der »*herzleidenden englischen*

Katze« Minette wiederkehren wird. — Vor Beginn der eigentlichen Komposition liegt indessen noch die intensive Befassung mit dem Libretto, das immer wieder durchgearbeitet und auf seine dramaturgische und inhaltliche Plausibilität hin abgeklopft wird. Henze schreibt für sich selbst eine Inhalts-Synopse der sieben Szenen (HENZE 1983, 18-20) und diskutiert mit Bond die einzelnen Charaktere samt Zuordnung von Stimmfächern zu den (tierischen) Figuren. Auch wird der Umfang, das heißt auch gelegentlich die Verkürzung oder Verlängerung einzelner Opernnummern erwogen (ebenda 23-28 und 42-47). Schließlich werden obligate Instrumente ('Leit-Instrumente') für die tragenden Figuren festgelegt und in einer umfassenden Aufstellung, »*die auch in den Vorspann der Partitur gehen kann*« (ebenda 95-97) niedergeschrieben.

Obgleich es im Zusammenhang mit dieser 'letzten' Vorklärung am 16. März 1980 im *Arbeitstagebuch* heißt: »*Morgen beginnt die Arbeit an der Cat, heute wird das* [Noten-]*Papier vorbereitet*« (ebenda 95), liegt die Zwölftonreihe, auf der die ganze Oper basiert, bereits vor. Man erkennt daran, daß die Aufstellung der Reihe noch zur musikalischen Konzeptarbeit gehört, also nicht Komposition im engeren Sinne ist. Die Findung und Einschätzung der Zwölftonreihe (vgl. das Zitat von Henzes detaillierter Beschreibung der Reihe oben S.99) entspricht somit der Entscheidung von Komponisten aus früherer Zeit, etwa eine Sinfonie »in c-Moll« zu schreiben. So wie deren Motive und Themen, ja die ganze Folge der Sätze aus der Vorstellung einer c-Moll-Tonwelt heraus erdacht werden, findet Henze die Stimmen der Sänger und Instrumente aus der Hörperspektive der *Cat*-Reihe.

Der Komponierakt selbst ist zwar weiterhin auch von konzeptualen Überlegungen begleitet; diese betreffen aber jetzt nicht mehr das ganze Werk, sondern jeweils nur jene Partien, die sukzessive — beginnend beim »*Recitativo arioso Lord Puffs*« — in Musik gesetzt werden. Im *Arbeitstagebuch* zur *Katze* ist ja das »*Libretto im Manuskript*«, das heißt Bond's Typoskript mit Henzes handschriftlichen Eintragungen in Kopie wiedergegeben (HENZE 1983, Anhang), so daß wir eine konkrete Vorstellung über diesen organisatorischen Teil der kompositorischen Arbeit gewinnen können. Henzes Randbemerkungen enthalten Hinweise auf musikalische (Opern-)Formtypen, z.B. *Secco Rezitativo, Koloraturen, Cabaletta, Finale, Interlude* usw.; wir finden satztechnische Bemerkungen, z.B. *Kanon mit Umkehrungen, tremoli accenti dramatici, Variationen, Clavier-Begleitung, Aleatorik* usw.; man sieht Klammern entlang dem Dialogtext, mit denen die Reden der Sängerdarsteller zu zusammenhängenden Einheiten gebündelt werden; vereinzelt sind Noten- und rhythmische Zeichen sowie Angaben zu Takt, Tempo und Lautstärke notiert; und schließlich halten zahlreiche Bemerkungen die jeweils dominierenden (und in den Zwischenspielen auch »*konzertierenden*«) Instrumente fest.

Beim Niederschreiben der Musik hält der Komponist sich in einem gut austarierten Schwebezustand zwischen Aktivität und Passivität, zwischen Tonsatz-Handlung und Musik-Erwartung. Henzes Eigenbeschreibungen machen deutlich, daß er mit den von ihm erfundenen musikalischen Gestalten sozusagen dialogisiert. Sind sie erst einmal in der Welt, entfalten sie sogleich ein Eigenleben und lassen nicht mehr alles mit sich machen. Hier eine Leseprobe aus dem Komponierprotokoll:

Auf Puffs a cappella-Bitte an die pietistischen RSPR-Mitglieder um Meinungsäußerung folgt nun ein kleines allegretto-Ensemble, von dem ich noch nichts weiß, obwohl ich es schon geschrieben habe. Es ist kurz, es sagt noch nicht viel aus, und doch werde ich es wieder aufnehmen müssen, bei nächster Gelegenheit werde ich mich wieder damit zu beschäftigen haben. Vielleicht ist es für Neben- oder Übergangssituationen geeignet. Es ist für gemischtes Orchester-Ensemble (2 Fl., 2 Cl., 2 Hö., 2 Fg., Klav., Harfe, Streicher) gesetzt, eigentlich in erster Linie, um dem Ohr des Hörers eine erste Kostprobe zu geben, gewissermaßen als sagten die Instrumente des Orchesters: Wir sind da! Wollen wissen, was hier vorgeht, bzw. was der Henze mit uns vor hat! (HENZE 1983, 99)

Daß nach Henzes Auffassung die gewonnenen musikalischen Gestalten ihre Folgen weitgehend in sich tragen, ist der folgenden Stelle des *Tagebuches* zu entnehmen:

Nachdem dieser Entschluß gefaßt war, wurde es mit einem Male ernster in der Klangwelt Minettes. Zwar ist in meinen Augen der Sinn und der Inhalt dieser Arie [O moon you pass so calmy in the sky] der, daß die Sängerin der Minette aus ihrer Rolle heraustritt und Dinge vorbringt, die normalerweise außerhalb der Minetteschen Vorstellungswelt liegen — dergleichen geschieht öfter im Stück —, so daß die Musik sich entsprechend verhalten, den Umständen Rechnung tragen und sich verändern muß. Die Veränderung ist dann, sobald sie sich ereignet hat, nicht mehr rückgängig zu machen: sie wird sich auf alles Kommende auswirken, auf Melodieführung, Harmonik, Rhythmus und Klangfarben. Nach ihrer Arie ist auch Minette verändert, es wird möglich, sich ein Schicksal in ihr vorzustellen, sie ist uns menschlich näher gekommen. (HENZE 1983, 199)

Dieses Wechselspiel zwischen Handeln und Geschehenlassen, das Henzes innerste Komponierhaltung bestimmt, scheint überhaupt einer der Grundverfassungen von künstlerischem Produzieren zu entsprechen. In der Musik läßt sich diese Interdependenz zwischen Gestaltendem und Gestaltetem auch in jeder guten Vorspielsituation beobachten. Der muskalische Vortrag eines Instrumentalisten zieht uns an, ja schlägt uns unwiderstehlich in den Bann, wenn der Musiker nicht nur spielt, sondern auch hört, das heißt, wenn die Klänge, die er hervorbringt und hörend beobachtet, die nachfolgenden Passagen tatsächlich bedingen. Ist dies nicht der Fall, realisiert ein Musiker also nur die Noten statt sich den Klangprozessen mit einzuverleiben, läßt uns das Spiel so kalt wie das Geklapper auf einer Schreibmaschine. Die Befragung der selbstgemachten ästhetischen Zeichen duch den Künstler ist vor allem bei den Zeitkünsten (Musik, Theater, Film, Tanz) zu erfahren, hat aber auch in der bildenden Kunst ihr Gegenstück, wo diese Art der Kommunikation des Künstlers mit seinem allmählich entstehenden Artefakt das Moment der prozessualen Lebendigkeit und auch Unwägbarkeit noch aufscheinen läßt, nachdem das Bild oder die Skulptur längst zur materialen Starre von Leinwand und Marmor geronnen sind.

So gesehen ist Henzes Art zu komponieren gar nicht unbedingt spezifisch; indessen hat er den Vorgang mit schöner Klarheit dargelegt. Ähnliches gilt wohl für ein zweites Moment, das aus Henzes Selbstbeschreibungen zu entnehmen ist: sein Verhältnis zum musikalischen Material, also zu den Klängen und Klangfolgen, Rhythmen und Formen. Man könnte sagen, daß Henze das musikalische Material als durchlässig erlebt, durchlässig für die Geschichte der Musik, für die Geschichte unserer Kultur, für Kultur überhaupt, für die Natur des Menschen, und selbst für die nicht-menschliche Natur. Anders gewendet erscheint ihm die Welt der musikalischen Klangereignisse immer schon inhaltlich gefüllt, und jede Klangfigur von Bedeutungen vielfach besetzt. So wird das Hören von Musik zur Wahrnehmung von Zeichen und zum Aufnehmen von Bedeutungen. Unter dieser Vorgabe kann auch das Komponieren nur als die Formulierung von Inhalten sich vollziehen, und berühmt-berüchtigte Ideen wie die der 'absoluten Musik' oder des 'absolut Neuen' in der Kunst müssen wie Spinngewebe vergehen.

Erinnert sei nochmals an Henzes Analyse der Zwölftonreihe zur *Cat*, in der die Beziehungen zwischen den Tönen an die Geschichte der Musik und des Musikerlebens angebunden werden: »*septakkordartig*«, »*pathetisch*«, »*opernhaft*« oder »*weich trauernd*« erscheinen ihm die einzelnen Tongruppen, und als Fazit der einfühlenden Analyse meint Henze, die Reihe sei »*affektgeladen wie die Intervallik in einer Tastensonate von C. Ph. E. Bach oder Haydn, im empfindlichen Stil, aber auch geheimnisvoll und vielgestaltig wie das Seelenleben der Tiere*« (HENZE 1983, 95).

Die Durchlässigkeit der Zeichen auch in Richtung trivialer und kulturell verluderter Musikidiome kann mit zwei Bemerkungen Henzes über die Musik des Bösewichtes Arnold aus der *Englischen Katze* belegt werden. Bei der Aufstellung von dessen Thema heißt es:

Arnolds Lied [...] ist nun ein rauhbeiniger vulgärer Song, und durch die Art, wie er komponiert ist und wie er gesungen gehört, wird Arnold unmißverständlich als DER Bösewicht, der Villain des Stücks hingestellt und stellt Arnold sich als DER Villain des Stücks hin. (HENZE 1983, 99)

Später fragt Henze mehr theoretisch, ob ein Inhalt, der sich mit einem musikalischen Thema früher deutlich verbunden hat, einfach wieder abgezogen und womöglich in sein Gegenteil verkehrt werden könnte. Er möchte diese Möglichkeit ausschließen und führt nochmals die Arnold-Musik als Beispiel an:

Ich könnte (mit unendlichen Mühen) versuchen, die Eigenschaften meines Gassenhauers aus meinem Gassenhauer zu entfernen und den Gassenhauer in sein Gegenteil zu verwandeln, z.B. in ein Liebeslied oder in eine Ekloge, aber ich kann seine Töne nicht einfach weglassen, und aus diesem Grund wird wohl immer wieder etwas von den originär ordinären Eigenschaften, einzelne Töne, Rhythmen oder Akkordverbindungen, des Gassenhauers durchkommen, an denen wir ihn wiedererkennen. (HENZE 1983, 291).

Henzes Reden über das eigene Komponieren ist eher ein lautes Nachdenken über sein Tun denn die Verkündigung von gesichertem Wissen. Immer bestrebt, einer Mystifizierung des künstlerischen Schaffensaktes entgegenzuwirken, stellt er das Komponieren als eine Form der Arbeit dar. Gelegentlich gibt Henze auch Einblicke in seine Lehrtätigkeit an der Kölner Musikhochschule. Sehr aufschlußreich und konkret-anschaulich ist die folgende Tagebucheintragung:

Gestern nachmittag den Studenten den Auftritt des Dionysos vorkomponiert, dabei unentwegt dozierend, laut denkend, erklärend, was ich gerade mache und warum so und nicht so. Es regte mich ziemlich auf — es lag mir daran, zu zeigen, wie bewußt man arbeiten kann, und wie sehr es angebracht ist, Szenisches, Räumliches, Zeitliches bei der Komposition sich vor Augen zu halten und nicht mehr aus ihnen zu verlieren. Allerdings muß man, bevor man loslegt, einen Plan im Kopfe entwickelt haben (HENZE 1983, 355).

Über die eigene Musik

Viele Komponisten geben ihren Werken Kommentare bei, wenn sie zum ersten Mal aufgeführt werden. Ob dies angebracht ist oder nicht, wäre eine müßige Frage, die meistens von jenen aufgebracht wird, die infolge einer Veranlagung zu apodiktischem Denken sich 'ein für allemal' gegen jedes Beiwort zur Musik ausgesprochen haben, weil diese Angaben nichts anderes als 'Krücken' für angeblich sonst nicht 'lebensfähige' Kompositionen seien. Dabei läßt sich leicht einsehen, daß der Kommentar zu einem neuen Werk weder unabdingbar nötig noch notwendig schädlich sein muß. Henze gibt denn auch eine locker pragmatische Begründung dafür, daß er seine neuen Stücke gern mit kommentierenden Bemerkungen versehen in die Welt entläßt: »*Ich bedaure das Fehlen authentischer Hinweise bei neuen Stücken immer: die Prosa ist im Musikleben schließlich dazu da, dem Hörer das Betreten unbekannter Räume zu erleichtern, zu kaum was anderem wird sie gebraucht«* (HENZE 1983, 217). Mit Hilfe des Kommentars könnten Mißverständnisse vermieden werden, die weniger leicht aufkämen, wenn der Hörer »*zur richtigen Tür eingelassen wird*« (ebenda). Und um jeden Zweifel auszuschließen, fügt Henze hinzu: »*Eine Arbeit, wohlgemerkt, verstanden als brüderliche Geste für den anonymen Hörer in der Menge, den du erreichen willst, und nicht als Rechenschaftsbericht für Musikwissenschaftler*« (ebenda).

Der Musikwissenschafler, der zwar auch Hörer ist, sich dem Werk eines Komponisten aber mit einem bestimmten Erkenntnisinteresse nähert, statt sich allein der ästhetischen Erfahrung hinzugeben, wird die Eigenkommentare des Komponisten gleichwohl mit besonderer Aufmerksamkeit lesen und analytisch durchdringen. Dabei gehört es zu den Axiomen moderner kunstwissenschaftlicher Methodik, daß das Wort des Künstlers über ein eigenes Werk wohl eine wichtige Quelle, nicht aber letzte Instanz vor der Wahrheitsfindung ist. Wir müssen auch hier wiederum bedenken, daß jede Äußerung des Komponisten, also auch seine »*Prosa*«, als inszenierte Subjektivität aufzufassen und folglich aus dem Kontext einer kommunikativen Situation heraus einzuschätzen ist. Schon der Gedanke an die wechselnden Adressaten des 'Hier spricht der Dichter' verbietet es, jedes Wort gleichermaßen wörtlich zu nehmen. Überdies muß jedenfalls mit Positionswechseln gerechnet werden, die bei jedem Künstler, dessen Produktivkraft noch nicht erschöpft ist, unterstellt werden kann.

In jenen Fällen, da Henze frühere Werke später erneut kommentiert hat, läßt sich die Ergiebigkeit einerseits und die Relativität der Äußerungen andererseits gut demonstrieren. Im ersten Kommentar zu seiner Oper *Elegie für junge Liebende* von 1961 verteidigt Henze die »*implizierte Größe Mittenhofers*« mit dem Hinweis auf die »*echte Kraft*« seiner Persönlichkeit, die sich z.B. daran zeige, daß es ihm gelinge, »*nur indem er von sich spricht, seine Geliebte zurückzuerobern*«, und um »*die ganze Gesellschaft wieder in seine Gewalt zu bekommen*«, brauche er nur von dem Werk, an dem er gerade arbeite, zu sprechen (HENZE 1984, 85/86). Andererseits gibt es schon in diesem frühen, mit der Uraufführung verbundenen Kommentar den verräterischen Hinweis darauf, daß, wer der Größe Mittenhofers mißtraute, sich wie ein Spielverderber verhielte (ebenda). An diesem Text tritt m.E. klar zutage, daß Henze nicht Analyse sondern Überredung betreibt. Sein Anliegen zielt primär darauf ab, den Zuschauer, statt daß er das Spiel verdirbt, dazu zu bringen, sich auf die interne dramatische Spielsituation einzulassen, innerhalb welcher ja das Renomee Mittenhofers als der bedeutendste zeitgenössische Dichter außer Frage steht (was übrigens die Voraussetzung dafür ist, daß die endliche Abwendung Hilda Macks von Mittenhofer die kalkulierte skandalöse Wirkung macht).

In dem zehn Jahre später geschriebenen Kommentar zu derselben Oper verfolgt Henze dagegen das Konzept, die reflektierenden Kräfte des Zuschauers zu animieren und ihn auf die 'richtigen' Gedanken über das Stück zu bringen. Mittenhofers »*Größe*« wird offen desavouiert durch unfreundliche Attribute wie »*Dracula*«, »*Schreihals*«, »*Hysteriker*«, »*weihevoller Wissender*« oder gar »*Wildschwein*« (HENZE 1984, 242). Die Absicht des Stückes bestünde darin, durch das, was sich in ihm an »*Groteskem, Lächerlichem, Vulgärem, Bösartigem, Gemeinem*« abspielt, »*die Figur des Künstlers als Helden, dieses Konzept vom Heldenleben in Frage zu stellen, wie es das 19. Jahrhundert geschaffen hat und wie es das 20. Jahrhundert noch nicht vollständig losgeworden ist*« (HENZE 1984, 237). Der verbreiteten Neigung des Publikums, im Theater sich amüsieren zu wollen, wird vehement entgegengearbeitet, indem die Figuren des Stückes nicht nur immanent analysiert, sondern das ganze Werk als Parabel einer praefaschistischen Epoche gedeutet wird. Die im Stück auftretenden Personen, allen voran Mittenhofer (dessen Nähe zu Stefan George durch ein Zitat aus dessen *Blätter für die Kunst* augenfällig gemacht wird), erscheinen in dieser Interpretation Henzes als »*frivole Botschafter und Botschafterinnen von Spielen und Ritualen, die später einmal im Faschismus ihre vergröberte Konsequenz erreichen würden, zu deren Charakteristika es gehört, daß sie unfähig sind, über die Grenzen ihrer Klasse hinaus zu denken*« (ebenda 238). Daß Henze sich der veränderten Position, aus der heraus er seine Oper von 1961 nun interpretiert, bewußt ist, geht aus einer weiteren Äußerung hervor, die in einem Gespräch von 1972 aufgezeichnet wurde: »*Die Brandmarkung des 'Künstlers als Held' gefällt mir sehr. Gerade diese Figur* [Mittenhofer] *kann marxistisch interpretiert und inszeniert werden; so habe ich das auch gemacht. Die Möglichkeit, es so machen zu können, verdanke ich aber erst meinen Erlebnissen und Studien der letzten fünf Jahre*« (HENZE 1984, 195).

In anderen Fällen schließen die Äußerungen Henzes über eigene Werke durchaus auch Selbstzweifel mit ein. Nachdem bereits zwei Drittel der *Cat* komponiert waren, liest man im *Arbeitstagebuch* fogende skeptische Einschätzung:

Es ist eine Arbeit, die um sich greift, deren Inhalte und Bemühungen vielleicht niemals das Herz = den Intellekt eines Publikums erreichen werden, weil sie sich als kalte und unzureichende Erscheinungsformen (der kranken Phantasie eines überreizten Gehirns, eines in der Überarbeitung lädierten Organismus) herausstellen werden. Chimären. Monstren, dem Traum oder dem Schlaf der Vernunft entwischt (HENZE 1983, 324).

Kurz vor der Fertigstellung des Werkes scheint diese Skepsis aber (glücklicherweise) wieder verflogen zu sein, wie die letzten, einigermaßen zentralen Aufzeichnungen über die *Cat* in den handschriftlich beigegebenen Tagebuchblättern vom 31.12.1982 belegen:

Es ging um Melodiebildung, um den Verusch, mit Mitteln des Melos den richtigen Ton zu treffen, den Breitengrad, den Nerv, die Barometerzahl, die es gestattet, den Horror mit Liebreiz darzustellen, dabei die Parodie zu vermeiden, ja sogar die Ironie. Vielleicht hat sowas mit dem Begriff 'Humor' zu tun, wer weiß. Ich würde mich freuen, wenn mir da was gelungen wäre, was Unmißverständliches. (HENZE 1983, Anhang)

Ein noch wiederum anderer Fall liegt vor, wenn Henze ein bereits komponiertes und erfolgreiches Werk für sich selbst negiert, weil es ihn nichts mehr angehe. Ein solches Werk wird von einer derartigen Abwendung weder angefochten noch einer neuen Lesart unterzogen; vielmehr distanziert sich Henze von sich selbst als dem Komponisten einer Musik, die einen Wert für andere Musiker und Hörer behalten mag, in seiner derzeitigen Situation (die dann gern als Beginn einer neuen Schaffensphase rationalisiert wird) aber keinen Raum findet und sogar störend und lästig ist. Eine solche Äußerung liegt z.B. über das Orchesterstück *Barcarola* von 1979 vor, über die Henze schon zwei Jahre später schreibt:

Aber die 'Barcarola' bleibt mir fremd, ich kann sie dirigieren und analysieren, aber es ist wohl auch ein bißchen so, daß ihr Inhalt mich nichts mehr angeht, ich habe dieses Bootslied gesungen viele Male, es geht mich im Augenblick nichts mehr an, all dies grimmige, heulend Elende und Unsagbare. Ich kenne das alles, kenne es zur Genüge. Möchte nun anderes sehen und hören und sagen, richte Ohren und Blicke in andere Zonen, Bereiche, Zustände. Sammle Kenntnisse, versuche was zu verstehen. (HENZE 1983, 247)

Die Verabschiedung von einem eigenen Werk, das somit in ein unabhängiges Leben entlassen wird, ist allerdings ein Topos aus dem Bereich der Künste ganz allgemein, der natürlich auch Henze bewußt ist. Daß die Stücke im Laufe der Zeit ihre eigene Geschichte begründen und sich dabei tatsächlich verändern, ohne daß der Autor Einfluß darauf hätte, darf nicht nur nicht bedauert, sondern muß als Bewährung ihrer ästhetischen und semantischen Komplexität begrüßt werden. Als Henze am Freitag den 1.Oktober 1982 in die Stuttgarter Premiere seiner sechs Jahre alten Oper *Wir erreichen den Fluß* geht, erlebt er dieses Werk sehr intensiv im Kontext der aktuellen politischen Situation in der BRD. Es war der Tag, an dem Helmut Schmidt (SPD) gestürzt und Helmut Kohl (CDU) inthronisiert worden war. Dieser »*Rechtsrutsch*«, der nach Henze auf eine unausrottbare »*gefährliche Dummheit*« des sogenannten »*kleinen Mannes*« in Deutschland verweist (HENZE 1983, 335 ff.), berührte ihn sogleich hautnah in Form eines Taxifahrers, der seiner Hoffnung Ausdruck gab, daß nun »*mit den Ausländern, den Nichtstuern und Pennern* [...] *ein für allemal aufgeräumt*« würde (ebenda). An diesem »*schwarzen Freitag*« ging Henze also abends in die *River*-Premiere und schilderte die Wirkung des Stückes so:

Ich hatte den Eindruck, daß das Stück diesmal wie eine Warnruf wirkte, das Publikum hörte ihn und war spürbar erschreckt, betroffen, es war, als hätte sich eine Trauer gerührt, Mitgefühl für die Schwachen, die Leidenden, die Unterdrückten, als würde man die Bilder, die Klänge, das Weinen und Schreien der Unterdrückten nicht mehr los. Die Sänger und die Instrumentalisten taten alles, um das Stück so lebensnah und konkret darzustellen, wie es gedacht ist, in einer kollektiven Anstrengung, ich hatte den Eindruck: wenn auch das Aufführungsdatum nur zufällig auf diesen schwarzen Freitag gefallen ist, eine Arbeit wie diese könnte eine erste künstlerische Manifestation der politischen Gegenbewegung sein, die nun beginnt, beginnen muß. (HENZE 1983, 337)

Diese Äußerungen — so konkret sie auch auf aktuelle politische Ereignisse gerichtet sind — lassen doch kaum Illusionen zu über das, was mit Musik ausgerichtet werden kann. Sie geben eher ein Hoffen auf gelegentliche politische Wirkungen von Kunst zu erkennen als daß sie die Absicht Henzes belegen, Musik eigens zu einem solchen Zweck zu komponieren. In Henzes 'wilden' politischen Jahren, wo ihm (wie vielen, die es besser hätten wissen müssen) die politische Lage in Europa als vorrevolutionär in einem unmittelbaren und sehr handgreiflichen Sinn erschien, begegnen freilich Äußerungen, die man nur als leichtfertig und vordergründig bewerten kann. In einem Gespräch von 1969 über das Verhältnis von Musik und Politik zitiert Henze am Schluß Che Guevara, der am Beispiel eines von den Revolutionären eroberten amerikanischen Gewehrs von der Relativität des Häßlichen und Schönen gesprochen hatte: »*In den Händen der Battista-Soldaten war diese Waffe sehr häßlich. Sie erlangte in unseren Augen aber eine außergewöhnliche Schönheit, als wir sie eroberten, als wir sie einem Soldaten abnahmen, als wir sie dem Volksheer übergaben.* [...] *Die Waffe bekam eine neue Qualität, die Aufgabe, für die Befreiung des Volkes zu kämpfen.*« An dieses Zitat fügte Henze nun übergangslos diesen unerquicklichen Satz an: »*Wenn wir statt Waffe Musik sagen, dann ist sehr viel darüber gesagt, was Musik in der Revolution sein könnte oder vielmehr ist*« (HENZE 1984, 143).

Von Henzes zeitweiliger revolutionsromantischer Befangenheit zeugt auch ein Gespräch von 1971, in dem er — nicht ohne Koketterie — angibt, »*in allen 'Sachen', außer vielleicht im Umgang mit einer Maschinenpistole*« noch unbeholfener zu sein, als im Komponieren, um dann so fortzufahren: »*Bis zu dem Augenblick, wo wir Sozialisten durch die Reaktion zum bewaffneten Kampf gezwungen werden, werde ich also weiter schreiben [...] und versuchen, meine Werke aus dem bürgerlichen Kontext der Exklusivität [...] herauszunehmen und brauchbar und zweckgebunden zu machen*« (HENZE 1984, 166).

Solchen 'strammen' Äußerungen stehen indessen differenzierte Skizzen über eine denkbare sozialistische Kunst und Kultur gegenüber, die sich sogar in denselben Zusammenhängen finden, aus denen eben zitiert wurde (vgl. HENZE 1984, 141 f. und 154 f.). In jenem 1972 geführten Gespräch zwischen Henze und Jungheinrich mit dem Titel »*Musica impura — Musik als Sprache*« (das überhaupt einige der wichtigsten und nach wie vor geltenden Selbstaussagen des Komponisten enthält) findet sich eine Formulierung der eigenen künstlerischen Ziele, die die Art seines Denkens und Fühlens unverstellt hervortreten läßt:

Es scheint mir sehr wichtig, daß man auf dem Wege zum Sozialismus 'die Kultur' in ihrer ganz verfeinerten Form mitnimmt. Denn die Kultur ist ja nichts, das man auf der Strecke liegen lassen soll, um Formen von Vereinfachung oder gar Barbarei entgegenzugehen, sondern im Gegenteil soll ja gerade Schönheit sich auf eine ganz neue Weise entfalten können — in einer neuen Gesellschaft, die frei ist. Ich halte es für ungeheuer wichtig, daß diejenigen unter den Sozialisten, die eine künstlerische Begabung haben, ihre Intuition schärfen. Sozialismus bedeutet nicht Vergröberung, sondern Verfeinerung, Vermenschlichung, im Sinne der in den Menschen angelegten Möglichkeiten (HENZE 1984, 195).

Bis heute hält Henze an dieser Auffassung fest, daß Kunst mit Befreiung einhergehe und daß ihre Schönheit von der Würde des Menschen sich herleite. Seine Hoffnung gründet sich darauf, »*daß Musik so im kulturellen Bewußtsein der Menschen sich verankern möge, daß sie einen ganz neuen Lebensfaktor bedeutet, eine neue Lebensqualität, so wie sie noch nie existiert hat bisher, als ein allgemeiner seelischer Reichtum*« (HENZE 1986 b). Auf diese Weise, die also eine eher indirekte politische Wirkung von Kunst annimmt statt einer unmittelbar agitatorischen, könnten in den heute lebenden Menschen — so Henze 1986 — Widerstandskräfte freigesetzt werden, die das Individuum davor bewahren, nivelliert zu werden.

XII. Die Kritiker unserer Zeit über Hans Werner Henze

Nachdem in den zurückliegenden elf Vorlesungen versucht worden ist, einen Überblick über Henzes Leben und Schaffen zu vermitteln, die Konstanten und Variablen seines Stils und seiner Kunstauffassung herauszuarbeiten, Wichtiges von Unwichtigem zu scheiden, Widersprüchliches offenzulegen und Affirmativem zu widersprechen, dabei aber doch gleichsam den Standpunkt des Komponisten einnehmend, das heißt in erster Linie Verstehensarbeit zu leisten im Sinne des Mit- oder Nachvollzugs von Henzes Schaffen und Intentionen, soll heute, in der letzten Vorlesung, von Henzes Wirkung und Erscheinung in unserer Zeit, oder vielmehr — vorsichtiger formuliert — im Urteil einiger berufener bzw. beruflicher Repräsentanten unseres zeitgenössischen Musiklebens die Rede sein. Repräsentanten des Musiklebens — darunter möchte ich Funktionsträger aus dem Kultursektor verstehen, also Menschen, deren urteilendes Wort öffentliche Verbreitung erfährt: Musikkritiker von Tages- und Wochenzeitungen; Fachexperten (wie z.B. Komponisten, Interpreten, Dramaturgen), die sich in Zeitschriften, Programmheften u.ä. zu Wort melden; Wissenschaftler, deren Veröffentlichungen Anspruch auf besondere Gültigkeit erheben und dazu bestimmt sind, den fachwissenschaftlichen Disput zu fördern.

Es scheint mir wichtig, die hier beschriebenen Ebenen der musikalischen Publizistik — die auch mit Textsorten wie Rezension, Essay und Dissertation identifiziert werden können — auseinander zuhalten. Andernfalls bestünde die Gefahr, daß es zu unverhältnismäßigen Reaktionen und ineffizienten Streitereien kommt. Wenn z.B. Martin Vogel in seinem Buch *Schönberg und die Folgen* Gift und Galle über die Wiener Neutöner ausschüttet, so bewegt er sich auf der Ebene der Essayistik, auf der polemische Spitzen durchaus gefragt sind; er begeht aber den Fehler, diesen Text — der im Verlag für Systematische Musikwissenschaft erschienen ist — als Beitrag zum wissenschaftlichen Diskurs auszugeben mit der Folge, daß er links (bzw. rechts) liegen bleibt einschließlich der in ihm durchaus enthaltenen erwägenswerten Einwände gegen Schönbergs Kompositionsmethode. Wenn andererseits Helmut Lachenmann in Form eines »offenen Briefes« auf eine mißliche Passage in Henzes »offenem Tagebuch« zur *Englischen Katze* reagiert, so findet hier ein Streit auf ein- und derselben Ebene und damit auch vor einer identischen Leserschaft statt. Diese zeigt sich erfreut über das verbale Techtelmechtel, fühlt sich in ihren positiven und negativen

Vorurteilen bestätigt, delektiert sich an den deutlich sichtbaren menschlichen Schwächen der kämpfenden Heroen, und findet die Welt in ihrem Pluralismus (links von der Mitte) ausgewogen und schön.

Weniger leicht fällt es uns Musikwissenschaftlern (und desgleichen den Komponisten und Künstlern), das Treiben auf der Ebene der professionellen Musikkritik mit gleichbleibender Gelassenheit hinzunehmen. Denn diese Zunft verfügt über den größten Verbreitungsradius, was recht präzis an den Auflagenhöhen von Zeitungen im Vergleich zu anderen Veröffentlichungen abzulesen ist. Kann man den wissenschaftlichen Text in Hunderter-Auflagen zählen, den essayistischen Beitrag in Tausendern, so erreichen die Musikrezensionen durchaus Hunderttausende von Lesern. Dabei steht dieser Verbreitungsgrad in umgekehrt-proportionalem Verhältnis zu dem Zeitrahmen, der nötig ist bzw. zur Verfügung steht, um die Texte zu schreiben: er bemißt sich bei Rezensionen nach Stunden, beim Essay nach Tagen oder Wochen, bei der Dissertation nach Jahren. Der am schnellsten geschriebene Text hat also die weiteste Verbreitung, der kurze Verriß vermag Hunderttausende zu beeinflußen. Es ist klar, daß mit diesem flinken Instrument erhebliche kulturelle Macht ausgeübt werden kann. Der Komponist kann davor nur die Waffen strecken. Wie sollte er auch reagieren? Mit Leserbriefen? Mit gerichtlichen Anordnungen? Mit förmlichen Gegendarstellungen? Die meisten Künstler gewöhnen sich daher ab, Kritiken von Aufführungen überhaupt noch zu lesen. Sie hoffen auf die Kräfte der Selbstkorrektur innerhalb der Presselandschaft oder vertrauen überhaupt nur auf das Urteil von Fachkollegen.

Für uns bilden die Aufführungsrezensionen indessen eine unverzichtbare musikgeschichtliche Quelle. Dabei ist der einzelne Text weniger wichtig als die Vielzahl der Rezensionen. Daß man aus einer Aufführungsbesprechung neue Aufschlüsse über ein bestimmtes Werk gewinnen kann, darf nicht erwartet werden. Daß aber eine Tendenz, die sich als Resultante einer ganzen Reihe von Kritiken über ein Werk abzeichnen mag, einen Teil der Wirklichkeit eines Kunstereignisses widerspiegelt, kann wohl angenommen werden. Eine solche Tendenz braucht sebstverständlich nicht als Wahrheit über das Werk genommen zu werden, sondern kann sich ebensogut als Wahrheit über das Publikum oder als Wahrheit über die Presse erweisen. Sie ist nichts als ein Datum der Wirkungsgeschichte, das der Einordnung in kulturpolitische und -geschichtliche Zusammenhänge harrt.

Ich möchte nun im folgenden einerseits von der professionellen Musikkritik sprechen, soweit sie Henzes Schaffen betrifft, und andererseits jenen schon angedeuteten Streit zwischen Henze und Lachenmann dokumentieren, referieren und kommentieren. Die dritte Ebene, die der wissenschaftlichen Kritik, soll durch eine Besprechung der Dissertation Ernst H. Flammers (der Nono und Henze gegeneinander führt) einbezogen werden.

Musikkritik

Eine Untersuchung der auf Henze bezogenen Musikkritik muß mit Blick auf den engen Rahmen einer Vorlesung entschieden begrenzt werden. Ich habe deshalb die folgende Auswahl getroffen:

— Gegenstand der Untersuchung sind Kritiken von Henze-Opern;
— der zeitliche Rahmen wird auf die letzten 25 Jahre festgesetzt;
— berücksichtigt werden Zeitungskritiken der Uraufführungen;
— die Zahl wird durch die Bestände der »Hamburger Theatersammlung« begrenzt.

Es werden somit Uraufführungskritiken von Henzes Opern *Elegie* (1961), *Lord* (1965), *Bassariden* (1966), *Cubana* (1975), *River* (1976) und *Cat* (1983) untersucht. Die Kritiken stammen aus den deutschen Tages- bzw. Wochenzeitungen *Die Welt*, *Frankfurter Allgemeine Zeitung* (FAZ), *Hamburger Abendblatt* (HmbA), *Die Zeit*, *Der Tagesspiegel* (TgSp), *Stuttgarter Zeitung* (StgZ), *Süddeutsche Zeitung* (SüdZ) und *Frankfurter Rundschau* (FR). Da nicht jede dieser Zeitungen jede der sechs Uraufführungen rezensiert hat, liegt die Zahl der Kritiken niedriger als erwartet. Die Basis der folgenden Darstellung wird durch insgesamt einundvierzig Kritiken gebildet.

(1) *Elegie für junge Liebende, Oper in drei Akten von W. H. Auden und Chester Kallman, uraufgeführt am 20. Mai 1961 bei den Schwetzinger Festspielen durch die Bayerische Staatsoper; Inszenierung: Hans Werner Henze.*

Der Trend der Kritiken über Henzes *Elegie* ist eindeutig: die Oper wird als eine bedeutende Neuerscheinung eingeschätzt, die zudem eine fabelhafte Aufführung erlebt habe. Schneidet man die extremen Bewertungen an den positiven und negativen Polen weg — Geitels in der Welt angestimmter überschwenglicher Hymnus einerseits (»*ein Werk von bestürzender Eigenart*«, von »*Zeitlosigkeit*« und »*Übermodernität*«), und Abendroths in der Zeit erschienene verstockte Anmerkungen andererseits (eine Musik wie »*Kino-Lärm*«, die allenfalls Talent erkennen lasse), so bleibt folgendes einheitliches Bild: ein hervorragendes Libretto habe eine vorzügliche theatergerechte musikalische Umsetzung duch Henze erfahren. Henzes Musik sei differenziert, raffiniert, sensibel durchhört und souverän in der Pendelung zwischen Dodekaphonie und konventioneller Gesangslyrik.

Bei der Frage nach dem Entwicklungsstand des noch als jung eingestuften, derzeit 35jährigen Komponisten gehen die Meinungen allerdings auseinander. Während Stuckenschmidt in der FAZ den Endpunkt einer Frühphase duch Henze erreicht sieht, einen Gipfel an raffiniertem Umgang mit den Mitteln der Anspielung und koloristischen Ausformung, dem aber erst der »*letzte Schritt in Freiheit und Unabhängigkeit*« noch folgen müsse, konstatiert demgegenüber Oehlmann im TgSp den »*letzten Durchbruch* [Henzes] *zu sich selber*«. Dahlhaus (StgZ) sieht Henze als den Opernkomponisten bestätigt, der sich zurecht für die »*unmittelbare Wirkung*« und »*gegen den Purismus*« entschieden habe; dagegen schätzt er den Enwicklungstand der kompositorischen Sprache zwiespältig ein: melodisch überzeugend, harmonisch noch unsicher.

Hinsichtlich der Deutung des Werkes zeigt sich einige Unsicherheit unter den Kritikern. In der Zeit wird ganz naiv Partei gegen die Kunstfigur Mittenhofer ergriffen, deren Handeln moralisch verwerflich sei, während der TgSp sich sicher ist, daß hier eine »*pessimistische Tragödie*« gelungen sei, deren »*enthüllende Kritik*« von ähnlicher Direktheit sei, wie die der *Intolleranza* Luigi Nonos (1960). Die konventionelle Nummernstruktur der *Elegie* erscheint keinem der Kritiker problematisch; vielmehr werden gerade die Ensembles und Arien als besonders gelungen hervorgehoben. Fast alle Rezensenten schlagen allerdings einige Kürzungen vor, die leicht zu realisieren seien. Man prophezeit, daß diese Oper ein Repertoirestück werden könnte.

(2) *Der junge Lord. Komische Oper in zwei Akten von Ingeborg Bachmann, uraufgeführt am 7. April 1965 in der Deutschen Oper Berlin; Inszenierung: Gustav Rudolf Sellner, musikalische Leitung Christoph v. Dohnányi.*

In einem Punkt mußten die Kritiken zum *Jungen Lord* zwangsläufig übereinstimmen: in der Meldung, daß diese Oper einen ganz ungewöhnlichen Erfolg beim Publikum erwirkte. Von »*Ovationen*«, »*Begeisterung*«, »*Triumph*« und »*stürmischem Beifall*« ist da die Rede, und Stuckenschmidt (FAZ) mag als Beleg dafür genommen werden, daß ein Theaterereignis in der Lage sein kann, ästhetische Vorbehalte und Grundüberzeugungen plötzlich außer Geltung zu setzen: »*Henze hat stilistisch die Uhr zurückgestellt. Er kann sich dabei auf den Strauss des Rosenkavalier, den Hindemith des Matthis, den Schostakowitsch von 1936* [Die Nase] *berufen. Haben solche Revisionen Erfolg, so rechtfertigen sie das gebrachte Opfer.* [...] *Henze hat eine restaurative Schlacht, das deutsche Theater eine Singkomödie gewonnen.*«

Dieser letzte Aspekt, der der Opera buffa, steht in allen Kritiken im Vordergrund: *Der junge Lord* sei die erste wirklich zündende komische Oper seit dem *Rosenkavalier* von Strauss/Hofmannsthal. Stillschweigend wird akzeptiert, daß in diesem Genre die Maßstäbe der Innovationsästhetik nicht angebracht seien: Henzes Spiel mit dem Stil der Opera buffa von Mozart bis Strawinsky wird weder als eklektisch noch als abgedroschen sondern schlicht als funktional gegenüber der Absicht der Autoren begriffen. Was Dichterin und Komponist vermitteln wollten, wird allerdings nicht von allen Rezensenten richtig erkannt: während Sabine Tomzig (HmbA) den *Lord* dahingehend mißdeutet, als sollte den Deutschen vorgehalten werden, daß sie immer nur das »*Ausländische*« nachahmten, also nicht deutsch genug seien, verkennt Herbort (Zeit) das Werk als Ausdruck des Widerspiels von Gemütlichkeit und Exzentrik, wobei er Henze die Identifikation mit der exzentrischen Welt des dressierten Affen unterstellt. Ruppel (SüdZ) hat dagegen ein Ohr für die melancholischen Untertöne sowohl im Libretto als auch in der Musik. Für ihn besteht die Botschaft des Werkes in dem noch gegen Schluß des zweiten Aktes besonders herausgestellten Satz des Affen Adam: »*Im Deutschen waltet ein bedeutend ernst Geschick*«, womit er zurecht den in anderen Kritiken anklingenden Vorwurf, Henze weiche politischen Themen aus, ins vordergründige Abseits stellt.

(3) *Die Bassariden. Opera seria mit Intermezzo in einem Akt nach den »Bacchantinnen« des Euripides. Libretto: W. H. Auden und Chester Kallman, uraufgeführt am 6. August 1966 auf den Salzburger Festpielen; Inszenierung: Gustav Rudolf Sellner, musikalische Leitung Christoph von Dohnányi.*
In keiner der mir vorliegenden sieben Kritiken zu Henzes *Bassariden* findet sich eine rückhaltlose Zustimmung zu dem Werk, es sei denn, daß die künstlerische Qualität der Aufführung als solche bejaht wird. Die Angriffe bzw. Vorbehalte richten sich durchgängig gegen das Libretto, das — bei vorsichtiger Formulierung — als zu überladen und somit unverständlich, — bei schonungsloser Ausdrucksweise — als geschmäcklerisch, maniriert und bildungssnobistisch eingestuft wird (Zeit). Daß man vor dem Besuch dieser Oper nicht nur den Euripides, sondern vor allem das Textbuch selbst und die zahlreichen Erläuterungen des Programmbuches studiert haben muß, um überhaupt durchsteigen zu können, wird dem Werk als Manko angelastet.

Aber auch die Musik, die vom Publikum immerhin stürmisch begrüßt wurde (StgZ), erscheint den Kritikern problematisch, wenngleich die Meisterschaft ihrer Faktur und Form nirgends in Frage gestellt ist. Sie stünde würdig »*im Kreis der abendländischen Tradition*« (Welt), sei »*künstlerisch reif*« (SüdZ) und der Ausdruck der »*stärksten Konzentration seiner* [Henzes] *schöpferischen Kräfte*« (TgSp), und zeige, bei allem Stilpluralismus, doch einen sehr eigentümlichen Henze (FAZ). Aber: wozu das ganze? — so wird einigermaßen ratlos gefragt. Einige Kritiker nehmen den Autoren übel, daß sie ihre beabsichtigte Zeitkritik — in den Vorkommentaren hatten sie auf Auschwitz, Weltkriegsgefahr und Rock-Ärgernis verwiesen — in das Gewand einer reichlich intellektualistischen Mythosinterpretation kleideten. Herbort spricht von der »*Flucht in den Ästhetizismus*« (Zeit), Oehlmann von »*leidsüchtiger, zurückschauender Kunst*« (TgSp), Ruppel gar von einer »*Apotheose des Geschmäcklerischen auf der Musikbühne*« (SüdZ).

Stuckenschmidt (FAZ) scheint noch am meisten beeindruckt zu sein, weshalb er (ohne ironische Brechung) den Satz formuliert: »*Richard Strauss hat seinen Nachfolger gefunden*« und diesen 'Reiz-Namen' auch gleich in die Überschrift seiner Besprechung einbaut. Aber gerade gegen diese Art Helden-Inszenierung verwahrt sich andererseits Sabine Tomzig (HmbA): sie stört der Salzburger Propagandarummel, der den *Bassariden* mit Hilfe einer perfekten Presse-Regie den Erfolg bereits ins Stammbuch zu schreiben versuchte, bevor der Vorhang sich überhaupt geöffnet hatte.

Ein Zwischenfazit aus den bisher erörterten Henze-Kritiken läuft auf die Feststellung hinaus, daß Henze in den frühen sechziger Jahren unangefochten als der bedeutendste Opernkomponist unserer Zeit eingeschätzt wurde, daß sein Stilpluralismus nicht nur als personalstilistische Eigenheit, sondern mit Blick auf die Gattungsbedingungen der Oper sogar als funktional adäquat wenn nicht gar notwendig beschrieben wurde, und daß Henzes Karriere als Komponist unserer Zeit, dem es als einzigem gelungen sei, den Kontakt mit dem Publikum wiederherzustellen, im Grunde genommen unaufhaltsam sei. Dieser 'unaufhaltsame' Aufstieg wurde Henze selber jetzt unheimlich; daß der weitere Aufstieg aber sehr wohl 'aufzuhalten' war, dies belegen die Rezensionen der siebziger und achtziger Jahre.

(4) *La Cubana oder Ein Leben für die Kunst. Vaudeville in fünf Bildern von Hans Magnus Enzensberger, uraufgeführt am 28. Mai 1975 am Staatstheater am Gärtnerplatz in München; Inszenierung: Imo Moszokowicz, musikalische Leitung Peter Falk.*

Kein Zweifel: diese Aufführung war ein gründlicher Mißerfolg. Abgesehen von gewissen Divergenzen der Berichterstattung über das Ausmaß des Desasters: »*Am Ende tobte ein Proteststurm, wie er schon lange nicht mehr zwei renommierten Autoren entgegengeheult hatte*«, schreibt Henzes einstiger Biograph Klaus Geitel in der Welt; »*Heiter nahmen am Schluß die beiden Autoren den Beifall und das gestaute Buh des Publikums entgegen*«, heißt es bei Hans Otto Spingel in der Zeit; so stand doch fest: *La Cubana* war bei der Uraufführung durchgefallen.

Dieser Umstand wird in erster Linie dem Stück selbst angelastet. Dabei scheint nicht die politische Tendenz des auf die siegreiche Revolution in Kuba bezogenen Werkes die Ablehnung hervorgerufen zu haben, noch wurde das ästhetische Konzept, das sich an Brechts epischem Theater orientiert, zurückgewiesen, sondern die Kritik bescheinigte den Autoren schlicht Unfähigkeit: es fehle »*wirklicher Witz*« (FAZ), alles sei »*bieder, unvirtuos oder kolportagehaft grob*« (TgSp), statt »*Spaß*« würde Langeweile verbreitet (Welt). Nur Peter Dannenberg (StgZ) vertrat die Auffassung, daß dieses Vaudeville zu einem erfolgreichen Stück werden könnte, wenn ihm erst einmal eine gute Aufführung zu wirklichem Leben verholfen hätte.

Daß die Rezensenten dennoch nicht frei von Häme waren — ihre sachliche Attitüde konnten sie sich leisten, weil das Publikum ja bereits eindeutig gesprochen hatte —, zeigen bestimmte Unterstellungen bzw. dunkle Anspielungen auf Lebensart und Weltanschauung der Autoren. Dietmar Polaczek (SüdZ) meint Zweifel an der politischen Integrität Henzes (im Gegensatz zu Enzensberger) anmelden zu müssen mit dem Hinweis auf dessen »*aristokratischen Kompositions- und Lebensstil*«. Nicht weniger suggestiv (und für den Rezensenten verräterisch) ist Spingels Kennzeichnung der Autoren als »*zweier schöngeistiger Globetrotter*«, die zwar Kuba bereist, deswegen aber lange noch nicht politische Glaubwürdigkeit erlangt hätten (Zeit).

(5) *We come to the river. Actions for Music by Edward Bond, uraufgeführt am 12.Juni 1976 im Royal Opera House in London; Inszenierung: H.W. Henze, musikalische Leitung David Atherton.*

Bei den *River*-Rezensionen liegt der umgekehrte Fall vor wie bei den *Cubana*-Kritiken: konnten dort angesichts eines offenbaren Mißerfolgs die Kritiker es bei einem mitleidigen Lächeln belassen, so waren sie hier angesichts eines großen Erfolges an einem der ersten Theater der Welt plötzlich aufgefordert, ihre ablehnende Haltung auch zu begünden. Die Zeitungslandschaft teilte sich auf, Interessenstrukturen wurden sichtbar. Da das Werk allerdings von starker Wirkung und erheblicher künstlerischer Substanz ist, mußten schwerere Geschütze aufgefahren werden, wenn der Verriß noch glaubhaft sein sollte.

Durchschreitet man den Blätterwald und wählt dafür (ohne umständliche Feinabstimmung) den Weg von den schwarzen Rändern bis zu den rötlichen Lichtungen, dann zeigt sich ganz deutlich, daß die jeweilige Couleur des Blattes durchschlägt, sobald ein Kunstereignis mehr bedeutet als das bloße l'art pour l'art.

In der Welt hilft Klaus Geitel sich und seiner Ratlosigkeit mit solchen Späßen wie: »*Der General wirft keinen Schatten*«; »*Der Besetzungszettel liest sich wie das Telefonverzeichnis einer Kleinstadt*«; das einzig Gute an dem Werk sei, daß das müde Ensemble »*monatelang in die Mangel genommen*« worden sei. Dieser ziemlich miese Tonfall schlägt schließlich in verkrampften Zorn über den abtrünnigen, will sagen Geitel abhanden gekommenen Komponisten um: Henzes Oper sei »*erstaunlich altmodisch und beinahe schon rührend in ihrer weltanschaulich untertrieften Moralfusseligkeit.*«

Die FAZ landet durch Dietmar Polaczek gleich mehrere Schläge unter die Gürtellinie: man habe gehört, daß in Henzes italienischer Villa eine Marx-Ausgabe noch unaufgeschnitten im Regal stünde; Henze lasse sich »*sein Engagement wie seine Engagements gut honorieren*«; hier habe ein exzellenter Bühnenautor das Glück gehabt, von einem wirklich guten Komponisten eine brauchbare Schauspielmusik von eigenem Wert zu erhalten. Dabei hat Polaczek nicht einmal die einfachsten Zeichen des Werkes verstanden: er deutet die Irren, die in der Oper vorkommen, als Chiffre für die Normalen, die die Welt — so wie sie ist — nicht sehen wollen; dabei erzählen die Irren ja von Auschwitz, Hiroshima und Vietnam, sind also erkrankt an dem, was sie sehen mußten.

Die Stuttgarter Zeitung ist durch Reinhard Beuth vertreten. Er entspricht vielleicht jenen Verdrängern, die sein Kollege Polaczek beschreibt, denn Beuth meint allen Ernstes, daß es den »*von Waffengewalt gestützten, utopischen Kapitalismus längst nicht mehr gibt, auch nicht in Chile und Südafrika.*« Henzes Revolutionsstück »*fehle die Adresse*«. Es betreffe niemanden. Da Beuth wahrscheinlich von der Ausdrucksstärke des Stückes dennoch angerührt war, wendet er den Affekt gegen die Autoren: das aufwändige Werk sei nichts als »*ein Akt der Gigantomanie*«.

Die liberale Süddeutsche Zeitung versteift sich statt auf das trotzige Nein der rechtsständigen Blätter auf das mobile Jain. Ihr Rezensent F. Thorn meint, »*wenn wir 1920 zwei solche Kerle* [!] *gehabt hätten, wäre vielleicht alles anders gekommen*«, doch für die Probleme von 1976 seien selbst Giganten wie Henze und Bond zu schwach. Mit Verwunderung liest man indessen Thorns Fazit über unsere Gegenwart: »*die Wirk-*

lichkeit besteht nicht mehr aus Kernwaffendrohung und den Ausschreitungen des Spätkapitalismus«, sondern — alles sei viel komplizierter. Die schlechte Schreibe des lockeren Liberalen wird allerdings unerträglich, wenn er Bond sein angebliches »*Lieblingsthema*«, nämlich die Blendung einer Figur auf offener Bühne, vorhält, zumal hier ja, wie Thorn gemerkt hat, ein ohnehin »*Erblindender*« betroffen sei; oder — so Thorn am Ende belustigt — sollte es sich beim General um eine »*Fehldiagnose*« gehandelt haben?

Einzig die 'halblinken' Blätter Frankfurter Rundschau und Tagespiegel zeigen sich bereit, den tatsächlichen Kunstwert dieses komplexen, der Form nach innovativen und dem Inhalt nach wahrhaft zeitgemäßen Opus magnum Henzes gebührend zu würdigen. »*Einer der gewichtigsten Beiträge unserer Zeit*« zum Musiktheaterschaffen, »*ein Werk von höchster musikdramatischer Dringlichkeit*« — so lauten die zusammenfassenden Urteile dieser Blätter. Peter Fuhrmann (TgSp) stellt den *River* an die Seite von Bergs *Wozzeck* und Zimmermanns *Soldaten*, Hans-Klaus Jungheinrich (FR) betont die neuartigen dramaturgischen Strukturen, nicht ohne für einzelne Szenen Kürzungswünsche anzubringen. Auch bei kühler und objektiver Betrachtungsweise läßt sich jedenfalls konstatieren, daß nur in der FR und im TgSp so etwas wie journalistische Qualität zu verzeichnen ist, während in den übrigen Zeitungen mit der Wut über das gute Stück aus der 'sozialistischen Ecke' auch die (an sich hohen) Standards einer konservativ-liberalen Kunstkritik den Bach runtergegangen sind.

(6) *Die englische Katze. Eine Geschichte für Sänger und Instrumentalisten von Edward Bond, uraufgeführt am 2.Juni 1983 bei den Schwetzinger Festspielen durch die Württembergische Staatsoper Stuttgart; Inszenierung: H. W. Henze, musikalische Leitung Dennis Russel Davies.*

Der Wind im Blätterwald hat sich gelegt. Einhellig (bis auf eine Ausnahme) wird der als Kater verkleidete Henze nach siebenjähriger Abstinenz wieder angenommen, seine neueste Opera buffa als das »*Beste, was heutzutage in der zeitgenössischen Musik zu hören ist*« (TgSp), als »*meisterhafte Opera buffa unserer Tage*« (SüdZ), als Nachfolgewerk von Strawinskys *The Rake's Progress* (StgZ), als »*Menschendrama im Katzenfell*« von der Intensität eines *Wozzeck* (Welt), als höchst kunstvolle Oper mit ganz klaren Strukturen (Zeit), als letztlich »*tödlich ernsthafte, schmerzzerrissene, durchrüttelnde Sache*« (FR) begrüßt. Nur die FAZ schert aus diesem verdächtig konsonant klingenden Kritiker-Ensemble aus, diesmal auf durchaus ernst zu nehmendem Niveau, vertreten duch Gerhard R. Koch. Koch sieht in der *Cat* eine geradezu schockierende Abwendung Henzes von längst erreichten Positionen, bedauert, daß die Orchestermusiker wieder im Graben versinken, fühlt sich von dieser ewig buffonesken Geschäftigkeit der Partitur genervt, von der latent albernen Story gelangweilt, von dem Kulinarismus des Stückes befremdet.

Koch trifft sich indessen mit allen Kollegen in der besonderen Wertschätzung der Orchesterzwischenspiele, und — auch dies eine einheitliche Tendenz der Rezensionen — in dem Wunsch, dem Werk möge ein besserer, d.h. den satirischen Gehalt von Musik und Text kühn ausstellender Regisseur beschieden sein.

Die Untersuchung von Zeitungskritiken zu sechs Henze-Opern hat den (erwarteten) Befund erbracht, daß die bürgerliche Presse — welche zu definieren wäre anhand der Leute, die diese Feuilletons lesen wollen und können — im großen und ganzen klassenkonform reagiert: sie achtet und schätzt zunächst den Kunstanteil an den Werken, also die Komplexität der Materialverarbeitung, die Stringenz des dramatischen und formalen Verlaufs, die Adäquatheit des Tonsatzes für Sänger und Instrumentalisten; sodann goutiert sie den Unterhaltungswert der Stücke, wozu auch eine einsichtige Problemlegung und -bewältigung gehören und gern auch etwas Zeitkritik; ihre liberale Unabhängigkeit (die ja im Titelkopf jeder Zeitung bekräftigt ist) bewährt und bezeugt sie u.a. dadurch, daß auf dem Gebiet der neuen Musik selbstverständlich viele Wege für möglich und legitim erachtet werden, so daß Henze und Kagel, Stockhausen und Lachenmann nebeneinander geschätzt oder auch mal verdammt werden können. Wenn dann aber einmal ein Werk sich widerständig zeigt gegenüber diesem durch stilles Einverständnis akzeptierten Wertekanon, indem es — wie im Falle der *Cubana* — eine Verweigerungshaltung gegenüber sämtlichen konventionellen ästhetischen Maximen einnimmt, oder — wie im Falle des *River* — harte, unverdeckte Zeit- und Systemkritik übt, so ist der Konsens dahin und scheiden sich die Geister (sprich: Blätter). Verblüffend deutlich tritt dabei zu Tage, daß die jeweiligen Kritiker — ich denke z.B. an die *River*-Rezensionen — nicht die Kraft zu einer wirklichen Opposition finden, d.h. sich überhaupt mittels Argumenten artikulieren, sondern daß sie ganz einfach die ihnen sonst eigene Form verlieren, sich sozusagen wie eine aufgestörte Truppe benehmen. In solchen Fällen bestätigt sich die ganz allgemein geltende Anfälligkeit der konservativen Kultur- und Kunstkritiker für reaktionäre politische Einstellungen.

Eine Dissertation

Im Jahre 1981 erschien ein Buch des aus der 'Freiburger Schule' hervorgegangenen Musikologen und Komponisten Ernst H. Flammer, das sich mit dem Schaffen und Denken Hans Werner Henzes unter dem besonderen Aspekt politisch engagierter Musik auseinandersetzt. Ursprünglich unter dem Titel *Hans Werner Henze. Politisches Engagement in seinem Werk* als Dissertation eingereicht und 1980 als solche angenommen, wurde die Arbeit offenbar inhaltlich erweitert und schließlich unter dem Titel *Politisch engagierte Musik als kompositorisches Problem, dargestellt am Beispiel von Luigi Nono und Hans Werner Henze* bei Koerner in Baden-Baden veröffentlicht.

Der 336 Seiten umfassenden Schrift sind die Geburtswehen noch anzumerken. 1974 war sie als Abhandlung über Henze konzipiert worden. Der Autor grenzte seinen Gegenstand auf Henzes Musiktheaterwerke ein, was gut zu begründen ist. Dann kam im Juni 1976 Henzes wichtigstes Werk dieses Genres heraus, die »*Actions for Music*« *We come to the River*, an dem der Komponist zusammen mit Edward Bond seit 1973 gearbeitet hatte. Der Autor konnte sich nun nicht dazu aufraffen, dieses für den Aspekt der politisch engagierten Kunst höchst interessante und ergiebige Stück mit in die Untersuchung einzubeziehen. Solche Abstinenz wäre erklärlich, wenn die Arbeit unmittelbar vor dem Abschluß gestanden hätte; indessen vergingen vier Jahre, bis die Dissertation eingereicht wurde. In dieser Zeit verschob sich offenbar der Schwerpunkt des Interesses bei E. H. Flammer auf einen anderen Vertreter der politisch engagierten Musik, nämlich auf Luigi Nono. Der Autor macht keinen Hehl daraus, daß er in Nono *die* Persönlichkeit erblicke, die allen auf politische Wirksamkeit bedachten Komponisten den Weg weisen könnte. Auch Henze wird nun an Nono gemessen, allerdings nicht an dessen musiktheatralischem Schaffen, sondern fast ausschließlich unter Berücksichtigung des Vokalwerkes *La fabbrica illuminata* von 1964, das ja als Beispiel einer elektronischen Musik für Fabrikhallen Furore gemacht hat.

So ergab sich am Ende ein Konzept für die Dissertation Flammers, das von einigen Willkürlichkeiten bestimmt ist, jedenfalls nicht dem Kriterium der inhaltlichen und methodischen Stringenz nachkommt. Einerseits wird Henze um wesentliche Komponenten seines Wirkens verkürzt — denn außer der Oper *River* bleibt z.B. auch der thematisch einschlägige Zyklus *Voices* unerwähnt; zudem wird Henzes kultur- und kommunalpolitische Arbeit in Montepulciano (1976-80) gänzlich vernachlässigt —, andererseits erscheint aber auch Nono auf ein entstellendes Maß verkleinert — denn weder das Sujet der *Fabbrica* noch die exzeptionelle Aufführungsform dieses Werkes vermögen Nonos Schaffen hinreichend zu umschreiben, da auch für diesen Sozialisten Bühne und Podium der vorfindlichen Kulturinstitutionen die meist gewählten Austragungsorte für den Kampf um ein fortschrittliches Bewußtsein des Intellektuellen (im Sinne Gramscis) sind.

Flammers Arbeit gliedert sich (in der veröffentlichten Fassung) in vier Hauptkapitel:

I   *Darstellung der Problematik 'Politische Musik' am Beispiel Nonos.*
II *Henze und das politische Engagement.*
III *Der Begriff 'Engagierte Musik'.*
IV *Versuch einer Würdigung des Komponisten Hans Werner Henze.*

Im ersten Kapitel skizziert Flammer Nonos politische und ästhetische Position, fügt einen Absatz über die Kunstauffassungen Brechts und Benjamins ein, gibt eine Analyse der *Fabbrica* und entwirft eine »*Theorie der politischen Musik*«. Den Abschluß bilden kritische Bemerkungen über die Stimmen für und gegen Nono in Presse und in Fachzeitschriften.

Das zweite Kapitel wendet sich zunächst Henzes Denken über 'Musik und Politik' vor und nach der Zäsur von 1966 zu, um dann fünf Werke des (teils »imaginären«) Musiktheaters einer näheren Betrachtung zu unterziehen: *Boulevard Solitude* und *Die Bassariden* für die Zeit vor 1966, und *El Cimarrón*, *Natascha Ungeheuer* und *La Cubana* für die Zeit danach. Ein abschließender Vergleich der »Analysen« — es müßte wohl »Werke« heißen — beendet das Kapitel mit dem Ergebnis, daß Henzes Anspruch, politisch engagierte Musik zu schreiben, weitgehend als gescheitert angesehen werden muß.

Im dritten Kapitel wird an die theoretischen Erwägungen des ersten angeknüpft, indem der Autor die Diskussion über politische Musik vom Anfang der siebziger Jahre referiert. Es folgt eine neuerliche Bestimmung der Kriterien für politische Wirksamkeit von Musik, unterschieden nach den beiden Hauptklassen der agitatorischen und der aufklärerischen Musik.

Das vierte Kapitel führt wiederum auf Henze zurück, hält allerdings nicht das, was die Überschrift verspricht. Statt einer »*Würdigung*« Henzes durch den Autor selbst finden wir ein Referat der Schriften über Henze. Den Abschluß bilden Ausführungen Flammers über die »*gesellschaftlichen Rahmenbedingungen*«, denen Henze als Komponist und Person unterliegt und die insofern spezifisch sind, als der deutsche Komponist, der in Italien lebt, doppelt behindert sei: in seiner Wahlheimat könne ihm als Ausländer nicht der wirkliche Durchbruch zu den »*Reihen der Arbeiterschaft*« gelingen, und in Deutschland müsse er aus eben dem Grund scheitern, aus welchem er das Land verlassen habe: an dem restaurativen politischen Klima der BRD.

Abgesehen davon, daß die Gliederung der Dissertation einige herbe Ungereimtheiten aufweist, so die Auseinanderstellung der beiden Henze-Kapitel, desgleichen die Isolierung des begriffsgeschichtlichen Abschnitts vom ersten Theorieteil, und schließlich die Subsumption der grundlegenden theoretischen Überlegungen unter den Fall Nono (der ein hochbedeutender Komponist, sicher aber kein großer Theoretiker ist), wobei übrigens die Kulturtheorie Antonio Gramscis hätte einbezogen werden müssen (und zwar noch vor Brecht und Benjamin), erscheint die Strategie, die Flammer verfolgt, nämlich einen Komponisten gegen einen anderen auszuspielen, eher einem polemischen Text denn einer wissenschaftlichen Abhandlung angemessen. Man kann daher schon absehen, daß diese Arbeit weder Nono, dem der Autor affirmativ zugewandt ist, noch Henze, dem er Skepsis entgegenbringt, gerecht zu werden vermag.

Welches sind nun die Kriterien, die Flammer aufstellt, um politische von unpolitischer Musik abheben und hinsichtlich der politischen Musik wiederum zwischen nur intendierter und tatsächlich erfüllter politischer Funktion unterscheiden zu können?

Das erste Kriterium leitet Flammer von Brechts Konzept des epischen Theaters her. Es geht um den hinlänglich bekannten Zeigecharakter von Brechts Stücken. Das rein dramatische Prinzip wird durch kommentierende Zeichengebung verschiedenster Art aufgebrochen und epischen Vermittlungsformen zugänglich gemacht. Schematisch gesehen (was Flammers Fehler ist) haftet alles Dramatische an den Hauptdarstellern, während die epische Komponente von der 'Umwelt' des Darstellers eingebracht wird. Indem der Stückeschreiber die 'Umwelt' nicht der Perspektive des Darstellers unterwirft, sondern über ihre Gestaltung frei verfügt, kann er das Handeln, Denken und Fühlen der Figuren kontrapunktieren, die Illusion der getreuen Nachbildung von Wirklichkeit untergraben, und — im deutlichsten Fall — durch »*Fremdchöre*«, Spruchbänder oder den externen Erzähler direkt an das Publikum gerichtete Analysen und Bewertungen der Vorgänge anbringen. Eine hingebende, nur auf das Erleben gerichtete Haltung des Zuschauers ist dadurch unmöglich gemacht; ihm bleibt nur, über das Geschehen und seine Kommentierung nachzudenken oder — das Theater zu verlassen.

Flammer unternimmt nun eine folgenschwere Analogiesetzung: der für Brechts Sprechtheater geltenden Relation Darsteller/Umwelt entspreche im Musiktheater die Relation Text/Musik (FLAMMER 1981, 52 ff.). Hierbei ergibt sich aber sogleich die folgende Schwierigkeit: da das Musiktheater ja vor allem auch Theater ist, bleibt die Relation Darsteller/Umwelt jedenfalls erhalten. Flammer versäumt es, diesen Tatbestand in seine theoretischen Überlegungen und in seine Werkanalysen mit einzubeziehen. In keinem der von ihm analysierten Henze-Stücke scheint es eine Bühne zu geben, auf der 'sprechende' Kulissen, bedeutsame Lichteffekte oder charakterisierende Kostüme zu beachten wären. Auch die Sprache der Figuren selbst wird von Flammer nicht als intendierter dramatischer Text, der erst als gesprochene oder gesungene Rede im Kontext einer dramatischen Situation Realität erlangt, gewürdigt, sondern ganz vordergründig und meist wortwörtlich gelesen.

Beispielsweise behauptet Flammer mit Bezug auf die *Pfarrer*-Nummer in *El Cimarrón*, daß der Text für sich genommen die korrupte Rolle der Kirche im vorrevolutionären Kuba nur darstelle, nicht aber kritisch reflektiere (FLAMMER 1981, 186 f.). Nun beginnt der Part des Cimarrón aber mit einer Regieanweisung, derzufolge der Text mit untermalenden Gesten und Übertreibungen ausgeführt werden solle, um als die »*Parodie eines Predigers*« zu erscheinen (Partitur S.67). Wenn dann im weiteren Verlauf des Berichts des Vokalisten davon die Rede ist, daß die Mädchen, bevor sie mit den Pfarrern ins Bett gegangen seien, erst »*den Segen*« von »*Hochwürden*« erbeten hätten, daß die Geistlichen reich, mächtig und einflußstark gewesen seien, sich aber um die Arbeiter in der Zuckermühle nicht gekümmert hätten usw., so erhellt hieraus und aus der Form der schauspielerischen Darbietung des Textes, daß der Bericht des Cimarrón aus einem kritischen Bewußtsein hervorgegangen ist und sehr wohl auf »kritischer Reflexion« des Ich-Erzählers gründet.

Dieser offenkundigen Sachlage entgegenstehend meint Flammer, daß der Text »*lediglich*« besage, »*daß es unter den Christen Gangster*« gebe (FLAMMER 1981, 186). Der Text bedürfe daher des Kommentars, um »*eine Kritik gesellschaftlicher Verhältnisse, die eine Veränderung heraufbeschwören soll*«, zu vermitteln (ebenda 187). Diese Aufgabe übernehme die Musik, die durch ein parodistisches Stilzitat des liturgischen Rezitationstones die »*offizielle Amtskirche*« »*allgemeinverständlich*« benenne (ebenda S.186). Die so gewonnene »*Distanz*« der Musik gegenüber dem Text sei aber die Voraussetzung dafür, daß der politische Gehalt überhaupt erkennbar würde. »*Indem die Musik* zum Text Stellung bezieht, wird der Gehalt, erst duch das Verhältnis Musik-Text sichtbar geworden, politisch« (ebenda 187).

Dieses 'Lob' braucht sich Henze allerdings nicht zuzuziehen, woraus folgt, daß die vielen 'Tadel' gegen seine Musik auch nicht triftiger sein können. Aus der unverkürzten Textanalyse, wie ich sie eben skizziert habe, würde für Flammer nämlich fatalerweise folgern müssen, daß bei dieser Nummer aus *El Cimarrón* gar keine politische Funktionalität der Musik festgestellt werden könnte, weil letztere mit ihren Mitteln ja nur das 'verdopple', was der Sängerdarsteller ohnehin schon leiste. Damit wäre aber — so der überaus simple und stupide Gedankengang — die Selbständigkeit der musikalischen 'Umwelt' aufgehoben und das Klanggeschehen somit seiner Kommentarfähigkeit beraubt.

Immer wieder gebraucht der Autor das Bild von der 'Verdoppelung' des Textes duch die Musik. Ich möchte demgegenüber die These aufstellen, daß die Musik einen Text gar nicht verdoppeln kann. Wenn eine Figur etwa den Affekt der Trauer ausdrückt und die Musik dazu in tiefe Lagen, düsterstes Moll mit auf dem Englischhorn gespielten Seufzergesten verfällt, dann liegt nicht etwa eine Verdoppelung des Textes vor, sondern eine analoge Bezugnahme der Musik auf den vorgestellten Affekt »Trauer«. Die redende Figur stellt den Bezug auf eben diesen Affekt ja auch in einer besonderen, sprachlich einmaligen Form her, und die Gebärdensprache des Schauspielers drückt auf einer dritten, wiederum selbständigen Bezugsebene »Trauer« aus. Flammer hält demgegenüber den musikalischen Ausdruck der »Trauer« verzichtbar, sofern er schon in einem anderen Code erscheine: »*Vollzieht die Musik die Klage der Angehörigen über den Tode des Arbeiters emotiv nach, sagt sie nichts, was nicht ohnehin schon im Text gesagt wird.*« (FLAMMER 1981, 56).

Diese irrige Auffassung vom Verhältnis der lebendigen künstlerischen Sprachen zueinander (nach der ja der Musik gerade die Selbständigkeit geraubt wird, um die es Flammer eigentlich geht — eben duch die öde Annahme, Kunstsprachen vermittelten nur Informationen im Sinne von Nachrichten) führt zu geradezu absurden Bemängelungen Flammers wie dieser: »*Bei dieser großflächigen kompositorischen Anlage wird der Inhalt der ganzen Nummer musikalisch verdoppelt*« (FLAMMER 1981, 251). Welches Gewicht soll man da noch den 'wohlgemeinten' Ratschlägen Flammers an Henze über dessen zukünftig einzuschlagenden Weg beimessen?:

An der Aufrichtigkeit von Henzes politischem Engagement sind keine Zweifel erlaubt. Weil jedoch Henzes theoretische Vorstellungen von einer Konzeption poli-

tisch-engagierter Musik wenig konkret sind, [...] scheint ihm der Durchbruch zu einem klaren Konzept in der künstlerischen Praxis verwehrt zu sein, was ihn über eine illustrative Vertonung des Textes gleich traditionellem Brauch nur wenig hinausführt. Eine Voraussetzung wäre aber für Henze, sich eine klare theoretische Konzeption für ein politisch-engagiertes Musiktheater zu erarbeiten. (FLAMMER 1981, 252)

Ein zweites Kriterium für politisch engagierte Kunst bezieht der Autor von Walter Benjamin. Es geht um dessen Einsicht, daß, solange die Produktionsmittel für Kunst unter der Verfügung des Kapitals stehen, an eine wirklich freie Entfaltung sozialistischer Kunstübung nicht zu denken ist. Nach Flammer »*folgt daraus der auf eine einfache Formel gebrachte Kernsatz: ein Werk ist nur dann revolutionär, wenn es die Veränderung der künstlerischen Produktionsverhältnisse anstrebt und verwirklicht*« (FLAMMER 1981, 47). Diese Formel ist allerdings »einfach« genug, um zu stimmen, zugleich aber zu »einfach«, um daraus eine Strategie für künstlerisch-politisches Handeln unter den Bedingungen der kapitalistischen Warengesellschaft zu entwickeln. Die Zeitbedingtheit, ja die historische Ferne mancher Ideen Benjamins ist ja heute unmittelbar spürbar anhand solcher starken (und übrigens auch sehr 'männlichen') Sprüche wie dem, daß es darum gehen müsse, »*zunächst* [!] *die Befreiung des Produktionsapparates aus den Händen des Kapitals*« zu erwirken (FLAMMER 1981, 49). Das Dilemma für Flammer besteht nun darin, daß er meint, nur die große, letztlich eben revolutionäre Lösung akzeptieren zu können, um einer Musik das Ehrenzeichen 'politisch' zuteilen zu können.

Zwar kann Flammer zurecht auf Nonos *La Fabbrica illuminata* verweisen, ein Werk, das mit der 'bürgerlichen' Aufführungstradition gebrochen habe, indem es in Fabriken vor Arbeitern erklingt; das sich von großen Chor- und Orchesterapparaten freihalte, um unabhängig von 'bürgerlichen' Institutionen zu sein; das gleichwohl durch Aufgreifen zeitgemäßer elektronischer Klangtechniken eine Kontaktstelle für die Rezeptionserwartungen des mit neuer Musik ja unvertrauten proletarischen Publikums anbiete usw. usw.. Jedoch: bei Anlegung solch enger Kriterien würde man z.B. konstatieren müssen, daß Nono überhaupt nur zwei elektronische Kompositionen, die zugleich politisch funktionieren, vorgelegt hätte, wie Friedrich Spangemacher es pointiert ausgedrückt hat (SPANGEMACHER 1981, 29). Zudem wäre auch zu erwähnen — und zwar ohne jede Häme —, daß das elektronische Studio in Mailand, in dem Nono die Bänder für *La Fabbrica illuminata* produziert hat (NONO 1975, 105), keineswegs unter der Verfügungsgewalt der 'Arbeiterklasse' stand. Vielmehr hatten »*die Eigentümer der Produktionsmittel und die Hausherren der Produktionsstätten*«

die Erlaubnis zur Verfertigung dieser »*musikalischen Reportage*« über den Kampf der Arbeiter für bessere Arbeitsbedingungen bei Italsider in Bologna erteilt (vgl. STROH 1975, 187).

Statt sich einem puristischen (sprich undialektischen) Politikbegriff zu unterwerfen und dadurch zwangsläufig vorwiegend Ausgrenzungsurteile fällen zu müssen, sollte man lieber danach suchen, wo überall im Kunstsektor Ansätze für kleine Schritte heraus aus der Unfreiheit des Produzierens und Rezipierens zu erkennen und welche emanzipatorischen Erfolge bereits zu verzeichnen sind. Diese müssen keineswegs nur auf der Schiene der aufklärenden Information liegen, wie Flammer meint: »*Unterbleibt demnach das Hinterfragen als Bestandteil des Werkes, so bleibt die intendierte* [politische] *Funktion lediglich Absicht, ist nicht Wirklichkeit*« (FLAMMER 1981, 297). Wir haben aber gerade in den sozialen Bewegungen der letzten zwanzig Jahre gelernt, daß die Bedingung dafür, daß eine aufklärende Information auch angenommen wird, den Erkenntnis- und Willenskräften oftmals vorgelagert ist. Hier nun dürfte die entscheidende Wirksamkeit von Kunst liegen, die insofern dann auch politisch relevant werden kann. Die sozio-psychischen Blockaden im Denken und Fühlen von Menschen, die es verhindern, daß eine Wahrheit über gesellschaftliche Zusammenhänge (und manchmal sogar das bewiesene Faktum) tatsächlich anerkannt und in Handlungen umgesetzt wird, können durch die Erfahrung von Kunst (die mehr ist als ihr Verständnis) noch am ehesten abgebaut werden. Gerade auch Brechts Zeige-Theater würde früher wie heute niemanden aus der Reserve gelockt haben, wenn zuträfe, was Peter Hacks bissig in den Satz kleidete: Brecht möchte »*den Apparat der Oper den Lehranstalten anschließen*« (HACKS 1976, 297). Vielmehr gilt für Brecht wie für jeden guten Dramatiker, daß er unvergeßliche Figuren erfinden konnte, daß seine Sprache voller Poesie steckt, daß die Dramaturgie seiner Stücke deutlich und zugleich auf Abwechslung bedacht und seine Themen menschlich und zugleich von gesellschaftlicher Dringlichkeit sind. Wenn langweiliges Theater schlechtes Theater ist, dann darf politisches Theater nicht langweilig sein. Ich fürchte, daß ein Musiktheater, das nach den Vorstellungen Ernst H. Flammers gemacht würde, langweilig, kontraproduktiv und insofern de facto unpolitisch wäre.

Darüber kann auch die wissenschaftliche Verbrämung, mit der Flammer seine Ansichten sprachlich einkleidet, nicht hinwegtäuschen. Zu leichtfertig wird nach dem Wort »Theorie« gegriffen, um einfachen gedanklichen Zusammenhängen eine wissenschaftliche Aura zu verleihen. Theoriebildung — zumal in den Geisteswissenschaften —

ist aber ein hohes Ziel, und nur selten wagt sich jemand auf diesen Weg. Brecht sprach denn auch lieber nur von »*Anmerkungen*«, »*Versuchen*« oder »*Notizen*« über das Theater, gleichwohl wissend, daß er mit seinen Ideen und deren Ausführung Theatergeschichte machen würde. Ein Abschnitt in Flammers Arbeit trägt die Überschrift: »*Henze als ästhetischer Theoretiker*«. Hier wird der Komponist erst künstlich zum Theoretiker aufgebaut, um ihn dann umso bequemer zu Fall bringen zu können. Niemals würde Henze den Anspruch erheben, eine ästhetische Theorie formuliert zu haben. Wäre Flammer nun der Auffassung, daß sich Henzes Äußerungen über die Belange von Kunst und Musik zu einer Theorie zusammenfügen ließen, dann hätte er die entsprechenden Denk- und Ordnungsakte ja vornehmen können. Da er aber nur zeigen will, daß es Widersprüche in Henzes 'Prosa' gibt, warum stilisiert er Henze dann zunächst zum Theoretiker?

Abschließend ist festzustellen, daß der wissenschafliche Anspruch, den Flammers Dissertation erhebt, nicht eingelöst worden ist:

— Der Text arbeitet mit Unterstellungen, was mehrfach belegt werden könnte (u.a. mit diesem Satz: »*Um seine Musik für den Sozialismus hoffähig* [!] *zu machen, hat Henze eine sehr einfache Erklärung*«) (FLAMMER 1981, 126).
— Der Gegenstand der Untersuchung wird manipuliert, wie sich an der listigen Überhöhung des 'Theoretikers' Henze ebenso zeigen läßt wie an der unfairen Verkleinerung seines kompositorischen Schaffens (durch Ignorieren der *River*-Oper).
— Die Analysen sind der Form und dem Inhalt nach unzulänglich, wie einige Stichproben aus dem *Cimarrón*-Kapitel erkennen lassen: die Akkordnotationen der Flöte werden als »*Arpeggien*« mißdeutet, während es sich um die von Bartolozzi entwickelten multiplen Klänge für Holzbläser handelt (FLAMMER 1981, 181); eine hypophrygische Melodie wird als Pentatonik mit Fremdtönen verkannt (ebenda 186); über dem spekulativen Versuch, die Amerikanische Nationalhymne als Zitat nachzuweisen (ebenda 190), wird die offene und vollständige Anführung des Liedes »*I come from Alabama*« mißachtet und bleibt zudem unerwähnt, daß diese Melodie zwar vom Flötisten, nicht aber auf der Flöte, sondern auf dem 'Primitivinstrument' Mundharmonika gespielt wird (Partitur S.88/89).

Streit unter Komponisten

Wenn Komponisten über ihre Arbeit schreiben oder sich zur Kunst anderer äußern, wählen sie meistens eine Form, die im weiten Sinne der

Essayistik zuzurechnen ist. Der Essay ist in der Tat eine geeignete Äußerungsform für den reflektierenden Künstler. Derartige Texte sind ja nicht den strengen Kriterien wissenschaftlicher Methodik unterworfen. So ist es dem Autor eines Essays erlaubt, über einen Gegenstand ganz subjektiv zu handeln, ja es wird sogar erwartet, daß man seine Person im Text wiederfindet. Und die Künstler bleiben ihrem Metier verbunden, denn eine gedankliche Reflexion in Gestalt eines essayistischen Textes zu übermitteln, bedeutet, daß das Ergebnis selbst wiederum partiell kunsthaltig ist oder zumindest sein kann.

Das Beispiel, um das es hier jetzt gehen soll, ist allerdings nicht unter dem Aspekt literarischer Qualität sondern allein unter inhaltlichen Gesichtspunkten interessant. Es handelt sich um die bereits angeführte Polemik zwischen Hans Werner Henze und Helmut Lachenmann, die vor einigen Jahren ausgetragen wurde. Ich sehe meine Aufgabe darin, diesen Streit zunächst darzustellen, sodann die Spuren des Menschlich-Allzu-Menschlichen offenzulegen und zu isolieren, um schließlich den sachlichen Kern der Auseinandersetzung aufzuhellen.

Hier also zunächst die Chronologie der Affäre: im Oktober 1982 hielt sich Henze in Stuttgart auf, um einer Reihe von Konzerten als Hörer und z.T. auch als Dirigent beizuwohnen. Aus diesem Anlaß fand am 13.Oktober abends in der Musikhochschule ein Podiumsgespräch mit Henze und anderen Persönlichkeiten des Musiklebens unter der Moderation von Clytus Gottwald statt. In dieses Gespräch wurde auch das Publikum einbezogen. Es meldete sich Helmut Lachenmann zu Wort, der Bedenken gegen die von Henze vertretene Musikauffassung äußerte, wonach das musikalische Material vergangener Epochen auch heute noch sinnvoll genutzt werden könne und müsse. Spät abends schrieb Henze diesen »*Zwischenfall*« — wie er sich ausdrückte — in sein Arbeitstagebuch zur *Englischen Katze*, wobei er seinem Unmut über Lachenmanns Auftritt freien Lauf ließ. Bei der Veröffentlichung dieses Tagebuchs im Frühjahr 1983 ließ er auch diesen Bericht (in einer sogar noch spezifizierten Fassung) mit abdrucken (HENZE 1983, 345f.). Auf den somit öffentlich gewordenen, durchaus persönlich abgefaßten Schmähtext Henzes reagierte Lachenmann postwendend im Sommer 1983 in Form eines offenen Briefes an Henze, den er in der *Neuen Musikzeitung* (Heft 4, S.8) veröffentlichte.

Auch ohne Kenntnis des Zusammenhanges würde man allein aufgrund der Lektüre von Henzes Tagebuchnotiz darauf kommen, daß ihr Verfasser offenbar keine Kritik ertragen kann. Elisabeth E. Bauer schrieb vor einigen Tagen in ihrem wohlmeinenden Geburtstagsartikel über Henze (taz vom 1.Juli 1986) die taz-typische Bemerkung nieder:

»*Der Meister ist kokett wie ein Backfisch.*« Auf derselben Ebene könnte man mit Bezug auf den Stuttgarter Abend formulieren: Il maestro ist empfindlich wie die Prinzessin auf der Erbse. Die Passage aus dem Arbeitstagebuch führt uns zwangsläufig auf das an sich unergiebige Feld der menschlichen Schwächen und kleinen Lebenslügen, denn der unvoreingenommene Leser wird sogleich sehen, daß Henze, statt auf die kritischen Einwände einzugehen, Lachenmann persönlich angreift und ihm »*unkollegiales*« Verhalten, »*schlechte Manieren*« und »*Grobheit*« vorwirft. Als wäre dieser ein Schuljunge (Jahrgang 1935!) tituliert Henze Lachenmann als einen »*Ungezogenen*«, der nur »*sich und seine Theorien*« durchsetzen wollte.

Über Henzes Empfindlichkeit könnte man lachen, aber Lachenmann lachte nicht. Er setzte in der NMZ zu einem wiederum persönlich gehaltenen Gegenangriff an. Henze sei eine »*gefährlich falsche Harmlosigkeit*« vorzuwerfen, hinter der sich »*Denkfaulheit*« verbarrikadiere in Verbindung mit einer »*schon peinlichen intellektuellen Verwahrlosung*«. Und statt im ruhigen Rückblick den Vorfall als psychisch bedingte Fehlleistung, als offenkundige Nervensache beiseite zu lassen, unterstellt er Henze gezielte Aggressivität, ein »*typisch reaktionäres Verhaltensmuster*«, das nur darauf aus sei, auf Andersdenkende »*draufzuhauen*«.

Henze und Lachenmann dürften je ihre eigenen Erfahrungen mit den tatsächlichen Reaktionären gemacht haben und Verletzungen davongetragen haben, die vielleicht gar nicht so verschieden sind. Jedenfalls fällt an Lachenmanns Text die gehäufte Verwendung von Gewaltvokabeln auf: »*ins Gesicht des anderen schlagen*«, auf jemanden »*eindreschen*«, sich an einem »*Prügelfest*« beteiligen, jemanden »*freigeben zum Draufhauen*«. Zu diesem Vokabular paßt Henze schlechterdings nicht. Hier haben wir es mit Projektionen Lachenmanns zu tun, bei denen die andernorts erfahrene Gewalt Gegenaggressionen hervorgerufen hat, die jetzt auf Henze verlagert wurden.

Ich denke, insoweit das Menschlich-Allzu-Menschliche aus diesem 'Fall' herausgelöst und beiseitegestellt zu haben. Dazu gehört allerdings auch noch das in der Tat unzulässige weil absichtlich verzerrte Referat Henzes über die sogenannte »*musica negativa*«, das offenbar erst bei der Schlußredaktion des Buches nachgetragen wurde. Obgleich er es besser weiß, beschreibt Henze diese Richtung als kunstfeindliche Absage an das Leben, geboren aus dem Überdruß an den Widersprüchen der kapitalistischen Welt, statt dem von Adorno sich herleitenden Gedanken der Negation philosophisch gerecht zu werden, d.h. vor allem ihn als Komponente einer dialektischen Progression zu begreifen und zu würdigen, die eben nicht in der Feststellung, alles sei heute »*so verschlissen und beschissen*« (HENZE 1983, 345) ihr Ende findet.

Worum es Lachenmann wirklich geht und was als Problem verdient, ernst genommen zu werden, ist dieses: »*wie läßt sich Sprachlosigkeit überwinden, eine Sprachlosigkeit, die verhärtet und verkompliziert scheint durch die falsche Sprachfertigkeit des herrschenden ästhetischen Apparates?*« (LACHENMANN 1983, 8) Dabei geht Lachenmann von der Prämisse aus, daß unter den Bedingungen der heutigen Kulturindustrie das künstlerische Subjekt unausweichlich in einen allgemeinen Entfremdungszusammenhang eingebunden, also notwendig unfrei sei. Da der Künstler sich nicht nur der Sprache bediene, sondern immer auch Sprache schaffe, betrifft seine Unfreiheit auch die Sprache selbst: diese ist so verdinglicht, wie die Verhältnisse zwischen Menschen denen zwischen Sachen gleichen. Für Lachenmann besteht der Sinn des Komponierens heute einzig darin, diese allumfassende Kommunikationsstörung, die notwendige Gebrochenheit des Ichs in der Warengesellschaft, durch Musik selbst bewußt zu machen. Er wirft der heute jungen Komponistengeneration (und Henze, der sich angeblich in ihr bestätigt fühle) vor, an dieser Erkenntnis einfach vorbeizukomponieren, weil sie zwar als wahr geahnt, aber nur als lähmend empfunden werde: »*... sie wag*[*en*] *es, in dieser, trotz dieser und wegen dieser Unfreiheit und Entfremdung nun gerade erst recht 'Ich' zu sagen und durchzustoßen zum direkten, unmittelbar an den Mitmenschen gerichteten Affekt, im Glauben an eine durch alle Masken hindurch sich letzlich doch erhaltende Kommunikationsfähigkeit des Ichs*« (LACHENMANN 1983, 8).

Um diesen Standpunkt Lachenmanns verstehen zu können und ihm vielleicht auch begegnen zu können, muß man einen Kunstbegriff mitdenken, der sich seit dem Ende des 18.Jahrhunderts einge-'bürgert' hat und als ein Produkt einerseits der Aufklärung und andererseits der Romantik bis in unsere Gegenwart fortgilt: es ist der Begriff von der großen autonomen Kunst. Die Kunst ist autonom, sofern sie sich freimacht von partikularen Interessen der Stände und Klassen, um zu allen Menschen zu sprechen; sie ist groß, sofern sie die Bewegungen und Widersprüche einer ganzen Zeit reflektiert bzw. zur Wahrheit bringt, anstatt sich in den scheinbar unversehrten Nischen einer Epoche selbstzufrieden einzurichten. Wann immer Lachenmann von Material, Sprache und Kommunikation spricht, haben diese Begriffe ihr besonderes Gewicht nur in Bezug auf diesen erhabenen Kunstbegriff. »Material« ist immer nur das, was von Bach über Mozart und Mahler bis

Schönberg sich entwickelt habe; »Sprache« bedeutet nur immer den hochkomplexen Formenkanon von der durchbrochenen Arbeit über das obligate Akkompagnement bis zur entwickelnden Variation bzw. die Zeugnisse des Scheiterns dieser Sprache; »Kommunikation« wird stets überhöht gedacht und bezogen auf objektive Wahrheiten über die Verfassung der Epoche und der in ihr waltenden Beziehungen der Menschen untereinander, widergespiegelt in den wenigen künstlerischen Subjekten, die auch die verheerendsten gesellschaftlichen Widersprüche in sich auszutragen in der Lage sind.

Es wäre nun aber zu fragen, ob es nicht an der Zeit ist, diesen allzu erhabenen Kunstbegriff zu entlasten. Nicht, um wieder bequem komponieren zu können, sondern Formen von Kultur zu erproben, die nicht groß sein muß, um wahr sein zu können, die zwar auch das Ganze will, aber nicht in dem ungeteilten Schritt, die Geschichte nicht von oben deutet, sondern von unten macht.

Ich meine, Hans Werner Henze hierfür als Zeugen anrufen zu können — nicht den Henze von jenem unsäglichen Oktoberabend in Stuttgart, wohl aber den Henze einer Vielzahl von Kompositionen und künstlerischen Aktionen; den Henze des sicheren und zweifelnden Wortes; den Henze von Montepulciano und den aus der Berliner Philharmonie. Ich meine ihn richtig zu verstehen und ihm zustimmen zu können in der Feststellung, daß Kommunikation auch unter den Bedingungen der Warengesellschaft immer gelingen und immer scheitern kann. Kommunikationsfähigkeit ist keine abstrakte Größe, sie kann schlechterdings niemandem ab- oder zugesprochen werden, wie Lachenmann dies tut, sondern sie kann nur in konkreten Situationen probiert, erworben und entwickelt werden. Kommunizieren heißt zunächst erst einmal, sich mit anderen in einer gemeinsamen Situation zu befinden. Dies bedeutet aber, daß *meine* Sprachfähigkeit oder Sprachunfähigkeit nur ein Teil des Problems ist; es gilt, den Modus von Sprache zu finden, der auch *deine* Sprachfähigkeit oder Sprachunfähigkeit bedenkt.

Lachenmann verkennt Henzes Kunstansatz, wenn er ihm ein opportunistisches Denken unterstellt und — nicht ohne Demagogie — formuliert, es sei »*noch lange nicht gesagt, daß einer in der Tradition wurzelt, bloß weil er darin wurstelt*« (LACHENMANN 1983, 8). Die sinnlich erfahrbare Anwesenheit von Geschichte in Henzes Musik ist die Folge einer geduldigen Suche nach den Modi des Kommunizierens mit Menschen, die einer meist chaotischen Allgegenwart geschichtlicher Zeichensysteme ausgesetzt sind. Insofern ist Henzes künstlerische Arbeit realistisch begründet und von dem Willen zu solidarischem Handeln bestimmt.

Anhang

Vorbemerkungen zum Anhang

Das chronologische Werkverzeichnis teilt die genauen Titel von Henzes Kompositionen mit und gibt die Daten der Uraufführung (UA) bzw. Ursendung (US) an, soweit sie ermittelt werden konnten. Die Bearbeitungen, Neufassungen und Auszüge, die Henze über seine Arbeiten nachträglich erstellt hat, sind dem Jahr der Entstehung der Erstfassung zugeordnet. Auf das chronologische Werkverzeichnis beziehen sich die nachfolgenden Register.

Das *alphabetische Werkregister* hat den Zweck, im Falle unvollständiger oder abweichender Angaben über die Werke gleichwohl die originalen Titel bzw. Erstfassungen von Kompositionen im chronologischen Werkverzeichnis aufsuchen zu können. Der Schlüssel hierfür ist das Jahr der Entstehung. Im alphabetischen Werkregister erscheinen die Titel der einzelnen Stücke in freier Kürzung und Umstellung, um allen eventuellen 'Anfragen' an das Register entsprechen zu können.

Das *systematische Schallplattenverzeichnis* bietet eine Zusammenstellung aller ermittelten Einspielungen von Henze-Werken, ganz gleich ob sie noch im Handel erhältlich sind oder ihre Wiederauflage geplant ist. Die Jahreszahl hinter den (gekürzten) Titeln verweist auch hier auf das chronologische Werkverzeichnis. Die Namen der Schallplattenfirmen werden in den gebräuchlichen Abkürzungen angegeben; auf die Nennung von Plattennummern wurde verzichtet. Die Anordnung der Werkgruppen wie auch das Verzeichnis der Kompositionen innerhalb der Werkgruppen richtet sich nach dem Gefälle von komplexen zu simplexen Besetzungen (vom Musiktheater bis zum Solostück).

Das *Literaturverzeichnis* enthält eine Auswahl der vorhandenen Texte von und über Hans Werner Henze. Es dient vor allem als Belegapparat zum Haupttext, indem die dortigen Kurzverweise hier ihre bibliographische Ergänzung finden. Deshalb sind in das Literaturverzeichnis auch Schriften aufgenommen, die nicht unmittelbar auf Henze bezogen sind, wohl aber für die Exkurse in den Vorlesungen Bedeutung gehabt haben.

Chronologisches Werkverzeichnis

1946 KAMMERKONZERT für Solo-Klavier, Solo-Flöte und Streicher.
UA 27.9.1946, Kranichstein, Internationale Ferienkurse für Neue Musik.
SONATE für Violine und Klavier.
UA

1947 ERSTE SINFONIE.
UA 25.8.1948, Bad Pyrmont. (2.Satz 1947, Darmstadt.)
    ERSTE SINFONIE. NEUFASSUNG für Kammerorchester, 1963.
    UA 9.4.1964, Berlin.
FÜNF MADRIGALE nach Gedichten aus dem »Großen Testament« von François Villon für kleinen gemischten Chor und elf Soloinstrumente. Deutsche Übersetzung von Paul Zech.
UA 25.4.1948, Südwestfunk Baden-Baden.
KONZERT für Violine und Orchester. [Erstes Violinkonzert.]
UA 12.12.1948, Südwestfunk Baden-Baden.
ERSTES STREICHQUARTETT.
UA 1947, Heidelberg.
CONCERTINO für Klavier und Blasorchester mit Schlagzeug.
UA 5.10.1947, Südwestfunk Baden-Baden.
SONATINE für Flöte und Klavier.
UA

1948 DAS WUNDERTHEATER. Oper in einem Akt für Schauspieler nach einem Intermezzo von Miguel Cervantes. Deutsche Übersetzung von Adolf Graf von Schack.
UA 7.5.1949, Städtische Bühnen Heidelberg.
    DAS WUNDERTHEATER Neue Fassung für Sänger, 1964.
    UA 30.11.1965, Städtische Bühnen Frankfurt am Main.
WIEGENLIED DER MUTTER GOTTES für einstimmigen Knabenchor und neun Soloinstrumente. Text von Lope des Vega. Deutsche Übersetzung von Artur Altschul.
UA 27.6.1954, Niederrheinisches Musikfest Duisburg.
CHOR GEFANGENER TROJER aus Goethes Faust II. Teil für gemischten Chor und großes Orchester.
UA 6.2.1949, Bielefeld.
    CHOR GEFANGENER TROJER. Revidierte Fassung, 1964.
    UA
WHISPERS FROM HEAVENLY DEATH. Kantate auf das gleichnamige Gedicht von Walt Whitman für hohe Singstimme und acht Instrumente. Deutsche Übersetzung von Georg Goyert.
UA 1950, Hessischer Rundfunk Frankfurt am Main.
DER VORWURF. Konzertarie nach Worten von Franz Werfel für Bariton, Trompete, Posaune und Streichorchester.
UA 29.7.1948, Internationale Ferienkurse für Neue Musik Darmstadt.

KAMMER-SONATE für Klavier, Violine und Violoncello.
UA 16.3.1950, Köln.
    KAMMER-SONATE. Revidierte Fassung, 1963.
    UA

1949   BALLETT-VARIATIONEN. Handlungsloses Ballett.
UA konzertant 3.10.1949, Düsseldorf; szenisch 21.12.1958, Wuppertaler Bühnen.

JACK PUDDING. Ballett in drei Teilen.
UA 1.1.1951, Hessisches Staatstheater Wiesbaden.
    JACK PUDDING. Ballett-Suite, 1949.
    UA 23.6.1950.

ZWEITE SINFONIE für großes Orchester.
UA 1.12.1949, Stuttgart.

APOLLO ET HYAZINTHUS. Improvisationen für Cembalo, Altstimme und acht Soloinstrumente auf Texte von Georg Trakl.
UA 26.6.1949, Frankfurt am Main.

SERENADE für Violoncello solo.
UA

VARIATIONEN FÜR KLAVIER op.13.
UA 17.6.1949, Frankfurt am Main, Hessischer Rundfunk.

1950   DRITTE SINFONIE für großes Orchester.
UA 7.10.1951, Donaueschingen.

ROSA SILBER. Handlungsloses Ballett.
UA konzertant 8.5.1951; szenisch 15.10.1958, Köln.
    ROSA SILBER. Ballett. Szenen für Orchester.
    UA 8.5.1951, Berlin.

SINFONISCHE VARIATIONEN [für Kammerorchester].
UA 1950, Wiesbaden.

KONZERT für Klavier und Orchester. [Erstes Klavierkonzert].
UA 14.9.1952, Düsseldorf.

1951   LABYRINTH. Choreographische Fantasie.
UA
    LABYRINTH. Choreographische Fantasie über das Theseus-Motiv für Orchester.
    UA 29.5.1952, Ferienkurse der Internationalen Gesellschaft für Neue Musik Darmstadt.

BOULEVARD SOLITUDE. Lyrisches Drama in sieben Bildern, Text von Grete Weil. Szenarium von Walter Jokisch.
UA 17.2.1952, Landestheater Hannover.
    BOULEVARD SOLITUDE. Sinfonische Zwischenspiele aus der Oper, 1952. UA 7.6.1952, Aachen.

EIN LANDARZT. Funkoper nach der Novelle von Franz Kafka.
UA 19.11.1951, Nordwestdeutscher Rundfunk Hamburg.
US 29.11.1951, Nordwestdeutscher Rundfunk Hamburg.

EIN LANDARZT. Monodram nach Franz Kafka für Bariton (Landarzt) und Orchester, 1964.
UA 13.10.1965, Berlin.
EIN LANDARZT. (Bühnenfassung). Oper in einem Akt, 1964.
UA 30.11.1965, Städtische Bühnen Frankfurt am Main.

DIE SCHLAFENDE PRINZESSIN. Ballett in einem Vorspiel und vier Bildern von Hans Zehden. Musik nach Peter Tschaikowsky, für kleines Orchester eingerichtet von Hans Werner Henze.
UA 5.6.1954, Bühnen der Stadt Essen.

1952 PAS D'ACTION. Ballett in zwei Bildern von Peter Csobádi.
UA
TANCREDI. Suite aus dem Ballett Pas d'action.
US 15.1.1953, Nordwestdeutscher Rundfunk Hamburg.
TANCREDI. (Revidierte Fassung von Pas d'action). Ballett in zwei Bildern von Peter Csobádi, 1964.
UA 14.5.1966, Wiener Staatsoper, Wien.

DER IDIOT. Ballett-Pantomime nach Fjodor M. Dostojewskij. Idee von Tatjana Gsovsky. Dichtung (Neufassung) von Ingeborg Bachmann.
UA 1.9.1952, Berliner Festwochen.
LYRISCHE BALLETT-SUITE für Kammerorchester (nach *Der Idiot*).
UA 20.7.1952, Darmstadt.

QUINTETT für Flöte, Oboe, Klarinette in B, Horn und Fagott.
UA 15.2.1953, Radio Bremen.

ZWEITES STREICHQUARTETT.
UA 16.12.1952, Südwestfunk Baden-Baden.

1953 ODE AN DEN WESTWIND. Musik für Violoncello und Orchester über das Gedicht von Percy Bysshe Shelley.
UA 30.4.1954, Bielefeld.

DAS ENDE EINER WELT. Funkoper in zwei Akten mit Prolog und Epilog. Text von Wolfgang Hildesheimer.
US 4.12.1953, Nordwestdeutscher Rundfunk Hamburg.
DAS ENDE EINER WELT, (Bühnenfassung). Opera buffa in einem Akt von Wolfgang Hildesheimer, 1964.
UA 30.11.1965, Städtische Bühnen Frankfurt am Main.

1955 DIE ZIKADEN. Musik zum Hörspiel von Ingeborg Bachmann.
US 25.3.1955, Nordwestdeutscher Rundfunk Hamburg.

QUATTRO POEMI [für Orchester].
UA 31.5.1955, Hessischer Rundfunk Frankfurt am Main.

SINFONISCHE ETÜDEN [für Orchester].
UA 14.2.1956, Norddeutscher Rundfunk Hamburg.
DREI SINFONISCHE ETÜDEN FÜR ORCHESTER, Neufassung 1964.
UA

KÖNIG HIRSCH. Oper in drei Akten von Heinz von Cramer.
UA (angefochten) 23.9.1956, Städtische Oper Berlin.
UA (vollständig) 5.5.1985, Württembergische Staatsoper Stuttgart.

Chronologisches Werkverzeichnis

IL RE CERVO ODER DIE IRRFAHRTEN DER WAHRHEIT. Oper in drei Akten von Heinz von Cramer. (Reduzierte Fassung von König Hirsch, 1962).
UA 10.3.1963, Staatstheater Kassel.

VIERTE SINFONIE (in einem Satz) für großes Orchester.
UA 9.10.1963, Berliner Festwochen.

1956 MARATONA. Ballett von Luchino Visconti.
UA 24.9.1957, Berliner Festwochen.
    MARATONA. Ballett-Suite für zwei Jazz-Bands und Orchester.
    UA 8.2.1957, Westdeutscher Rundfunk Köln.

FÜNF NEAPOLITANISCHE LIEDER. (»Canzoni 'e copp' 'o tammurro«) auf anonyme Texte des 17.Jahrhunderts für mittlere Stimme und Kammerorchester.
UA 26.5.1956, Hessischer Rundfunk Frankfurt am Main.

CONCERTO PER IL MARIGNY für Klavier und sieben Instrumente.
UA 9.3.1956, Théatre Marigny Paris.

1957 UNDINE. Ballett in drei Akten von Frederick Ashton (frei nach De la Motte-Fouqué).
UA 27.10.1958, Royal Opera House, Covent Garden London.
    UNDINE. Erste Suite aus dem Ballett für Orchester.
    UA 1959, Tage zeitgenössischer Musik Stuttgart.
    UNDINE. Zweite Suite aus dem Ballett für Orchester.
    UA 3.3.1958, Mannheim.
    UNDINE. TROIS PAS DE TRITONS aus dem Ballett für Orchester.
    UA 10.1.1959, Rom.
    HOCHZEITSMUSIK aus dem Ballett *Undine* für sinfonisches Blasorchester.
    UA

NACHTSTÜCKE UND ARIEN. Nach Gedichten von Ingeborg Bachmann für Sopran und großes Orchester.
UA 20.10.1957, Donaueschinger Musiktage.

1958 SONATA PER ARCHI.
UA 21.3.1958, Zürich.

DER PRINZ VON HOMBURG. Oper in drei Akten nach dem Schauspiel von Kleist. Für Musik eingerichtet von Ingeborg Bachmann.
UA 22.5.1960, Hamburgische Staatsoper, Hamburg.

DREI DITHYRAMBEN für Kammerorchester.
UA 27.11.1958, Westdeutscher Rundfunk Köln.

KAMMERMUSIK 1958 über die Hymne »In lieblicher Bläue« von Friedrich Hölderlin für Tenor, Gitarre und acht Soloinstrumente. UA 26.11.1958, Norddeutscher Rundfunk Hamburg.
    DREI FRAGMENTE NACH HÖLDERLIN (aus der Kammermusik 1958) für Singstimme und Gitarre.
    UA
    DREI TENTOS (aus der Kammermusik 1958), eingerichtet von Julian Bream.
    UA

ADAGIO für acht Instrumente (Nachtrag zur Kammermusik 1958), 1963. UA Dez. 1963, Sender Freies Berlin.
QUATTRO FANTASIE. Oktettsätze aus der Kammermusik 1958 und Adagio, 1963.
UA

1959 SONATA PER PIANOFORTE.
UA 26.9.1959, Berliner Festwochen.
DES KAISERS NACHTIGALL. Pantomime von Giulio di Majo. Frei nach Hans Christian Andersen.
UA 16.9.1959, Teatro la Fenice, Biennale di Venezia.

1960 ANTIFONE für Orchester.
UA 20.1.1962, Berlin.
JÜDISCHE CHRONIK für Alt- und Baritonsolo, Kammerchor, zwei Sprecher und kleines Orchester, nach Texten von Jens Gerlach. Kollektivkomposition von B. Blacher, P. Dessau, K. A. Hartmann, H. W. Henze und R. Wagner-Regeny. Von Henze: AUFSTAND.
UA 14.1.1966, Westdeutscher Rundfunk Köln.

1961 ELEGY FOR YOUNG LOVERS — ELEGIE FÜR JUNGE LIEBENDE. Oper in drei Akten von W.H. Auden und Chester Kallman. Deutsche Fassung von Ludwig Landgraf.
UA 20.5.1961, Bayerische Staatsoper, Schwetzinger Festspiele.
SIX ABSENCES POUR LE CLAVECIN.
UA 7.11.1963, Südwestfunk Baden-Baden.

1962 FÜNFTE SINFONIE für großes Orchester.
UA 16.5.1963, New York.
NOVAE DE INFINITO LAUDES. Cantata per quattro soli, coro misto e strumenti. Testi de Giordano Bruno (1548-1600).
UA 24.4.1963, Biennale di Venezia.
LES CAPRICES DE MARIANNE. Bühnenmusik zu Alfred Musset's »Caprices« in der Fassung von Pierre Ponnelle.
UA

1963 LOS CAPRICHOS. Fantasia per orchestra [nach Goya].
UA 6.4.1967, Duisburg.
MURIEL — ODER DIE ZEIT DER WIEDERKEHR. Ein Film von Alain Resnais. Musik von H. W. Henze.
UA
ARIOSI mit Gedichten von Torquato Tasso für Sopran, Violine und Orchester.
UA 23.8.1964, Edingburgh Festival.
BEING BEAUTEOUS. Kantate auf das gleichnamige Gedicht aus »Les Illuminations« (1872-73) von Arthur Rimbaud für Koloratur-Sopran, Harfe und vier Violoncelli.
UA 12.4.1964, Berlin.

Chronologisches Werkverzeichnis 269

      LUCY ESCOTT VARIATIONS [für Cembalo].
      UA 21.3.1965, Berlin.

      CANTATA DELLA FIABA ESTREMA per soprano, piccolo coro e tredici strumenti. Poesia di Elsa Morante.
      UA 26.2.1965, Zürich.

1964 DIVERTIMENTI FÜR ZWEI KLAVIERE.
      UA 30.11.1964, New York.

      CHORFANTASIE auf die »Lieder von einer Insel« von Ingeborg Bachmann für Kammerchor, Posaune, zwei Viloncelli, Kontrabaß, Portativ, Schlagwerk und Pauken.
      UA 23.1.1967, Selb (100.Rosenthal-Feier-Abend).

      DER FRIEDEN. Bühnenmusik zu Aristophanes' »Frieden« in der Übersetzung von Peter Hacks.
      UA

      DER JUNGE LORD. Komische Oper in zwei Akten von Ingeborg Bachmann nach einer Parabel aus »Der Scheik von Alessandria und seine Sklaven« von Wilhelm Hauff.
      UA 7.4.1965, Deutsche Oper Berlin.
          ZWISCHENSPIELE FÜR ORCHESTER AUS »DER JUNGE LORD«.
          UA 12.10.1965.

1965 THE BASSARIDS — DIE BASSARIDEN. Opera seria mit Intermezzo in einem Akt nach den »Bacchantinnen« des Euripides. Libretto: W.H. Auden und Chester Kallman.
      UA 6.8.1966, Salzburger Festspiele.
          MÄNADENJAGD aus der Oper »Die Bassariden« für großes Orchester.
          UA 23.4.1971, Bielefeld.

      IN MEMORIAM: DIE WEISSE ROSE für Flöte, Englischhorn Baßklarinette, Fagott, Horn, Trompete, Posaune und Streicher.
      UA 16.3.1965, Rassegna della Resistenza Europea, Teatro Communale Bologna.

1966 DER JUNGE TÖRLESS. Ein Film von Volker Schlöndorf. Musik von H.W. Henze.
      UA 20.5.1966, Cannes.
          FANTASIA FÜR STREICHER. Aus der Musik zum Film »Der junge Törless« von Volker Schlöndorf.
          UA 1.4.1967, Berlin.
          DER JUNGE TÖRLESS. Fantasia für Streichsextett nach der Fantasia für Streicher.
          UA 22.6.1968, Minterne/Dorchaster (England).
          ZWÖLF KLEINE ELEGIEN für Renaissance-Instrumente [nach der Törless-Musik].
          UA 13.12.1986, Köln.

      MUSEN SICILIENS. Konzert für Chor, zwei Klaviere, Bläser und Pauken auf Eklogen Fragmente des Vergil.
      UA 20.9.1966, Berliner Festwochen.

Doppio Concerto per Oboe, Arpa ed Archi.
UA 2.12.1966, Zürich.

Concerto Per Contrabasso.
UA 2.11.1967, Chicago.

1967 Moralities — Moralitäten. Drei szenische Kantaten nach Fabeln des Aesop von W.H. Auden für Soli, Sprecher, Chor und Orchester.
UA 18.5.1968, Cincinnati May Festival.

Telemanniana für Orchester.
UA 4.4.1967, Berlin.

Zweites Konzert für Klavier und Orchester in einem Satz.
UA 29.9.1968, Bielefeld.

1968 Das Floss der »Medusa«. Oratorio volgare e militare in due parti — per Che Guevara — für Sopran, Bariton, Sprechstimme, gemischten Chor (dazu neun Knaben, Sopran und Alt) und Orchester.
UA 9.12.1968, Hamburg.
UA szenisch 15.4.1972, Städtische Bühnen Nürnberg.

Versuch über Schweine nach einem Gedicht von Gastón Salvatore, für Sprechstimme (Bariton) und Kammerorchester.
UA 14.2.1969, London.

1969 Sinfonia N.6 für zwei Kammerorchester.
UA 26.11.1969, Habana, Cuba.

El Cimarron. Biographie des geflohenen Sklaven Esteban Montejo. Rezital für vier Musiker: Sänger, Flötist, Gitarrist und Percussionist. Text aus dem Buch von Miguel Barnet, übersetzt und für Musik eingerichtet von Hans Magnus Enzensberger.
UA 22.6.1970, Aldeburgh Festival.

1970 Compases Para Preguntas Ensimismadas. Musik für Viola und 22 Spieler.
UA 11.2.1971, Basel.

1971 Der langwierige Weg in die Wohnung der Natascha Ungeheuer. Show mit 17. Gedicht von Gastón Salvatore.
UA 17.5.1971, RAI Rom.
    Fragmente aus einer Show. (Blechbläsersätze aus »Natascha Ungeheuer«).
    UA Oktober 1971, USA.

Zweites Violinkonzert für Sologeiger, Tonband, Baßbariton und 33 Instrumentalisten unter Verwendung des Gedichts »Hommage à Gödel« von Hans Magnus Enzensberger.
UA 2.11.1972, Basel.

Prison Song for one percussionist and tape. Poem by Ho Chi Minh.
UA Mai 1972, London.

1972 Heliogabalus Imperator. Allegoria per musica [für großes Orchester].
UA 16.11.1972, Chicago.

LA CUBANA ODER EIN LEBEN FÜR DIE KUNST. Vaudeville in fünf Bildern von Hans Magnus Enzensberger nach Motiven von Miguel Barnet.
UA 28.5.1975, Staatstheater am Gärtnerplatz München.

1973 STREIK BEI MANNESMANN. Szenische Kantate. (Kollektivkomposition, künstlerische Projektleitung Hans Werner Henze.)
UA 2.8.1973, Berlin, 10.Weltfestspiele der Jugend und Studenten.

TRISTAN. Preludes für Klavier, Tonbänder und Orchester.
UA 20.10.1974, London.

VOICES — STIMMEN. Eine Sammlung von Liedern für zwei Singstimmen und Instrumentalgruppen.
UA 4.1.1974, Queen Elizabeth Hall London.

1974 CARILLON RECITATIF MASQUE. Trio für Mandoline, Gitarre und Harfe. (Beitrag zum Zyklus »Hommage à Kurt Weill«).
UA 1976, Berliner Festwochen.

1975 WE COME TO THE RIVER — WIR ERREICHEN DEN FLUSS. Actions for Music by Edward Bond.
UA 12.6.1976, Royal Opera House London.

DIE VERLORENE EHRE DER KATHARINA BLUM. Film von Volker Schlöndorf und Margarete von Trotta (nach der gleichnamigen Erzählung von Heinrich Böll). Musik von Hans Werner Henze.
UA 1975, Festival San Sebastian.
   KONZERTSUITE »KATHARINA BLUM« [für Kammerorchester].
   UA 6.5.1976, Brighton Festival.

RAGTIMES AND HABANERAS. Sinfonie für Blechbläser.
UA 13.9.1975, Royal Albert Hall London.

1976 DER OFEN. Kollektivkomposition (unvollendet).

ROYAL WINTER MUSIC. First Sonata on Shakespearean Characters für Gitarre solo.
UA 20.9.1976, Berliner Festwochen.

DRITTES STREICHQUARTETT.
UA 12.9.1976.

VIERTES STREICHQUARTETT.
UA 25.5.1977, Schwetzingen.

FÜNFTES STREICHQUARTETT.
UA 25.5.1977, Schwetzingen.

JEPHTE. Oratorium von Giacomo Carissimi, neu realisiert von Hans Werner Henze.
UA 14.7.1976, London.

DON CHISCIOTTE DELLA MANCIA. Komische Oper von Giovanni Battista Lorenzi und Giovanni Paisiello. Neu erzählt von Giuseppe Di Leva und Hans Werner Henze. Deutsche Fassung von Karlheinz Gutheim.
UA 1.8.1976, Cantiere Inernazionale Montepulciano.

SONATINA für Trompete solo.
UA

AMICIZIA. Quintett für Klarinette in A, Posaune, Violoncello, Crotales, drei Becken, drei Tamtams, drei Bongos, vier Tomtoms, Pauke, Marimbaphon, Vibraphon und Klavier.
UA 6.8.1976, Cantiere Internazionale Montepulciano.
RICHARD WAGNER. WESENDONK-LIEDER. Fünf Gedichte von Mathilde Wesendonk, instrumentiert für Alt-Stimme und Kammerorchester von Hans Werner Henze.
UA 25.3.1977, Westdeutscher Rundfunk Köln.

1977 SONATA für Violine solo. Tirsi, Mopso, Aristeo.
UA 10.8.1977, Cantiere Internazionale Montepulciano.
IL VITALINO RADDOPPIATO. Ciacona per violino concertante ed orchestra da camera.
UA 2.8.1978, Salzburger Festspiele.
ARIA DE LA FOLIA ESPANOLA für Orchester.
UA 17.9.1977, St. Paul, Minnesota.
S. BIAGIO 9 AGOSTO ORE 1207. Ricordo per un contrabasso solo.
UA
L'AUTUNNO. Musica per 5 suonatori di strumenti a fiato.
UA 28.2.1979, London.

1978 ORPHEUS. Eine Geschichte in sechs Szenen (zwei Akten) von Edward Bond.
UA 17.3.1979, Württembergische Staatsoper Stuttgart.
ORPHEUS. Tanzdrama in sechs Szenen (zwei Akten) von Edward Bond. Konzertfassung für einen Sprecher und Orchester.
UA 17.3.1979, Stuttgart.
DRAMATISCHE SCENEN AUS »ORPHEUS« für großes Orchester (zwei Teile), 1979.
UA 1. Teil 12./13.9.1982, Frankfurt am Main.
UA 2. Teil 6.1.1981, Zürich.
ARIEN DES ORPHEUS für Gitarre, Harfe, Cembalo und Streicher, 1979.
UA 16.11.1980, Gelsenkirchen.
ARIEN DES ORPHEUS. Fassung für große Streicherbesetzung, 1981.
UA 25.11.1981, Chicago.
APOLLO TRIONFANTE. Musik für Bläser, Tasteninstrumente, Schlagzeug und Kontrabaß. Suite aus »Orpheus«, 1979.
UA 1.9.1980, Gelsenkirchen.
FIVE SCENES FROM THE SNOW COUNTRY for Marimbaphone solo.
UA 12.10.1982, Süddeutscher Rundfunk Stuttgart.
THE WOMAN. Bühnenmusik zu Edward Bond's »Woman«.
UA 10.8.1978, Olivier Theater London.

1979 SONATA per viola e pianoforte.
UA 20.4.1980, Wittener Tage für neue Kammermusik.
ETUDE PHILHARMONIQUE für Violine solo. Einrichtung von Gidon Kremer.
UA

Chronologisches Werkverzeichnis 273

      ROYAL WINTER MUSIC. Second Sonata on Shakespearean Characters für Gitarre solo.
UA 25.11.1980, Brüssel.

EL REY DE HARLEM. Imaginäres Theater I für eine Singstimme und kleines Instrumentalensemble. Text von Federico Garcia Lorca.
UA 20.4.1980, Wittener Tage für neue Kammermusik.

BARCAROLA per grande orchestra.
UA 22.4.1980, Tonhalle Gesellschaft Zürich.

1980   POLLICINO. Märchen für Musik nach Collodi, Grimm und Perrault. Libretto von Giuseppe Di Leva. Deutsche Fassung von Hans Werner Henze.
UA 2.8.1980, Cantiere Internazionale Montepulciano.
    SPIELMUSIKEN aus der Oper »Pollicino« für Laienorchester in verschiedener Besetzung.
    SONATINA tratta dell' opera »Pollicino« für Violine und Klavier.
    UA 2.12.1980, London.

SECHS STÜCKE FÜR JUNGE PIANISTEN.
UA 13.10.1982, Stuttgart.

1981   LE MIRACLE DE LA ROSE. Imaginäres Theater II. Musik für einen Klarinettisten und 13 Spieler.
UA 26.5.1982, London.

EURIDICE. Frammenti per il clavicembalo.
UA

CHERUBINO. Drei Miniaturen für Klavier.
UA 23.8.1981, Deutsche Oper Berlin.

1982   I SENTIMENTI DI CARL PHILIPP EMANUEL BACH. Trascizione per flauto, arpa ed archi dalla Clavier-Fantasie mit Begeitung einer Violine (1787).
UA 14.4.1982, Rom.

CANZONA per sette strumenti.
UA 6.6.1982, Stuttgart.

THE ENGLISH CAT — DIE ENGLISCHE KATZE. A story for Singers and Instrumentalists by Edward Bond. Deutsche Fassung von Ken Bartlett.
UA 2.6.1983, Schwetzinger Festspiele.
    CINQUE PICCOLI CONCERTI per orchestra [Zwischenspiele aus »Die Englische Katze«], 1982.
    UA 26.8.1983, Music Festival Cabrillo.
    LA TEMPESTA. 3.Zwischenspiel aus »Die Englische Katze«. Für Igor Strawinsky.
    UA 5.10.1982, Venedig.

1983   DREI LIEDER auf Gedichte von W.H. Auden für Tenor und Klavier.
UA 15.6.1983, Aldeburgh Festival.

ORPHEUS BEHIND THE WIRE — ORPHEUS HINTER DEM STACHELDRAHT. Gedichte von Edward Bond für zwölfstimmigen gemischten Chor a cappella. Deutsche Übersetzung von Hans Werner Henze.
UA 10.9.1985, Southampton.

ÖDIPUS DER TYRANN ODER DER VATER VERTREIBT SEINEN SOHN UND SCHICKT DIE TOCHTER IN DIE KÜCHE. Ein Spiel von Hubert Hollmüller. Musik von Hans Werner Henze unter Mitwirkung von H.-J. v. Bose, S. Holt und D. Lang.
UA 30.10.1983, Mürztaler Musikwerkstatt Kindberg.

EINE LIEBE VON SWANN. Ein Film von Volker Schlöndorf. Musik Hans Werner Henze.
UA 22.2.1984, Paris.
    UNE PETITE PHRASE aus dem Film »Un amour de Swann« für Klavier; 1984.
    UA
    ZWÖLF VARIATIONEN für Streichsextett und Harfe über »Une petite Phrase« aus dem Film »Un amour de Swann«.
    UA

CAPRICCIO für Viloncello solo (Heinrich Schiff).
UA 24.9.1983, Linz.

SONATA PER OTTO OTTONI.
UA 17.9.1983, Berlin.

1984 L'AMOUR A MORT. Ein Film von Alain Resnais. Musik von H.W.Henze.
UA 5.9.1984.
    SONATE FÜR SECHS SPIELER (nach Filmmusik zu »L'amour à mort«).
    UA 26.9.1984.

SYMPHONIE Nr.7.
UA 1.12.1984, Berlin.

I. DEUTSCHLANDSBERGER MOHRENTANZ.
UA 14.10.1984, Deutschlandsberg.

1985 FANDANGO sopra un basso del Padre Soler per orchestra.
UA 5.2.1986, Paris.

II. DEUTSCHLANDSBERGER MOHRENTANZ.
UA 19.10.1985, Deutschlandsberg.

IL RITORNO D'ULISSE IN PATRIA. Oper von Claudio Monteverdi. Freie Neugestaltung von Hans Werner Henze.
UA 16.8.1985, Salzburger Festspiele.

KONZERTSTÜCK für Violoncello und kleines Ensemble.
UA 29.8.1986, Alte Oper Frankfurt.

SIEBEN LIEBESLIEDER für Violoncello und Orchester.
UA 12.12.1986, Westdeutscher Rundfunk Köln.

SELBST- UND ZWIEGESPRÄCHE. Ein Trio für Viola, Gitarre und kleine Orgel (oder ein anderes Tasteninstrument).
UA 29.9.1985, Brühl.

1986 III. DEUTSCHLANDSBERGER MOHRENTANZ.
UA

AN EINE ÄOLSHARFE. Musik für konzertierende Gitarre und 15 Soloinstrumente.
UA 27.8.1986, Luzern.

SERENADE für Violine solo.
UA 1.6.1986, Bad Godesberg.

Alphabetisches Werkregister

Absences → 1961
Adagio für acht Instrumente → 1958
Äolsharfe → 1986
Aesop-Kantaten → 1967
Allegoria per musica → 1972
Amicizia → 1976
Amour à Mort → 1984
An eine Äolsharfe → 1986
Antifone →1960
Apollo et Hyazinthus → 1949
Apollo trionfante → 1978
Aria de la Folia espanola → 1977
Arien des Orpheus → 1978
Arien nach Bachmann-Gedichten → 1957
Ariosi nach Tasso-Gedichten → 1963
Auden-Lieder → 1983
Aufstand → 1960
Autunno → 1977

Bacchantinnen → 1965
Bachmann-Arien → 1957
Bachmann-Lieder → 1964
Ballett-Pantomime Der Idiot → 1952
Ballett-Suiten
— Jack Pudding → 1949
— Der Idiot → 1952
— Maratona → 1956
— Tancredi → 1952
— Undine → 1957
Ballett-Szenen → 1950
Ballett-Variationen → 1949
Barcarola → 1979
Bassariden → 1965
Being beauteous → 1963
Bläseroktett → 1983
Bläserquintette → 1952 → 1977
Bond-Chöre → 1983
Boulevard solitude → 1951
Bratschenkonzert → 1970
Bratschensonate → 1979
Bruno-Kantate → 1962
Bühnenmusiken
— Caprices de Marianne → 1962
— Frieden → 1964
— Woman → 1978

Cantata della Fiaba estrema → 1963
Canzona per sette strumenti → 1982
Capriccio für Violoncello solo → 1983
Caprices de Marianne → 1962

Caprichos → 1963
Carillon → 1974
Carissimi-Bearbeitung → 1976
Cat → 1982
Cello-Capriccio → 1983
Cello-Konzertstück → 1985
Cello-Liebeslieder → 1985
Cello-Serenade → 1949
Cembalo-Fragmente → 1981
Cembalo-Stücke → 1961
Cembalo-Variationen → 1963
Cervo → 1955
Cherubino → 1981
Choreographische
  Fantasie Labyrinth → 1951
Chorfantasie → 1964
Chor gefangener Trojer → 1948
Ciacona per violino → 1977
Cimarrón → 1969
Cinque piccoli concerti → 1982
Compases para preguntas → 1970
Concertino für Klavier → 1947
Concerto per Contrabasso → 1966
Concerto per il Marigny → 1956
C. Ph. E. Bach-Transkription
  → 1982
Cubana → 1972

Das Ende einer Welt → 1953
Das Floß der Medusa → 1968
Das Wundertheater → 1948
Der Frieden → 1964
Der Idiot → 1952
Der junge Lord → 1964
Der junge Törless → 1966
Der langwierige Weg → 1971
Der Ofen → 1976
Der Prinz von Homburg → 1958
Der Vater → 1983
Der Vorwurf → 1948
Des Kaisers Nachtigall → 1959
Deutschlandsberger Mohrentänze
  → 1984 → 1985 → 1986
Die Bassariden → 1965
Die Englische Katze → 1982
Die schlafende Prinzessin → 1951
Die verlorene Ehre der Katharina
  Blum → 1975
Die weiße Rose → 1965

Alphabetisches Werkregister

Die Zeit der Wiederkehr → 1963
Die Zikaden → 1955
Dithyramben → 1958
Divertimenti für zwei Klaviere → 1964
Don Chisciotte → 1976
Doppio Concerto → 1966
Dostojewskij-Ballett → 1952
Dramatische Szenen aus Orpheus → 1978
Drei Dithyramben → 1958
Drei Fragmente nach Hölderlin → 1958
Drei Lieder nach Auden → 1983
Drei sinfonische Etüden → 1955
Drei Tentos → 1955

Eine Liebe von Swann → 1983
Ein Landarzt → 1951
Ein Leben für die Kunst → 1972
Eklogen-Fragmente des Vergil → 1966
El Cimarrón → 1969
Elegie für junge Liebende → 1961
Elegien für Renaissance-Instrumente → 1966
Elegy for young lovers → 1961
El Rey de Harlem → 1979
Ende einer Welt → 1953
Englische Katze → 1982
Escott Variations → 1963
Etude philharmonique → 1979
Euridice → 1981

Fandango → 1985
Fantasia für Streicher → 1966
Fantasia per orchestra → 1963
Filmusiken
— Katharina Blum → 1975
— L'Amour à Mort → 1984
— Liebe von Swann → 1983
— Muriel → 1963
— Törless → 1966
Five Scenes from the Snow Country → 1978
Flöten-Sonatine → 1947
Floß der Medusa → 1968
Fluß → 1975
Fragmente aus einer Show → 1971
Fragmente nach Hölderlin → 1958
Fragmenti per il clavicembalo → 1981
Frieden → 1964
Fünf Madrigale → 1947
Fünf neapolitanische Lieder → 1956
Funkopern → 1951 → 1953

Gefängnislied → 1971
Gitarrenkonzert → 1986
Gitarrensonaten → 1978 → 1979
Goya-Fantasie → 1963

Habaneras → 1975
Handlungsloses Ballett
    → 1949 → 1950
Heliogabalus Imperator → 1972
Hirsch → 1955
Hochzeitsmusik aus Undine → 1957
Hölderlin-Kammermusik → 1958
Hörspielmusik Die Zikaden → 1955
Hommage à Gödel → 1971
Hommage à Kurt Weill → 1974

Idiot → 1952
Illuminations → 1963
Il Re Cervo → König Hirsch → 1955
Il ritorno dUlisse → 1985
Il Vitalino raddoppiato → 1977
Imaginäres Theater → 1979 → 1981
In lieblicher Bläue → 1958
In Memoriam Die weiße Rose
    → 1965
Irrfahrten der Wahrheit → 1955
I Sentimenti di C. Ph. E. Bach
    → 1982

Jack Pudding → 1949
Jephte → 1976
Jüdische Chronik → 1960

Kafka-Oper → 1951
Kaisers Nachtigall → 1959
Kammerkonzert → 1946
Kammermusik 1958 → 1958
Kammer-Sonate → 1948
Kantate Whispers form heavenly
    death → 1948
Katharina Blum → 1975
Katze → 1982
Klavier-Divertimenti → 1964
Klavierkonzerte → 1950 → 1967
Klavierminiaturen → 1981
Klavierphrase → 1983
Klaviersonate → 1959
Klaviertrio → 1948
König Hirsch → 1955
Kontrabaßkonzert → 1966
Kontrabaßstück → 1977
Konzertarie Der Vorwurf → 1948

Alphabetisches Werkregister

Konzerte und konzertante Stücke
— Bratsche → 1970
— Cello → 1953 →1985 →1985
— Contrabasso → 1966
— Flöte → 1982
— Gitarre → 1986
— Harfe → 1966 → 1982
— Klarinette → 1981
— Klavier → 1946 → 1947
    →1950 → 1956 → 1967 → 1973
— Kontrabaß → 1966
— Oboe → 1966
— Viola → 1970
— Violine → 1948 → 1971 → 1977
— Violoncello → 1953 → 1985 → 1985
Konzertstück für Violoncello → 1985
Konzertsuite Katharina Blum → 1975

Labyrinth → 1951
La Cubana → 1972
L'Amour à Mort → 1984
Landarzt → 1951
La Tempesta → 1982
Laudes → 1962
L'Autunno → 1977
Langwieriger Weg → 1971
Leben für die Kunst → 1972
Le Miracle de la Rose → 1981
Les Caprices de Marianne → 1962
Les Illuminations → 1963
Liebeslieder → 1985
Liebe von Swann → 1983
Liedersammlung Voices → 1973
Lieder von einer Insel → 1964
Lord → 1964
Los Caprichos → 1963
Lucy Escott Variations → 1963
Lyrische Ballett-Suite → 1952

Madrigale → 1947
Mänadenjagd → 1965
Mannesmann-Kantate → 1973
Manon Lescaut → 1951
Maratona → 1956
Marigny-Concerto → 1956
Marimbaphon-Stück → 1978
Masque → 1974
Medusa → 1968
Miracle de la Rose → 1981
Mohrentänze → 1984 → 1985 → 1986
Moralities → 1967
Morante-Kantate → 1963

Muriel → 1963
Musen Siziliens → 1966
Musik für Viola
    und 22 Spieler → 1970
Musik für Violoncello
    und Orchester → 1953

Nachtigall → 1959
Nachtstücke und Arien → 1957
Natascha Ungeheuer → 1971
Neapolitanische Lieder → 1956
Novae de infinito Laudes → 1962

Ode an den Westwind → 1953
Odysseus Heimkehr → 1985
Ödipus der Tyrann → 1983
Ofen → 1976
Oktett → 1983
Oktettsätze → 1958
Orpheus → 1978
Orpheus behind the Wire → 1983

Paisiello-Bearbeitung → 1976
Pas de tritons → 1957
Piccoli Concerti → 1982
Poemi → 1955
Pollicino → 1980
Preludes für Klavier, Tonbänder
    und Orchester → 1973
Prinz von Homburg → 1958
Prison Song → 1971

Quartett → Streichquartett
Quattro Fantasie → 1958
Quattro Poemi → 1955
Quintett Amicizia → 1976
Quintett für Bläser → 1952 → 1977

Ragtimes and Habaneras → 1975
Re Cervo → 1955
Recitatif → 1974
Rey de Harlem → 1979
Rezital El Cimarrón → 1969
Richard Wagner Wesendonk-Lieder
    → 1976
Ricordo per un contrabasso solo
    → 1977
Rimbaud-Kantate → 1963
Ritorno d'Ulisse → 1985
River → 1975
Rosa Silber → 1950
Royal Winter Music → 1976 → 1979

S. Biagio 9 Agosto Ore 1207 → 1977
Scenes form the Snow Country → 1978
Schlafende Prinzessin → 1951
Schweine → 1968
Sechs Stücke für junge Pianisten → 1980
Selbst- und Zwiegespräche → 1985
Sentimenti di C. Ph. E. Bach → 1982
Serenade für Violine solo → 1986
Serenade für Violoncello → 1949
Sextett Canzona → 1982
Sextett mit Harfe Eine Liebe von Swann → 1983
Shakespeare-Sonaten → 1976 → 1979
Show mit Siebzehn → 1971
Sieben Liebeslieder → 1985
Sinfonie für Blechbläser → 1975
Sinfonien
— Nr. 1 → 1947
— Nr. 2 → 1949
— Nr. 3 → 1950
— Nr. 4 → 1955
— Nr. 5 → 1962
— Nr. 6 → 1969
— Nr. 7 → 1984
Sinfonische Etüden → 1955
Sinfonische Variationen → 1950
Six absences pour le clavin → 1961
Sonata für Violine solo → 1977
Sonata per archi → 1958
Sonata per otto ottoni → 1983
Sonata per pianoforte → 1959
Sonata per viola e pianoforte → 1979
Sonate für sechs Spieler → 1984
Sonate für Violine und Klavier → 1946
Sonatina nach Pollicino → 1979
Sonatine für Flöte und Klavier → 1947
Sonatine für Trompete solo → 1976
Spielmusiken aus Pollicino → 1980
Spiel mit Ödipus → 1983
Stimmen → 1973
Streichersonate → 1958
Streichquartette
— Nr. 1 → 1947
— Nr. 2 → 1952
— Nr. 3 → 1976
— Nr. 4 → 1976
— Nr. 5 → 1976
Streik bei Mannesmann → 1973
Stücke für junge Pianisten → 1980
Suite aus Orpheus → 1978
Symphonie → Sinfonie

Tancredi → 1952
Tanzdrama Orpheus → 1978
Tasso-Ariosi → 1963
Telemanniana → 1967
Tempesta → 1982
Tentos → 1958
The Bassarids → 1965
The English Cat → 1982
The Woman → 1978
Theseus-Fantasie → 1951
Tirsi Mopso Aristeo → 1977
Törless → 1966
Trakl-Kantate → 1949
Trio für Klavier, Violine und Violoncello → 1948
Trio für Mandoline, Gitarre und Harfe → 1974
Trio für Viola, Gitarre und kleine Orgel → 1985
Tristan → 1973
Trois pas de tritons → 1957
Trojer-Chor → 1948
Trompeten-Sonatine → 1976

Ulisse → 1985
Undine → 1957
Une petite phrase → 1983

Variationen für Klavier → 1949
Vaudeville La Cubana → 1972
Vergil-Kantate → 1966
Versuch über Schweine → 1968
Villon-Madrigale → 1947
Violakonzert → 1970
Violasonate → 1979
Violinkonzerte → 1947 → 1971
Violin-Soloetüde → 1977
Violin-Soloserenade → 1986
Violin-Solosonate → 1986
Violinsonate → 1946
Violinsonatina → 1979
Voices → 1973
Vorwurf → 1948

Wagner-Lieder → 1976
We come to the River → 1975
Weiße Rose → 1965
Werfel-Arie Der Vorwurf → 1948
Wesendonk-Lieder → 1976
Whispers from heavenly death → 1948
Whitman-Kantate → 1948

Wiegenlied der Mutter Gottes → 1948
Wir erreichen den Fluß → 1975
Wundertheater → 1948

Zeit der Wiederkehr → 1963
Zikaden → 1955
Zwischenspiele
— Boulevard solitude → 1951
— Der junge Lord → 1964
— Die Englische Katze → 1982
Zwölf kleine Elegien → 1966

Systematisches Schallplattenverzeichnis

Musiktheater

ELEGIE FÜR JUNGE LIEBENDE → 1961
　　DG
　　harmonia mundi (Auszüge)
DER JUNGE LORD → 1964
　　DG
EIN LANDARZT → 1951
DER LANGWIERIGE WEG IN DIE WOHNUNG DER NATASCHA UNGEHEUER → 1971
　　DG
MORALITÄTEN → 1967
　　DG
STREIK BEI MANNESMANN → 1973
　　pläne
EL CIMARRON → 1969
　　DG

Filmmusik

MURIEL. Fragments musicaux → 1963
　　milan
KATHARINA BLUM. Konzertsuite für Orchester → 1976
　　milan
EINE LIEBE VON SWANN → 1983
　　milan
L'AMOUR A MORT → 1984
　　milan

Tanztheater

LABYRINTH → 1951
　　Decca
HOCHZEITSMUSIK aus »Undine« → 1957
　　Columbia
DES KAISERS NACHTIGALL → 1959
　　Decca

Vokalmusik

DAS FLOSS DER MEDUSA → 1968
    DG
MUSEN SIZILIENS → 1966
    DG
CANTATA DELLA FIABA ESTREMA → 1963
    DG
WIEGENLIED DER MUTTER GOTTES → 1948
    Decca
MORALITÄTEN → 1967
    DG
WHISPERS FROM HEAVENLY DEATH → 1948
    DG
JÜDISCHE CHRONIK → 1960
    wergo
STREIK BEI MANNESMANN → 1973
    pläne
FÜNF NEAPOLITANISCHE LIEDER → 1956
    DG
NACHTSTÜCKE UND ARIEN → 1957
    harmonia mundi
APOLLO ET HYANZINTHUS → 1949
    Decca
VOICES → 1973
    Decca
    harmonia mundi (Auszüge)
VERSUCH ÜBER SCHWEINE → 1968
    DG
    harmonia mundi
KAMMERMUSIK 1958 → 1958
    Decca
EL CIMARRON → 1969
    DG
BEING BEAUTEOUS → 1963
    harmonia mundi

Konzertante Musik

DOPPIO CONCERTO per Oboe, Arpa ed Archi → 1966
    DG
ERSTES VIOLINKONZERT → 1948
    DG
    Candide
ZWEITES VIOLINKONZERT → 1971
    Decca
COMPASES PARA PREGUNTAS ENSIMISMADAS → 1970
    Decca
CONCERTO per Contrabasso → 1966
    DG
CONCERTO PER IL MARIGNY → 1956
    Véga

Systematisches Schallplattenverzeichnis

ZWEITES KLAVIERKONZERT → 1967
    DG
TRISTAN → 1973
    DG

Orchestermusik

1. SINFONIE → 1947 (1963)
    DG
    harmonia mundi
2. SINFONIE → 1949
    DG
3. SINFONIE → 1950
    DG
4. SINFONIE → 1955
    DG
5. SINFONIE → 1962
    DG
6. SINFONIE → 1969
    DG
TELEMANNIANA → 1967
    Schwann
BARCAROLA → 1979
    NDR-Schallplatte
IN MEMORIAM: DIE WEISSE ROSE → 1965
    Decca
RAGTIMES AND HABANERAS → 1975
    Decca
SONATA PER ARCHI → 1958
    DG
FANTASIA für Streicher → 1966
    DG

Kammermusik

KAMMERMUSIK 1958 → 1958
    Decca
SONATE pour six instrumentistes → 1984
    milan
ERSTES BLÄSERQUINTETT → 1952
    candide voc
    Philips
FRAGMENTE AUS EINER SHOW für Bläserquintett → 1971
    Crystal
EL CIMARRON → 1969
    DG
1. STREICHQUARTETT → 1947
    wergo
2. STREICHQUARTETT → 1952
    wergo
3. STREICHQUARTETT → 1976
    wergo

4. STREICHQUARTETT → 1976
   wergo
5. STREICHQUARTETT → 1976
   wergo
KAMMER-SONATE → 1948
   harmonia mundi
CARILLON RECITATIF MASQUE → 1974
   2001
SONATINE für Flöte und Klavier → 1947
   CBS
SONATINE für Trompete solo → 1976
   Véga
SONATA per violino solo → 1977
   Le Connaisseur
SERENADE für Violoncello solo → 1949
   Da Camera
VARIATIONEN für Klavier → 1949
   Advance
SIX ABSENCES pour le clavecin → 1961
   Philips
LUCY ESCOTT VARIATIONS → 1963
   Philips
PRISON SONG → 1971
   Decca
FIVE SCENES FROM THE SNOW COUNTRY → 1978
   wergo
DREI TENTOS → 1958
   RCA
   Le Conaisseur
   EMI
ROYAL WINTER MUSIC I → 1976
   RCA
   MD+G
   Paula
ROYAL WINTER MUSIC II → 1979
   MD+G
   Paula

Literaturverzeichnis

ANDRASCHKE 1979
 Peter Andraschke: *Das revolutionär-politische Zitat in der avantgardistischen Musik nach 1965*. In: Musik und Bildung 11, 1979, S.313-318.
ANDRASCHKE 1986
 Peter Andraschke: *Zur Wirkungsgeschichte der Antike nach dem Zweiten Weltkrieg. Hans Werner Henzes »Bassariden«*. In: FRANFURT 1986, S.122-131.
ASSMANN 1986
 Ingo Assmann: *Zur Idee der »Stimmen« und der ethischen Intention bei Hans Werner Henze*. In: FRANFURT 1986, S.165-173.
AUDEN 1961
 Wystan H. Auden und Chester Kallman: *Geburt eines Librettos*. In: *Textbuch »Elegie für junge Liebende«*, Mainz 1961, S.61-64.
AVGERINOS 1967
 Gerassimos Avgerinos: *Handbuch der Schlag- und Effektinstrumente. Ein Wegweiser für Komponisten, Dirigenten, Musiker und Instrumentenbauer*. Frankfurt/M. 1967.
BACHMANN 1960
 Ingeborg Bachmann: *Entstehung eines Librettos*. In: Programmheft zur Uraufführung »Der Prinz von Homburg« am 22.5.1960 in Hamburg. Hamburgische Staatsoper Spielzeit 1959/60, S.128-132.
BACHMANN 1971
 Ingeborg Bachmann: *Musik und Dichtung*. In: Universitas 26, 1971, S.375-378.
BACHMANN 1978
 Ingeborg Bachmann: *Notizen zum Libretto* [von »Der junge Lord«]. In: I. Bachmann: Werke. Hg. v. Chr. Koschel u.a., Bd.1, München/Zürich 1978, S.433-436.
BACHMANN 1983
 Ingeborg Bachmann: *Sämtliche Gedichte*. Hg. von Chr. Koschel u.a.., München ²1983.
BALZAC 1841
 Honoré de Balzac: *Peines de coeur d'une chatte anglaise*. In: Salon Littéraire. Choix de pièces, tirées des meilleurs écrits périodiques de la France. Anneé 1841, Tome premier, Berlin 1841, S.297-304.
BARNET 1979
 Miguel Barnet: *Brief aus La Habana*. In: HENZE 1979a, S.143-152.
BERGER 1973
 Gregor Berger: *Henzes zweites Klavierkonzert*. In: Melos 40, 1973, S.33-40.
BOND 1976
 Edward Bond: *The Fool and We come to the River*. London 1976.
BOND 1978
 Edward Bond: *Theatre Poems and Songs*. Ed. by M. Hay and Ph. Roberts. London 1978.
BOND 1979
 Edward Bond: *Orpheus — A story in six Scenes*. In: ORPHEUS 1979, S.10-31.
BORRIS 1978
 Siegfried Borris: *Hans Werner Henze. Ein esoterischer Lyriker auf Revolutionskurs*. In: Musik und Bildung 10, 1978, S.77-87.

BOULEZ 1972
> Pierre Boulez: *Werkstatt-Texte*. Aus dem Französischen von Josef Häusler. Berlin/Frankfurt/M. 1972.

BRECHT 1973
> Bertolt Brecht: *Arbeitsjournal 1938-1942. 1942-1955*. Anmerkungen von W. Brecht. Frankfurt/M. 1973.

BROCKMEIER 1979 a
> Jens Brockmeier: *Zur historischen Rationalität des Ästhetischen und ihre Begründung bei Claudio Monteverdi*. In: HENZE 1979 a, S.33-67.

BROCKMEIER 1979 b
> Jens Brockmeier: *Mythos und Logos*. In: ORPHEUS 1979, S.46-76.

BROCKMEIER 1979 c
> Jens Brockmeier: *Über die Arbeit an einer neuen Sprachlichkeit von Musik und Bewegung*. In: Ballett 1979, Seelze 1979, S.12-15.

BROCKMEIER 1981
> Jens Brockmeier und Hans Werner Henze: *Nur insofern etwas in sich selbst einen Widerspruch hat, bewegt es sich, hat Trieb und Tätigkeit. Überlegungen zur Exposition der Neunten Sinfonie Beethovens*. In: HENZE 1981 a, S.333-365.

BROCKMEIER 1984
> Jens Brockmeier: [Hans Werner Henze.] *Vorwort* des Herausgebers zu HENZE 1984 a, S.9-19.

BROCKMEIER 1986
> Jens Brockmeier: *Vermittlung und Sinn. Über die Aneignung der ästhetischen Bedeutung*. In: HENZE 1986 a, S.272-316.

BURDE 1968
> Wolfgang Burde: *Faszination eines zeitgenössischen Komponisten. Bemerkungen zu Hans Werner Henzes Musikanschauung*. In: Philharmonische Blätter 2, Berlin 1968/69, S.12-16.

BURDE 1975
> Wolfgang Burde: *Volkstümlichkeit und Avantgarde. Überlegungen zum neueren Schaffen von Hans Werner Henze*. In: *Avantgarde und Volkstümlichkeit*. (Veröff. d. Inst. f. Neue Musik u. Musikerziehung. Darmstadt Bd 15.) Mainz 1975, S.36-46.

BURDE 1976
> Wolfgang Burde: *Tradition und Revolution in Henzes musikalischem Theater*. In: Melos/NZ 4, 1976, S.271-275.

BURDE 1986
> Wolfgang Burde: *Anrufung der musikalischen Tradition. Notizen zum ersten Satz der »Symphonie Nr. 7« von Henze*. In: FRANKFURT 1986, S.250-259.

CAHN 1986
> Peter Cahn: *Aus frühen Briefen Hans Werner Henzes*. In: FRANKFURT 1986, S.20-30.

COKER 1972
> Wilson Coker: *Music and Meaning. A theoretical Introduction to Musical Aesthetics*. New York/ London 1972.

COKER 1981
> Wilson Coker: *Einige semiotische Merkmale in* [Henzes] *»Heliogabalus Imperator«*. In: HENZE 1981 a, S.195-221.

CRUZ 1970
> Victor Hernandez Cruz: *Dices or Black Bones. Black Voices of the Seventies*. Ed. by Adam David Miller. Boston 1970.

DESSAU 1974a
> *Paul Dessau: Aus Gesprächen*. Erschienen anläßlich des 80. Geburtstages von Paul Dessau. Leipzig 1974.

DESSAU 1974 b
> *Paul Dessau. Notizen zu Noten*. Hg. von F. Hennenberg. Leipzig 1974.

DIBELIUS 1966
> Ulrich Dibelius: *Hans Werner Henze. Stationen seiner Musik*. In: Frankfurter Hefte 21, 1966, S.192-198.

DÜMLING 1986
> Albrecht Dümling: *Ein reflektierter Freudentanz. Versuch einer Interpretation des ersten Satzes von Hans Werner Henzes 7. Symphonie*. In: *Musik, Deutung, Bedeutung*. Hg. v. H.-W. Heister und H. Lück, Dortmund 1986, S.107-111.

EIMERT 1961
> Herbert Eimert: *Henzes erstes Meisterwerk: die »Elegie« des Gregor Mittenhofer*. In: Melos 28, 1961, S.234-236.

ENGELBERT 1983
> Barbara Engelbert: *Wystan Hugh Auden. Seine opernästhetische Anschauung und seine Tätigkeit als Librettist*. (Kölner Beiträge zur Musikforschung 130.) Regensburg 1983.

ENZENSBERGER 1970
> Hans Magnus Enzensberger: *Das Verhör von Habana*. Frankfurt/M. ²1972.

FERRARI 1961
> Enrique Lafuente Ferrari: *Goya. Sämtliche Radierungen und Lithographien*. Einführung von E. L. F.. Wien/München 1961.

FLAMMER 1981
> Ernst H. Flammer: *Politisch engagierte Musik als kompositorisches Problem, dargestellt am Beispiel von Luigi Nono und Hans Werner Henze*. Diss. phil. Freiburg 1980. Baden-Baden 1981.

FLOREY 1986
> Hedwig Florey und Jochem Wolff: *Kammermusikalische Formen Hans Werner Henzes — aufgeführt von Hinz und Kunst*. In: GÜTERSLOH 1986, S.59-60.

FLOROS 1983
> Constantin Floros: *Laudatio* [auf Hans Werner Henze.] Hamburg: Veröffentlichung der Kulturbehörde 1983, S.11-20. Auch unter dem Titel *Musik muß zur Sprache werden*. In: Oper in Hamburg 1982/83 (Jb. X der Hamburger Staatsoper). Hamburg 1983, S.84-89.

FOURNIER 1979
> Gastón Fournier Facio: *Auf dem Weg zu einer neuen Ästhetik der lateinamerikanischen Musik*. In: HENZE 1979 a, S.103-142.

FRANKFURT 1986
> *Der Komponist Hans Werner Henze*. Hg. v. Dieter Rexroth. Ein Buch der Alten Oper Frankfurt. Frankfurter Feste '86. Mainz 1986.

FRIED 1966
> Erich Fried: *und Vietnam und. Einundvierzig Gedichte*. Berlin 1966 (1984).

FRIED 1970
> Erich Fried: *Unter Nebenfeinden. Fünfzig Gedichte*. Berlin 1970.

FÜRST 1988
> Marion Fürst: *Hans Werner Henzes »Tristan«-Preludes. Ein Beitrag zur Geschichte der produktiven »Tristan«-Rezeption*. Magisterarbeit Hamburg 1988. (Masch.)

GEITEL 1968
   Klaus Geitel: *Hans Werner Henze*. Berlin 1968.
GENET 1963
   Jean Genet: *Miracle de la Rose — Wunder der Rose*. Ins Deutsche übertragen von Manfred Unruh. Hamburg 1963.
GRANDVILLE 1846
   Grandville [Jean Isidore Gérard]: *Bilder aus dem Staats- und Familienleben der Thire*. Bd 1. Für das deutsche Publikum bearbeitet und herausgegeben von Dr. A. Diezmann. Leipzig 1846. Neuausgabe Hamburg 1969.
GRANDVILLE 1969
   Grandville: Das gesamte Werk. Einleitung von G. Sello. München 1969.
GRIMM 1984
   Reinhold Grimm: *Enzensberger, Kuba und »La Cubana«*. In: R. Grimm: *Texturen. Essays und anderes zu Hans Magnus Enzensberger*. New York/Bern/Frankfurt/M. 1984, S.97-111.
GÜTERSLOH 1986
   Geboren am 1. Juli 1926 in Gütersloh. Hans Werner Henze zum 60.Geburtstag. 8.bis 25. September 1986, Programmheft, hg. v. Kulturamt der Stadt Gütersloh. Gütersloh 1986.
HACKS 1980
   Peter Hacks: *Oper*. München 1980.
HÄUSLER 1975
   Josef Häusler: *Hans Werner Henze und sein Werk für die zeitgenössische Musik*. In: Universitas 30, 1975/2, S.1147-1154.
HATTO 1960
   Gottfried von Strassburg: Tristan. Translated entire for the first time. With the surviving fragments of the Tristran of Thomas newly translated. With an Introduction by A. T. Hatto. Harmodsworth 1960.
HEISTER 1980
   Musik der 50er Jahre. Hg. v. Hanns-Werner Heister und Dietrich Stern. Berlin: Argument 1980.
HEISTER 1982
   Hanns-Werner Heister: *Aufruhr und Trauer. Zu den Song-Stücken von Henze und Weill*. In: Programmheft der Hamburgischen Staatsoper (Opera stabile) vom 1. Februar 1982, S.10-13.
HEISTER 1984
   Thesen: Politische Musik — Musikpolitik, vorgelegt von Hanns-Werner Heister und Günter Mayer. In: Musik und Gesellschaft 34, Berlin 1984, S.2-10.
HEISTER 1984 a
   Hanns-Werner Heister und Hans-Günter Klein (Hrsg.): *Musik und Musikpolitik im faschistischen Deutschland*. Frankfurt/M. 1984.
HEISTER 1985
   Hanns-Werner Heister: *Kinderoper als Volkstheater: Hans Werner Henzes »Pollicino«*. In: *Oper heute. Formen der Wirklichkeit im zeitgenössischen Musiktheater*. (Stud. z. Wertungsforschung 16.) Wien/Graz 1985, S.166-187.
HEISTER 1986
   Hanns-Werner Heister: *Tod und Befreiung. Henzes imaginäres Musiktheater in den Werken »El Cimarrón«, »Tristan«, »El Rey de Harlem« und »Le Miracle de la Rose«*. In: GÜTERSLOH 1986, S.56-59.
HENDERSON 1980
   Robert Henderson: *Hans Werner Henze*. In: The New Grove, Bd 8, London 1980, S.489-496.

Literaturverzeichnis

HENNEBERG 1971
: *El Cimarrón. Ein Werkbericht von H. M. Enzensberger, H. W. Henze, W. Pearson, K. Zöller. L. Brouwer und T. Yamash'ta.* Hg. v. Claus H. Henneberg. Mainz 1971.

HENNEBERG 1986
: Claus H. Henneberg: *Zwei Zeitbilder.* [Über Szymanowskis »Krol Roger« und Henzes »Bassariden«.] In: FRANKFURT 1986, S.113-118.

HENZE 1953
: Hans Werner Henze und Wolfgang Hildesheimer: *Das Ende einer Welt.* Funk-Oper. Frankfurt/M. 1953.

HENZE 1959
: Hans Werner Henze: *Undine. Tagebuch eines Balletts.* München 1959.

HENZE 1960
: Hans Werner Henze: *Der Prinz von Homburg.* In: Programmheft der Hamburgischen Staatsoper zur Uraufführung des »Prinz von Homburg« am 22. Mai 1960. (Hamburgische Staatsoper Spielzeit 1959/60.), S.121-128.

HENZE 1964
: Hans Werner Henze: *Essays.* Mainz 1964 [Übernommen in HENZE 1976, 1981 c, 1984.]

HENZE 1971
: Hans Werner Henze: *Angaben über die Musik* [von El Cimarrón]. In: HENNEBERG 1971, S.39-43.

HENZE 1976
: Hans Werner Henze: *Musik und Politik. Schriften und Gespräche 1955-1975.* Hg. v. Jens Brockmeier. München 1976. [Übernommen in HENZE 1981 c und 1984.]

HENZE 1979 a
: *Zwischen den Kulturen. Neue Aspekte der musikalischen Ästhetik I.* Hg. v. Hans Werner Henze. Frankfurt/M. 1979.

HENZE 1979 b
: Hans Werner Henze: *Exkurs über den Populismus.* In: HENZE 1979 a, S.7-31.

HENZE 1979 c
: *Die Folge der Vereinsamung.* Ein ZEIT-Gespräch mit dem Komponisten Hans Werner Henze, geführt von Heinz Josef Herbort. In: Die ZEIT vom 17.8.1979, S.31.

HENZE 1981 a
: *Die Zeichen. Neue Aspekte der musikalischen Ästhetik II.* Hg. v. Hans Werner Henze. Frankfurt/M. 1981.

HENZE 1981 b
: Hans Werner Henze und Jens Brockmeier: *Nur insofern etwas in sich selbst einen Widerspruch hat, bewegt es sich, hat Trieb und Tätigkeit. Überlegungen zur Exposition der Neunten Sinfonie Beethovens.* In: HENZE 1981 a, S.333-365.

HENZE 1981 c
: Hans Werner Henze: *Schriften und Gespräche 1955-1979.* Hg. v. Hans-Peter Müller. Berlin 1981. [Übernommen in HENZE 1984, außer: *Konzertsuite Katharina Blum; Zwei Streichquartette; Ein Manifest gegen die Gewalt; Jefte; Gedanken an Banjamin Britten.*]

HENZE 1983
: Hans Werner Henze: *Die Englische Katze. Ein Arbeitstagebuch 1978- 1982.* Frankfurt/M. 1983.

HENZE 1984
 Hans Werner Henze: *Musik und Politik. Schriften und Gespräche 1955-1984.* Erweiterte Neuausgabe, mit einem Vorwort hg. v. J. Brockmeier. München 1984.
HENZE 1984 a
 Hans Werner Henze: *»Es tut nicht gut, sich erinnern zu müssen ...«.* In: Heister 1984 a, S.13-18.
HENZE 1986 a
 Lehrgänge, Erziehung in Musik. Neue Aspekte der musikalischen Ästhetik III. Hg v. Hans Werner Henze. Frankfurt/M. 1986.
HENZE 1986 b
 Die Unruhe mobilisieren. Zu seinem 60. Geburtstag ein ZEIT-Gespräch mit dem Komponisten Hans Werner Henze, geführt von Heinz Josef Herbort. In: Die ZEIT vom 27.6.1986, S.41.
HENZE 1986 c
 All knowing music. A Dialog on Opera. Hans Werner Henze und Jan Strasfogel. In: FRANKFURT 1986, S.137-142.
HENZE 1986 d
 Hans Werner Henze: *An eine Äolsharfe. Ein Tagebuch.* In: FRANKFURT 1986, S.291-306.
HENZE 1986 e
 Ich kann mich in Zusammenhängen sehen. Aus einem Gespräch [zwischen Hans Werner Henze und Dieter Rexroth 1986]. In: FRANKFURT 1986, S.315-321.
HENZE 1986 f
 Gesprächskonzert der SFB-Reihe »Musikforum live« während der 36. Berliner Festwochen am 27.9.1986. (Umschrift des Tonbandmitschnitts.)
HENZE 1986 g
 Eine Existenz wie die meine. Die Ansprache Hans Werner Henzes am 16. September 1986 [in Gütersloh]. In: Journal. Theater in Ostwestphalen. Gütersloh Dezember 1986, S.19-21.
HENZE 1986 h
 »Ich begreife mich in der Schönberg-Tradition«. Hans Werner Henze im Gespräch mit Dieter Rexroth. In: Neue Zeitschrift für Musik 147, 1986, H. 11, S.23-27.
HENZE 1987
 Gesprächskonzert zur »Barcarola« von Hans Werner Henze mit Gerd Albrecht und dem Radio-Sinfonieorchester Berlin, gesendet am 20.9.1987 im 3. Fernsehprogramm des NDR.
HERMAND 1981
 Jost Hermand: *Konkretes Hören. Zum Inhalt der Instrumentalmusik.* Berlin 1986.
HERZ 1967
 Joachim Herz: *Hülsdorf-Gotha aktuell.* [Über »Der junge Lord«.] In: Jahrbuch der Komischen Oper Berlin VIII, Spielzeit 1967/68, S.74-79.
HERZL 1986
 Robert Herzl und Uwe Theimer: *Pollicino in Wien.* In: HENZE 1986 a, S.153-177.
HEYWORTH 1970
 Peter Heyworth: *Henze and the revolution.* In: Music and Musicians 19, Sept. 1970, S.36-40.

Literaturverzeichnis

HILDESHEIMER 1953
  Wolfgang Hildesheimer und Hans Werner Henze: *Das Ende einer Welt.* Funkoper. Frankfurt/M. 1953.
HOFFMANN 1986
  Der Hamburger Kessel. Mißbrauch des »staatlichen Gewaltmonopols«? Hg. v. Helga von Hoffmann u. a., Hamburg VSA 1986.
IDEN 1973
  Peter Iden: *Edward Bond.* Velber b. Hannover 1973.
JARA 1985
  Victor Jara. Chile, mein Land, offen und wild. Sein Leben, erzählt von Joan Jara. Reinbek 1985.
JUNGHEINRICH 1972
  Hans-Klaus Jungheinrich: *Vier Stunden auf Henzes neuem Weg.* In: Melos 39, 1972. S.207-213.
JUNGHEINRICH 1977 a
  Musik im Übergang. Von der bürgerlichen zur sozialistischen Musikkultur. Hg. v. Hans-Klaus Jungheinrich und Luca Lombardi. München 1977.
JUNGHEINRICH 1977 b
  Hans-Klaus Jungheinrich: *Professionalität und Parteilichkeit. Tradition und Innovation in Hans Werner Henzes »We Come to the River«.* In: JUNGHEINRICH 1977 a, S.21-32.
JUNGHEINRICH 1977 c
  Hans-Klaus Jungheinrich: *Musik, die schön und auch nützlich wäre. Die musikalische Entfaltung Hans Werner Henzes.* In: Programmheft der Wiener Staatsoper, Saison 1977/78, vom 9.6.1978.
JUNGHEINRICH 1979
  Hans-Klaus Jungheinrich: *Anders mit Musik umgehen. Ästhetische Praxis in den Institutionen und außerhalb.* In: HENZE 1979 a, S.69-80.
JUNGHEINRICH 1981 a
  Hans-Klaus Jungheinrich: *Alte Zeichen — und wie mit ihnen neu umzugehen wäre.* In: HENZE 1981 a, S.315-332.
JUNGHEINRICH 1981 b
  Hans-Klaus Jungheinrich: *Wege, die sich verzweigen und kreuzen. Hans Werner Henzes »anderes« Musiktheater.* In: Jahrbuch IX der Hamburgischen Staatsoper, Spielzeit 1981/82, S.63-68.
JUNGHEINRICH 1986 a
  Hans-Klaus Jungheinrich: *Sich nützlich machen. Hans Werner Henze und das Problem der »angewandten« Musik.* In: FRANKFURT 1986, S.185-190.
JUNGHEINRICH 1986 b
  Hans-Klaus Jungheinrich: *Der Komponist als Zeitgenosse. Zur künstlerischen Entwicklung von Hans Werner Henze.* In: GÜTERSLOH 1986, S.53-55.
KEATS 1971
  Sheila Keats: *New York.* [Über ein Konzert mit Nonos »Per Bastiana Tai-Yang Chang« und Henzes »Sinfonia Nr. 6«.] In: The Musical Quaterly 57, 1971, S.141-148.
KERSTAN 1986
  Michael Kerstan: *Kulturarbeit an der Basis. Das Jugendmusikfest Deutschlandsberg.* In: HENZE 1986 a, S.178-209.
KLÜPPELHOLZ 1972
  Werner Klüppelholz: *»El Cimarrón«. Werkbericht und Schallplatte.* In: Melos 39, 1972, S.94-96.

KOCH 1977
   Gerhard R. Koch: *Der Rückgriff als Ausbruch. Hans Werner Henzes Lieder-Zyklus »Voices«.* In: JUNGHEINRICH 1977 a, S.33-40.
KOCH 1983
   Gerhard R.Koch,: *Hans Werner Henze.* [Vorwort zum Werkverzeichnis H. W. H.] Mainz: Schott 1983.
KOCH 1986
   Gerhard R. Koch: *Ästhetik für die Praxis, doch keine praktische Ästhetik. Hans Werner Henze und das Theater.* In: GÜTERSLOH 1986, S.55-56.
KONOLD 1986
   Wulf Konold: *Die Streichquartette von Hans Werner Henze.* In: FRANKFURT 1986, S.206-224.
KRAUS 1964
   Karl Kraus: *Shakespeares Sonette. Nachdichtung.* München 1964.
KRELLMANN 1968
   Hanspeter Krellmann: *Henzes Zweites Klavierkonzert.* In: Musica 22, 1968, S.445-446.
KRELLMANN 1986
   Hanspeter Krellmann: *Heute noch Sinfonien...* In: FRANKFURT 1986, S.235-245.
KREUTZER 1977
   Hans Joachim Kreutzer: *Libretto und Schauspiel. Zu Ingeborg Bachmanns Text für Henzes »Der Prinz von Homburg«.* In: Werke Kleists auf dem modernen Musiktheater, hg. v. K. Kanzog und H.J. Kreutzer, Berlin 1977, S.60-100.
KÜHR 1986
   Gerd Kühr: *Die Bakchen an Rhein und Ruhr. Probleme eines interdisziplinären Musikhochschulprojektes.* In: Henze 1986 a, S.210-249.
LACHENMANN 1983
   Helmut Lachenmann: *Ein Kampf um kompositorische Standpunkte.* [Offener Brief an Hans Werner Henze.] In: Neue Musikzeitung 1983, H. 4, S.8.
LACHENMANN 1985
   Helmut Lachenmann: *Hören ist wehrlos — ohne Hören. Über Möglichkeiten und Schwierigkeiten.* In: MusikTexte 10, Juli 1985, S.7-16.
LA MOTTE 1960
   Diether de La Motte: *Hans Werner Henze. Der Prinz von Homburg. Ein Versuch über die Komposition und den Komponisten.* Mainz 1960.
LA MOTTE 1961
   Diether de La Motte: *»Elegie für junge Liebende«.* In: Melos 28, 1961, S.152-155.
LA MOTTE 1964
   Diether de La Motte: *Hans Werner Henze — der Komponist als Dramaturg.* In: Neue Zeitschrift für Musik 125, 1964, S.138-141.
LOMBARDI 1977
   Luca Lombardi: *Überlegungen zum Thema Musik und Politik.* In: JUNGHEINRICH 1977, S.11-20.
MAKOWSKY 1981
   Janos A. Makowsky: *Münchhausens Theorem und seine Bedeutung für die Musik und die Musikwissenschaft.* In: HENZE 1981 a, S.278-307.
MASSONI 1979
   Das Volk, die Arbeiter, die Kunst. Ein Tonbandgespräch [zwischen Ampelio Massoni, Sergio Capitini und Hans Werner Henze]. In: HENZE 1979 a, S.189-211.

Literaturverzeichnis

MAUSER 1986
Siegfried Mauser: *Zur Henzeschen Melodiebildung: Modellfall Streichquartett II/1.* In: Frankfurt 1986, S.227-233.

MILLER 1982
Norbert Miller: *»Geborgte Tonfälle aus der Zeit«. Ingeborg Bachmanns »Der junge Lord« oder Keine Schwierigkeiten mit der Komischen Oper.* In: *Für und Wider die Literaturoper. Zur Situation nach 1945*, hg. v. S. Wiesmann, Laaber 1982, S.87-100.

NONO 1975
Luigi Nono. Texte. Studien zu seiner Musik. Hg. v. Jürg Stenzl, Zürich 1975.

NYFFELER 1986
Max Nyffeler: *Eine Sprache in harter Währung. Zu den Chorkompositionen von Hans Werner Henze.* In: FRANKFURT 1986, S.192-197.

ORPHEUS 1979
Orpheus. Materialien. Hg. v. der Gereralintendanz der Württembergischen Staatstheater Stuttgart, Stuttgart 1979.

PAULI 1965
Hansjörg Pauli: *Travestimento. Marginalien zu Henzes Œuvre.* In: Melos 32, 1965, S.85-87.

PESTALOZZA 1977
Luigi Pestalozza: *Die Erfahrungen von musica/realtà. Musica/realtà als bezeichnendes Moment des demokratischen Kampfes für die Erneuerung der musikalischen Strukturen in Italien.* In: JUNGHEINRICH 1977, S.109-134.

PETERSEN 1985
Peter Petersen: *Alban Berg. Wozzeck. Eine semantische Analyse unter Einbeziehung der Skizzen und Dokumente aus dem Nachlaß Bergs.* (Sonderband Musik-Konzepte für 1985.) München 1985.

PETERSEN 1987
Peter Petersen: *Volkstümliche Genres in der Musik Alban Bergs.* In: *Ich will aber gerade vom Leben singen... Über populäre Musik vom ausgehenden 19.Jahrhundert bis zum Ende der Weimarer Republik.* Hg. v. S. Schutte, Reinbek 1987, S.432-454.

REXROTH 1986
Dieter Rexroth: *Theater und Wirklichkeit. Am Beispiel von Henzes »Wir erreichen den Fluß«.* In: FRANKFURT 1986, S.175-180.

RINGGER 1968
Rolf Urs Ringger: *Hans Werner Henze und das Theater.* In: Schweizerische Musikzeitung 108, 1968, S.381-386.

SCHAEFER 1966
Hansjürgen Schaefer: *Seid wachsam! »Jüdische Chronik«. Gemeinsames antifachistisches Bekenntnis von Komponisten aus der DDR, Westdeutschland und Westberlin.* In: Musik und Gesellschaft 16, Berlin 1966, S.177-179.

SCHALLER 1986
Erika Schaller: *Analyse des dritten Satzes der Sonate für Klavier von Hans Werner Henze.* Hamburg 1986 (unveröffentlicht).

SCHICKEL 1970
Über Hans Magnus Enzensberger. Hg. v. Joachim Schickel, Frankfurt/M. 1970.

SCHMIDT 1976
Christan Martin Schmidt: *Über die Unwichtigkeit der Konstruktion. Anmerkungen zu Hans Werner Henzes 6. Sinfonie.* In: Melos/NZ 4, 1976, S.275-280.

SCHNABEL 1969
> Ernst Schnabel: *Das Floß der Medusa. Text zum Oratorium von Hans Werner Henze. Zum Untergang einer Uraufführung. Postscriptum.* München 1969.

SCHREIBER 1968
> Wolfgang Schreiber: *Nähe der Sprache. Henze und seine Dichter.* In: Frankfurt 1986, S. 81-87.

SCHUBERT 1983
> Giselher Schubert: *Hans Werner Henze.* In: Schallplattenedition »Zeitgenössische Musik in der BRD«, hg. v. Dt. Musikrat, Kassette 7, Bonn 1983, Beiheft S.11-14.

SCHUBERT 1986
> Giselher Schubert: *Erste Schritte. Henzes Frühwerk.* In: FRANKFURT 1986, S.39-52.

SCHWINGER 1986
> Wolfgang Schwinger: *Aus Herzenslust. Im Übermaß. Marginalien zur Urfassung von Henzes »König Hirsch«.* In: FRANKFURT 1986, S.102-106.

SELLNER 1965
> Rudolf Gustav Sellner: *Die Geburtsstunde des »Jungen Lord«.* In: Melos 32, 1965, S.75-77.

SERPA 1986
> Franco Serpa: *Henze und die mediterrane Kultur.* Übersetzung aus dem Italienischen von Manuela Reichert. In: FRANKFURT 1986, S.273-287.

SPANGEMACHER 1981
> Friedrich Spangemacher: *Fabbrica illuminata oder Fabbrica illustrata? Musikalischer Text und Bedeutung in der elektronischen Musik Luigi Nonos.* In: Luigi Nono. Musik-Konzepte 20, hg. v. H.-K. Metzger und R. Riehn, München 1981, S.26-44.

STOCKHAUSEN 1963
> Karlheinz Stockhausen: *Texte.* [Bisher vier Bände.] Köln 1963 ff.

STOVEROCK 1961
> Dietrich Stoverock: *Hans Werner Henze: Fünf neapolitanische Lieder.* In: *Musik und Bildung in unserer Zeit,* 1961, S.176-186.

STROH 1975
> Wolfgang Martin Stroh: *Zur Soziologie der elektronischen Musik.* Berg a.I./ Zürich 1975.

STROH 1984
> Wolfgang Martin Stroh: *Leben ja. Zur Psychologie musikalischer Tätigkeit. Musik in Kellern, auf Plätzen und vor Natodraht.* Stuttgart 1984. (Auslieferung Argument-Verlag Hamburg)

STUCKENSCHMIDT 1972
> Hans Heinrich Stuckenschmidt: *Hans Werner Henze und die Musik unserer Zeit.* In: Universitas 27, 1972/1, S. 125-132.

STÜRZBECHER 1971
> Ursula Stürzbecher: *Werkstattgespräche mit Komponisten.* Überarbeitete Neuausgabe, München 1973.

VOGT 1973
> Hans Vogt: *»Being Beauteous« von Hans Werner Henze.* In: Melos 40, 1973, S.359-365.

WEISS 1981
> Peter Weiss. *Die Ästhetik des Widerstands.* 3 Bde. Frankfurt/M. 1975-1981.

WITTE 1981
> Bernd Witte: *Ingeborg Bachmann:* In: Kritisches Lexikon der Gegenwartsliteratur. München 1978 ff., Stand des Artikels: 1.4.1981.

WOLFENSPERGER 1976
> Peter Wolfensperger: *Edward Bond: Dialektik des Weltbildes und dramatische Gestaltung.* Bern 1976.

Über den Autor

Peter Petersen, Jahrgang 1940, ist Professor für Musikwissenschaft an der Universität Hamburg. Nach seinem Musikstudium (Schulmusik, Flöte) absolvierte er den Wehrersatzdienst und nahm danach das Studium der Musikwissenschaft und Germanistik auf. 1971 Promotion zum Dr.phil. aufgrund einer Dissertation über die Instrumentalmusik Béla Bartóks. 1981 Habilitation mit einer semantischen Analyse des »Wozzeck« von Alban Berg. Weitere Interessengebiete sind Geschichte und Theorie der Oper; Neue Musik seit 1945; Musikalische Rhythmik und Metrik.

Peter Petersen ist Mitherausgeber und Schriftleiter des Hamburger Jahrbuchs für Musikwissenschaft. Er arbeitet in mehreren Gremien der Universität mit und war geschäftsführender Direktor des Musikwissenschaftlichen Instituts und stellvertretender Sprecher des Fachbereichs Kulturgeschichte und Kulturkunde. In der GEW Hamburg seit 20 Jahren Mitglied und zeitweilig auch aktiv hat er sich seit 1982 vor allem innerhalb der Friedensbewegung politisch engagiert. Er gehört der Initiative »Kulturwissenschaftler für Frieden und Abrüstung in Ost und West« an und initiierte die Friedensgruppe am Musikwissenschaftlichen Institut in Hamburg. Peter Petersen ist mit der Violinpädagogin Marianne Petersen verheiratet und hat zwei Kinder: Johanna und Stefanie. Er wohnt in 2000 Hamburg 65, Wegzoll 16.

HANS WERNER HENZE

SEIN GESAMTSCHAFFEN BEI SCHOTT
EIN VOLLSTÄNDIGES WERKVERZEICHNIS WIRD AUF ANFORDERUNG GERNE ZUGESANDT

SCHOTT
MUSIKVERLAG B. SCHOTT's SÖHNE · MAINZ · LONDON · NEW YORK · TOKYO

Der andere Reiseführer: Kultur und Politik, Geschichte und Gesellschaft

**Griechenland — Entfernungen in die Wirklichkeit
Ein Lesebuch**

Hrsg. von Armin Kerker

350 S., mit 50 Abb.

Griechenland — Millionen europäischer Touristen besuchen Jahr für Jahr dieses Land zwischen dem Ionischen und dem Agäischen Meer. Doch das Lesebuch will kein Reiseführer für den eiligen Touristen sein. Hier wird nicht das Klischee über Land und Leute bedient. Gefragt wird vielmehr, was es eigentlich ist, das dieses Griechenland, von dem wir angeblich doch so viel wissen, so völlig anders, so fremdartig und immer noch so schwer begreifbar macht. Ein Land voller Widersprüche: Da mischen sich orientalische mit hochentwickelten westlichen Lebensformen, da gibt es den Gegensatz zwischen einer ländlich geprägten Gesellschaftsstruktur und einer wachsenden Entfremdung durch die Verstädterung — gleichzeitig vollzieht sich der Übergang von einer archaischen Agrar- zur modernen Konsum-Gesellschaft. Keine Frage, Griechenland befindet sich in einer Umbruchphase, die es an den Rand einer geistigen, sozialen und kulturellen Identitätskrise drängt.

In diesem anderen Reisebuch geht es vor allem um miterlebte Vergangenheit, um Alltagskultur, um Musik und Literatur, um Theater und Film.

Entfernungen in die Wirklichkeit — das sind sachkundige Annäherungen an die jüngere Geschichte, sind Erkundungen von Faschismus, Widerstand und Bürgerkrieg. Daneben steht die kulturelle und literarische Bestandsaufnahme der Gegenwart durch griechische und deutsche Autoren, Musiker und Filmemacher wie Theodorakis, Angelopoulos, Terzepoulos, Ritsos, Biermann, Höllerer und Richter. Beispielhaft für die Beschreibung von Lebensformen ist der Beitrag von Elias Petropoulos über das griechische Kafenion.

Argument

Subjekt und Faschismus

Wolfgang Fritz Haug
Vom hilflosen Antifaschismus zur Gnade der späten Geburt
330 S.

Eine Untersuchung zur Vergangenheitsbewältigung im doppelten Sinne: die Neuauflage der Analysen zum »hilflosen Antifaschismus« ist gekoppelt mit Essays über den Historikerstreit. W.F. Haug läßt in seiner umfassenden Analyse mehr als 300 Beteiligte am Streit um die Identität der Westdeutschen zu Wort kommen. Im Zusammenhang mit der auseinandersetzung um den Stellenwert von Auschwitz und Faschismus gewinnt der Versuch der »Vergangenheitsbewältigung« nach 1945 erneute Brisanz.
»... die wohl gründlichste Analyse des ›Historikerstreits‹ und seiner Vorgeschichte.« (die tageszeitung)

Wolfgang Fritz Haug
Die Faschisierung des bürgerlichen Subjekts
Die Ideologie der gesunden Normalität und die Ausrottungspolitiken im deutschen Faschismus
Argument-Sonderband AS 80
br., DM 18,50, 218 S.

Normalität, Gesundheit, Schönheit, Leistungsfähigkeit, Fitness: Was haben diese auch heute gängigen Begriffe mit der Ausrottungspolitik der Nazis zu tun? W.F. Haug untersucht anhand sehr verschiedener Bereiche (u.a. Rassentheorien, Brekers Plastiken, Medizin und Herrschaft) das Zusammenwirken sich überschneidender Diskurse, die die Unterwerfung der Individuen unter die Nazi-Herrschaft ermöglichten.

Argument